O selo DIALÓGICA da Editora InterSaberes faz referência às publicações que privilegiam uma linguagem na qual o autor dialoga com o leitor por meio de recursos textuais e visuais, o que torna o conteúdo muito mais dinâmico. São livros que criam um ambiente de interação com o leitor – seu universo cultural, social e de elaboração de conhecimentos –, possibilitando um real processo de interlocução para que a comunicação se efetive.

a organização municipal e a política urbana • Jorge Bernardi

EDITORA intersaberes

Rua Clara Vendramin, 58
Mossunguê • CEP 81200-170 • Curitiba • PR • Brasil
Fone: (41) 2106-4170
www.intersaberes.com
editora@editorraintersaberes.com.br

conselho editorial • Dr. Ivo José Both (presidente)
Dr.ª Elena Godoy
Dr. Nelson Luís Dias
Dr. Neri dos Santos
Dr. Ulf Gregor Baranow

editor-chefe • Lindsay Azambuja

editor-assistente • Ariadne Nunes Wenger

editor de arte • Raphael Bernadelli

revisão de texto • Raphael Moroz

copidesque • Sandra Regina Klippel

capa • Denis Kaio Tanaami

fotografias e projeto gráfico • Raphael Bernadelli

iconografia • Danielle Scholtz

Dado internacionais de Catalogação na Publicação (CIP)
(Câmara Brasileira do Livro, SP, Brasil)

✦ ✦ ✦

Bernardi, Jorge
A organização municipal e a política urbana /
Jorge Bernardi. – Curitiba: InterSaberes, 2012. –
(Série Gestão Pública).

Bibliografia.
ISBN 978-85-8212-011-8

1. Administração municipal 2. Planejamento
urbano – Brasil 3. Política urbana – Brasil
I. Título. II. Série.

12-07641   CDD – 352.160981

✦ ✦ ✦

Índices para catálogo sistemático
1. Brasil: Municípios: Política urbana:
Administração pública 352.160981

1ª edição, 2012.
Foi feito o depósito legal.

Informamos que é de inteira responsabilidade do autor a emissão de conceitos.

Nenhuma parte desta publicação poderá ser reproduzida por qualquer meio ou forma sem a prévia autorização da Editora InterSaberes.

A violação dos direitos autorais é crime estabelecido na Lei nº 9.610/1998 e punido pelo art. 184 do Código Penal.

♦ ♦ ♦

Sumário

Agradecimentos, xii

Prefácio, xvi

Apresentação, xx

Como aproveitar ao máximo este livro, xxvi

Lista de siglas, xxx

Parte 1   O direito municipal, 35

capítulo um   A organização política do município, 37

    1.1   O surgimento do município no Brasil, 41

    1.2   O município e a legislação urbana brasileira, 44

    1.3   A autonomia municipal, 57

    1.4   Dos bens municipais, 67

    1.5   Da cessão dos bens municipais, 71

    1.6   Da alienação dos bens, 74

    1.7   Da incorporação de bens pelo município, 77

capítulo dois   Os poderes municipais, 91

    2.1   O Poder Executivo municipal, 96

    2.2   O Poder Legislativo municipal, 106

    2.3   Os crimes de prefeitos e de vereadores, 142

    2.4   A improbidade administrativa no âmbito do Executivo e do Legislativo municipal, 153

capítulo três   Do sistema tributário municipal, 167

	3.1	Receitas do município, 170
	3.2	Princípios tributários municipais, 172
	3.3	Preços, 175
	3.4	Tributos municipais, 177
	3.5	Tributos compartilhados, 193
	3.6	Gestão tributária, 208
capítulo quatro		**A estrutura administrativa municipal e o poder de polícia, 213**
	4.1	Noções de Administração Pública, 217
	4.2	A nova Administração Pública, 226
	4.3	Poder de polícia, 231
	4.4	Guarda Municipal, 245
Parte 2		**A política urbana, 249**
capítulo cinco		**A questão urbana, 251**
	5.1	O fenômeno urbano, 258
	5.2	Cidade e urbanidade: apontamentos conceituais, 260
	5.3	A região metropolitana, 268
	5.4	Direitos fundamentais e urbanismo, 273
	5.5	Funções sociais da cidade, 278
capítulo seis		**Normas gerais de urbanismo, 307**
	6.1	A política urbana na Constituição, 310
	6.2	O Estatuto da Cidade, 313
	6.3	Os instrumentos de política urbana, 326
capítulo sete		**Instrumentos fundiários de gestão urbana, 347**
	7.1	Propriedade urbana, 353

7.2 Função social da propriedade, 355

7.3 Imunidade dos bens públicos, 359

7.4 Instrumentos fundiários da política urbana, 361

7.5 Instrumentos jurídicos e de ação política, 375

capítulo oito **O Plano Diretor, 385**

8.1 O planejamento urbano no contexto histórico, 389

8.2 A gestão democrática por meio da participação popular, 392

8.3 O planejamento estratégico, 398

8.4 Estudo de impacto de vizinhança (EIV), 405

8.5 Estudo de impacto ambiental (EIA), 407

8.6 Processo de elaboração do Plano Diretor, 409

8.7 Controle e fiscalização do Plano Diretor, 438

Para concluir..., 442

Referências, 446

Respostas, 457

Sobre o autor, 463

Ao Bê, querido filho, que muitas noites chegou até mim dizendo: "Papai! Mão, mão". E, pegando na minha mão, tirou-me defronte do computador, onde escrevia este livro, para que fôssemos brincar com seus carrinhos ou então assistir aos desenhos dos Backyardigans.
As crianças sabem a verdade.

Agradecimentos

Posso afirmar que este
livro nasce com quase 40
anos de idade, embora a
sua redação tenha durado
apenas alguns meses.

Este é o tempo ao longo do qual tenho me dedicado ao estudo do município. São 25 anos de experiência como vereador de Curitiba; cinco anos cursando Direito, quatro de Jornalismo, outros três de mestrado em Gestão Urbana e mais um ano de especialização em Gestão Técnica do Meio Urbano. Acrescente-se a essa soma um período de mais de um ano, desde que me sentei ao computador e comecei a escrever este livro, até o dia em que os originais foram para a gráfica. É uma obra de pesquisa, mas também fruto da reflexão e da experiência do dia a dia. Por esse tempo e por esse percurso também agradeço a Deus, que me tem dado tudo, principalmente saúde e entusiasmo. Quero agradecer a todos aqueles que me ensinaram algo ao longo desse período, em especial aos meus professores, aos colegas de academia e do ambiente social e político.

Tenho de agradecer à minha mulher, Beth, e aos meus filhos, Eduardo e Bernardo, pois as atividades públicas e de estudos roubaram um tempo precioso do convívio familiar que jamais será recuperado. Obrigado! Obrigado, minha querida mãe, Tereza, que, por estar no oriente eterno, não lerá esta obra. Agradeço ao meu pai, José, e à minha irmã, Maria da Graça, distantes fisicamente, mas sempre próximos em pensamentos. Também sou grato a todos os demais parentes e aos amigos que sempre me apoiaram em todos os projetos, especialmente nas disputas eleitorais. Ao amigo Paulo Paiva, que, desde a minha adolescência, incentivou-me a ser escritor. Ele é outro que já há muito nos deixou, mas permanece pelo que sua existência representou.

Quero agradecer ao professor Wilson Picler, que confiou na minha capacidade profissional e incumbiu-me de elaborar o projeto do Curso Superior Tecnológico de Gestão Pública, nomeando-me coordenador. É para os alunos desse curso que escrevi o livro. Também quero agradecer a toda a equipe da Editora InterSaberes, começando por sua editora-chefe, Lindsay Azambuja, e, em especial, à professora Sandra Regina Klippel, que analisaram as informações e trabalharam nos originais, fazendo sugestões e observações úteis e valiosas, que vão incorporadas no texto final. Não deixaram passar nenhuma citação sem que a autoria fosse confirmada. Além disso, conferiram o conteúdo e a redação.

E agradeço ainda a todos os meus alunos do presente e do futuro, que foram o desafio e a motivação maior para que esta obra fosse escrita. Por fim, agradeço a você, leitor, que é o destinatário final deste trabalho. Muito obrigado!

Curitiba, setembro de 2007

Prefácio

Legislador dedicado à causa pública, Jorge Bernardi trouxe para o texto o resultado de sua vivência e competência, a de vereador por seis mandatos consecutivos*. Portanto, de forma inegável, agrega a um contínuo processo de aperfeiçoamento intelectual uma prática do âmbito da organização municipal e da política urbana que poucos podem ostentar.

* Bernardi atuou como vereador de 1983 a 2008, sendo novamente eleito em 2012.

Trata-se de uma condição de excelência consagrada pela população do município onde atua (Curitiba), que o capacitou (e sobre isso não tínhamos nenhuma dúvida quando o convidamos para organizar e coordenar o curso de Gestão Pública da Fatec Internacional, atual Centro Universitário Uninter) para realizar esta tarefa: transpor para o livro os aspectos legais e funcionais do ente federativo que é o município e dos poderes que o constituem, além da interligação entre os elementos da Administração Pública.

Obra substancial para todos aqueles que queiram tornar-se ativos na elaboração e condução da causa pública, que queiram participar, ou como agentes públicos, ou simplesmente como cidadãos responsáveis, nos rumos das funções públicas. Em ambas as situações, o conhecimento que o jornalista, advogado, professor, vereador e, principalmente, cidadão ético e participativo Jorge Bernardi (preocupado com a edificação de uma cidade sustentável e comprometida com as necessidades de sua população) distribui neste livro constitui-se em gesto de generosa doação e integração com o meio que ele tão bem defende e enfatiza em sua importância.

Consequentemente, o que seria de se esperar aconteceu: uma análise detalhada e precisa da organização de um município, tanto no âmbito do Executivo como do Legislativo, em suas especificidades gerais e particulares, bem como um descritivo da política urbana sob o olhar de quem a conhece em todos os seus meandros.

Wilson Picler

❖ ❖ ❖

Apresentação

A reflexão em torno da problemática de implantação de uma política municipal de desenvolvimento e de expansão urbana constitui o corpo desta obra. Portanto, estruturada em duas partes, oito capítulos (quatro da primeira e quatro da segunda), intenta proceder a uma análise crítica da organização do poder municipal (sua fundamentação e leis que o sustentam) interligado às funções sociais da cidade, relacionando estas ao Plano Diretor.

Isso porque tal propósito, o da implantação da política municipal, requer que sejam levadas em conta tais funções, as quais precisam ser definidas e caracterizadas, para que, assim, possam ser implementadas por meio de instrumentos fundiários e do plano diretor. Este último, por sua vez, deve ser elaborado com a participação da comunidade, objetivando promover a política de desenvolvimento urbano que visa proporcionar o bem-estar à população.

No primeiro capítulo (primeira parte), centramos a temática na organização política do município desde seu surgimento e, principalmente, a estrutura ora vigente e a sua distinção como ente federativo autônomo, abrangendo aspectos de sua criação, de suas competências, de suas posses (bens) e das várias situações pertinentes, bem como da Lei Orgânica Municipal.

Já no segundo capítulo (primeira parte), fazemos uma ampla resenha sobre os poderes municipais: Executivo e Legislativo. Nesse contexto, abordamos as suas estruturas, particularidades, funções e atribuições, o papel do prefeito, do vice-prefeito e dos vereadores, além de aspectos concernentes à condição política e pública, bem como as responsabilidades desses agentes e como são operacionalizados os procedimentos da prefeitura e da Câmara Municipal.

Especificamente, o sistema tributário do município é o que focamos no terceiro capítulo (primeira parte), onde abordamos os elementos que compõem a receita municipal, os princípios que fundamentam a tributação e que devem, portanto, ser observados, os tipos de tributos e a área de abrangência e incidência ou não, entre os inúmeros aspectos da gestão tributária.

Finalizando a primeira parte, no quarto capítulo passamos para o âmbito da estrutura administrativa propriamente dita, pois o município, assim como os estados e a União, possui uma estrutura organizacional para atender a sociedade e cumprir suas finalidades. Considerando esse contexto, abordamos os aspectos intrínsecos da Administração Pública. Também nesse capítulo nos centramos, particularmente, no poder de polícia, que é uma das funções da Administração Pública.

Iniciamos a segunda parte do livro com o capítulo "A questão urbana". Nele, fazemos a investigação do fenômeno urbano em termos conceituais, apresentando as concepções de urbano e de cidade, elaboradas por diversos pensadores de várias áreas do conhecimento, como a sociologia, o direito e a economia. Ainda nessa parte, analisamos a formação e a organização política do município brasileiro, bem como o processo de metropolização. Na esteira dessas observações, procedemos à relação do urbanismo com os direitos fundamentais estabelecidos na Constituição da República Federativa do Brasil de 1988. Começamos, então, a desvendar a finalidade do poder público em promover o bem coletivo e os interesses gerais, ou seja, a materialização dos direitos fundamentais e, consequentemente, a realização das funções sociais da cidade.

Esse processo de desvendamento se dá por meio de uma atividade reflexiva e interpretativa, que busca elucidar quais são as funções da cidade de que a Constituição trata no art. 182, temática esta que se constitui em um objeto de estudo necessário, pois tais funções não são definidas na Constituição. Dessa forma, decifrá-las torna-se a preocupação central e o coração desta obra. Ainda no quinto capítulo, procuramos apresentar o que entendemos por funções sociais da cidade, cuja interpretação encontra sustentação no sistema constitucional brasileiro, através da materialização dos direitos fundamentais. Neste particular, resgata-se a origem desses princípios na Carta de Atenas – que estabeleceu os conceitos funcionais da cidade moderna durante o Congresso Internacional de Arquitetura Moderna (Ciam) – e também na Nova Carta de Atenas – que foi proposta pelo Conselho Europeu de Urbanistas (CEU) em 1998 e que carrega uma visão atual sobre as novas funções sociais da cidade.

As normas gerais de urbanismo que o município deve seguir são estudadas no sexto capítulo (segunda parte), em que são analisados os parâmetros estabelecidos pela Constituição e pela Lei do Estatuto da Cidade, enfatizando aspectos relacionados à cidade sustentável, à gestão democrática e aos demais princípios do Estatuto. Além disso, no sétimo capítulo damos um tratamento especial ao parcelamento do solo urbano – tema este que será ampliado com o detalhamento dos instrumentos fundiários para a materialização das funções sociais da cidade. Nele, são analisadas as funções sociais da propriedade urbana, em sua característica de direito fundamental e também no contexto de sua evolução e apropriação pelo homem, para que, estando ordenada e limitada em seu uso por normas administrativas, possa cumprir sua função social.

Por fim, o oitavo capítulo promove a compreensão da dinâmica ideal da formulação do plano diretor e apresenta uma reflexão sobre o seu papel como instrumento para a materialização das funções sociais da cidade. Nesse contexto, o Plano Diretor (previsto na Constituição de 1988) assume uma dimensão que extrapola os limites físico-territoriais da cidade e passa a abranger todos os aspectos da vida urbana, já que procura identificar e ordenar as funções sociais da cidade. Esse capítulo contempla, ainda, a análise da participação da comunidade na gestão da cidade, bem como os passos e os requisitos para que o planejamento se constitua, efetivamente, em um instrumento democrático que represente a vontade popular.

Como você poderá constatar, este é um livro cujo foco está, sem dúvida, no município e cuja proposta é contribuir para a formação de todos aqueles que se dedicam à gestão pública (profissionais, estudantes, vereadores, prefeitos, secretários municipais), bem como formar profissionais éticos, comprometidos com a qualidade e a eficiência do serviço público. Além disso, aspiramos que esta obra seja um instrumento válido no aperfeiçoamento das instituições públicas municipais brasileiras.

❖ ❖ ❖

Como aproveitar ao máximo este livro

Este livro traz alguns recursos que visam enriquecer o seu aprendizado, facilitar a compreensão dos conteúdos e tornar a leitura mais dinâmica. São ferramentas projetadas de acordo com a natureza dos temas que vamos examinar.

Veja a seguir como esses recursos se encontram distribuídos no projeto gráfico da obra.

Conteúdos do capítulo
Logo na abertura do capítulo, você fica conhecendo os conteúdos que serão nele abordados.

Após o estudo deste capítulo, você será capaz de:
Você também é informado a respeito das competências que irá desenvolver e dos conhecimentos que irá adquirir com o estudo do capítulo.

Síntese
Você dispõe, ao final do capítulo, de uma síntese que traz os principais conceitos nele abordados.

Questões para revisão
Com estas atividades, você tem a possibilidade de rever os principais conceitos analisados. Ao final do livro, o autor disponibiliza as respostas às questões, a fim de que você possa verificar como está sua aprendizagem.

Perguntas & respostas
Nesta seção, o autor responde a dúvidas frequentes relacionadas aos conteúdos do capítulo.

anos. No entanto, embora o não pagamento dessa dívida por mais de 24 meses enseje o motivo de intervenção, há motivos de exceção que justificam a não aplicação dela em razão do atraso da dívida fundada. Isso acontece quando o motivo do atraso decorre de força maior*. Nesse caso, não pode haver intervenção, uma vez que força maior é algo que foge do controle da administração municipal, e os efeitos do acontecimento não eram previsíveis nem possíveis de serem evitados ou impedidos.

> **O que é dívida fundada?**
> Dívida fundada, segundo o art. 98 da Lei nº 4.320/1964 (Brasil, 1964a), é a que compreende os compromissos de exigibilidade superior a 12 meses, contraídas para atender a um eventual desequilíbrio orçamentário ou para financiamento de obras públicas. Ela deve estar escriturada com a individuação e especificações que permitam verificar, a qualquer tempo, a posição do empréstimo (serviços de amortização e juros).

O SEGUNDO MOTIVO PARA INTERVENÇÃO NO MUNICÍPIO, conforme determinação da Constituição (art. 30, III e art. 31), ocorre quando aquele não presta contas conforme determina a lei. Ou seja, refere-se a situações em que o município, ao arrecadar os tributos que lhe competem, aplica as rendas, mas não presta contas e não publica os balancetes previstos em lei. Essa infração administrativa se expressa em procedimentos em que são desobedecidas as normas de fiscalização previstas pela Constituição, em seu art. 31, deixando o Poder Executivo de encaminhar os relatórios da execução orçamentária e de aplicar as suas rendas ao Tribunal de Contas da União e, consequentemente, à Câmara Municipal.

. . .

* O Código Civil define força maior no parágrafo único do art. 393: "força maior verifica-se no fato necessário, cujos efeitos não era possível evitar ou impedir".

---

espaço único para homens diferentes", pois, como afirma Auzelle (1972, p. 8-9), "a cidade é arquivo de pedra. Memória, ao mesmo tempo que projeto. Espaço temporal". Dessa forma, o referido autor conclui, de forma apoteótica, que a cidade "é a mãe da História".

> **PARA SABER MAIS**
> No que se refere ao espaço urbano sob o prisma do direito, uma leitura interessante para ampliar seus conhecimentos é a obra de Edésio Fernandes e Betânia Alfonsin – Coletânea de legislação urbanística.
> FERNANDES, E.; ALFONSIN, B. (org.). Coletânea de legislação urbanística. Belo Horizonte: Fórum, 2010.

5.3 A região metropolitana

Emergindo de todas essas concepções e tentativas de definição do que seja uma cidade pelas mais variadas óticas, não perseguimos uma resposta para a pergunta fundamental que aqui se faz notar: O QUE É O FENÔMENO URBANO? A essa questão ainda acrescentamos a interrogação de Lefebvre (1999, p. 156): SERIA ELE "O FENÔMENO SOCIAL TOTAL TÃO PROCURADO PELOS SOCIÓLOGOS?[*]"

. . .

Assim, na tentativa de elucidar essas questões, vamos ampliar o nosso campo de estudo para o espaço da região metropolitana.

. . .

* De forma ambígua, Lefebvre (1999, p. 156) afirma que, sim, "no sentido em que o urbano caminha para uma totalidade sem jamais atingi-la, em que ele se revela a totalidade por excelência (a centralidade), sem que esta totalidade se efetue jamais. Sim, no sentido de que nenhum saber particular, o esgota; ele é, ao mesmo tempo, histórico, demográfico, geográfico, econômico, sociológico, psicológico, semiológico etc. Ele é isto e ainda outra (coisa ou não coisa!), por exemplo, forma. Isto é, razão, que exige, porém, um conteúdo: evocação do conteúdo".

Para saber mais
Você pode consultar as obras indicadas nesta seção para aprofundar sua aprendizagem.

Os tributos devem ser, de modo científico, conceituados juridicamente, estabelecendo-se de maneira inconteste o fato gerador, a base de cálculo, a alíquota, o lançamento e a constituição do crédito tributário para que o município não venha sofrer ações judiciais que, além de custosas para o Poder Público, também podem reduzir as receitas.

> **Questões para reflexão**
> Outro aspecto que deve ser levado em consideração pela municipalidade é uma fiscalização eficiente e profissional. Nesse sentido, Ichihara (1987, p. 143) aconselha que "os agentes da fiscalização devem agir com discrição e de forma vinculada à vontade da lei e, em algumas vezes, com discricionariedade, o que não deve ser confundido com arbitrariedade, que é uma forma de ilegalidade ou abuso de poder". Esse parâmetro é importante para que você meça a eficiência e a seriedade da fiscalização de seu município. ALIÁS, VOCÊ JÁ OBSERVOU COMO PROCEDE A GESTÃO DO SEU MUNICÍPIO? QUE TIPOS DE COMENTÁRIOS SÃO FEITOS PELOS MUNÍCIPES A RESPEITO? A MÍDIA LOCAL TEM APRESENTADO ALGUM CASO DE ABUSO OU DE EXIGÊNCIA DA FISCALIZAÇÃO? VOCÊ CONCORDA, COM A AFIRMAÇÃO DE QUE "AS NORMAS SÓ FUNCIONAM QUANDO PROVOCAM DOR NO BOLSO"?

Solicitamos a sua atenção e reflexão sobre esses fatores, já que o município também deve estabelecer normas de fiscalização, o que é feito por meio de regulamentos internos, portarias, circulares e outras medidas que disciplinam o processo de arrecadação de tributos.

A boa política fiscal prega que devem ser evitadas, ao máximo, a concessão de anistia fiscal e a dispensa de penalidades. Essas medidas só devem ser aplicadas em situações de grave crise, uma vez que beneficiam os maus contribuintes em prejuízo daqueles que cumprem com as suas obrigações fiscais, gerando a impressão de injustiça.

Os créditos tributários não quitados no prazo estabelecido por lei devem, anualmente, ser registrados no Livro de Inscrição da Dívida Ativa, uma vez que, com essa inscrição, presumem-se

Questões para reflexão
Nesta seção, a proposta é levá-lo a refletir criticamente sobre alguns assuntos e trocar ideias e experiências com seus pares.

Lista de siglas

ABNT	Associação Brasileira de Normas Técnicas
ADCT	Ato das Disposições Constitucionais Transitórias
ANA	Agência Nacional de Águas
Anatel	Agência Nacional de Telecomunicações
Aneel	Agência Nacional de Energia Elétrica
ANP	Agência Nacional do Petróleo
Anvisa	Agência Nacional de Vigilância Sanitária
Ap./ap.	Apelação
Art./art.	Artigo
C	Câmara
CC	Código Civil
CEU	Conselho dos Urbanistas Europeus
CF	Constituição Federal
Ciam	Congresso Internacional de Arquitetura Moderna
CLT	Consolidação das Leis do Trabalho
Conama	Conselho Nacional do Meio Ambiente
ConCidades	Conselho das Cidades
Confea	Conselho Federal de Engenharia, Arquitetura e Agronomia
CP	Código Penal
CPC	Código de Processo Civil
CPI	Comissão Parlamentar de Inquérito
CPP	Código do Processo Penal
Crea	Conselho Regional de Engenharia e Arquitetura
CTB	Código de Trânsito Brasileiro
CTN	Código Tributário Nacional

Denit	Departamento Nacional de Infraestrutura de Transportes
Dnaee	Departamento Nacional de Águas e Energia Elétrica
DNPM	Departamento Nacional de Produção Mineral
EC	Estatuto da Cidade
ECT	Empresa Brasileira de Correios e Telégrafos
EIA	Estudo de Impacto Ambiental
EIV	Estudo de Impacto de Vizinhança
EmC	Emenda Constitucional
FPE	Fundo de Participação dos Estados e do Distrito Federal
FPM	Fundo de Participação dos Municípios
Funasa	Fundação Nacional de Saúde
IBGE	Instituto Brasileiro de Geografia e Estatística
ICMS	Imposto sobre Operações Relativas à Circulação de Mercadorias e sobre Prestações de Serviços de Transporte Interestadual e Intermunicipal e de Comunicação
INPM	Instituto Nacional de Pesos e Medidas
INSS	Instituto Nacional de Seguridade Social
Ipea	Instituto de Pesquisa Aplicada
IPI	Imposto sobre Produtos Industrializados
Ippuc	Instituto de Pesquisa e Planejamento Urbano de Curitiba
Ippuj	Instituto de Pesquisa e Planejamento Urbano de Joinville
Ippul	Instituto de Pesquisa e Planejamento Urbano de Londrina
IPTU	Imposto Predial e Territorial Urbano
IPVA	Imposto sobre Propriedade de Veículos Automotores
IR	Imposto de Renda

ISS ou ISQN	Imposto sobre Serviços de Qualquer Natureza
ITBI	Imposto sobre Transmissão de Bens Imóveis por Ato Oneroso *Inter Vivos*
ITCD	Imposto de Transmissão *Causa Mortis* e Doação
ITR	Imposto Territorial Rural
IVVC	Imposto sobre Vendas a Varejo dos Combustíveis Líquidos e Gasosos
J./j.	Julgamento
JTJ	Jurisprudência do Tribunal de Justiça
LC	Lei Complementar
LDO	Lei de Diretrizes Orçamentárias
LOA	Lei do Orçamento Anual
MP	Medida Provisória
MPE	Ministério Público Eleitoral
NPM	New Public Management (Nova Administração Pública)
ONGs	Organizações não governamentais
Oscip	Organizações da Sociedade Civil de Interesse Público
PDDI	Plano Diretor de Desenvolvimento Integrado
Petrobras	Petróleo Brasileiro S.A.
PL	Projeto de Lei
PPA	Plano Plurianual
RE	Recurso Extraordinário
RJTJSP	Revista Jurisprudência do Tribunal de Justiça de São Paulo
STF	Supremo Tribunal Federal
SUS	Sistema Único de Saúde
TCU	Tribunal de Contas da União
TSE	Tribunal Superior Eleitoral

Parte 1
O direito municipal

capítulo um

A organização política do município*

---

* Este capítulo é baseado em Bernardi (2006).

Conteúdos do capítulo:

- Como o município surgiu e se tornou legítimo dentro da organização de uma nação;
- A estrutura política do município como ente federativo autônomo no Brasil;
- As leis que definem e determinam a organização municipal;
- Responsabilidades e competências de âmbito municipal;
- A importância da Lei Orgânica Municipal.

Após a leitura deste capítulo, você será capaz de:

1. reconhecer os aspectos legais constitutivos da organização política do município brasileiro;
2. estabelecer a conexão entre as responsabilidades dos governos municipais e as dos estados e do país;
3. descrever os aspectos de abrangência de uma organização municipal;
4. situar os fatores de competência e responsabilidade de um município.

A nossa abordagem dos aspectos relativos ao direito municipal começa pela descrição da organização política do município, uma vez que esta fornece o suporte para entendermos os demais aspectos. O município é um ente federativo que, segundo a doutrina, é constituído por três elementos essenciais: o TERRITÓRIO, o POVO e o PODER. O TERRITÓRIO é a base geográfica, com suas divisas políticas estabelecendo os limites até onde vai sua jurisdição. O POVO é o elemento humano, são as pessoas que habitam o território e ali exercem suas atividades, cívicas ou não. E o PODER é o exercício das atividades políticas e de governo pelas autoridades.

Nesse sentido, Losa (1999) explica que o conjunto de autoridades que configuram o governo do município, em suas respectivas funções, constitui o poder do nível governativo local.

✦ O município é um ente federativo que, segundo a doutrina, é constituído por três elementos essenciais: o território, o povo e o poder. ✦

✦ A origem mais remota do município está na predisposição natural do homem de viver em comunidade. Há, portanto, bases naturais e sociológicas que antecedem a estruturação jurídica. Braz (2001) afirma que os "clãs sedentários definiram os primeiros aglomerados com base territorial, que se estendia até os limites da caça e da pesca e, mais tarde, das pastagens para rebanhos" (p. 29). ✦

Com a estrutura que apresenta e com a qual é conhecido atualmente, o município remonta ao período republicano de Roma. Lisboa, atual capital de Portugal, é considerada o primeiro município criado pelos romanos. O município foi a forma de organização política escolhida, por representar a cidade autônoma, governada por seus próprios habitantes, e não por um representante de Roma, como ocorria em determinadas regiões, onde havia os cônsules e os governadores.

Para os romanos, essas comunidades (as governadas por seus próprios habitantes) possuíam *múnus, eris* – o que significa que dispunham de privilégios em relação às demais, daí o termo *município*. Conforme ensina Castro (1996, p. 26), "múnus, eris, quer dizer, na língua latina, dádivas, privilégios, e capere (capio, is, cepi, captum, ere), verbo latino que significa receber. Daí, o município etimologicamente explicado, aquela entidade que recebeu privilégios".

Romanos e gregos, ao contrário do que afirmam certos escritores modernos, não possuíam Estado nos moldes contemporâneos; o que havia eram cidades que dominavam outras cidades, formando impérios (Nunes, 1982). Embora exista nas obras de Platão e Aristóteles uma concepção de Estado, abstratamente considerado, não houve, entre os povos antigos, nenhuma organização social e política diferenciada das cidades, já que eles não chegaram a conceber outras formas de organização política. A POLIS era o mundo, e BÁRBARO tudo que lhe era estranho. Não ocorreu nem a gregos nem a romanos a possibilidade de várias cidades viverem unidas sob o mesmo governo (Nunes, 1982).

1.1 O surgimento do município no Brasil

Ao iniciarem a colonização no Brasil, os portugueses utilizaram a organização política das cidades (municípios) como forma de domínio e controle dos espaços conquistados. Naquela época, a urbanização serviu como instrumento para o poder da Coroa Portuguesa estender-se sobre as terras além-mar (Santos, 2003), pois, quando os portugueses chegaram, no ano de 1500, à terra de Pindorama – que, posteriormente, batizaram de Brasil –, havia um litoral com mais de sete mil quilômetros de extensão, fruto do Tratado de Tordesilhas*, para conquistar. E foi

> Ao iniciarem a colonização no Brasil, os portugueses utilizaram a organização política das cidades (municípios) como forma de domínio e controle dos espaços conquistados.

✦ ✦ ✦

* Acordo firmado em 1494, entre Portugal e Espanha, definindo critérios e limites para a posse dos territórios a serem descobertos.

justamente a partir da divisão em capitanias que nasceram as primeiras cidades brasileiras, já no século XVI, como uma política estratégica da Coroa Portuguesa para proteger e explorar as riquezas do território recém-descoberto.

No início, o contato entre os portugueses e os indígenas foi amistoso, o que permitiu, sem grandes problemas e dificuldades, o surgimento das primeiras feitorias*. Porém, com o passar do tempo, começaram os conflitos, principalmente entre tribos inimigas que se associavam aos colonizadores. Essas desavenças fizeram com que os primeiros povoados tivessem, além do caráter religioso, a preocupação de defesa. "Muros de fortes, perfis de igrejas. A casa grande do donatário, arranchações de colonos, aldeamentos indígenas. Em torno, a lavoura incipiente, as primeiras culturas de cana-de-açúcar" (Salgado, 1978, p. 27).

> As leis portuguesas sempre procuraram distinguir a área urbana da rural, ou do rocio, como forma de identificar claramente o que é urbano e o que é rural. Esse conceito vigora até os dias de hoje.

Assim, DESDE O PRINCÍPIO DA COLONIZAÇÃO, O MUNICÍPIO, NO BRASIL, TEM SIDO A UNIDADE DE PLANEJAMENTO URBANO. No início, adotou-se o modelo de cidade portuguesa, fixado pelas normas da Coroa, que ficaram conhecidas como *Ordenações Afonsinas, Manoelinas e Filipinas*, respectivamente, em homenagem aos reis dos períodos em que elas foram emitidas. As leis portuguesas sempre procuraram distinguir a área urbana da rural, ou do rocio, como forma de identificar claramente o que é urbano e o que é rural. Esse conceito vigora até os dias de hoje.

A partir disso, o modelo municipal português foi transplantado para o Brasil pelos primeiros colonizadores. Já em 1532, ao fundar São Vicente, que viria a ser a primeira cidade brasileira, Martim Afonso

---

* Colônias comerciais no estrangeiro, nas quais os soberanos estabeleciam casas para tratar dos seus negócios.

de Souza organizou o município elegendo os membros da Câmara Municipal – símbolo do poder político local – e construindo o pelourinho – símbolo da justiça.

Nesse contexto, para o historiador Marx (1991), durante o período colonial os municípios brasileiros eram ambientes onde se tratava das questões agrárias, do controle dos escravos e do escoamento da produção. Assim, embora não se direcionasse, necessariamente, para a defesa dos interesses da cidade e de seus habitantes, a administração do município (incluindo-se nela os oficiais da Câmara e as demais autoridades e servidores) representava, naquela época, a presença da autoridade, da Justiça, ou seja, do governo.

Aqui devemos abrir um parêntese para observar que, durante o período em que Portugal esteve sob o domínio do rei da Espanha (1580 a 1640), a urbanização brasileira sofreu forte influência do modelo das cidades espanholas que estavam surgindo em todo o continente americano. Conforme assinala Linhares (1992), os governadores das capitanias recebiam das autoridades espanholas os projetos de como as cidades e os burgos* deveriam ser edificados. Esse processo obedecia ao propósito ou à filosofia do governo espanhol em relação às terras do novo continente – o princípio da **ordem**.

Esse foi um aspecto até, de certa forma, obsessivo, que se estendeu para todas as áreas, e não só em relação às cidades: "ordem nos exércitos, ordem na igreja, ordem na administração dos bens reais" (Linhares, 1992, p. 171).

Pôr ordem para aproveitar, ao máximo, as possibilidades de extrair riquezas das novas terras, o que envolvia criar um desenho do espaço dos aglomerados populacionais e implantar leis.

✦ ✦ ✦

* "na Idade Média, fortaleza ou sítio fortificado, ocupado por uma guarnição militar e pelos civis necessários a sua manutenção, que, em caso de ataque inimigo, servia de abrigo às populações que viviam fora de suas muralhas. [Esse significado ampliou-se e passou a significar] aldeia, povoação ou vila formada a partir de um desses núcleos" (Houaiss; Villar; Franco, 2001).

No entanto, apesar do processo histórico a que fizemos referência, foi somente a partir da Constituição da República Federativa do Brasil de 1988* que o município tornou-se parte constitutiva da federação brasileira – isto é, unidade federativa – no mesmo nível dos estados e do Distrito Federal. Está descrito no art. 1º da Carta Magna** que "A República Federativa do Brasil, formada pela união indissolúvel dos Estados e Municípios e do Distrito Federal, constitui-se em Estado democrático de direito" (Brasil, 1988).

Nesse quadro, o município compreende uma parte urbana, a sede, ou a cidade, delimitada por uma lei municipal, a Lei do Perímetro Urbano, e outra rural, que abrange o restante de seu território.

1.2 O município e a legislação urbana brasileira

Observamos, portanto, pelo que foi estabelecido por lei, que a forma de organização política da cidade brasileira é o município. Constitui-se ele uma unidade que compõe a **Federação brasileira**, ao lado dos estados e do Distrito Federal, pois possui competências legais estabelecidas e goza de autonomia política, econômica e administrativa, que vai desde a escolha de seus governantes até a execução de atribuições que a Constituição lhe confere.

> A forma de Estado que se contrapõe à federativa é o Estado unitário, no qual o poder é centralizado e só o governo central possui autoridade legislativa. Nele, a competência para legislar está centralizada num só órgão legislativo.

✦ ✦ ✦

* Na sequência da obra, utilizaremos, via de regra, apenas o termo *Constituição*, quando nos referirmos à Constituição de 1988 e, quando a referenciarmos, usaremos a sigla CF.

* Carta Magna: sinônimo de *Constituição*. Em 1215, foi escrita a Magna Carta ("grande carta", em latim), limitando os poderes dos monarcas na Inglaterra. Esse documento é considerado o propulsor de um período histórico que levaria ao surgimento do constitucionalismo.

Ao analisar tal situação, Bonavides (2002) enfatiza o caráter federativo que a Constituição de 1988 outorgou ao município, classificando a dimensão atribuída a este como o maior de todos os avanços já ocorridos em todos os tempos na história constitucional brasileira. Chama atenção, ainda, para o fato de que houve uma inovação que deve esclarecer todas as dúvidas que havia na doutrina e na jurisprudência sobre a autonomia municipal quanto aos seus limites teóricos e objetivos. "No Brasil, com a explicitação feita na Carta de 1988, a autonomia municipal alcança uma dignidade federativa jamais lograda no direito positivo das Constituições antecedentes" (Bonavides, 2002, p. 312).

No entanto, alguns críticos do sistema vigente defendem a doutrina de que o município não se constitui em unidade federativa pelo fato de não possuir representação no Senado, argumento que não se sustenta, uma vez que o texto constitucional é muito claro quando coloca o município no mesmo nível dos estados membros e do Distrito Federal. A forma de federação é uma escolha política de organização estatal, e não necessariamente deve copiar o modelo americano.

No art. 18 da Constituição, repete-se o mandamento do art. 1º quando se estabelece que "A organização político-administrativa da República Federativa do Brasil compreende a União, os Estados, o Distrito Federal e os Municípios, todos autônomos". É, portanto, sob esse aspecto que a Constituição define os municípios como membros da federação. Concomitantemente,

> é quando se passa, então, a associar descentralização à municipalização, vinculando-a ao processo de autonomização das distintas esferas subnacionais entre si [...] [Outro fator que se observa é que] tampouco estados e municípios vêm se revelando capazes de definir com precisão suas atribuições diante das cerca de trinta competências concorrentes lá estipuladas, a grande maioria delas na área social. (Cohn, 1998, p. 153)

> ❖ É possível afirmar que há um pacto federativo e, nele, nenhum dos entes é superior ao outro em relação à autonomia estabelecida constitucionalmente.
>
> ❖ ❖ O que se discute aqui é a condição do município como organismo de terceiro grau (sendo o primeiro a União e o segundo os estados e o Distrito Federal) na qualidade de ente constitutivo da Federação. Vale ressaltar que não se trata de soberania, já que esta apenas a União detém, não sendo concedido tal privilégio aos estados membros e ao Distrito Federal, da mesma forma que esses últimos, os municípios, também possuem autonomia, ratificada em diversos momentos no texto constitucional.

É possível afirmar que há um pacto federativo e, nele, nenhum dos entes é superior ao outro em relação à autonomia estabelecida constitucionalmente. Cada um possui suas atribuições e competências, que são previstas na Carta Magna, bem como há certa conformidade entre eles. Da mesma maneira que os astros estão em harmonia no sistema solar, cada ente cumpre o seu papel, ou seja, aquele que foi preestabelecido pela Constituição. Todos estão no mesmo nível de igualdade, apesar de possuírem competências diferentes.

❖ ❖ ❖

> O Poder Público municipal é o município – unidade constitutiva da Federação brasileira (art. 1º, CF)–, que exerce o poder político em âmbito local, com autonomia.

❖ ❖ ❖

O município é caracterizado por um núcleo urbanizado – o perímetro urbano – que pode, em algumas unidades, abranger todo o território municipal, mas que, via de regra, é constituído por uma sede municipal – a cidade –, sendo que o restante do território possui caráter rural.

O art. 29 da Constituição trata da autonomia política ao estabelecer que o município deve elaborar a sua própria LEI ORGÂNICA, uma espécie de constituição municipal. Trata-se da maior lei que vigora dentro do espaço/território do município e que, entre outras disposições:

- organiza os dois poderes municipais, Legislativo e Executivo;
- fixa as competências do Poder Legislativo e de seus membros (os vereadores);
- estabelece o processo legislativo e a fiscalização contábil, financeira e orçamentária.

O município possui a competência de suplementar a legislação federal ou estadual naquilo que couber. Significa que, em temas sobre os quais a competência é concorrente ou comum (art. 23, CF), ou seja, naqueles em que mais de um ente da Federação tem o poder de legislar, o município também poderá ter suas próprias leis. Ainda está previsto constitucionalmente que a sociedade civil deverá participar por meio de suas associações representativas, do planejamento municipal. Também cabe salientar que os cidadãos podem apresentar projetos de lei diretamente para serem votados na Câmara Municipal, desde que 5% dos eleitores do município os subscrevam.

Aos municípios atribui-se a competência para legislar sobre assuntos de interesse local, visando ao ordenamento territorial, perante o planejamento e o controle do uso, do parcelamento e da ocupação do solo urbano.

Conforme a Constituição (art. 30, incisos I, II e VIII), aos municípios atribui-se a competência para legislar sobre assuntos de interesse local, visando ao ordenamento territorial, perante o planejamento e o controle do uso, parcelamento e ocupação do solo urbano.

Há ainda a Lei nº 6.766/1979 (Brasil, 1979), alterada pela Lei nº 9.785/1999 (Brasil, 1999a), portanto anterior à Constituição de 1988, que trata do parcelamento do solo urbano estabelecendo requisitos urbanísticos para a elaboração de projetos de loteamento e desmembramento, além dos procedimentos necessários para a sua aprovação e a forma de registro do solo urbano parcelado. Essa lei objetiva estabelecer padrões mínimos para o parcelamento do solo urbano e combater a especulação, assegurando ao poder público o controle sobre o espaço urbano. Determina ainda como os contratos devem ser elaborados e qual a penalidade para crimes contra a Administração Pública, praticados por quem parcela o solo urbano sem seguir as normas previstas na lei.

É salutar lembrar que a Constituição reserva ao capítulo "Da Política Urbana" apenas os arts. 182 e 183, os quais foram fruto de uma emenda de iniciativa popular e, portanto, resultado de anos de lutas populares para que o Poder Público reconhecesse o "direito à cidade" como fundamental e proporcionasse qualidade de vida e bem--estar aos seus habitantes. Nesse contexto, o art. 182 atribui ao município – como ente federativo – a responsabilidade de promover a política urbana de modo a ordenar o pleno desenvolvimento das funções sociais da cidade. Assim, pela primeira vez na história constitucional brasileira, são fixados princípios de política urbana.

O município na Federação

O município é pessoa jurídica de direito público interno e constitui-se numa entidade estatal de terceiro grau (primeiro grau, a União; segundo grau, os estados), que possui autonomia política, administrativa e financeira. Essa conceituação do município é encontrada no Código Civil* (art. 41, III), que identifica as pessoas jurídicas como de DIREITO PÚBLICO – interno ou externo – e de DIREITO PRIVADO.

♦ Podemos, portanto, dizer que os municípios são as células que vão formar os órgãos (estados) que compõem o corpo – a União, no caso, denominada de *República Federativa do Brasil*.
♦

♦ As pessoas jurídicas de DIREITO INTERNO são a União, os estados, o Distrito Federal, os territórios, os municípios, as autarquias e demais entidades de caráter público criadas por lei.
♦

♦ ♦ ♦

* Código Civil (CC): Lei nº 10.406/2002 (Brasil, 2002e).

A Constituição (art. 1º) ainda estabeleceu que o Brasil é uma república que adota o modelo federativo, composta de estados, municípios e do Distrito Federal.

República, do latim *res publica* (coisa pública), é uma forma de governo em que o chefe do poder máximo (presidente, primeiro-ministro, presidente do Conselho de Ministros etc.) é exercido, em determinado período, por um ou mais cidadãos, eleitos pela população.

"Federação, de oedus, foederis, significa aliança, pacto, união. Pois é a união da aliança, do pacto entre estados que ela nasce" (Temer, 1985, p. 45). Cada um dos entes federados possui capacidade legislativa, de acordo com sua competência, e há representantes deles no órgão legislativo federal.

A forma de Estado federativo implica a união de vários estados em torno de um governo central. Cada um deles goza de autonomia, porém não possuem soberania individualmente. Nesse caso, os estados perdem parte de sua autonomia, que passa a ser exercida por uma administração única – o governo federal.

Portanto, segundo o que preceitua a Constituição, a linha doutrinária adotada nesta obra é a que define o município como parte constitutiva da Federação brasileira, da mesma forma que os estados e o Distrito Federal. Podemos, portanto, dizer que os municípios são as células que vão formar os órgãos (estados) que compõem o corpo – a União – no caso, denominada de *República Federativa do Brasil*.

Esse mesmo princípio é repetido na Constituição – no Título III, que trata da Organização do Estado, especificamente no Capítulo I, "Da Organização Político-Administrativa", quando enfatiza, no art. 18, que "A organização político-administrativa da República Federativa do Brasil compreende a União, os Estados, o Distrito Federal e os Municípios, todos autônomos, nos termos da Constituição". Isso significa que cada um dos quatro entes da Federação – União, estados, Distrito Federal e municípios – possui autonomia fixada em termos de competências pela Constituição, ratificada em diversos momentos no texto constitucional.

A criação do município

A Constituição (art. 18, § 4º) atribuiu aos estados a capacidade de criar, incorporar, fundir e desmembrar municípios. Esse processo deve ocorrer por lei estadual, em período determinado por lei complementar federal, e dependerá de uma consulta prévia (plebiscito) às populações dos municípios envolvidos, depois de divulgados estudos de viabilidade municipal.

Sempre foi assim. Contudo, a Emenda Constitucional nº 15/1996 (Brasil, 1996a) dificultou a criação de municípios, uma vez que prevê uma lei complementar federal que ainda não foi aprovada (ano de 2011) e a divulgação de estudos de viabilidade municipal. Os parâmetros para tal estudo deverão estar contidos na norma federal.

É possível afirmar que o município nasce, basicamente, do desmembramento do território de um ou mais municípios. Normalmente, é um distrito administrativo que se desmembra da sede municipal. Este, por sua vez, atinge certo número de habitantes, apresenta algumas atividades urbanas, como comércio, indústria e serviços, e passa a ter viabilidade econômica com a arrecadação de tributos.

O DESMEMBRAMENTO também pode ocorrer quando uma parte do território de um município passa a fazer parte de outro município. Nesse caso, também ocorre a anexação do território desmembrado de um município limítrofe, que mantém a sua personalidade jurídica inalterada.

Já a INCORPORAÇÃO, segundo Meirelles (1993b, p. 60), "é a reunião de um município a outro, perdendo um deles a personalidade, que se integra na do território incorporador". O município que é integrado a outro desaparece, é extinto, deixa de existir como ente jurídico.

A FUSÃO se constitui na união de dois ou mais municípios em que ambos perdem as suas primitivas personalidades, surgindo um novo município com personalidade própria, diferente das dos que se fundiram. Não há, então, a prevalência de nenhuma delas no novo município.

O movimento emancipatório para a criação de um novo município surge quando a população se mobiliza, normalmente por meio de um abaixo-assinado, que, por sua vez, é encaminhado à Assembleia Legislativa na forma de um projeto que possa ser apresentado por um deputado. Por meio dese projeto, solicita-se ao Tribunal Eleitoral a realização de plebiscito e, uma vez aprovada a criação do novo município pela maioria absoluta da população consultada, o projeto é transformado em lei e, assim, nasce o município.

Pela redação original do parágrafo do art. 18 da Constituição, a criação, incorporação, fusão e desmembramento de municípios deveriam preservar a continuidade e a unidade histórico-cultural do ambiente urbano. Dentro desse contexto, a nova unidade administrativa nasceria mediante lei estadual e dependeria de consulta prévia (plebiscito), sendo que deveria ainda obedecer a requisitos previstos em lei complementar estadual.

Essas "facilidades" estabelecidas na Constituição para a criação de municípios fez com que, em poucos anos, de 1988 a 1996, o Brasil passasse de 4.263 municípios para 5.506, o que significa que, em menos de uma década, houve um aumento de 1.243 novos municípios.

No entanto, como vimos, com a aprovação da Emenda Constitucional nº 15/1996, dificultou-se a criação de novos municípios. Pela nova redação do parágrafo 4º do art. 18 da Constituição, deverá agora participar do plebiscito não apenas a população envolvida (eleitorado) da parcela territorial do município que formará a nova unidade administrativa, mas toda a população do território municipal. Mantida tal obrigatoriedade, prevê-se que ficará cada vez mais difícil a emancipação de novos municípios.

> **Questões para reflexão**
>
> A alternância dessas duas posturas em relação à criação de municípios gera em nós a necessidade de analisar os fatores envolvidos nesse processo. Alguns veem na multiplicação de municípios a possibilidade de uma administração mais caracterizada regionalmente, fator este combatido por outros cidadãos brasileiros, pois há situações em que o espaço geográfico elevado à condição de município levanta dúvidas sobre a sua capacidade para se organizar como tal. **E você, quais fatores já observou nos processos de criação de municípios? Qual situação acredita que atenda as necessidades de nossa sociedade?**

O Supremo Tribunal Federal (STF), em reiteradas decisões, tem suspendido leis estaduais que criam novos municípios por inconstitucionalidade, uma vez que a lei complementar federal que deve fixar os requisitos para criação deles, bem como o Estudo de Viabilidade Municipal não foram aprovados pelo Congresso Nacional.

Em ação direta de inconstitucionalidade, o STF, em 2002, suspendeu a eficácia de lei estadual (Lei nº 11.375/1999) do Rio Grande do Sul, que criava um município. Essa posição do Supremo tem sido reiterada em outros processos envolvendo a emancipação de municípios, como Balneário Rincão e Pescaria Brava (Santa Catarina), além das alterações de divisas de Moreira Sales (Paraná).

Deduzimos, portanto, que o objetivo da Emenda Constitucional nº 15/1996 tenha sido o de reduzir a criação desenfreada de municípios, envolvendo, além da questão territorial e populacional, as viabilidades municipais, que devem ser entendidas como questões de viabilidade econômico-financeira. Apesar dessas dificuldades para a criação de novos municípios, o Instituto Brasileiro de Geografia e Estatística (IBGE), em 2007, informou que existem, no Brasil, 5.564 municípios (IBGE, 2007).

O acréscimo de 57 novos municípios, mesmo após a emenda (em 1996 eram 5.506, em 2007 passaram a ser 5.564), foi viabilizado pelo fato de a criação deles, durante esses dez anos, não ter sido questionada na justiça. No entanto, nos casos em que se manifestou, o Poder Judiciário anulou as leis estaduais que criavam novos municípios.

Esse impasse jurídico foi finalmente solucionado pelo Congresso Nacional por meio da Emenda Constitucional nº 57 (Brasil, 2008) –, a qual convalidou todos os atos de criação, fusão, incorporação e desmembramento de municípios realizados pelos estados membros cuja lei tenha sido publicada até 31 de dezembro de 2006. O Congresso Nacional acrescentou, portanto, o art. 96 no Ato das Disposições Constitucionais Transitórias da Constituição (ADCT), nos seguintes termos: "Ficam convalidados os atos de criação, fusão, incorporação e desmembramento de Municípios, cuja lei tenha sido publicada até 31 de dezembro de 2006, atendidos os requisitos estabelecidos na legislação do respectivo Estado à época de sua criação" (Brasil, 1988).

A Lei Orgânica Municipal

A origem mais remota da Lei Orgânica Municipal encontra-se no Senado da Câmara, durante o período colonial brasileiro, quando as Ordenações Filipinas regulavam as atribuições judiciais e administrativas das câmaras. Mais recentemente, ela inspira-se nas *home rules charters* ou "cartas próprias" dos municípios norte-americanos (Godoy, 1990).

A condição ou capacidade de todos os municípios brasileiros estabelecerem a sua própria lei orgânica foi conquistada na Constituição de 1988 (art. 29, *caput*): "O Município reger-se-á por lei orgânica, votada em dois turnos, com interstício mínimo de dez dias, e aprovada por dois terços dos membros da Câmara Municipal, que a promulgará, atendidos os princípios estabelecidos nesta Constituição, na Constituição do respectivo estado [...]".

Anteriormente, apenas os municípios do Estado do Rio Grande do Sul e algumas capitais de outros estados, como Curitiba e Salvador, possuíam suas próprias leis orgânicas. Nesse sentido, observamos que, no Rio Grande do Sul, desde a sua primeira Constituição Estadual, os municípios sempre tiveram a capacidade de elaborar a sua própria lei, o que se constituiu em uma exceção no cenário nacional, uma vez que os demais municípios brasileiros regiam-se por leis orgânicas elaboradas e aprovadas pelas Assembleias Legislativas de seus respectivos estados.

A Lei Orgânica Municipal é a maior de todas as leis do município. Está para este como a Constituição está para a nação. É a lei básica, fundamental, a que rege e organiza o município. Todas as demais leis municipais estão em posição hierarquicamente inferior, ou seja, dependem dela e sofrem sua influência.

Autores como Meirelles (1993b) e Silva (2005) equiparam-na a uma Constituição Municipal. Estar capacitado a elaborar a sua própria lei orgânica, para o município, significa possuir o poder de auto-organização. Ou seja, a lei orgânica vai estabelecer a forma como ele se organiza, dentro dos princípios fixados pela Constituição Federal e pela Constituição do estado ao qual ele pertencer. No entanto, embora possua a prerrogativa de se auto-organizar, o município deve, ao aprovar a sua lei orgânica, obedecer aos princípios constitucionais. Caso isso não ocorra, a lei ou determinados artigos dela poderão ser considerados inconstitucionais pelo Judiciário.

✦ A Lei Orgânica Municipal é a maior de todas as leis do município. Está para este como a Constituição está para a nação. É a lei básica, fundamental, a que rege e organiza o município. Todas as demais leis municipais estão em posição hierarquicamente inferior, ou seja, dependem dela e sofrem sua influência. ✦

Embora quem elabore e aprove a Lei Orgânica Municipal sejam os vereadores que compõem a Câmara Municipal, eles não podem estabelecer no regimento interno, por exemplo, que, num primeiro turno, a votação da lei será por maioria (absoluta ou simples). Isso porque, para que seja válido o processo, em cada um dos turnos de votação deve haver sempre a aquiescência de dois terços dos vereadores. O mesmo deve ocorrer no procedimento de votação de emendas à lei orgânica, que deve ocorrer em dois turnos, com o interstício de dez dias entre uma e outra votação, sempre com a aprovação de dois terços dos membros da Câmara Municipal para que tenha validade.

Normalmente, no primeiro turno de votação, dependendo do regimento interno de cada câmara, os artigos são votados um a um, sendo que, no segundo turno, a votação é global. Quando houver emendas, estas deverão ser votadas individualmente no segundo turno.

A lei orgânica não depende de sanção do prefeito, que também não pode vetá-la. Aliás, o prefeito não tem nenhuma participação no seu processo de elaboração. Ele não pode, por exemplo, mandar um projeto de lei orgânica para a Câmara Municipal. Além disso, a Lei Orgânica Municipal é promulgada pela própria Câmara (assinada por todos os vereadores) e deve fixar claramente as competências exclusivas do município e aquelas compartilhadas com a União e o respectivo estado, bem como suplementar as legislações federal e estadual naquilo que lhe couber.

> Quanto à **estrutura** da Lei Orgânica Municipal, todas seguem, em maior ou menor proporção, a mesma estruturação de títulos, capítulos, seções e subseções, como na Constituição Federal. Evidentemente que a estrutura pode ser diferente da adotada por esta última; o que ela não pode é deixar de observar os princípios constitucionais gerais, aqueles que se encontram em todo o corpo constitucional, e os específicos, previstos nos arts. 29, 29-A, 30 e 31, Título III, Capítulo IV – "Dos Municípios".

Basicamente, uma lei orgânica municipal, como a de Curitiba*, possui um preâmbulo, a exemplo da Constituição Federal, e títulos que definem as abrangências da administração municipal, como: "Da Organização do Município", "Da Organização dos Poderes",

♦ ♦ ♦

* A Lei Orgânica Municipal de Curitiba está disponível em: <http://www.cmc.pr.gov.br/down/leiorganica.pdf>.

"Da Organização do Governo Municipal", "Da Tributação e dos Orçamentos", "Da Ordem Econômica e Social", "Das Disposições Finais e Transitórias", entre outros.

- **"Da Organização do Município"** – É o primeiro título, que situa o município no estado, a forma de soberania popular, os símbolos e as competências municipais etc.
- **"Da Organização dos Poderes"** – Nele estão estabelecidas as competências do Poder Legislativo – representado pela Câmara Municipal e exercido pelos vereadores – e do Poder Executivo, que tem, como chefe, o prefeito.
- **"Da Organização do Governo Municipal"** – Nele está prevista a organização municipal através da Administração direta, organizada por secretarias e autarquias, e da Administração indireta, composta de fundações públicas, sociedades de economia mista e empresas públicas. Além disso, esse título estabelece os princípios da administração municipal, dos bens municipais, das obras e serviços públicos e dos servidores públicos.
- **"Da Tributação e dos Orçamentos"** – É o título que prevê as fontes de renda do município: impostos, taxas, contribuições de melhoria e a sua forma de aplicação por meio do Plano Plurianual (PPA), da Lei de Diretrizes Orçamentárias (LDO) e da Lei do Orçamento Anual (LOA).
- **"Da Ordem Econômica e Social"** – Trata de política urbana, educação, saúde, assistência social, saneamento básico, habitação, meio ambiente, família, criança, adolescente, idoso etc.
- **"Das Disposições Finais e Transitórias"** – Nesse título, são estabelecidos prazos, por exemplo, para regulamentar artigos da lei orgânica, aprovar o regimento interno da Câmara, entre outros.

1.3 A autonomia municipal

Autonomia, na acepção que está sendo usada aqui – "autonomia municipal" –, segundo Silva (2005, p. 302), "é a capacidade de gerir os próprios negócios, dentro de um círculo prefixado por entidade superior". Isso significa que autonomia é uma característica de entes que compõem unidades administrativas de federações, ou seja, distingue-se daquelas oriundas de estados unitários, nos quais a entidade descentralizada possui o caráter autárquico. Também não se confunde com soberania, que é, no ensinamento de Cretella Júnior (1981, p. 99), "a faculdade de autodeterminação do Estado, faculdade que emana internamente, do povo, e que em seu nome se exerce".

Sendo a autonomia outorgada por uma entidade superior, não é, portanto, um poder originário. No caso brasileiro, a Constituição dá essa autonomia aos entes federados, quando estabelece a maneira como se organiza o Estado (República Federativa do Brasil). A soberania só se admite aos estados que possuem a capacidade de elaborar a sua própria Constituição sem interferência de outros povos, sendo essa capacidade reconhecida por outras nações. Já a AUTARQUIA, por sua vez, significa que os estados possuem certa capacidade de autoadministração dentro de um sistema jurídico, porém não possuem capacidade legislativa, ou seja, de fazer leis.

A autonomia municipal brasileira está determinada no art. 18 da Constituição, ao estabelecer que as unidades (União, estados, Distrito Federal e municípios) da organização política no Brasil são todas autônomas. A própria Constituição estabelece os termos de tal autonomia.

A autonomia municipal brasileira está determinada no art. 18 da Constituição, ao estabelecer que as unidades (União, estados, Distrito Federal e municípios) da organização política no Brasil são todas autônomas. A própria Constituição estabelece os termos de tal autonomia.

Essa liberdade se estabelece em três esferas: a política, a administrativa e a financeira. A AUTONOMIA POLÍTICA diz respeito à eleição do prefeito, do vice-prefeito e dos vereadores, além da competência para elaborar a sua própria lei orgânica; a ADMINISTRATIVA se refere à organização de serviços públicos a serem prestados à comunidade e ao regime jurídico do quadro de servidores; já a FINANCEIRA decorre da competência de estabelecer e arrecadar tributos (impostos, taxas, contribuições, tarifas), de participar da divisão dos tributos federais e estaduais e de dispor, ou seja, aplicar, as suas rendas.

Assim, concordamos com Custódio Filho (2000, p. 33), quando este afirma que:

> a autonomia municipal deve ser entendida como sua [do município] prerrogativa, atribuída no texto constitucional, de legislar, governar e administrar a comunidade local, sem estar obrigado a acatar a vontade dos outros membros da Federação, dentro dos limites fixados na Constituição Federal.

Isso é o que acontece no Brasil – Estado organizado dentro da concepção federativa, condição que é bem diferente da autonomia municipal dos estados unitários, pois, embora nestes os municípios também não se encontrem hierarquicamente vinculados ao poder central, já que suas competências são estabelecidas pela lei, eles possuem autonomia administrativa e não política. A respeito da condição de um município que faça parte de um Estado unitário, podemos observar o que ocorre no Chile.

Trata-se de um país unitário, onde, como Fernandez (2004) enfatiza, em nenhum caso a autonomia é política, pois os municípios fazem parte do Estado unitário, sendo que as competências destes são outorgadas pelo ordenamento jurídico.

As competências municipais

Falamos de autonomia; agora vamos nos debruçar sobre a significação de *competência*, situando o termo no âmbito da municipalidade. Conforme ensina Cretella Júnior (1981), podemos dizer que "competência é a faculdade de agir em determinados assuntos". O autor acrescenta que "o município é absoluto e tem primazia na esfera de sua respectiva competência; a lei municipal não é inferior à lei federal e a lei estadual não tem precedência ou primazia sobre a lei municipal" (p. 81-83).

> No Brasil, como Estado federativo, as competências são determinadas na Constituição para a União, os estados, o Distrito Federal e os municípios.

A atribuição de competências aos entes federados num Estado federativo está prevista no bojo da própria Constituição. Aliás, esta é uma característica que diferencia o Estado federativo do unitário. Enquanto no primeiro as competências são claramente definidas na Constituição, no segundo, o poder central edita uma norma infraconstitucional determinando competências aos entes locais.

No Brasil, como Estado federativo, as competências são determinadas na Constituição para a União, os estados, o Distrito Federal e os municípios.

A partir da Constituição de 1934, todas as Constituições brasileiras que se seguiram (1937, 1946, 1967 e 1988) passaram a especificar, em seus textos, as competências relativas aos municípios. Assim, a Constituição de 1988, no art. 25, parágrafo 1º, estabelece as competências de cada um dos três entes federados. As competências da União e dos municípios são explicitadas claramente nas normas constitucionais, enquanto as competências dos estados são residuais ou remanescentes. Dessa maneira, aquilo que não é competência da União e dos municípios é competência dos estados, conforme a regra: "são reservados aos estados as competências que não lhes sejam vedadas por esta Constituição".

Afinal, qual é o âmbito de competências do município?
Conforme estabelecido na Constituição de 1988, o município possui competências comuns com a União e os estados (art. 23), competências legislativas suplementares (art. 30, II) e competências próprias (art. 30).

Destacamos o fato de que a existência das competências comuns, fixadas pela Constituição, significa que, em determinados assuntos, é dever de agir tanto da União quanto dos estados, do Distrito Federal e dos municípios. Essa condição viabiliza o propósito de os entes confederados, em cooperação, promoverem **o equilíbrio do desenvolvimento e do bem-estar em âmbito nacional.**

São competências comuns, entre outras, ZELAR pela guarda da Constituição, das leis e das instituições democráticas; CONSERVAR o patrimônio público; CUIDAR da saúde, da assistência pública, da proteção e da garantia das pessoas portadoras de deficiência; PROTEGER o patrimônio histórico, artístico, cultural e natural – a natureza e o meio ambiente; PROMOVER a construção de moradias.

No âmbito das **competências exclusivas e expressas dos municípios**, encontramos, na Constituição, aquelas que se referem:
- à elaboração de sua lei orgânica (art. 29);
- à remuneração de seus agentes políticos (prefeito, vice-prefeito e vereadores – art. 29, V e VI);
- à faculdade de estabelecer seu próprio processo legislativo municipal (art. 29, XI);
- à condição de legislar sobre assuntos de interesse local (art. 30, I);
- à competência de suplementar as legislações federal e estadual (competência legislativa suplementar) naquilo que for permitido (art. 30, II);
- à faculdade de instituir e arrecadar os tributos municipais e aplicar suas rendas (art. 30, III);
- à condição de criar, organizar e suprimir distritos (art. 30, IV);

- à liberdade de organizar e prestar os serviços públicos municipais, ou seja, organizar a estrutura da Administração Pública municipal (art. 30, V).

também são competências municipais, de acordo a Constituição:
- instituir a política de administração de seus servidores – o regime jurídico (art. 39);
- instituir guardas municipais (art. 144, § 8º);
- aprovar o PPA, a LDO e a LOA (art. 165).

Além disso, é de competência dos municípios executar e promover a política de desenvolvimento urbano (arts. 182 e 183), o que se coaduna com a competência expressa de promoção do ordenamento territorial por meio do planejamento, controle do uso, parcelamento e ocupação do solo urbano (art. 30, VIII).

No que concerne às competências do município na educação pré-escolar e fundamental (art. 30, VI) e na prestação de serviço de atendimento à saúde (art. 30, VII), é importante observarmos que, embora sejam competências expressas, a Constituição estabelece que deve haver a colaboração técnica e financeira da União e dos estados.

De forma similar, essa interconexão dos entes federados ocorre em relação à competência municipal de proteger o patrimônio histórico-cultural localizado no município, pois deve ser realizada sob a fiscalização federal e estadual, bem como em observância à legislação dessas duas esferas governamentais (art. 30, IX).

A intervenção no município

O termo *intervenção* vem do latim *interventione*, que significa "ato de intervir", ou seja, uma interferência de um ente em outro para restaurar uma determinada situação considerada regular. A intervenção do estado no município é o remédio encontrado no modelo de governo federativo para corrigir uma anomalia (uma situação anormal no ente federado), com o objetivo de restabelecer a ordem legal. O mesmo princípio se aplica na intervenção da União nos estados.

A intervenção atinge a autonomia municipal, porém não fere o pacto federativo, uma vez que se trata de uma medida corretiva prevista pela Constituição para proteger a Administração Pública e os administrados de atos irregulares de gestão.

Os estados poderão intervir nos municípios em situações de extrema gravidade para corrigir distorções de ordem administrativa e política, que, por sua vez, podem levar a gestão municipal ao caos. São quatro as situações previstas na Constituição que determinam, ou mesmo autorizam, a intervenção do estado no município. Dessa forma, em seu art. 35, o texto constitucional declara que o estado não irá intervir em seus municípios – o mesmo acontecendo com a União, que não irá intervir nos municípios sob sua competência, ou seja, aqueles localizados em território federal, exceto quando:

> A intervenção atinge a autonomia municipal, porém não fere o pacto federativo, uma vez que se trata de uma medida corretiva prevista pela Constituição para proteger a Administração Pública e os administrados de atos irregulares de gestão.

[...]

I – deixar de ser paga, sem motivo de força maior, por dois anos consecutivos, a dívida fundada;

II – não forem prestadas contas devidas, na forma da lei;

III – não tiver sido aplicado o mínimo exigido da receita municipal na manutenção e desenvolvimento do ensino e nas ações e serviços públicos de saúde; (Redação dada pela Emenda Constitucional nº 29, de 2000)

IV – o Tribunal de Justiça der provimento à representação para assegurar a observância de princípios indicados na Constituição Estadual, ou para prover a execução de lei, de ordem ou de decisão judicial.

Destacamos aqui que, no modelo federal brasileiro, **a União não poderá, em nenhuma hipótese, intervir em municípios que constituam territórios de estados**. Apenas nos municípios localizados em territórios federais, onde faz o papel dos estados, é que ela poderá intervir pelos mesmos quatro motivos apresentados anteriormente.

A intervenção pode atingir os dois poderes municipais, Executivo (prefeito) e Legislativo (Câmara Municipal), ou apenas um deles. Quando surge algum dos motivos enumerados no art. 35, o governador do respectivo estado pode agir por meio de decreto interventivo, que deve estar devidamente fundamentado, indicando os motivos da intervenção, a amplitude, as condições de execução, o prazo que ela deve durar e, então, nomear um interventor (art. 36, § 1º).

O decreto que estabelece a intervenção no município deve ser submetido à apreciação da Assembleia Legislativa no prazo de 24 horas para ser referendado, procedimento este que fica dispensado quando o decreto se limita a suspender a execução de ato impugnado (art. 36, §§ 1º e 3º, CF). No caso de a Assembleia Legislativa encontrar-se em recesso, esta deve ser convocada – também no prazo de 24 horas – para referendar ou não o decreto interventivo (art. 36, § 2º).

Uma vez determinada a intervenção, o interventor começa a praticar os atos para corrigir as anomalias administrativas que a determinaram. Ele deve cessar a intervenção quando desaparecerem os motivos que ensejaram o ato interventivo. Assim, a situação no município volta à normalidade, com as autoridades retornando aos seus respectivos postos.

O interventor substitui a autoridade sob intervenção, seja o prefeito, seja o presidente da Câmara, até que a normalidade retorne ao município. Ele deve prestar contas de todos os seus atos, em relação às questões financeiras, ao governador e ao Tribunal de Contas. Dessa forma, o interventor pratica atos administrativos próprios do governo municipal, devendo respeitar a lei orgânica e a legislação municipal.

O primeiro motivo de intervenção do estado no município ocorre quando este deixa de pagar a dívida fundada por mais de dois anos. No entanto, embora o não pagamento dessa dívida por mais de 24 meses enseje o motivo de intervenção, há motivos de exceção que justificam a não aplicação dela em razão do atraso da dívida fundada. Isso acontece quando o motivo do atraso decorre de força maior*. Nesse caso, não pode haver intervenção, uma vez que força maior é algo que foge do controle da administração municipal, e os efeitos do acontecimento não eram previsíveis nem possíveis de serem evitados ou impedidos.

> **O que é dívida fundada?**
> Dívida fundada, segundo o art. 98 da Lei nº 4.320/1964 (Brasil, 1964a), é a que compreende os compromissos de exigibilidade superior a 12 meses, contraídas para atender a um eventual desequilíbrio orçamentário ou para financiamento de obras públicas. Ela deve estar escriturada com a individuação e especificações que permitam verificar, a qualquer tempo, a posição do empréstimo (serviços de amortização e juros).

O segundo motivo para intervenção no município, conforme determinação da Constituição (art. 30, III e art. 31), ocorre quando aquele não presta contas conforme determina a lei. Ou seja, refere-se a situações em que o município, ao arrecadar os tributos que lhe competem, aplica as rendas, mas não presta contas e não publica os balancetes previstos em lei. Essa infração administrativa se expressa em procedimentos em que são desobedecidas as normas de fiscalização previstas pela Constituição, em seu art. 31, deixando o Poder Executivo de encaminhar os relatórios da execução orçamentária e de aplicar as suas rendas ao Tribunal de Contas da União e, consequentemente, à Câmara Municipal.

✦ ✦ ✦

* O Código Civil define *força maior* no parágrafo único do art. 393: "força maior verifica-se no fato necessário, cujos efeitos não era possível evitar ou impedir".

Entende Meirelles (1993b) como motivo de intervenção não as simples irregularidades na prestação das contas, mas a falta absoluta de prestação destas. As irregularidades podem ser corrigidas, e normalmente o são; já a ausência da prestação das contas torna-se uma desobediência ao mandamento constitucional.

O terceiro motivo, a falta de aplicação do mínimo exigido da receita municipal na manutenção e desenvolvimento do ensino e nas ações e serviços públicos de saúde, também é recorrente em muitas regiões.

Nesse contexto, o MÍNIMO PARA A EDUCAÇÃO é de 25% da receita proveniente dos impostos, incluindo-se aqui aquelas oriundas de transferência (art. 212, CF). Já o mínimo para a saúde corresponde ao percentual de 15% das receitas provenientes de vários impostos, sendo estes: Imposto Predial e Territorial Urbano (IPTU); Imposto sobre Serviços de Qualquer Natureza (ISQN ou ISS); Imposto sobre a Transmissão de Bens Imóveis *Inter Vivos*(ITBI); Fundo de Participação dos Municípios (FPM); 50% do Imposto Territorial Rural (ITR); 50% do Imposto sobre Veículos Automotores (IPVA); 25% do Imposto sobre Operações Relativas à Circulação de Mercadorias e sobre Prestações de Serviços de Transporte Interestadual e Intermunicipal e de Comunicação (ICMS) proporcional; além do Imposto de Renda (IR) retido na fonte e referente aos rendimentos pagos, conforme o que está previsto no art. 198 (§ 2º, III) da Constituição*.

O quarto e último motivo para a intervenção nos municípios refere-se à falta da observância de princípios indicados na Constituição Estadual ou em caso de descumprimento de lei, ordem ou decisão judicial. Nesses casos, o processo de intervenção ocorre

✦ ✦ ✦

* "[...] III – no caso dos municípios e do Distrito Federal, o produto da arrecadação dos impostos a que se refere o art. 156 e dos recursos de que tratam os arts. 158 e 159, inciso I, alínea b e § 3º. (Incluído pela Emenda Constitucional nº 29, de 2000)". (Brasil, 1988).

pelo Poder Judiciário, mediante representação do chefe do órgão do Ministério Público estadual. Assim, o Tribunal de Justiça é que vai determinar a intervenção, requerendo ao governador do estado que o faça por decreto. **Vamos analisar essas situações.**

Situação 1

A "falta de observância de princípio constitucional" significa que houve violação da Constituição Estadual. Ocorreu, portanto, uma afronta aos princípios constitucionais, o que deve ser corrigido. Exemplificando, a Câmara Municipal aprova uma emenda à lei orgânica, a qual suprime o princípio da independência dos poderes, estabelecendo que só o prefeito pode encaminhar projetos de lei e determinando que os vereadores deverão votar sempre favoravelmente. Uma norma como essa é totalmente inconstitucional e, portanto, se não for revogada, pode ser motivo de intervenção estadual.

Situação 2

Nesse caso o "município não está cumprindo uma norma à qual deve obedecer", seja ela municipal, estadual ou federal. Isso pode, então, configurar a necessidade de uma ação interventiva. Salientamos, nesse caso, que se a lei for municipal e flagrantemente inconstitucional, o prefeito pode deixar de cumpri-la, acionando a justiça para que seja declarada inconstitucional. Sendo assim, havendo uma ordem, um mandado judicial não cumprido ou uma decisão judicial também não cumprida – transitada em julgado –, pode ser requerido que o Tribunal de Justiça determine a intervenção no município.

Concluímos, portanto, que a intervenção do estado no município é uma medida extrema para a correção de uma anomalia político-administrativa. Só deve ser aplicada em último caso, de acordo com as situações previstas na Constituição, para que não se violem o pacto federativo e a autonomia municipal. Além disso, ela deve durar o tempo necessário para a correção da situação que causou a intervenção, nem mais, nem menos.

1.4 Dos bens municipais

A divisão entre bens públicos e privados vem do direito romano. Os bens eram: *res nullius*, aqueles que não eram de ninguém e pertenceriam a quem os pegasse, como as pérolas e os animais selvagens; *res communes*, os que não pertenciam a ninguém e não poderiam nunca pertencer a alguém, como o mar, as águas correntes; *res publicae*, os que pertenciam ao Estado, como lagos, rios e estradas; *res private*, os bens que pertenciam às pessoas particulares.

O Código Civil (art. 98) define como PÚBLICOS os bens de domínio nacional pertencentes às pessoas jurídicas de direito interno; todos os outros são PARTICULARES, seja qual for a pessoa a que pertencerem. São consideradas PESSOAS JURÍDICAS DE DIREITO INTERNO a União, os estados, o Distrito Federal e os territórios, os municípios e as demais entidades de caráter público criadas por lei (art. 41, CC). Portanto, qualquer ente que tenha caráter público e tenha sido criado por lei é pessoa jurídica de direito interno, incluindo-se aí as fundações e as empresas públicas, as empresas de economia mista e os serviços sociais autônomos.

A exemplo das pessoas físicas, como pessoa jurídica de direito público interno, o município, ao longo de sua existência, tem amealhado bens que vão constituir o patrimônio municipal. Esses bens são de toda natureza:

- **bens corpóreos ou materiais**, que podem ser imóveis (como terrenos, prédios), móveis (como veículos e computadores) ou semoventes (como animais: cavalos, bois, cães etc.);
- **bens incorpóreos ou imateriais**, aqueles de existência abstrata, como as propriedades literária, científica, artística, (direito) autoral e industrial, além de ações, créditos e outras.

São também bens do município aqueles que pertencem a entes que estão sob o domínio da municipalidade, ou seja, das autarquias municipais, das fundações e das empresas de economia mista. É dever da Administração Pública municipal administrar esses bens, levando em conta o interesse público. Essa capacidade de administrar já está implícita nas atribuições do gestor do patrimônio público, seja ele o prefeito, o secretário municipal, o diretor da autarquia ou da fundação, o presidente da empresa pública ou da de economia mista, ou o da Câmara. Normalmente, a lei orgânica estabelece que é competência do prefeito a administração dos bens municipais, não havendo a necessidade da criação de uma legislação específica para que isso ocorra.

Conforme o Código Civil (art. 99), são características dos bens públicos – entre eles, os bens municipais – a inalienabilidade, a imprescritibilidade e a impenhorabilidade.

Pela INALIENABILIDADE, os bens não devem ser vendidos enquanto possuírem essa característica, que só pode ser alterada por lei (art. 100, CC). Já a IMPRESCRITIBILIDADE determina que o bem público não pode ser objeto de usucapião (art. 183, § 3º e art. 191, parágrafo único, CF). Por fim, a IMPENHORABILIDADE refere-se ao bem que não pode ser penhorado para a cobrança de determinada dívida que o município possua com particulares ou outro ente público ou privado.

Há uma forma estabelecida em lei para a cobrança de dívida pública, que se dá por meio do precatório (art. 730, CF e art. 100, CPC*). Por outro lado, alguns bens municipais também possuem a característica da não oneração, ou seja, não podem ser agravados por hipoteca ou anticrese. Isso ocorre quando esses bens são impenhoráveis e inalienáveis, pois só "aquele que pode alienar poderá empenhar, hipotecar ou dar em anticrese; só os bens que se pode alienar poderão ser dados em penhor, anticrese ou hipoteca" (art. 1.420, CC).

♦ ♦ ♦

* Código de Processo Civil (CPC): Lei nº 5.869/1973 (Brasil, 1973a).

No entanto, os bens das entidades paraestatais, como fundações públicas, empresas públicas, empresas de economia mista e serviços sociais autônomos, podem ser gravados com garantias reais (hipoteca e anticrese), bem como sofrer penhora, no caso de execução de dívidas. Esses bens também podem ser alienados, sem que, para isso, seja necessária uma lei municipal autorizatória. Porém, eles estão sujeitos às normas de direito público no que diz respeito à imprescritibilidade e não podem ser adquiridos por usucapião.

Os bens públicos são classificados e exemplificados pelo Código Civil (art. 99) em três categorias: os de USO COMUM DO POVO, como rios, mares, estradas, ruas e praças; os de USO ESPECIAL, como determinados edifícios ou terrenos que são destinados ao serviço da Administração federal, estadual, territorial ou municipal e de suas autarquias; e, por fim, os DOMINICAIS, que constituem o patrimônio das pessoas jurídicas de direito público, como objetos de direito pessoal ou real.

◆ São características dos bens públicos – entre eles, os bens municipais – a inalienabilidade, a imprescritibilidade e a impenhorabilidade. ◆

Os bens de uso comum do povo

São de domínio público e podem ser utilizados por qualquer cidadão, a qualquer hora, independentemente da autorização de autoridade. Como o nome já diz, são de uso comum do povo, em geral. Dessa forma, as pessoas que utilizam esses bens são anônimas. Não há nenhuma ressalva e restrição para o seu uso. Além disso, o poder público não pode limitar a frequência de utilização dos bens.

O Código Civil estabelece que os bens de uso comum do povo são aqueles que a população pode utilizar livremente: as ruas, as praças, os parques públicos, as estradas, os rios, as praias, os lagos, as águas do mar, as ilhas oceânicas, entre outros.

A esses bens, segundo Meirelles (1993b, p. 232), "só se admitem regulamentações gerais, de ordem pública, preservadoras da segurança, da higiene, da saúde, da moral e dos bons costumes, sem particularizações de pessoas ou categorias sociais". Embora de uso comum do povo, esses bens estão sob a guarda, vigilância e administração da prefeitura. É o caso de ruas, praças, avenidas, parques e outros. Além disso, não estão sujeitos a registros imobiliários.

Os bens de uso especial

São os que constituem o patrimônio administrativo do Poder Público e destinam-se a oferecer conforto na execução dos serviços públicos colocados à disposição da comunidade. Esses bens podem ser imóveis (tais como edifícios onde funcionam a prefeitura, as repartições públicas, as escolas, os postos de saúde etc.) ou móveis (como os equipamentos e veículos que estão a serviço da própria Administração municipal para a consecução de seus objetivos). Vale ressaltar que a Administração também pode conceder, em determinadas condições, a utilização dos bens de uso especial a particulares.

Os bens dominicais

São bens que compõem o patrimônio público, mas podem ser utilizados para vários fins, inclusive a alienação. Destinam-se também à produção de renda para o município. Além disso, são os bens que a Administração Pública pode consumir, sendo que o município possui sobre eles poderes de proprietário. Exemplo: os materiais utilizados pela máquina administrativa e os insumos – como papel, tinta, combustível, material de limpeza e até o cafezinho dos servidores municipais. Incluem-se também nessa categoria as terras

✦ O Código Civil estabelece que os bens de uso comum do povo são aqueles que a população pode utilizar livremente: as ruas, as praças, os parques públicos, as estradas, os rios, as praias, os lagos, as águas do mar, as ilhas oceânicas, entre outros. ✦

devolutas, que pertencem à entidade pública, porém não possuem destinação específica.

Ainda a respeito dessa categoria de bens, Meirelles (1993a, p. 431) afirma que "todas as entidades públicas podem ter bens patrimoniais disponíveis, isto é, bens não destinados ao povo em geral, nem empregados no serviço público, os quais permanecem à disposição da administração para qualquer uso ou alienação, na forma que a lei autorizar".

1.5 Da cessão dos bens municipais

Os bens públicos municipais de uso especial podem ser utilizados por particulares, de acordo com o interesse da Administração Pública. A cessão desses bens é estabelecida em ato administrativo e possui caráter de exclusividade, privativo. Por isso, o cessionário não poderá consumi-los, destruí-los ou inutilizá-los, pois isso não seria mais a cessão, e sim a alienação dos bens.

Diversas são as formas administrativas de uso desses bens por particulares, que podem ser onerosas ou gratuitas, por tempo certo ou indeterminado, por simples ato ou contrato administrativo. A doutrina apresenta as seguintes formas de uso de bens especiais: autorização, permissão, concessão, cessão de uso e concessão de direito real de uso.

Autorização de uso

É um ato unilateral e discricionário da Administração, que cede o bem ao particular para que este o utilize com exclusividade, em caráter precário. Esta autorização não requer maior formalidade, uma vez que é transitória, não gera obrigação contra o Poder Público nem privilégios para quem a recebe. Para que isso seja válido, BASTA UMA SIMPLES AUTORIZAÇÃO POR ESCRITO. Por exemplo, a associação de moradores solicita à diretora da escola que ceda o auditório, em determinado dia e hora, para a realização de uma reunião.

Permissão de uso

A permissão deve ter como parâmetro o interesse da comunidade, não dependendo de autorização legislativa nem de licitação. Nesses casos, o município pode ter uma lei estabelecendo os critérios para a concessão e a forma de licitação que será adotada. Além disso, é necessário um ato próprio que fixe as condições que devem ser respeitadas pelo permissionário para que o uso seja permitido. Embora também seja um ato unilateral, discricionário e precário, diferencia-se da autorização de uso por possuir caráter negocial. Trata-se de um negócio; portanto, essa permissão pode ser gratuita ou onerosa para o particular e por tempo certo ou indeterminado.

✦ ✦ ✦

A permissão pode ser revogada a qualquer tempo pela Administração sem que gere indenização.

✦ ✦ ✦

No entanto, como é um ato negocial, que se encontra entre a autorização e a concessão, ela pode gerar direitos subjetivos que poderão ser reivindicados pelo permissionário na Justiça. Também a legislação municipal poderá fixar formas e critérios para que o permissionário possa ceder a sua permissão para terceiros. Exemplos disso são os pontos de comércio ambulante, feiras livres, feiras de artesanato, bancas de revistas etc.

Concessão de uso

Nessas situações, é necessário que a Administração municipal faça uma licitação para a concessão de uso de determinado bem a um particular. Realiza-se, então, um contrato entre o município e o particular para que este possa utilizar um bem público com exclusividade e com finalidade específica, como acontece, por exemplo, com as lojas em mercados, *shoppings* municipais, terminais rodoviários, entre outros. Possui caráter contratual permanente e também pode ser gratuito ou oneroso, por tempo determinado ou indeterminado.

É relevante salientar ainda que deve haver uma lei que estabeleça as normas da concessão, na qual são expressas as formas e os critérios para que o bem seja cedido a terceiros. Além disso, não se trata de uma concessão precária ou discricionária, pois obedece a regras fixas – próprias dos contratos administrativos, que geram direitos e obrigações entre as partes –, sendo que O INTERESSE PÚBLICO DEVE PREVALECER SEMPRE.

Cessão de uso

Ocorre quando a posse de um bem público é transmitida de forma gratuita de um para outro órgão público, por tempo certo ou indeterminado, devendo ser utilizado de acordo com condições pré-estabelecidas no termo próprio da cessão. Quando esta, por sua vez, ocorrer entre órgãos da Administração municipal, não dependerá de autorização legislativa; se, no entanto, acontecer entre órgãos de esferas diferentes, município e estado ou União, será necessária uma lei municipal autorizando-a. Na cessão de uso, apenas a posse do bem passa de um órgão para outro. Já o domínio continua com o órgão cedente. Trata-se de uma medida gratuita de colaboração entre os entes da Administração Pública.

Concessão de direito real de uso

É o contrato pelo qual o município transfere ao particular a posse de imóvel público para determinadas atividades específicas, como construção de moradia, fins comerciais, industriais, educacionais e agrícolas, entre outros. Conforme o Decreto-Lei nº 271/1967 (art. 7º), o direito é transferível por ato *inter vivos* ou sucessão e pode reverter à municipalidade caso não sejam cumpridas as finalidades estabelecidas no contrato de concessão (Brasil, 1967e). Voltaremos ao estudo desse assunto no Capítulo 7, mais especificamente no tópico "Concessão de uso especial para moradia e direito real de uso".

1.6 Da alienação dos bens

Chama-se *alienação* toda transferência da propriedade de um bem, seja ela remunerada ou não. De acordo com a necessidade e o interesse público, o município também pode dispor de seus bens, ou seja, aliená-los a particulares. As formas de alienação previstas em lei que podem ser aplicadas são: venda, permuta, doação, dação em pagamento, investidura, legitimação de posse ou concessão de domínio.

As normas estabelecidas em lei quanto à forma de transferência da propriedade de um bem imóvel público são a autorização legal específica, a avaliação prévia e a licitação, se for o caso. As normas de alienação dos bens móveis e semoventes são menos formais, embora haja também a exigência de avaliação. No entanto, a autorização prévia pode ser genérica, e o leilão pode ser utilizado como forma de licitação. No caso de bens móveis (veículos, computadores, móveis de escritório e outros) que sejam considerados inservíveis para a Administração, bastam a realização da avaliação prévia e o uso de regras gerais que evitem favoritismos.

Venda

Sua definição legal (art. 481, CC) estabelece que "um dos contratantes se obriga a transferir o domínio de certa coisa, e o outro, a pagar-lhe certo preço em dinheiro". A venda e a compra caracterizam um instituto de direito privado – regulamentado pelo Código Civil – que o município e todos os demais entes públicos utilizam para transmitir a propriedade de um bem.

> Chama-se *alienação* toda transferência da propriedade de um bem, seja ela remunerada ou não. De acordo com a necessidade e o interesse público, o município também pode dispor de seus bens, ou seja, aliená-los a particulares.

Quando a venda for:

- **de imóvel**, deve haver uma lei municipal autorizando o negócio e a avaliação, sendo que a forma é a licitação;
- **de bens móveis**, ela deve ser realizada mediante de leilão.

Nos imóveis de utilização comum do povo e de uso especial, a venda só é possível após a DESAFETAÇÃO, isto é, após ser realizado um ato que irá desfazer o vínculo jurídico e, portanto, determinar o fim do direito anterior de uso comum ou especial, por meio de lei do município.

Doação

A definição legal (art. 538, CC) considera doação o **contrato em que uma pessoa, por liberalidade, transfere o seu patrimônio, bens ou vantagens para outra**. Também é um contrato civil (não possui caráter administrativo) que ocorre por liberalidade do doador e deve, para se concretizar, ser aceito pelo donatário. Além disso, o doador pode estabelecer encargos ao donatário para que a transferência da propriedade ocorra. Nesse caso, não é necessária a licitação, porém deve haver uma lei autorizatória – quando se trata de imóveis – que fixará ou não a contrapartida do donatário. A doação pode ser revogada por ingratidão do donatário ou por inexecução do encargo (art. 555, CC). Isso ocorre quando o município doa equipamentos, móveis ou veículos, principalmente para entidades assistenciais.

Dação em pagamento

É quando o credor recebe do devedor uma coisa diversa para a quitação de uma dívida. O município pode, em vez de pagar a um credor determinada importância em moeda corrente, dar em pagamento um bem de sua propriedade, que pode ser um veículo ou um imóvel. A dação em pagamento exige que haja avaliação prévia e lei autorizando a entrega do bem para saldar a dívida.

Permuta

Permuta ou troca ocorre quando as partes entregam e recebem bens entre si. Não necessariamente esses bens devem ter exatamente o mesmo valor. Quando isso não ocorre, podem as partes convencionar que a que recebeu a menos ganhará o troco em dinheiro. Mesmo assim, isso não invalida o instituto de permuta, uma vez que o objetivo é cada parte receber o bem da outra. O município, nesse caso, não precisa fazer uma licitação, mas a permuta deve ser autorizada por lei e é necessário haver uma avaliação prévia dos bens a serem trocados.

A investidura

Investidura ou alienação por investidura é um instrumento do direito administrativo municipal e ocorre quando é feita a incorporação de imóvel público lindeiro e inconstruível por imóvel particular. Essa condição se estabelece quando uma pequena faixa de determinado imóvel público não pode ser utilizada individualmente para a construção de um prédio, seja pelo seu tamanho seja pelo seu formato. Nesse caso, a compra do imóvel público remanescente é um direito do confinante. Por essas características, não é exigida licitação na investidura, porém deve haver, por parte da prefeitura, uma avaliação, sendo que uma lei municipal precisa autorizar o negócio. A investidura pode ser feita por meio de escritura pública ou termo administrativo, considerando que a propriedade se transfere pela transcrição no registro de imóveis.

Legitimação da posse

Os municípios que possuem terras devolutas poderm legitimar a posse ou conceder o domínio aos particulares que nelas vivem e trabalham por meio de ato administrativo. As terras devolutas pertencem, inicialmente, aos estados, mas estes, por liberalidade, mediante leis estaduais, podem conceder determinadas áreas aos municípios.

Além de prevista na Constituição (art. 188), a legitimação de posse também se encontra na Lei nº 6.383/1976 (Brasil, 1976). Como primeiro ato, é concedido ao particular uma licença de ocupação. No entanto, devem ser obedecidos determinados critérios. Entre eles, a área deve ter até 100 hectares – e o possuidor precisa comprovar que mora e cultiva a terra de forma permanente há mais de um ano, que não é proprietário de imóvel rural e, ainda, que a exploração ocorre por meio do trabalho pessoal seu e de sua família.

1.7 Da incorporação de bens pelo município

O município, ao longo do tempo, vai adquirindo bens utilizados na realização de suas finalidades constitucionais, isto é, que são consumidos pela Administração ou incorporados ao seu patrimônio.

As formas de incorporações desses bens ao patrimônio municipal são: compra, desapropriação, arrematação, doação, dação em pagamento, herança jacente, usucapião, investidura, adjudicação, aprovação e registro de desmembramento e loteamento, reversão na extinção de concessão, instalação de novo município e outras aquisições por força de lei.

Compra

É a forma mais comum de aquisição de bens pelo município. Conforme a Lei das Licitações e Contratos (Lei nº 8.666/1993, art. 6º), a definição legal de compra é "toda aquisição remunerada de bens para fornecimento de uma só vez ou parceladamente" (Brasil, 1993). Isso significa que, quando ocorre a aquisição de bens pelo município e este remunera o fornecedor – à vista ou de forma parcelada –, ocorre uma compra. Para que esta seja processada, a Administração municipal deve observar algumas regras estabelecidas na lei que regulamenta a norma constitucional, determinando que as obras, os serviços, as compras e as alienações deverão ser contratados mediante processo público de licitação que assegure igualdade de condições a todos os concorrentes (art. 37, XXI, CF).

✦ ✦ ✦

Na aquisição dos bens, devem ser obedecidas as modalidades de licitação, que são a concorrência, a tomada de preços, o convite, o concurso e o leilão.

✦ ✦ ✦

De acordo com o valor da aquisição, é adotada uma modalidade de licitação. Nas compras de valor pequeno (até R$ 8.000,00) e em alguns casos especiais, a lei dispensa a licitação, uma vez que o processo poderá custar mais que o próprio valor da aquisição, além de emperrar a Administração, causando mais prejuízos do que benefícios.

Uma vez escolhida a modalidade de licitação, conforme a Lei nº 8.666/1993, em seu art. 15, as compras devem atender a determinados critérios, entre os quais se incluem a PADRONIZAÇÃO (com observância de especificações técnicas e de desempenho, bem como a manutenção, a assistência técnica e as garantias) e a ECONOMICIDADE (parcelamento), sendo que a aquisição e o pagamento devem obedecer a condições semelhantes às do setor privado.

Além disso, deve ser observada a especificação completa do bem a ser adquirido, sem que haja a indicação de marca, incluindo a definição das unidades e quantidades a serem adquiridas em função do consumo e utilização prováveis. Devem ser informadas também as condições de guarda e armazenamento que não permitam a deterioração do material.

O texto da lei ainda orienta que a Administração Pública mantenha uma pesquisa atualizada dos preços praticados pelo mercado (registro de preços) e por outros órgãos da Administração Pública. Assim, embora o município também possa ter a sua lei própria de licitações, esta deve obedecer às normas gerais – aqui resumidas – estabelecidas na legislação federal.

Desapropriação

A desapropriação é a forma compulsória que o município possui de incorporar uma propriedade particular ao seu patrimônio. Ela pode ser feita por utilidade pública ou interesse social, porém a Constituição assegura que deve haver uma justa e prévia indenização em dinheiro.

Está sujeito à desapropriação tudo aquilo que possa constituir--se em propriedade. Assim, a expropriação pode recair sobre bens imóveis e móveis, corpóreos, incorpóreos, assim como sobre direitos e ações de empresas. No entanto, bens que podem ser encontrados livremente no mercado e que, além disso, estão sendo comercializados não correm o risco de serem desapropriados. Se isso ocorrer, teremos uma fraude na licitação. A posse também pode ser desapropriada, sendo que os tribunais têm decidido que, nesses casos, o valor da indenização é de 60% do valor do bem.

Ao conceituar desapropriação, Gasparini (1992), afirma que ela é o modo pelo qual o Estado atua por meio de sua administração, no sentido de se apossar compulsoriamente do bem de outrem para suprir uma necessidade e uma utilidade pública ou, ainda, para satisfazer o interesse social. Isso é feito mediante indenização justa, previamente estabelecida, "salvo os casos que a própria Constituição enumera, em que o pagamento é feito em títulos da dívida pública (art. 182, § 4º, III) ou da dívida agrária (art. 184)" (p. 442).

A DESAPROPRIAÇÃO POR NECESSIDADE PÚBLICA pode ocorrer quando o município, vivendo uma situação excepcional, necessita de determinado bem para iniciar ou continuar uma atividade. Ocorre em casos de calamidade pública, como uma enchente.

Já no caso de utilidade pública, a desapropriação é feita para solucionar uma situação normal. Nesse caso, no entanto, o bem também é conveniente e trará vantagens ao Poder Público, como a abertura de uma rua.

Por fim, a DESAPROPRIAÇÃO VISANDO AO INTERESSE SOCIAL é aquela feita com o propósito de atender camadas menos favorecidas da população, como os trabalhadores rurais sem terra ou famílias faveladas que se encontram em áreas de risco. Isso ocorre em situações como a de desapropriação para a implantação de um conjunto habitacional.

O Decreto-Lei nº 3.365/1941, em seu art. 5º (Brasil, 1941a), prevê como situações de utilidade pública:

[...]

a) a segurança nacional;

b) a defesa do Estado;

c) o socorro público em caso de calamidade;

d) a salubridade pública;

e) a criação e melhoramento de centros de população, seu abastecimento regular de meios de subsistência;

f) o aproveitamento industrial das minas e das jazidas minerais, das águas e da energia hidráulica;

g) a assistência pública, as obras de higiene e decoração, casas de saúde, clínicas, estações de clima e fontes medicinais;

h) a exploração ou a conservação dos serviços públicos;

i) a abertura, conservação e melhoramento de vias ou logradouros públicos; a execução de planos de urbanização; o parcelamento do solo, com ou sem edificação, para sua melhor utilização econômica, higiênica ou estética; a construção ou ampliação de distritos industriais; (Redação dada pela Lei nº 9.785, de 1999)

j) o funcionamento dos meios de transporte coletivo;

k) a preservação e conservação dos monumentos históricos e artísticos, isolados ou integrados em conjuntos urbanos ou rurais, bem como as medidas necessárias a manter-lhes e realçar-lhes os aspectos mais valiosos ou característicos e, ainda, a proteção de paisagens e locais particularmente dotados pela natureza;

l) a preservação e a conservação adequada de arquivos, documentos e outros bens móveis de valor histórico ou artístico;

m) a construção de edifícios públicos, monumentos comemorativos e cemitérios;

n) a criação de estádios, aeródromos ou campos de pouso para aeronaves;
o) a reedição ou divulgação de obra ou invento de natureza científica, artística ou literária;
p) os demais casos previstos por leis especiais.

A doutrina considera essa lista taxativa, não podendo os estados ou municípios ampliá-la ou diminuí-la. Além disso, a Administração Pública não pode fazer a expropriação por outros motivos que não sejam esses. Caso isso ocorra, a desapropriação será considerada nula.

A doutrina estabelece duas categorias de desapropriação:

- **a ordinária** (prevista no art. 5°, inciso XXIV, e no art. 182, parágrafo 4°, inciso III, da Constituição), que pode recair sobre qualquer tipo de bem (com algumas exceções previstas em lei) e é possível de ser implementada por todos os entes federados (União, estados, Distrito Federal e municípios); e
- **a desapropriação extraordinária** (prevista no art. 184 da Constituição), sendo que apenas a União pode desapropriar, para fins de reforma agrária, por interesse social, o imóvel rural que não esteja cumprindo a sua função social.

A União pode desapropriar bens dos estados, do Distrito Federal e dos municípios. Os primeiros, por sua vez, podem desapropriar bens dos últimos, porém estes não podem desapropriar bens nem dos estados, nem da União. Um estado também não pode desapropriar bens de outro(s) estado(s) ou de município(s) de outro(s) estado(s), da mesma forma que um município não pode desapropriar bens de outro(s) município(s).

Arrematação

Ela pode ser definida como um ato em que o bem penhorado judicialmente é adquirido em leilão por um terceiro, que pagará determinado valor. Este, por sua vez, será destinado a satisfazer os direitos do credor. Trata-se da transferência forçada de um bem que está conscrito, preso pela justiça, para o pagamento de uma dívida. O município poderá arrematar, em hasta pública, o bem que seja de seu interesse e sirva para suas finalidades. Nesse caso, a Administração Pública age como particular e deve sujeitar-se às normas estabelecidas pela justiça.

Adjudicação

Ocorre quando o próprio município requer a penhora do bem para satisfazer um crédito, sendo que não surgiu nenhum interessado em adquiri-lo em hasta pública. Assim, a Administração municipal pode requerer a adjudicação ao seu patrimônio. Esta, que está regulada no art. 24 da Lei nº 6.830/1980 (Brasil, 1980), ocorre em cobranças judiciais da dívida ativa da Fazenda Municipal e pode ocorrer antes do leilão e após este.

Antes do leilão, ela pode ser feita pelo preço da avaliação, se não houver embargos ou se estes forem rejeitados. Após o leilão, se não houver interessados pelo preço da avaliação e havendo licitantes interessados, existe a possibilidade de a adjudicação ser feita, preferencialmente, em igualdade de condições com a melhor oferta, no prazo de 30 dias.

Se o preço da avaliação ou a melhor oferta de um dos licitantes for superior aos créditos da Fazenda Pública, o juiz só poderá proceder à adjudicação se o município depositar a diferença em favor da parte executada.

Doação

Da mesma maneira que o município pode doar um bem, ele também pode receber bens em doação. É comum, em municípios rurais, determinado proprietário doar o terreno para a construção de uma escola, de um posto de saúde, de um campo de futebol, entre outros espaços, para a comunidade. Para que ele receba um bem em doação, não é necessário que haja uma lei municipal que autorize esse processo. Nesses casos, só se exige uma avaliação do bem e lei autorizatória, se a doação for feita com encargos para o município.

Dação em pagamento

O município pode receber um bem pelo processo da DAÇÃO EM PAGAMENTO, porém, nesse caso, exige-se lei municipal autorizatória, precedida de prévia avaliação. A Administração Pública, de modo geral, tem evitado receber bens de dação em pagamento, já que, uma vez recebido o bem, é difícil transformá-lo em dinheiro para cumprir com as suas obrigações financeiras.

Herança

O município pode herdar o patrimônio de determinada pessoa, se for esta a última vontade expressa em testamento. Nesse caso, a municipalidade recebe um ou vários bens, deixados pelo *de cujus*, que é também denominado de *legado*. Esse procedimento deve obedecer às regras estabelecidas pelo Código Civil (art. 1.912 a 1.946). Não é necessário lei autorizatória para receber o legado, devendo o município arcar com as despesas da transferência do bem, caso o testamento não estabeleça nenhuma condição para a entrega.

O testador pode deixar para o município várias espécies de legados: a) de coisa genérica; b) de coisa ou quantidade localizada; c) de crédito ou quitação de dívida; d) de alimentos; e) de usufruto; f) de objeto móvel (Leite, 2004, p. 230-231).

Ressaltamos ainda que uma pessoa pode destinar a terceiros, em testamento, apenas 50% de seu patrimônio; a outra metade pertence aos herdeiros necessários, em pleno direito, que são os descendentes, os ascendentes e o cônjuge, que, por sua vez, se constitui "na legítima".

Herança jacente

O município também pode herdar bens de particulares quando a herança fica jacente e é declarada vacante. Isso ocorre no caso de alguém morrer e não deixar testamento nem herdeiros. Trata-se da herança de indivíduos cujos herdeiros não são conhecidos, daqueles que não os têm ou daqueles que os têm ilegítimos e sem direito a ela.

Essa herança é arrecadada de acordo com as normas legais, ficando sob a guarda e a administração de um curador, tornando--se jacente. Após os trâmites, ela é, então, declarada judicialmente vacante. Essa situação se concretiza quando, após cinco anos da abertura da sucessão, os bens arrecadados, não surgindo nenhum herdeiro necessário ou testamentário, passam ao domínio do município ou do Distrito Federal, se for o caso; ou, ainda, são incorporados ao domínio da União, quando situados em município de território federal (art. 1.822, CC).

Resgate

Outro instituto do direito privado, a enfiteuse*, também permite ao município incorporar bens ao seu patrimônio. Conforme o art. 678 da Lei nº 3.071/1916 (Brasil, 1916), a enfiteuse, aforamento ou emprazamento ocorre "quando, por ato, entre vivos ou de última vontade, o proprietário atribui a outrem o domínio útil de imóvel, pagando a pessoa, que o adquire, e assim se constitui enfiteuta, ao senhorio direto uma pensão, ou foro, anual certo e invariável".

O resgate é, portanto, a forma legal de extinção da enfiteuse. É necessário que, nesse caso, sejam observadas as determinações da Lei nº 3.071/1916, arts. 686, 691, 692 e 693, conforme transcrevemos.

> [...]
>
> Art. 686. Sempre que se realizar a transferência do domínio útil, por venda ou dação em pagamento, o senhorio direto, que não usar da opção, terá direito de receber do alienante o laudêmio,

♦ ♦ ♦

* "Enfiteuse: direito real em contrato perpétuo, alienável e transferível para os herdeiros, pelo qual o proprietário atribui a outrem o domínio vital de imóvel, contra o pagamento de uma pensão anual certa e invariável (aforamento)" (Houaiss; Villar; Franco, 2001).

que será de 2,5% (dois e meio por cento) sobre o preço da alienação, se outro não se tiver fixado no título de aforamento. [...]

Art. 691. Se o enfiteuta* pretender abandonar gratuitamente ao senhorio o prédio aforado, poderão opor-se os credores prejudicados com o abandono, prestando caução pelas pensões futuras, até que sejam pagos de suas dívidas.

Art. 692. A enfiteuse extingue-se:

I – pela natural deterioração do prédio aforado, quando chegue a não valer o capital correspondente ao foro e mais um quinto deste;

II – pelo comisso, deixando o foreiro de pagar as pensões devidas, por 3 (três) anos consecutivos, caso em que o senhorio o indenizará das benfeitorias necessárias;

III – falecendo o enfiteuta, sem herdeiros, salvo o direito dos credores.

Art. 693. Todos os aforamentos, salvo acordo entre as partes, são resgatáveis 30 (trinta) anos depois de constituídos, mediante pagamento de 20 (vinte) pensões anuais pelo foreiro, que não poderá no seu contrato renunciar o direito ao resgate, nem contrariar as disposições imperativas deste capítulo.

De acordo com o novo Código Civil (art. 2.038), está proibida a constituição de enfiteuses e subenfiteuses, devendo as atuais permanecer, até a sua extinção, sob a vigência do Código Civil de 1916.

Usucapião

O município também pode adquirir o domínio de um bem por usucapião, da mesma maneira que as pessoas físicas ou jurídicas o fazem. No caso dos bens imóveis, decorridos 15 anos – sem interrupção nem oposição –, se o município possuir determinado bem, irá

✦ ✦ ✦

* "Enfieuta: aquele que recebe propriedade mediante enfiteuse" (Houaiss; Villar; Franco, 2001).

adquirir também a sua propriedade, independentemente de título e boa-fé (art. 1.238, CC).

Ainda em relação aos bens móveis, adquire-se uma propriedade por usucapião após a posse da coisa por 3 anos – tendo-a como contínua e incontestadamente –, com justo título e boa-fé, e após 5 anos, independentemente de título ou boa-fé. Em ambos os casos, o município pode requerer ao Judiciário que declare a propriedade do bem imóvel ou da coisa para o patrimônio municipal.

Investidura

Da mesma maneira que o município pode vender o imóvel por investidura, ele também pode comprar pelo mesmo instituto jurídico. No caso inverso, o proprietário que possui um pedaço de terreno em que não se pode edificar – oriundo de ação urbanística municipal –, como o alinhamento de rua ou de praça –, ao lado de um imóvel público, tem a possibilidade de obrigar a prefeitura a incorporar esse imóvel ao patrimônio do município, pagando o preço justo.

Aprovação e registro de desmembramento e loteamento

Outra forma de o município adquirir bens ocorre quando são aprovados e registrados desmembramentos e loteamentos. Nesse caso, quando se procede ao registro, as vias públicas (ruas, avenidas, bulevares, travessas etc.), as praças, os parques, os jardinetes, os espaços livres e as áreas destinadas a equipamentos urbanos e a prédios públicos, além de outros equipamentos que fazem parte do projeto e do memorial descritivo, tornam-se, automaticamente, propriedades municipais (art. 22*, Lei nº 6.766/1979).

♦ ♦ ♦

* "Art. 22. Desde a data de registro do loteamento, passam a integrar o domínio do Município as vias e praças, os espaços, livres e as áreas destinadas a edifícios públicos e outros equipamentos urbanos, constantes do projeto e do memorial descritivo." (Brasil, 1979).

Reversão na extinção de concessão

Quando for extinta uma concessão ou permissão de serviço público e o capital investido pelo concessionário tiver sido amortizado, retornam ao município os bens que estavam vinculados na sua execução. Essa é, então, outra forma de o município incorporar bens ao seu patrimônio. Podemos observar esse tipo de concessão com bastante frequência, pois é usual que um particular receba a concessão para explorar, por exemplo, o Mercado Municipal por cerca de 30 anos (como é o caso do mercado de Curitiba). Decorrido o prazo de concessão, o imóvel volta para o município.

Instalação de novo município

Refere-se a situações em que, na instalação de um novo município, todo o patrimônio do município-mãe que esteja situado em seu território passa para ele, isto é, os equipamentos públicos, como escolas, postos de saúde, prédios, praças, parques e vias públicas. A lei estadual que criar o município deve regular essa situação, obedecendo a parâmetros fixados em lei complementar federal (art. 18, § 4º, CF):

> [...] A criação, a incorporação, a fusão e o desmembramento de Municípios preservarão a continuidade e a unidade histórico-cultural do ambiente urbano, far-se-ão por lei estadual, obedecidos os requisitos previstos em lei complementar estadual, e dependerão de consulta prévia, mediante plebiscito, às populações diretamente interessadas.

Aquisições por força de lei

As leis federais ou estaduais podem transferir bens da União e dos estados para os municípios. Nessas situações, as aquisições ocorrem por força de lei. Isso acontece quando, por exemplo, uma lei federal transfere para os municípios cortados por uma ferrovia (federal) os imóveis da União que estejam situados ao longo dessa via de transporte.

Síntese

O município, este ente federado cujas origens estão na tendência natural do homem de viver em sociedade, apresenta, hoje, uma estrutura similar à dos estados e da própria Federação. O nível de subordinação à União e ao estado membro ao qual o município pertence está fixado na Constituição, dispondo ele de total autonomia em relação às suas próprias áreas de competência. Essa situação é devidamente configurada no texto constitucional ao estabelecer que o município possui competências comuns com a União e os estados (art. 23), sendo elas legislativas suplementares (art. 30, II) e próprias (art. 30). Nessa conjuntura, a possibilidade de elaborar a sua própria lei orgânica, de acordo com os princípios fixados na Carta Magna, fortaleceu o papel dos municípios no contexto organizacional e no âmbito das responsabilidades em relação aos bens e interesses públicos. O espaço das competências municipais nas áreas administrativas, políticas e financeiras está, portanto, limitado ao território geográfico de cada município.

Questões para revisão

1. Quais os aspectos legais que nos permitem dizer que a forma de organização política da cidade brasileira é o município?
2. Você já deve ter ouvido falar da importância da lei orgânica na estrutura administrativa dos municípios brasileiros. Qual o texto de lei que determinou oficialmente que cada município deveria reger-se por uma lei orgânica própria?
3. Conforme você viu em nosso estudo, o Código Civil (art. 98) define como públicos "os bens do domínio nacional pertencentes às pessoas jurídicas de direito interno; todos os outros são particulares, seja qual for a pessoa a que pertencerem". Lembrando que são considerados pessoas jurídicas de direito

interno a União, os estados, o Distrito Federal e os territórios, os municípios e as demais entidades de caráter público criadas por lei (art. 41, CC), quais os bens que constituem o patrimônio municipal?
4. Quais são as características dos bens públicos na definição do Código Civil?
5. Há situações em que particulares fazem uso de bens públicos? Quais são as formas administrativas para tal uso?

capítulo dois

Os poderes municipais

Conteúdos do capítulo:

- Estrutura, atribuições e competências dos Poderes Legislativo e Executivo;
- A figura gerencial do prefeito e do vice-prefeito;
- As atribuições e competências dos vereadores;
- As competências e a abrangência da prefeitura e da Câmara Municipal.

Após a leitura deste capítulo, você será capaz de:

1. delimitar as áreas de competência legal do Executivo e do Legislativo;
2. diferenciar as atribuições do prefeito e do vice-prefeito, bem como as dos vereadores;
3. descrever os trâmites operacionais da Câmara Municipal e da prefeitura;
4. estabelecer as conexões entre as competências legais do âmbito do Legislativo e do Executivo e vice-versa.

O município, como unidade federativa com autonomia para organizar o próprio governo de acordo com a sua esfera de competência, possui poder sobre a população e os bens que se encontram dentro de seus limites territoriais.

O poder municipal está assegurado na Constituição (Capítulo IV – "Dos Municípios", arts. 29, 30 e 31), na qual está prevista a forma da organização do município por meio de lei orgânica, as suas competências legais e a maneira como são fiscalizados os atos administrativos que o envolvem (Brasil, 1988).

Conforme foi visto anteriormente, o poder municipal antecede o do Estado brasileiro, que só surgiu com a independência, em função da própria autonomia que possuíam as câmaras desde o período colonial. Podemos dizer que ele tem origem no poder natural, o jusnaturalismo. Nesse sentido, Franco Sobrinho (1975) afirma que "o município objetivamente analisado, dentro de suas condições naturais de vida, é o governo local, mais natural do que jurídico, mais humano do que democrático" (p. 195-196).

> O poder municipal divide-se em dois: Executivo e Legislativo. Nas outras duas esferas de poder (federal e estadual), ele está dividido em três, sendo que, além do Executivo e do Legislativo, há também o Judiciário, conforme formulado por Montesquieu, em *O espírito das leis*.

O poder municipal divide-se em dois: Executivo e Legislativo. Nas outras duas esferas de poder (federal e estadual), ele está dividido em três, sendo que, além do Executivo e do Legislativo, há também o Judiciário, conforme formulado por Montesquieu, em *O espírito das leis*.

O PODER EXECUTIVO no município é exercido pelo prefeito e por seu secretariado, e o Poder Legislativo, pela Câmara Municipal, por intermediário dos vereadores. Já o Poder Judiciário é atribuição da União e dos estados, de acordo com as competências estabelecidas para cada um pela Constituição e dentro dos limites de jurisdição.

Os Poderes Legislativo e Executivo devem ser independentes um do outro e harmônicos entre si, obedecendo ao princípio preceituado pela Constituição (art. 2º). Independência significa que um dos poderes não pode ficar submisso ao outro naquilo que é de sua competência. Cada poder possui suas atribuições e, se um dos poderes tiver ascendência sobre o outro, irá submeter este ao seu domínio. Dessa forma, o equilíbrio estará quebrado em prejuízo da ordem democrática.

A harmonia entre os poderes caracteriza-se pelo que a doutrina chama de *freios e contrapesos*. Ou seja, o direito de um poder termina onde começa o do outro; portanto, cada um deve respeitar o espaço e o limite do outro. Isso significa também que um não pode assumir as atribuições do outro. Por exemplo: a Câmara, com o seu orçamento, não pode construir e manter escolas. Além disso, o Executivo não pode fiscalizar as ações do Legislativo, estabelecendo prazos diferentes daqueles que a lei estabelece para que as matérias sejam votadas.

Em relação à harmonia entre os poderes, Silva (2005) afirma ser esta uma condição necessária "pelas normas de cortesia no trato recíproco e no respeito às prerrogativas e faculdades a que mutuamente todos têm direito" (p. 44). Ele também acrescenta que a independência não é absoluta e que sempre há uma certa interferência controlada de um poder no outro, objetivando o bem da comunidade. E é justamente aí que os freios e os contrapesos buscam promover o equilíbrio.

> Questões para reflexão
>
> Considerando o que você tem visto nestes últimos anos, principalmente no cenário dos poderes da esfera federal, **será que poderia afirmar que os governantes e/ou representantes do poder estão respeitando essas normas de harmonia entre os poderes?** Além disso, você acompanha os processos que ocorrem no seu município entre o Executivo e o Legislativo para saber se os seus componentes estão se relacionando com ética e observando os princípios e as prerrogativas que correspondem a cada âmbito do poder, para que sejamos, de fato, um sistema democrático? **Diante dos acontecimentos, daquilo que está diariamente nos canais de informação, será que podemos afirmar que nossos políticos estão preparados para a função que exercem?**

O prefeito possui poder de iniciativa sobre o projeto de determinadas matérias, como a lei orçamentária. Porém, os vereadores podem, dentro das regras, apresentar emendas. Se o prefeito não concordar com elas, pode vetá-las. Se a Câmara não concordar com o veto, pode derrubá-lo. Assim se estabelecem os pesos e os contrapesos, buscando a harmonia entre os poderes municipais e objetivando sempre o bem comum.

Acentua Meirelles (1993b, p. 519) que "cada um dos órgãos tem missão própria e privativa: a Câmara estabelece regras para a administração, a prefeitura as executa, convertendo o mandamento legal, genérico e abstrato, em atos administrativos, individuais e concretos". E concluiu o jurista que "nesta sinergia de funções é que residem a harmonia e independência entre os poderes".

2.1 O Poder Executivo municipal

O prefeito é o líder do Executivo municipal, o chefe do poder, o comandante máximo da prefeitura. No exercício da chefia desse poder, ele possui funções de ordem política, administrativa e, evidentemente, executiva, no sentido de dar cumprimento às normas emanadas do Poder Legislativo. O prefeito, no âmbito de suas atribuições, não está submetido a nenhum tipo de hierarquia, sendo que todos os demais componentes do Executivo (secretários,

> Acentua Meirelles (1993b, p. 519) que "cada um dos órgãos tem missão própria e privativa: a Câmara estabelece regras para a administração, a prefeitura as executa, convertendo o mandamento legal, genérico e abstrato, em atos administrativos, individuais e concretos". E concluiu o jurista que "nesta sinergia de funções é que residem a harmonia e independência entre os poderes".

diretores, funcionários) estão sob seu comando. Também não se submete à direção do presidente da República ou do governador do estado.

O PREFEITO É UM AGENTE POLÍTICO que, segundo Meirelles (1993b), constitui-se em um "componente do governo, investido de mandato, cargos, funções ou comissões, por eleição, nomeação, designação ou delegação para o exercício de funções constitucionais" (p. 521). Nesse sentido, ele tem liberdade de agir dentro dos limites que a lei lhe impõe. Além disso, deve prestar contas de seus atos à Câmara Municipal, já que os componentes desta (vereadores e funcionários) não estão sob o seu comando.

Como pessoa jurídica de direito público interno, o município tem, no prefeito, o seu representante legal – judicial e extrajudicialmente. Ele é eleito juntamente com o vice-prefeito – formando uma chapa única – pelo sistema majoritário, para um mandato de quatro anos, por meio de pleito direto – realizado simultaneamente em todo o Brasil –, podendo concorrer a uma única reeleição (art. 29, I e II, CF).

A eleição do prefeito e do vice é realizada sempre no primeiro domingo de outubro do ano que antecede o fim do mandato, e a posse ocorre em 1º de janeiro. Nos municípios com mais de 200 mil eleitores, se nenhum candidato obtiver 50% mais um dos votos válidos, haverá um segundo turno de eleições, 20 dias após a proclamação do resultado, o que tem feito com que a Justiça Eleitoral marque as eleições para o último domingo de outubro. Nesse pleito, concorrem somente os dois candidatos mais votados.

Os candidatos a prefeito e vice-prefeito só podem disputar a eleição se estiverem registrados em partidos políticos (a exceção é para militares e magistrados, que não precisam estar filiados a partidos, mas devem se desincompatibilizar de seus cargos); tiverem a idade mínima de 21 anos; estiverem no pleno gozo dos direitos políticos; forem alfabetizados e tiverem domicílio eleitoral no município, podendo ser brasileiros naturalizados (art. 14, CF). Em caso de coligação (art. 77, CF), os candidatos podem ser de partidos diferentes.

O prefeito e o vice-prefeito tomam posse em sessão da Câmara Municipal, prestando compromisso legal. Na Lei Orgânica do Município de Curitiba, encontramos uma exemplificação do que seja essa solenidade:

> Art. 66. O prefeito e o vice-prefeito tomarão posse em sessão solene, na Câmara Municipal, especialmente convocada para este fim.
>
> § 1º Ao prestar compromisso e ao deixar o cargo, o prefeito apresentará declaração de seus bens à Câmara Municipal.
>
> § 2º O prefeito prestará o seguinte compromisso: "Prometo defender e cumprir a Constituição da República Federativa do Brasil, a Constituição do Estado do Paraná, a Lei Orgânica do Município de Curitiba e as demais leis, desempenhando, com lealdade, o mandato que me foi outorgado e exercendo, com patriotismo, as funções do meu cargo". (Curitiba, 2007)

No entanto, se a posse não ocorrer no prazo de dez dias da data fixada para tal, o cargo será declarado vago, e será feita nova eleição. Nesse caso, a lei estabelece apenas motivo de força maior* para a não perda do cargo. Uma doença, por exemplo, pode impedir a posse do prefeito ou do vice-prefeito, caracterizando-se como força maior. Caso a saúde venha a ser restabelecida, o prefeito ou o vice-prefeito poderá tomar posse fora do prazo estabelecido.

O vice-prefeito substitui o prefeito em seus impedimentos e o sucede caso o cargo fique vago, sendo que as atribuições específicas do primeiro devem ser estabelecidas em lei complementar. Além disso, ele deve auxiliar o prefeito sempre que for convocado para missões especiais. Como um agente político eleito, o vice-prefeito poderá

✦ ✦ ✦

* *Força maior* é um fato ou acontecimento inevitável, que foge à vontade da pessoa, a qual não colaborou, de forma direta ou indireta, para que isso se desse.

ocupar o cargo de secretário, sem precisar se licenciar da função de vice e sem perder essa condição.

Se os cargos de prefeito e vice-prefeito ficarem vagos no período correspondente a 2 anos do término do mandato, assume o primeiro cargo o presidente da Câmara Municipal, levando em conta que, no prazo de 90 dias, deve ser efetuada nova eleição no município (art. 81, CF). Por outro lado, se a vacância dos cargos ocorrer nos últimos 2 anos de mandato, a Câmara Municipal, por intermédio de seus vereadores, por maioria absoluta, deve eleger o novo prefeito 30 dias após a abertura da última vaga. Em ambas as situações, os eleitos podem cumprir apenas o que restou do mandato de seus antecessores.

O prefeito e o vice-prefeito recebem uma remuneração estabelecida em lei por iniciativa da Comissão Executiva da Câmara Municipal. O valor desta deve obedecer a certos limites, não podendo exceder o subsídio em espécie dos ministros do Supremo Tribunal Federal – STF (art. 29, V; art. 37, XI, CF), assim como não deve ser em parcela única, sendo vedado qualquer tipo de acréscimo como verba de representação (art. 39, § 40, CF).

Das atribuições do prefeito

A chefia do Executivo passou para o prefeito, definitivamente, em todos os municípios brasileiros, só a partir da Constituição de 1934 mantendo-se nas Cartas Magnas posteriores. Antes, no período colonial e em parte do Império, essa lei função era exercida pelo presidente da Câmara, que, normalmente, era o vereador mais votado.

Foi em 1835 que a Província de São Paulo estabeleceu que os municípios deveriam ter um prefeito que fosse nomeado pelo presidente da província para administrar os negócios. O resultado foi tão positivo que o Regente Feijó, governante da época, sugeriu que outras províncias

✦ A doutrina atribui ao prefeito, além das funções políticas ou governamentais, funções administrativas e executivas. ✦

também adotassem a inovação paulista, o que ocorreu em Alagoas, Pernambuco e Ceará.

Durante o período da República Velha (1889 a 1930), não havia uniformidade quanto ao cargo de prefeito. Certos estados adotavam-no, outros, não, sendo que, em alguns, o cargo era preenchido por eleição e, em outros, por nomeação. Foi com a Constituição de 1934 que se alterou, em parte, esse cenário, pois essa lei, além de prever a existência do prefeito, apresentava a possibilidade de os estados o nomearem nas capitais e nas estâncias hidrominerais, além de as Câmaras o elegerem. Nesse contexto, cabia à lei orgânica do município (elaborada pelo respectivo estado onde ele estivesse situado) a competência para fixar a forma de eleição ou nomeação do prefeito pelo presidente do estado, conforme especificado no art. 13, que abrange outras questões relativas à autonomia do município, estabelecendo que:

> As funções executivas do prefeito podem ser resumidas em estabelecer, formular, planejar, traçar diretrizes, comandar, coordenar e controlar as políticas públicas para que os objetivos da Administração possam ser atingidos.

> Art 13. Os Municípios serão organizados de forma que lhes fique assegurada a autonomia em tudo quanto respeite ao seu peculiar interesse; e especialmente:
> I – a eletividade do Prefeito e dos Vereadores da Câmara Municipal, podendo aquele ser eleito por esta;
> II – a decretação dos seus impostos e taxas, a arrecadação e aplicação das suas rendas;
> III – a organização dos serviços de sua competência.
> § 1º O Prefeito poderá ser de nomeação do Governo do Estado no Município da Capital e nas estâncias hidrominerais.
> § 2º Além daqueles de que participam, ex vi dos arts. 8º, § 2º, e 10, parágrafo único, e dos que lhes forem transferidos pelo

Estado, pertencem aos Municípios:

I – o imposto de licenças;

II – os impostos predial e territorial urbanos, cobrado o primeiro sob a forma de décima ou de cédula de renda;

III – o imposto sobre diversões públicas;

IV – o imposto cedular sobre a renda de imóveis rurais;

V – as taxas sobre serviços municipais.

§ 3º É facultado ao Estado a criação de um órgão de assistência técnica à Administração municipal e fiscalização das suas finanças.

§ 4º Também lhe é permitido intervir nos Municípios a fim de lhes regularizar as finanças, quando se verificar impontualidade nos serviços de empréstimos garantidos pelos Estados, ou pela falta de pagamento da sua dívida fundada por dois anos consecutivos, observadas, naquilo em que forem aplicáveis, as normas do art. 12. (Brasil, 1934)

Com o advento da Constituição de 1988, ficou definido que as atribuições do prefeito estariam elencadas na lei orgânica de cada município. Essas se resumem, basicamente, às atividades de nomear e exonerar seus secretários e servidores; executar o orçamento; iniciar o processo legislativo; sancionar, promulgar e fazer publicar leis, decretos e outros atos municipais; vetar projetos de lei; dispor a respeito da organização e do funcionamento da Administração e do funcionalismo; prestar contas à Câmara; celebrar convênios; fixar preços de serviços públicos etc.

◆ Basicamente, são dois os motivos que o prefeito pode alegar em caso de veto: a inconstitucionalidade do projeto ou a sua contrariedade em relação aos interesses municipais. ◆

A doutrina atribui ao prefeito, além das funções políticas ou governamentais, funções administrativas e executivas.

Como líder político local, pois teria vencido as eleições, o prefeito deve buscar, se não tiver, o apoio da maioria dos vereadores da Câmara Municipal para que a sua administração possa ter governabilidade. Assim, os projetos de sua iniciativa serão aprovados pela Câmara e ele poderá implementar o seu plano de governo. Também, como líder político, o prefeito deve buscar o relacionamento com as outras esferas do poder, uma vez que, muitas vezes, os projetos de seu governo dependem de recursos estaduais e federais. Meirelles (1993b) classifica como atribuições governamentais "todas aquelas de condução dos negócios públicos, de opções políticas de conveniência e oportunidade na sua realização, e, por isso mesmo, insuscetíveis de controle por qualquer outro agente, órgão ou Poder" (p. 522).

O prefeito exercita o seu poder político sancionando ou vetando projetos de lei aprovados pela Câmara Municipal. Ele tem 15 dias para manifestar-se sobre a lei aprovada na Câmara: se sancionar, o projeto passa a ser lei; se vetar, volta para o Legislativo, com as razões do veto.

Basicamente, são dois os motivos que o prefeito pode alegar em caso de veto: a inconstitucionalidade do projeto ou a sua contrariedade em relação aos interesses municipais. Nesse processo, se o veto for mantido pela Câmara, o projeto vai para o arquivo e não tem efeito no mundo jurídico. Caso o veto seja derrubado, a nova lei deve ser promulgada pelo prefeito, sendo que, se este não o fizer no prazo legal, a promulgação será feita pelo presidente da Câmara.

✦ ✦ ✦

Já as atribuições administrativas do prefeito objetivam concretizar ações executivas do município, estando estas sempre sujeitas ao controle do Poder Judiciário e do Legislativo municipal.

✦ ✦ ✦

Essas ações podem ser executadas de forma delegada, isto é, pelos assessores, secretários e diretores do prefeito. Porém, é o prefeito que responde por elas, direta ou indiretamente. A atuação dele ocorre por meio de atos concretos, objetivos, seja no campo político, seja no campo administrativo. Entre as funções administrativas do prefeito, destaca-se a execução das leis e demais normas municipais, como decretos e atos municipais. Também é sua atribuição determinar a publicação dos atos oficiais, como leis, decretos, portarias, resoluções e regulamentos, no órgão oficial do município. CABE AINDA AO PREFEITO:

As funções executivas do prefeito podem ser resumidas em estabelecer, formular, planejar e traçar diretrizes, comandar, coordenar e controlar as políticas públicas para que os objetivos da Administração possam ser atingidos.

- impor sanções por violação de leis municipais;
- administrar o patrimônio público;
- arrecadar e proteger as receitas públicas;
- solicitar força policial e exercer o poder de polícia, quando isso for necessário para fazer cumprir o que determina a lei;
- desapropriar bens de particulares por interesses públicos;
- responder e despachar petições e certidões;
- prestar contas de suas ações ao Tribunal de Contas e à Câmara Municipal.

✦✦✦

A maioria das ações do prefeito ocorre mediante delegação de autoridade para seus secretários e destes para os diretores e gerentes dos diversos órgãos municipais.

✦✦✦

A Administração Pública funciona dessa forma, ou seja, os cargos são preenchidos por funcionários que possuem certas atribuições e incumbências dentro da estrutura para realizar determinadas tarefas. Portanto, é função do prefeito delegar atribuições aos seus auxiliares para que a Administração Pública cumpra seu papel, que é promover o bem-estar da população.

As funções executivas do prefeito podem ser resumidas em estabelecer, formular, planejar e traçar diretrizes, comandar, coordenar e controlar as políticas públicas para que os objetivos da Administração possam ser atingidos.

> **Funções políticas ou governamentais, funções administrativas e executivas. Por que tantas funções são atribuídas ao prefeito?**
>
> Essas funções se justificam pelo fato de o prefeito ser, na verdade, o grande comandante da municipalidade, o responsável pela aplicação dos recursos públicos para que as metas de proporcionar o bem comum sejam atingidas. É ele o administrador, aquele que deve determinar, executar e atentar para que os objetivos propostos sejam alcançados, visando ao bem de todos. Ele é o executor, o líder das ações municipais.

O outro lado da questão é que o prefeito, imbuído de toda essa responsabilidade e poder, está sujeito a cometer infrações (crimes) no exercício de seu mandato. Quando estas ocorrem, o chefe do Poder Executivo responde por elas perante o Tribunal de Justiça do Estado onde está situado o município. Silva (2005) entende que o prefeito só responde perante o Tribunal de Justiça pelos crimes comuns, ou seja, aqueles elencados no Código Penal e em leis especiais, e pelos crimes de responsabilidade, previstos no Decreto-Lei nº 201/1967 (Brasil, 1967c). Nesses casos, as infrações político-administrativas são julgadas pela Câmara Municipal.

Das atribuições do vice-prefeito

São requisitos para candidatar-se a vice-prefeito: ser brasileiro, ter domicílio eleitoral no município onde vai disputar as eleições, estar filiado a um partido e no gozo de seus direitos políticos.

A eleição do vice-prefeito, como a do prefeito, ocorre no primeiro domingo de outubro do ano anterior ao término do mandato, podendo ele ser reeleito para o mesmo cargo uma única vez. Nos municípios com mais de 200 mil eleitores, se nenhum candidato a prefeito e vice-prefeito atingir a maioria absoluta dos votos válidos, haverá um segundo turno entre os dois mais votados no último domingo do mês de outubro (art. 29, I e II, CF).

É o vice-prefeito o sucessor constitucional do prefeito nos casos em que o cargo esteja vago ou quando houver pedido de licença ou um impedimento qualquer ao exercício do cargo pelo titular. Como estabelece a Constituição (art. 79), o vice-presidente "substituirá o presidente no caso de impedimento, e suceder-lhe-á, no de vaga [...]". Esse é o princípio da simetria, que une a função do vice-prefeito com a do vice-presidente da República. Assim, primeiro substitui o prefeito em seus impedimentos e o sucede na vacância do cargo.

Também o vice-prefeito, assim como o vice-presidente da República, deve ter suas atribuições fixadas por uma lei complementar e precisa auxiliar o prefeito "sempre que por ele for convocado para missões especiais" (art. 79, parágrafo único, CF).

Além disso, as atribuições do vice-prefeito devem estar previstas na Lei Orgânica do Município. Ele, juntamente com o prefeito, presta juramento perante a Câmara, quando da posse no cargo, prometendo manter, defender e cumprir a Constituição e a Lei Orgânica do Município, observar as demais leis, defender a integridade e a independência do Brasil e promover o bem geral do povo.

✦ É entendimento legal e geral que o vice-prefeito, no exercício das atividades inerentes ao cargo, como agente político eleito, está sujeito a praticar atos inerentes à Administração Pública e por eles responder, tanto na esfera cível como na penal. ✦

Algumas leis orgânicas estabelecem que o vice-prefeito deve ser um auxiliar da Administração municipal. Essas são atribuições inerentes ao seu cargo, que não se confundem com as que ele, porventura, vier a ocupar na Administração Pública, como a de secretário ou presidente de uma empresa municipal.

O vice-prefeito (cuja idade mínima para assumir o cargo é a mesma do prefeito, ou seja, 21 anos) também está capacitado para exercer funções importantes e relevantes na Administração municipal, sem qualquer tipo de incompatibilidade, sendo que a duração de seu mandato corresponde ao período de quatro anos, após eleições que devem ser simultâneas em todo o país, mediante pleito direto. Ele é eleito junto com o prefeito, formando uma única chapa de forma vinculada, e está sujeito às mesmas condições e incompatibilidades que os demais agentes políticos. O vice-prefeito, inclusive, assim como o prefeito e os vereadores, tem direito a remuneração pelo simples fato de ter sido eleito.

É entendimento legal e geral que o vice-prefeito, no exercício das atividades inerentes ao cargo, como agente político eleito, está sujeito a praticar atos inerentes à Administração Pública e por eles responder, tanto na esfera cível como na penal. Ele também está sujeito a cometer crimes, como os de responsabilidade e improbidade administrativa, entre outros, de forma semelhante aos prefeitos e aos vereadores.

2.2 O Poder Legislativo municipal

O Poder Legislativo municipal é exercido pela Câmara Municipal por intermédio de seus membros – os vereadores –, eleitos diretamente pelo povo por meio do sistema proporcional e em listas abertas, para um mandato de quatro anos. Além do papel legislativo, a Câmara possui entre suas funções:

- **a de fiscalizadora** (esta no que concerne ao Executivo);
- **a de judicante**, quando constitui sentença (absolvendo ou condenando) sobre o prefeito e os vereadores;
- **a de administradora interna**.

Podemos dizer que esse é o órgão fundamental da autonomia municipal, uma vez que, como colegiado, delibera, criando as leis que vão produzir efeitos jurídicos na circunscrição do município.

> **Sobre o que a Câmara legisla?**
> Entre as funções legislativas da Câmara estão a de legislar sobre os assuntos de interesse local e a de suplementar as legislações federal e estadual no que couber. Podemos dizer que, nesse contexto, cabe ao Legislativo municipal realizar matérias urbanísticas, administrativas, financeiras e tributárias de âmbito local, assim como votar e emendar a Lei Orgânica, o Plano Diretor, as leis orçamentárias, complementares e ordinárias, os decretos legislativos, entre outros.

A iniciativa dos projetos de lei encaminhados à Câmara pode ser do prefeito, das comissões, dos vereadores ou ainda de 5% dos eleitores do município.

Ela também pode deliberar a respeito de situações fáticas, por intermédio de decretos legislativos – homologando – ou referendar convênios e acordos praticados pelo Executivo. A esse tipo de atividade a doutrina denomina *função deliberativa*, uma vez que independe de sanção prefeitural.

Além disso, é a **Câmara Municipal que possui a atribuição da fiscalização financeira e orçamentária do município**, com o auxílio externo do Tribunal de Contas do Estado ou de conselhos, ou ainda do Tribunal de Contas do Município, conforme o caso* (art. 31, CF).

✦ ✦ ✦
* Os municípios de São Paulo e do Rio de Janeiro possuem tribunais de contas próprios. Já os Estados da Bahia, do Ceará, de Goiás, do Pará e do Amazonas possuem tribunais de contas específicos para os municípios.

A fiscalização das contas municipais, envolvendo todos os órgãos do município (e da própria Câmara), deve englobar os aspectos contábeis, financeiros, orçamentários, operacionais e patrimoniais. Nesse processo, o pedido de informações ao Executivo, dependendo de seu conteúdo, também pode ser caracterizado como uma forma de fiscalização do município exercida pelos vereadores.

A Câmara Municipal também assume o papel de tribunal, a FUNÇÃO JULGADORA diante dos crimes político-administrativos cometidos pelo prefeito e pelos vereadores. A pena a ser aplicada, nesses casos, é a perda de mandato. A Lei Orgânica deve estabelecer as situações em que o prefeito e os vereadores estão sujeitos a esse tipo de julgamento.

Para derrubar o parecer prévio do Tribunal de Contas, favorável ou contrário à aprovação das contas do prefeito, é necessária a anuência de ⅔ do total dos vereadores da Câmara Municipal. Se isso não ocorrer, o parecer prévio é considerado aprovado, mesmo que a maioria dos vereadores tenha votado contra (51% ou mais dos membros da Câmara). A Constituição proíbe, atualmente (art. 31, § 4º), os municípios de criar tribunais, conselhos e órgãos de contas municipais, porém os que já existiam, anteriores à Carta Magna de 1988, continuam atuantes.

A Câmara ainda possui capacidade processual no sentido de defender suas prerrogativas, inclusive de acionar juridicamente o prefeito ou qualquer outro órgão ou pessoa. Assim escreve Meirelles (1993b, p. 444-445): "Certo é que a Câmara não tem personalidade jurídica, mas tem personalidade judiciária. Pessoa jurídica é o município. Mas nem por isso se há de negar capacidade processual, ativa e passiva, à edilidade, para ingressar em juízo quando tenha prerrogativas ou direitos próprios a defender".

Alguns autores apontam também como função da Câmara o assessoramento ao prefeito mediante indicações de serviços que são aprovados pelo Plenário, além de papel administrativo, o qual é restrito à organização de seus serviços internos (Meirelles, 1993b).

Destacamos aqui o fato de que, ao estabelecer a regra de ⅔ para alterar (emendar) a Lei Orgânica, a Constituição está dando *quorum* qualificado e assegurando certa rigidez a essa lei fundamental do município, o que implica a capacidade de organizá-lo – ao que Silva (2005) chama de *função organizativa da Câmara*.

Em sua estrutura funcional, encontramos a Mesa Diretiva, que coordena os trabalhos do Plenário, a Comissão Executiva, que é quem administra, e o presidente, que é quem representa a Câmara judicial e extrajudicialmente.

Os seus membros reúnem-se em legislaturas quadrianuais, com períodos legislativos anuais que se subdividem em sessões plenárias, durante as quais as decisões são tomadas. O presidente conduz os trabalhos, faz cumprir o regimento interno e promulga leis, além de decretar legislativos, resoluções da Mesa, portarias e demais atos de sua competência.

Entre as prerrogativas e os privilégios das câmaras municipais para manter independência em relação ao Executivo, estão escolher a Mesa Diretiva dos trabalhos e aprovar os respectivos regimentos internos que estabelecem o funcionamento e os processos legislativos, bem como decidir e organizara própria Administração.

O vereador

O termo *vereador*, do verbo *verear*, significa "pessoa que vereia, que cuida, protege". No passado, era o sentinela que vigiava, protegendo a comunidade contra a ação de intrusos. Também o termo quer dizer "verificar sobre a boa polícia", "reger", "cuidar do bem público pelo bem-estar dos munícipes". Segundo anotações de Almeida (2004), consta no 1º Livro das Ordenações do *Código Philippino* que são os "vereadores os membros da Câmara, Cúria ou assembleia do município que o representam e lhe administram as rendas. Essa corporação também se chamava comuna, Conselho e Mesa da Vereação" (Brasil, 2004a).

Os vereadores são os mais antigos agentes públicos eleitos em atividade no Brasil. Muito antes dos senadores e deputados (federais e estaduais), eles já estavam prestando serviços à comunidade, sendo que os três primeiros vereadores do país foram escolhidos pelos eleitores após a fundação da Primeira Câmara, em 1532, na cidade de São Vicente. Aliás, as câmaras do período colonial possuíam, em sua composição, juízes, vereadores, escrivães, almotacés* e outros funcionários.

◆ Durante todo o período colonial brasileiro e até o início do Império, as câmaras exerciam, além das funções legislativas, também as executivas e as judiciárias. ◆

As Ordenações Filipinas previam a existência de câmaras municipais ou senados das câmaras, como ficaram mais conhecidas. Tais conselhos eram compostos de dois juízes, que, alternadamente, presidiam as sessões, e de três vereadores[...] Além dos juízes e vereadores, compunham as câmaras um conjunto de oficiais: o procurador, o tesoureiro e o escrivão. Cabia ainda aos camaristas a nomeação de alguns funcionários. (Curitiba, 1993, p. 9)

Durante todo o período colonial brasileiro e até o início do Império, as câmaras exerciam, além das funções legislativas, também as executivas e as judiciárias. Eram atribuições desses órgãos: realizar obras, cuidar da ordenação urbanística, das vias públicas, da limpeza dos córregos, dos abatedouros públicos, estabelecer taxas nas cidades, nomear funcionários etc.

Os vereadores eram obrigados a comparecer à Câmara duas vezes por semana, às quartas-feiras e aos sábados, sob pena de multa**.

◆ ◆ ◆

* *Almotacé* ou *almotacel*: "o inspetor encarregado da aplicação exata dos pesos e medidas e da taxação dos gêneros alimentícios" (Houaiss; Villar; Franco, 2001).

** "E todos os Vereadores irão à Vereação à quarta-feira e ao sábado, e não se escusarão sem justa causa (2). E o que não for, pagara por cada hum [sic] dia cem reis (3) para as obras do Concelho [sic], os quaes [sic] logo o Scrivão [sic] carregará em receita sobre o Procurador, sob pena de os pagar noveados. E o que for doente, ou tiver algum negocio [sic], porque não possa ir, o fará saber a seus parceiros, e será escuso. Porém nos lugares em que houver costume fazerem-se [sic] mais Vereações, guarda-se-ha [sic] o dito costume" (Brasil, 2004, M-liv. 1 T. 46).

Somente após a Constituição Imperial de 1824 e com uma lei regulamentar de 1828, é que as câmaras perderam as funções judicantes, passando a ter apenas funções administrativas, conforme estabelecia o art. 168 da Constituição Imperial.

Modernamente, o vereador constitui-se em um agente político, eleito através de um partido político para um mandato de quatro anos, por voto direto, secreto, pelo sistema proporcional, nomeado para exercer um mandato legislativo no parlamento municipal, representando a população do município politicamente.

O vereador é inviolável em suas opiniões, palavras e votos no exercício do mandato e na circunscrição do município (art. 29, VIII, CF). Trata-se, portanto, de uma proteção constitucional para preservar a independência do Legislativo municipal e, dessa forma, evitar o cerceamento de ampla liberdade, fazendo com que o vereador exerça o mandato em sua plenitude.

Modernamente, o vereador constitui-se em um agente político, eleito através de um partido político para um mandato de quatro anos, por voto direto, secreto, pelo sistema proporcional, nomeado para exercer um mandato legislativo no parlamento municipal, representando a população do município politicamente.

> A inviolabilidade significa que, no exercício do mandato, e no território municipal, não há crime praticado por vereador por meio de palavras, opiniões e votos.

Para Meirelles (1993b), essa inviolabilidade "é a exclusão da punibilidade de certos atos praticados pelos agentes públicos no desempenho de suas funções e em razão delas. A inviolabilidade exclui o crime, diversamente da imunidade, que impede o processo, enquanto não autorizado pela respectiva Câmara" (p. 451). Além da inviolabilidade, o vereador possui também a prerrogativa de prisão especial (art. 295,

CPP*) enquanto o processo a que estiver respondendo não transitar em julgado. Também para efeitos criminais, ele equipara-se ao funcionário público, uma vez que assim determina o Código Penal**:

> Art. 327. Considera-se funcionário público, para os efeitos penais, quem, embora transitoriamente ou sem remuneração, exerce cargo, emprego ou função pública.
>
> § 1º Equipara-se a funcionário público quem exerce cargo, emprego ou função em entidade paraestatal, e quem trabalha para empresa prestadora de serviço contratada ou conveniada para a execução de atividade típica da Administração Pública. (Incluído pela Lei nº 9.983, de 2000)
>
> § 2º A pena será aumentada da terça parte quando os autores dos crimes previstos neste Capítulo forem ocupantes de cargos em comissão ou de função de direção ou assessoramento de órgão da administração direta, sociedade de economia mista, empresa pública ou fundação instituída pelo poder público. (Incluído pela Lei nº 6.799, de 1980) (Brasil, 1940)

Dessa forma, o vereador fica sujeito aos delitos funcionais, como crime de peculato, que, pela sua natureza, só pode ser praticado por funcionário público.

Destacam-se, ainda, como prerrogativas do vereador, aquelas previstas no regimento interno da Câmara, que asseguram a plenitude do exercício de seu mandato, como as de votar e ser votado para a Mesa Executiva e para membro e presidente de comissões; apresentar projetos de lei, emendas, requerimentos, pedidos de informação; dar pareceres nos projetos em análise nas comissões e propor comissões parlamentares de inquérito e comissões especiais. Ele também tem o direito e a obrigação de participar das sessões das

✦ ✦ ✦

* CPP: Decreto-Lei. nº 3.689/1941.

** CP: Decreto-Lei. nº 2.848/1940.

câmaras e manifestar a sua opinião por meio de pronunciamentos e votos. Enfim, o regimento interno estabelece os direitos do vereador que produzem efeitos apenas no âmbito interno das atividades da Câmara.

Proibições e incompatibilidades

O vereador é um parlamentar assemelhado aos senadores e aos deputados federais, estaduais e distritais. Não é inferior nem superior a outro parlamentar, apenas possui competências diferentes. Desde a expedição do diploma e da posse, ele está sujeito às proibições e incompatibilidades do exercício da vereança, similares às dos membros do Congresso Nacional previstas na Constituição Federal e na Constituição do respectivo estado (art. 29, IX, CF).

As proibições e incompatibilidades dos vereadores para o exercício do mandato são as elencadas no art. 54 da Constituição e podem redundar até mesmo na perda do mandato parlamentar.

> Art. 54. Os Deputados e Senadores não poderão:
> I – desde a expedição do diploma:
> a) firmar ou manter contrato com pessoa jurídica de direito público, autarquia, empresa pública, sociedade de economia mista ou empresa concessionária de serviço público, salvo quando o contrato obedecer a cláusulas uniformes;
> b) aceitar ou exercer cargo, função ou emprego remunerado, inclusive os de que sejam demissíveis *ad nutum*, nas entidades constantes da alínea anterior;
> II – desde a posse:
> a) ser proprietários, controladores ou diretores de empresa que goze de favor decorrente de contrato com pessoa jurídica de direito público, ou nela exercer função remunerada;
> b) ocupar cargo ou função de que sejam demissíveis *ad nutum*, nas entidades referidas no inciso I, "a";

c) patrocinar causa em que seja interessada qualquer das entidades a que se refere o inciso I, "a";

d) ser titulares de mais de um cargo ou mandato público eletivo.

A Lei Orgânica do Município deve prever essas proibições, inclusive repetindo o mesmo texto constitucional referente aos senadores e aos deputados, em que a doutrina as classifica como incompatibilidades funcionais, negociais, políticas e profissionais.

A primeira parte das vedações envolve, inclusive, o momento da diplomação, ou seja, o ato da Justiça Eleitoral que concede ao vereador o diploma para que ele possa assumir o cargo. Nesse quesito, entendemos que os suplentes desse cargo, embora também sejam diplomados, se não assumirem o mandato, não estarão sujeitos a essas proibições. O objetivo destas é evitar o tráfico de influência, com o favorecimento de interesses particulares do vereador em alguns casos. Somente com a posse do cargo, ato administrativo de investidura do eleito na função que vai exercer, é que passam a produzir efeito todas as incompatibilidades e proibições estabelecidas na Constituição.

As INCOMPATIBILIDADES FUNCIONAIS referem-se à impossibilidade do exercício de cargos na Administração Pública a partir do período de vereança e concomitantemente a ele. A exceção é quando o vereador exerce a função de secretário municipal ou se a Lei Orgânica de determinado município permite a ocupação de outro cargo nas administrações municipal, estadual e federal. Também, nesse caso, se o vereador já ocupa uma colocação na Administração Pública, no momento em que for eleito, ele deverá licenciar-se, se houver incompatibilidade de horários (art. 38, II e III, última parte, CF). Em alguns casos, é admissível que o vereador continue trabalhando se não houver essa incompatibilidade (art. 38, III, primeira parte, CF), como no caso de as sessões da Câmara serem à noite, após o horário de expediente no órgão público ou então se o vereador exerce o cargo de professor (20 horas semanais) ou médico e possui horário de trabalho reduzido.

As **INCOMPATIBILIDADES NEGOCIAIS** dizem respeito a firmar ou manter contrato com pessoa jurídica de direito público desde a diplomação. Quanto a elas, parte da doutrina e da jurisprudência reconhece a possibilidade de o parlamentar manter contrato com a entidade pública, desde que esta obedeça a cláusulas uniformes, ou seja, da modalidade de contratos de adesão.

As **INCOMPATIBILIDADES POLÍTICAS** dizem respeito ao exercício de mais de um mandato eletivo ao mesmo tempo, como os de vereador e deputado. Nesse caso, não é permitida a nenhum parlamentar a duplicidade de mandato, ou seja, exercer dois ou mais mandatos simultaneamente.

Já as **proibições funcionais** ao parlamentar são, por exemplo, ser proprietário de empresa que goza de privilégios com a Administração Pública e patrocinar causa (advogar) contra o município.

O art. 55 da Constituição estabelece claramente que o parlamentar que infringir qualquer uma das proibições e das incompatibilidades, como firmar ou manter contrato com entidade pública ou aceitar cargo, função ou emprego remunerados desses órgãos públicos, está sujeito a sofrer um processo de perda de mandato.

> Art. 55. Perderá o mandato o Deputado ou Senador:
> I – que infringir qualquer das proibições estabelecidas no artigo anterior;
> II – cujo procedimento for declarado incompatível com o decoro parlamentar;
> III – que deixar de comparecer, em cada sessão legislativa, à terça parte das sessões ordinárias da Casa a que pertencer, salvo licença ou missão por esta autorizada;
> IV – que perder ou tiver suspensos os direitos políticos;
> V – quando o decretar a Justiça Eleitoral, nos casos previstos nesta Constituição;

VI – que sofrer condenação criminal em sentença transitada em julgado.

§ 1º É incompatível com o decoro parlamentar, além dos casos definidos no regimento interno, o abuso das prerrogativas asseguradas a membro do Congresso Nacional ou a percepção de vantagens indevidas.

§ 2º Nos casos dos incisos I, II e VI, a perda do mandato será decidida pela Câmara dos Deputados ou pelo Senado Federal, por voto secreto e maioria absoluta, mediante provocação da respectiva Mesa ou de partido político representado no Congresso Nacional, assegurada ampla defesa.

§ 3º Nos casos previstos nos incisos III a V, a perda será declarada pela Mesa da Casa respectiva, de ofício ou mediante provocação de qualquer de seus membros, ou de partido político representado no Congresso Nacional, assegurada ampla defesa.

§ 4º A renúncia de parlamentar submetido a processo que vise ou possa levar à perda do mandato, nos termos deste artigo, terá seus efeitos suspensos até as deliberações finais de que tratam os §§ 2º e 3º. (Incluído pela Emenda Constitucional de Revisão nº 6, de 1994)

A representação contra o vereador que infringe algumas das incompatibilidades e das vedações pode ser feita pela própria Mesa da Câmara ou, então, por um partido político.

A cassação do seu mandato, de forma similar ao que se aplica ao senador ou ao deputado, deve ser decidida pela Câmara, por voto secreto e maioria absoluta dos vereadores, assegurando-se ao parlamentar ampla defesa.

O número de vereadores

A Constituição de 1988 estabelece que o número de vereadores deve ser proporcional ao número de habitantes do município dentro de três faixas gerais, sendo o número mínimo de 9 e o máximo de 55 vereadores por Câmara Municipal:

> - Municípios com até 1 milhão de habitantes: mínimo de 9 e máximo de 21 vereadores.
> - Municípios com mais de 1 milhão e menos de 5 milhões de habitantes: mínimo de 33 e máximo de 41 vereadores.
> - Municípios com população acima de 5 milhões de habitantes: mínimo de 42 e o máximo de 55 vereadores.

Nessa discussão sobre a competência para fixar o número de vereadores, Silva (2005, p. 305) faz algumas perguntas: "**A Constituição do Estado pode definir essa proporcionalidade dentro daquelas faixas? Se não o fez, a lei orgânica do município poderá fazê-lo?**" [grifo nosso]. As respostas a que ele chega, respaldado na Constituição, levam-no à conclusão de que "o artigo 29, inciso IV, deu essa competência ao município, por sua lei orgânica" (p. 305). Esse também é o entendimento de Costa (1999), ao afirmar que "o número exato deve ser fixado na Lei Orgânica do Município, podendo, inclusive, se for o caso, ser diminuído, ao invés de aumentado" (p. 153).

Assim respaldadas, as leis orgânicas municipais fixaram o número de vereadores livremente até a eleição de 2004, pois esse era, até então, o entendimento do Tribunal Superior Eleitoral (TSE) e do Supremo Tribunal Federal (STF). A primeira corte havia firmado jurisprudência, já a partir de 1993, no sentido de que a autonomia de cada município para fixar o número de vereadores era determinada pela Lei Orgânica. Além disso, o STF havia declarado, em 1996, que "era o município – e não o estado – competente para dispor sobre a composição das Casas Legislativas, desde que cumpridos os padrões definidos no art. 29, inciso IV da Constituição Federal" (Brasil, 1996c).

No entanto, o próprio STF, posteriormente, ao analisar o Recurso Extraordinário (RE) n° 197.917, no julgamento de 24 de março de 2004, por oito votos a três, tendo como relator o ministro Maurício Corrêa, deu provimento parcial ao recurso interposto pelo Ministério Público de São Paulo contra o parágrafo único do art. 6° da Lei Orgânica do Município de Mira Estrela, em São Paulo. Foi declarado, então, inconstitucional aquele dispositivo e estabelecido um novo parâmetro para a fixação do número de vereadores para todas as câmaras municipais.

+ Dessa forma, consideramos que a medida tomada pelo STF e acatada pelo TSE constituiu-se numa das maiores afrontas à autonomia municipal, um desrespeito ao princípio da harmonia dos poderes sem precedentes na história recente do país. +

+ Ao fundamentar a sua decisão, o ministro Corrêa adotou a aplicação de critérios matemáticos rígidos e invocou princípios de isonomia e razoabilidade. Pela fórmula matemática adotada, **cada uma das três faixas estabelecidas na Constituição passou a constituir-se em parâmetros para a fixação do número de vereadores, e não o que havia sido
+ estabelecido pelas leis orgânicas municipais.**

Assim, **na primeira faixa**, que vai até **1 milhão** de habitantes (estabeleceu o mínimo de 9 e o máximo de 21 vereadores), o ministro dividiu o número de moradores – 999.999 – por 21 vereadores e chegou à conclusão de que, a cada **47.619 habitantes**, haveria um vereador **a mais** do que o número mínimo.

Na segunda faixa, de mais de 1 milhão e menos de 5 milhões de habitantes (estabeleceu o mínimo de 33 e o máximo de 41 vereadores), dividiu o número de habitantes por 41 e chegou ao número de **121.951 habitantes** para cada vereador, partindo do mínimo de 33 vereadores por câmaras de municípios com mais de 1 milhão de habitantes.

> Na última faixa (terceira), aquela de população **acima de 5 milhões de habitantes**, o número mínimo de vereadores estabelecido foi de 42 e o máximo de 55. Nesse caso, o ministro inverteu a lógica do raciocínio, tendo dividido 5 milhões por 42, chegando ao número de **119.047 habitantes/ vereador.**

A fórmula adotada pelo STF foi tão esdrúxula que, já na primeira faixa, de 20 para 21 vereadores, foi abandonada a diferença de 47.619, passando-se para 428.571 habitantes. Já na segunda faixa, quando a Câmara passou de 40 para 41 vereadores, a diferença não foi mais de 121.951, e sim o número astronômico de 3.024.389 habitantes. Além do mais, na terceira faixa, conforme observamos, a diferença para aumentar o número de vereadores foi inferior ao da segunda faixa (2ª faixa, 121.951; 3ª faixa, 119.047).

O Ministério Público Eleitoral (MPE), invocando a competência do TSE, prevista no art. 23 do Código Eleitoral, entrou com petição naquele órgão requerendo a edição de ato normativo para que fosse estendida essa decisão a todos os municípios, estabelecendo-se um prazo às câmaras municipais para a adaptação das respectivas leis orgânicas. A medida visou ao pronto atendimento de novos parâmetros de fixação do número de vereadores estabelecidos pelo Supremo. O TSE acatou, então, o pedido do MPE e baixou a RESOLUÇÃO nº 21.702 (Brasil, 2004b) para as eleições municipais de 2004 e, por consequência, para as de 2008 também.

A decisão da Justiça foi duramente criticada pelas comunidades acadêmica e política, uma vez que interferiu na autonomia municipal e quebrou uma tradição dos próprios tribunais superiores, a de assegurar o princípio federativo estabelecido na Constituição. Além disso, a mesma Constituição que fixou os parâmetros populacionais para o número de vereadores também fixou as despesas do Legislativo para cada faixa populacional em que se enquadram os municípios, bem como os subsídios dos vereadores, que são proporcionais à remuneração dos deputados estaduais (arts. 29 e 29-A, CF).

O argumento mais utilizado na época pelo ministro Corrêa foi o de que a redução do número de vereadores iria diminuir também os gastos com as câmaras municipais, sendo que essa decisão judicial reduziu de 60.276 para 51.748 o número de vereadores em todo o Brasil. No entanto, pesquisas apontaram, dois anos depois, que os gastos com as câmaras municipais não diminuíram, apesar da redução do número de vereadores. Pelo contrário, houve até um pequeno acréscimo acima da inflação. Dessa forma, consideramos que a medida tomada pelo STF e acatada pelo TSE constituiu-se numa das maiores afrontas à autonomia municipal, um desrespeito ao princípio da harmonia dos poderes sem precedentes na história recente do país.

Consideramos necessário destacar que muitos municípios, há décadas, possuíam um número "x" de vereadores e tiveram tal número reduzido com essa decisão judicial, a qual, além de diminuir a representatividade popular, interferiu nos costumes e tradições de centenas de municípios brasileiros e criou um problema, já que fixou números pares de vereadores em muitas câmaras, dificultando a formação de maiorias, o que aumentou a possibilidade de empate nas votações, fortalecendo a opinião do presidente da Câmara, que, tradicionalmente, possui o "voto de Minerva" (desempate). Quando as Câmaras fixavam o número de vereadores, tomavam sempre o cuidado de fazê-lo em números ímpares, justamente para evitar o empate, cuidado que o Judiciário não teve ao adotar uma fórmula matemática que não possui nenhuma base constitucional.

Vários projetos de emenda constitucional tramitaram no Congresso Nacional visando corrigir a indevida interferência do Judiciário na autonomia municipal por meio do estabelecimento de novos parâmetros para que as câmaras fixem, em suas leis orgânicas, o número de vereadores. No entanto, nas eleições municipais de 2008, ainda vigoraram os princípios estabelecidos pelo TSE para as eleições de 2004.

Em 2009, foi aprovada a Emenda Constitucional nº 58 (Brasil, 2009), que alterou a redação do inciso IV do caput do art. 29 e do art. 29-A da Constituição Federal, tratando das disposições relativas à recomposição das câmaras municipais. Essa emenda estabeleceu – no seu art. 3º, inciso I – que os novos parâmetros já valeriam para as eleições municipais de 2008, ou seja, os números mínimos e máximos de vereadores por câmara municipal.

No entanto, o STF declarou inconstitucional esse inciso ainda em 2009, e os suplentes daquela eleição não puderam assumir.

Assim, os novos parâmetros sobre o número de vereadores só valerão a partir das **eleições municipais de 2012**, nas quais serão consideradas novas faixas populacionais (24, especificamente, e número ímpar fixo de vereadores), mantendo-se **o mínimo de 9 vereadores e o máximo de 55**, de acordo com a população do município (art. 29, IV, CF):

Art. 29. [...]

IV – para a composição das Câmaras Municipais, será observado o limite máximo de:

a) 9 (nove) Vereadores, nos Municípios de até 15.000 (quinze mil) habitantes;

b) 11 (onze) Vereadores, nos Municípios de mais de 15.000 (quinze mil) habitantes e de até 30.000 (trinta mil) habitantes;

c) 13 (treze) Vereadores, nos Municípios com mais de 30.000 (trinta mil) habitantes e de até 50.000 (cinquenta mil) habitantes;

d) 15 (quinze) Vereadores, nos Municípios de mais de 50.000 (cinquenta mil) habitantes e de até 80.000 (oitenta mil) habitantes;

e) 17 (dezessete) Vereadores, nos Municípios de mais de 80.000 (oitenta mil) habitantes e de até 120.000 (cento e vinte mil) habitantes;

f) 19 (dezenove) Vereadores, nos Municípios de mais de 120.000 (cento e vinte mil) habitantes e de até 160.000 (cento sessenta mil) habitantes;

g) 21 (vinte e um) Vereadores, nos Municípios de mais de 160.000 (cento e sessenta mil) habitantes e de até 300.000 (trezentos mil) habitantes;

h) 23 (vinte e três) Vereadores, nos Municípios de mais de 300.000 (trezentos mil) habitantes e de até 450.000 (quatrocentos e cinquenta mil) habitantes;

i) 25 (vinte e cinco) Vereadores, nos Municípios de mais de 450.000 (quatrocentos e cinquenta mil) habitantes e de até 600.000 (seiscentos mil) habitantes;

j) 27 (vinte e sete) Vereadores, nos Municípios de mais de 600.000 (seiscentos mil) habitantes e de até 750.000 (setecentos e cinquenta mil) habitantes;

k) 29 (vinte e nove) Vereadores, nos Municípios de mais de 750.000 (setecentos e cinquenta mil) habitantes e de até 900.000 (novecentos mil) habitantes;

l) 31 (trinta e um) Vereadores, nos Municípios de mais de 900.000 (novecentos mil) habitantes e de até 1.050.000 (um milhão e cinquenta mil) habitantes;

m) 33 (trinta e três) Vereadores, nos Municípios de mais de 1.050.000 (um milhão e cinquenta mil) habitantes e de até 1.200.000 (um milhão e duzentos mil) habitantes;

n) 35 (trinta e cinco) Vereadores, nos Municípios de mais de 1.200.000 (um milhão e duzentos mil) habitantes e de até 1.350.000 (um milhão e trezentos e cinquenta mil) habitantes;

o) 37 (trinta e sete) Vereadores, nos Municípios de 1.350.000 (um milhão e trezentos e cinquenta mil) habitantes e de até 1.500.000 (um milhão e quinhentos mil) habitantes;

p) 39 (trinta e nove) Vereadores, nos Municípios de mais de 1.500.000 (um milhão e quinhentos mil) habitantes e de até 1.800.000 (um milhão e oitocentos mil) habitantes;

q) 41 (quarenta e um) Vereadores, nos Municípios de mais de 1.800.000 (um milhão e oitocentos mil) habitantes e de até 2.400.000 (dois milhões e quatrocentos mil) habitantes;

r) 43 (quarenta e três) Vereadores, nos Municípios de mais de 2.400.000 (dois milhões e quatrocentos mil) habitantes e de até 3.000.000 (três milhões) de habitantes;

s) 45 (quarenta e cinco) Vereadores, nos Municípios de mais de 3.000.000 (três milhões) de habitantes e de até 4.000.000 (quatro milhões) de habitantes;

t) 47 (quarenta e sete) Vereadores, nos Municípios de mais de 4.000.000 (quatro milhões) de habitantes e de até 5.000.000 (cinco milhões) de habitantes;

u) 49 (quarenta e nove) Vereadores, nos Municípios de mais de 5.000.000 (cinco milhões) de habitantes e de até 6.000.000 (seis milhões) de habitantes;

v) 51 (cinquenta e um) Vereadores, nos Municípios de mais de 6.000.000 (seis milhões) de habitantes e de até 7.000.000 (sete milhões) de habitantes;

w) 53 (cinquenta e três) Vereadores, nos Municípios de mais de 7.000.000 (sete milhões) de habitantes e de até 8.000.000 (oito milhões) de habitantes; e

x) 55 (cinquenta e cinco) Vereadores, nos Municípios de mais de 8.000.000 (oito milhões) de habitantes

O entendimento dominante, inclusive o nosso, é que a Câmara deverá fixar, na Lei Orgânica Municipal, o número de vereadores de acordo com a faixa populacional estabelecida na Constituição Federal e conforme a quantidade de habitantes do município apontada pelo Instituto Brasileiro de Geografia e Estatística (IBGE).

✦ ✦
Todas as emendas que alterarem a fixação dos subsídios dos vereadores devem manter os princípios de moralidade, impessoalidade e anterioridade, ou seja, os valores sempre devem manter-se fixos de uma legislatura para a outra.
✦ ✦

A remuneração

Como todo agente político, o vereador tem direito a uma remuneração. Esta, por sua vez, está prevista constitucionalmente (art. 29, VI, CF), conforme os parâmetros fixados pela própria Lei Maior, que têm como base os subsídios dos deputados estaduais. O texto original estabelecia que uma legislatura deveria definir a remuneração do prefeito, do vice-prefeito e dos vereadores, observando certos limites constitucionais (art. 37, XI; art. 150, II; art. 153, II; art. 153, § 2º, I, CF).

Esse tópico constitucional foi alterado três vezes, por meio das Emendas Constitucionais nº 1/1992, nº 19/1998 e nº 25/2000. Esta última é a que se encontra em vigor e prevê que a Lei Orgânica dos municípios deve estabelecer parâmetros e obedecer às seis faixas de limites máximos fixados na Constituição (Brasil, 2000a).

A base para os subsídios dos vereadores é a dos deputados estaduais, sendo que a remuneração destes está limitada a 75% dos subsídios dos deputados federais:

É importante salientar que muitas leis orgânicas possibilitam aos vereadores licenciar-se para ocupar cargos de comissão na Administração municipal, estadual ou federal, optando pela remuneração da colocação ou pelos subsídios que recebem como vereadores.

- nos pequenos municípios, aqueles com até 10 mil habitantes, o subsídio máximo será de 20% da remuneração dos deputados estaduais;
- de 30% nos municípios de 10 mil (mais 1) até 50 mil habitantes;
- de 40% nos municípios de 50 mil (mais 1) até 100 mil habitantes;
- de 50% nos municípios de 100 mil (mais 1) até 300 mil habitantes;
- de 60% nos municípios de 300 mil (mais 1) até 500 mil habitantes;
- de 75% nos municípios com mais de 500 mil habitantes.

Todas as emendas que alterarem a fixação dos subsídios dos vereadores devem manter os princípios de moralidade, impessoalidade e anterioridade, ou seja, os valores sempre devem manter-se fixos de uma legislatura para a outra.

A remuneração dos vereadores compreende todos os valores, estando eles sujeitos ao recolhimento do Imposto de Renda, como todos os demais trabalhadores que atinjam os tetos fixados para o recolhimento desse tributo (art. 153, § 2º, I, CF).

A norma adotada na Constituição gera distorções, uma vez que, para alguns pequenos municípios, 20% da remuneração dos deputados estaduais pode até ser muito, enquanto, para outros, de grande população e com arrecadação superior à de muitos estados, a remuneração dos vereadores, embora limitada a 75% dos subsídios dos deputados estaduais, pode não corresponder às responsabilidades e atribuições que os *edis* desses locais possuem perante a comunidade.

Essa remuneração é fator fundamental para que os cidadãos que quiserem candidatar-se ao cargo de vereador possam exercê-lo em plenitude, evitando-se, assim, que apenas os mais ricos estejam em condições de ocupá-lo, uma vez que estes não dependem de subsídios para sobreviver.

A Constituição (art. 29, VII) ainda estabelece outro limite para a remuneração dos vereadores, que prevê que o total das despesas do município com os subsídios não pode ultrapassar em 5% a receita municipal. Ela estabelece também o uso da Carta Magna, que, por sua vez, determina que os servidores públicos, ao exercerem mandato de vereador e havendo compatibilidade de horários, podem continuar exercendo seus cargos, funções ou empregos nos órgãos municipais, estaduais ou federais, da Administração direta ou indireta, sem prejuízo de sua remuneração (art. 38, III, CF).

No caso de haver incompatibilidade de horários, o vereador precisa se licenciar da função que exerce antes, podendo optar pela remuneração da função ou pela de vereador (art. 39, II, CF). É importante salientar que muitas leis orgânicas possibilitam aos vereadores licenciar-se para ocupar cargos de comissão na Administração municipal, estadual ou federal, optando pela remuneração da colocação ou pelos subsídios que recebem como vereadores.

A licença e a perda do mandato

Como já foi dito, o vereador pode deixar o cargo por licença ou perdê-lo pelos motivos expostos na norma.

A licença

É direito do vereador, no exercício do mandato, licenciar-se do cargo. As regras para o licenciamento devem estar estabelecidas na Lei Orgânica do Município e no Regimento Interno da Câmara.

Normalmente, o regimento interno prevê a possibilidade da licença do vereador por motivo de doença, para tratar de assunto de interesse particular, ocupar cargo público, como o de secretário municipal, ou até mesmo nos casos de licença-maternidade.

♦ ♦ ♦

Quando for licenciar-se do cargo, o vereador deve encaminhar um pedido por meio de requerimento escrito à Mesa. Essa solicitação deve ser discutida e votada numa única sessão.

♦ ♦ ♦

O Plenário da Câmara é soberano para aprovar ou rejeitar o pedido de licença ou mesmo cassar a licença aprovada anteriormente, se julgar conveniente o retorno do vereador à Câmara. Outrossim, observamos que é de acordo com esse entendimento que os tribunais têm se manifestado. Obedecidos esses trâmites e tendo o Plenário deliberado pela licença, o vereador está desobrigado das atividades pertinentes ao cargo pelo prazo estabelecido e aprovado por seus pares.

O regimento interno deve também prever situações em que o vereador necessite de licença, caso este não tenha condições físicas e mentais para solicitá-la. Nessas circunstâncias, o líder da bancada ou outro vereador pode encaminhar o pedido de licença, acompanhado de atestado médico que demonstre a situação de incapacidade. Também há regimentos de câmaras que estabelecem que, no período de recesso, a licença será concedida pela Mesa, *ad referendum* do Plenário.

O regimento interno deve ainda prever em que casos o suplente assume o lugar do titular licenciado. Muitos regimentos adotam, por simetria, as mesmas regras da Câmara dos Deputados e do Senado, onde o suplente só pode assumir se o titular se licenciar por mais de 120 dias ou para ocupar cargo na Administração Pública.

Quando ocorre essa situação (licença do titular), é direito do suplente assumir o cargo com gozo de todas as prerrogativas, encargos e impedimentos do titular, inclusive no que se refere à remuneração. Não lhe cabe, no entanto, o direito de ocupar cargo na Mesa ou nas comissões para as quais o titular tenha sido eleito, podendo ele ocupar apenas a vaga no Plenário. Mesmo assim, o suplente pode ser eleito para comissões da Casa. Outra opção é abdicar do direito de assumir, sendo que, nesse caso, entende majoritariamente a doutrina, ele deverá renunciar ao mandato. Além disso, há outra possibilidade: a de assumir o cargo e também licenciar-se.

A perda do mandato

A perda do mandato de vereador pode ocorrer, durante a legislatura, em caso de cassação, extinção ou renúncia. Nas três situações, o suplente adquire o direito à investidura no cargo de vereador.

A RENÚNCIA É UM ATO DE VONTADE DO VEREADOR, devendo ser feito por escrito, e não cabe ao Plenário deliberar nesse caso, sendo que apenas a Mesa deve acatar a decisão e comunicar o fato à Casa. Alguns regimentos internos estabelecem que o ofício precisa ter a assinatura do vereador renunciante reconhecida.

A CASSAÇÃO DO MANDATO, por falta de decoro parlamentar ou falta ético-parlamentar, deve seguir todo um trâmite processual, garantindo-se o direito à ampla defesa. Trata-se de um ato punitivo extremo. O regimento interno deve trazer outros tipos de punições mais brandas para as infrações menos graves, como advertência ou suspensão do mandato por determinado período. O vereador só tem o mandato cassado se a deliberação for de ⅔ dos membros da Câmara.

A EXTINÇÃO DO MANDATO pode ocorrer por condenação transitada em julgado pela Justiça Penal, em casos em que a condenação acessória seja a perda ou a proibição do exercício de função pública por certo período, ou ainda, por suspensão dos direitos políticos.

Outra hipótese de extinção do mandato ocorre quando o vereador abandona o cargo, como no caso de deixar de comparecer à terça parte das sessões ordinárias sem justificativa (art. 55, III, CF). Nesses casos, a Mesa deve declarar a extinção do mandato, mediante requerimento de qualquer vereador ou de partido político representado na Câmara. Também aqui é assegurada a ampla defesa.

A Mesa Executiva

A direção dos trabalhos legislativos na Câmara Municipal é comandada por um colegiado de vereadores que recebe o nome de *Mesa* ou *Comissão Executiva*. Essa equipe, normalmente, é formada pelo presidente, pelo vice-presidente e pelo primeiro e segundo secretários. Dependendo do número de vereadores, pode haver mais vice-presidentes e secretários, além de vogais*.

✦ ✦ ✦

> A presidência é o cargo mais importante da Mesa, mas, embora seja ampla a abrangência de suas atribuições, todas elas devem constar do regimento interno.

✦ ✦ ✦

✦ ✦ ✦

* O termo *vogal* é aqui empregado na acepção (linguagem jurídica) de todo aquele que tem voto numa assembleia, comissão ou tribunal.

É o presidente quem representa a Câmara em juízo ou extrajudicialmente e dirige os trabalhos legislativos e administrativos. Ele, portanto, possui funções nas áreas legislativa, administrativa e de representação. Além disso, é ele quem interpreta o regimento interno, em casos de questão de ordem e pela ordem, sendo que "Interpretar é extrair do texto regimental o seu verdadeiro sentido, explícito ou implícito na disposição que se examine" (Meirelles, 1993b, p. 461).

Na função de comando do processo legislativo na Câmara, o presidente abre, preside e encerra as sessões, sendo que lhe cabe conceder e cassar a palavra aos vereadores nos termos regimentais, pois deve manter a ordem dos trabalhos e fazer com que se cumpra o regimento interno.

Assim, **é o presidente que**:
- anuncia o resultado das votações;
- recebe e despacha as proposições e os requerimentos;
- designa membros de comissões e determina a publicação de atos e matérias referentes às atividades legislativas.

Entre as suas funções, ainda estão atos como:
- dar posse aos vereadores;
- declarar extinto o mandato de vereador;
- executar aquilo que foi deliberado pelo Plenário;
- nomear e exonerar funcionários da Câmara;
- aposentar servidores, caso a Câmara tenha sistema previdenciário próprio;
- promulgar as resoluções, os decretos legislativos e as leis com sanção tácita.

Também é da responsabilidade do presidente o comando da polícia interna da Câmara, cabendo a ele requisitar força policial para que os trabalhos possam ocorrer de forma normal e os vereadores não sofram ameaças ou constrangimentos. Mediante essa garantia, os vereadores podem manifestar suas posições e votos com liberdade.

O presidente é o magistrado durante o processo legislativo; portanto, se ele tiver de tomar parte dos debates, deve deixar a presidência dos trabalhos para o seu substituto legal. Alguns regimentos internos ainda estabelecem que, caso a matéria em votação seja de um membro da Mesa, ele não pode presidir a sessão.

Nas faltas, impedimentos ou licenças, o presidente é substituído pelo vice-presidente, que, no exercício do cargo, possui todas as prerrogativas daquele, sendo investido de todas as atribuições e direitos do presidente, inclusive o de substituir o prefeito. É seu dever, ainda, promulgar as leis, os decretos legislativos, as resoluções e outras normas – emanadas da Câmara Municipal – que o prefeito e o presidente não tenham promulgado no tempo estabelecido anteriormente pelo regimento interno.

Nessa estrutura funcional e administrativa, **os secretários da Câmara possuem atribuições próprias de secretarias**, como preparar o expediente, verificar e declarar a presença dos vereadores, ler a ata da sessão anterior, secretariar as reuniões da Mesa e anotar os pedidos de inscrição de vereadores para o uso da palavra. Na função do secretário (de acordo com a posição que ocupa na Mesa), ainda está inclusa a condução dos trabalhos da Mesa, quando estiverem ausentes o presidente e o vice-presidente (este seria o substituto daquele). É importante destacarmos que, nesse caso, ou seja, no exercício da presidência, o secretário possui todos os poderes inerentes ao cargo.

♦ ♦ ♦

> As atribuições da Mesa são estabelecidas no regimento interno da Câmara, mas englobam, basicamente, tomar as providências necessárias para que os trabalhos legislativos ocorram de forma regular.

♦ ♦ ♦

Entre as **atribuições da Mesa**, estabelecidas normalmente nos regimentos internos, estão:

- convocar as sessões extraordinárias;
- designar vereadores para missões e representações da Câmara;
- propor ação direta de inconstitucionalidade de lei ou outra norma municipal;
- promulgar emendas à Lei Orgânica;
- apresentar projetos sobre remuneração (do prefeito, do vice-prefeito e dos vereadores) e para a criação de cargos no Legislativo, bem como para a abertura de créditos suplementares;
- declarar a perda de mandato de vereador, entre outros.

De acordo com Costa (1999, p. 158), "A Mesa não legisla, pois cabe ao Plenário tal atribuição. Compete-lhe a prática de atos de direção, administração e execução das deliberações aprovadas pelo Plenário, de acordo com o regimento interno". Em alguns municípios, a Mesa possui apenas as atribuições do trabalho de Plenário, sendo que a Comissão Executiva é que trata das questões administrativas da Câmara.

Para exemplificar essa variabilidade, vamos atentar para as formas de atuação na Câmara de São Paulo, na de Curitiba e na de Recife. Na primeira, a Mesa atua em todas as questões relacionadas à parte legislativa e administrativa da Casa; já na segunda, todos os membros possuem atribuições relacionadas às atividades legislativas, sendo que as atividades administrativas cabem apenas ao presidente, ao primeiro e ao segundo secretários que formam a Comissão Executiva; por fim, na terceira, a Mesa é denominada de *Comissão Executiva*, e todos os membros possuem atribuições na condução dos trabalhos administrativos e de direção legislativa (Plenário).

A eleição dos membros da Mesa faz-se por maioria* absoluta dos votos. Uma questão que deve ser observada na composição da Mesa é

✦ ✦ ✦

* O termo *maioria*, no contexto legislativo, expressa uma condição que incorpora a concepção de "existência" e "necessidade" (isto é, há necessidade da existência de...), uma vez que se constitui em um predicado do *quorum* nas atividades (trabalhos, votações) da Câmara.

a proporcionalidade entre as bancadas, para que ela represente, o mais fielmente possível, todas as correntes políticas (partidos) que compõem o Legislativo. Esse é um princípio do processo eleitoral brasileiro, em que os parlamentares são eleitos pelo sistema proporcional, ou seja, cada partido elege um número de vereadores (deputados estaduais e federais) de acordo com a proporção de votos que tiveram. Além disso, há uma norma constitucional que determina que, "na Mesa e nas comissões, é assegurada, tanto quanto possível, a representação proporcional dos partidos ou dos blocos parlamentares" (art. 58, § 1º, CF).

O mandato dos membros da Mesa é, normalmente, de dois anos, porém há muitos regimentos internos que adotam mandato de apenas um ano. No Estado do Paraná, o Tribunal de Justiça decidiu que o mandato deve ser de dois anos, sob alegação de simetria com os regimentos do Congresso Nacional (Câmara Federal e Senado). Outrossim, pela Emenda Constitucional nº 50/2006 (art. 57, § 4º, CF), está vedada no Congresso Nacional (Câmara Federal e Senado da República) a recondução dos membros da Mesa das duas Casas para o mesmo cargo na eleição imediatamente subsequente (Brasil, 2006). Pela aplicação desse princípio, também está proibida a reeleição para os cargos de direção correspondentes nas câmaras municipais na eleição seguinte.

Muitos regimentos internos, no entanto, permitem a reeleição dos membros da Mesa para o mesmo cargo. Outros admitem essa possibilidade, mas para cargos diferentes daquele que era ocupado. Considerando que a legislatura é de quatro anos, se o mandato da Mesa for de dois, permitir-se uma ou mais reeleições não fará diferença, pois as eleições subsequentes ocorrerão em outra legislatura.

Observamos, nessa diversidade de questões, que há regimentos internos que não permitem que o suplente, no exercício do cargo de vereador, ocupe cargo na Mesa. Também há os que permitem a destituição dos membros da Mesa, individual ou coletivamente. Nesse caso, é necessário um processo regular permitindo a ampla defesa.

Além disso, para haver a destituição, normalmente, são necessários ⅔ dos votos dos membros da Câmara.

As comissões

A Câmara Municipal, a exemplo das assembleias legislativas e do Congresso Nacional (Câmara e Senado), subdivide-se internamente – no processo de elaboração das leis – em COMISSÕES LEGISLATIVAS TEMÁTICAS, especializadas em determinadas matérias. Tais comissões – que são órgãos internos do Legislativo – são formadas, de acordo com o regimento interno, por grupos de vereadores de, no mínimo, três, nove ou onze parlamentares, e assim por diante, conforme o número de membros da Câmara.

✦ ✦ ✦

Na composição das comissões, a proporcionalidade dos partidos ou blocos partidários que compõem o Legislativo municipal deve ser, sempre que possível, respeitada (art. 58, § 1º, CF).

✦ ✦ ✦

As comissões dividem-se em permanentes e especiais. As PERMANENTES são aquelas que estão previstas no regimento interno e tratam de matérias como constitucionalidade, finanças, fiscalização, urbanismo, serviços públicos, educação, esportes, cultura, saúde e meio ambiente. Os projetos de lei, de iniciativa do prefeito ou dos vereadores, devem, obrigatoriamente, ser analisados por essas comissões.

Já as COMISSÕES ESPECIAIS têm caráter temporário e são constituídas para o estudo de um assunto específico por um prazo prefixado, que consta no requerimento. Este, por sua vez, é encaminhado à Mesa para a aprovação pelo Plenário.

As comissões contam com um presidente, eleito por seus pares, que dirige os trabalhos internos e distribui os projetos para que os vereadores elaborem o parecer, que será votado por todos os membros. Para ser aprovado, este deve obter a maioria dos votos dos membros da comissão, sendo que o voto vencido será anexado ao projeto. Se o parecer do relator for vencido, os vereadores que votaram contrariamente irão redigir um novo, que passará a ser o da comissão.

O projeto, após receber o parecer técnico da assessoria jurídica da Casa, é encaminhado, por exemplo, para a Comissão de Justiça e Redação, que vai analisá-lo sob a ótica da constitucionalidade e da técnica legislativa. Depois dessa comissão, o projeto poderá passar para a Comissão de Finanças e Orçamento, que irá analisar se há previsão no Plano Plurianual e na Lei Orçamentária. Por fim, o projeto poderá ser analisado, quanto ao mérito, pela Comissão de Urbanismo, Saúde ou Meio Ambiente, conforme a especificidade da matéria.

A esse respeito, comenta Godoy (1990, p. 99), com quem concordamos, que "uma das melhores divisões de trabalho para as câmaras se traduz na tripartição de competências das comissões: uma delas examina a constitucionalidade, a outra examina o fundamento programático e os recursos orçamentários e a terceira examina o mérito da propositura".

As comissões, na opinião de Meirelles (1993b, p. 472), "não legislam, não deliberam, não administram, nem julgam; apenas estudam, investigam e apresentam conclusões e sugestões, concretizadas em pareceres de caráter meramente informativo para o Plenário". No entanto, devemos atentar para o fato de que há regimentos que estabelecem que o parecer contrário, quando aprovado pela maioria dos membros de todas as comissões nas quais o projeto foi analisado, enseja o seu arquivamento sem a apreciação pelo Plenário. Nesse caso, o projeto poderá ser novamente apreciado pela Câmara se o Plenário assim deliberar, mediante requerimento específico, assinado por ⅓ dos vereadores.

Por força do art. 58 da Constituição, os regimentos das câmaras municipais podem estabelecer que, em determinadas matérias em relação à decisão da comissão, o projeto possui caráter terminativo, ou seja, a sua decisão não precisa passar necessariamente pelo Plenário (art. 58, § 2º, I, CF). Porém, havendo, por parte dos vereadores, interesse em que o projeto seja votado também pelo Plenário, o regimento deve prever que isso seja solicitado por meio de requerimento, assinado por ⅓ dos membros da Casa. Esse requerimento, por sua vez, de acordo com alguns regimentos, deve ser efetuado antes da votação do parecer na referida comissão.

Também cabe às comissões realizar audiências públicas, com entidades da sociedade civil, sobre as matérias que estão sob sua análise, convocar os secretários municipais para prestar esclarecimentos sobre a sua pasta e solicitar depoimento de qualquer autoridade ou cidadão (art. 58, § 2º, II, III e V, CF).

É também atribuição das comissões receber petições, reclamações, representações e queixas de qualquer pessoa contra atos ou omissões das autoridades ou entidades públicas. Além disso, devem apreciar os programas de obras e planos globais, regionais ou setoriais de desenvolvimento e sobre eles também emitir parecer (art. 58, § 2º, IV e VI, CF).

Entre as COMISSÕES ESPECIAIS, também denominadas de *temporárias*, encontram-se, por exemplo, a Comissão de Estudos sobre as Enchentes (aquelas que ocorrerem na cidade); as Comissões Parlamentares de Inquérito (CPIs), que investigam um fato concreto, como o suborno de um secretário municipal; a Comissão Processante, que indicia o prefeito por crime de responsabilidade e que pode redundar na cassação de seu mandato (quando ele descumpre, por exemplo, o mandamento constitucional de aplicar 25% da receita tributária em educação).

As CPIs possuem o poder de investigação próprio das autoridades judiciais, portanto, além do previsto no regimento interno da Câmara, elas devem utilizar subsidiariamente para sua atuação (em seus trabalhos) o Código de Processo Penal. Faz-se necessário ressaltar que o poder de investigação de uma CPI é enorme, uma vez que ela pode solicitar ao

O Plenário é onde ocorre a democracia representativa na sua essência, pois se constitui em uma miniatura da população do município, representada pelos vereadores. Podemos dizer que é no Plenário que as leis são gestadas.

Judiciário a quebra dos sigilos bancário, fiscal e telefônico dos investigados, além de fazer inspeções e auditorias contábeis e financeiras, tanto da Administração direta quanto da Administração indireta do município.

O requerimento que propõe a CPI deve ser subscrito por ⅓ dos membros da Câmara Municipal, para apuração de um fato determinado e por prazo certo. "A conclusão, se for o caso, deve ser encaminhada ao Ministério Público que é competente para promover a responsabilidade civil e criminal dos infratores e indiciados" (art. 58, § 3º, CF). Para que a Comissão não sofra questionamentos judiciais, é fundamental que o fato a ser investigado seja determinado, evitando-se termos genéricos.

O Plenário e as sessões

O Plenário é o colegiado que reúne todos os vereadores e toma as decisões mais importantes da Câmara. Trata-se de um órgão soberano e deliberativo, que decide, pelo voto da maioria dos vereadores, o que representaria a vontade da população de um município. As decisões são tomadas mediante regras estabelecidas no regimento interno, que prevê a forma dos debates para as matérias e o processo de votação, inclusive o *quorum* para que um projeto obtenha aprovação.

O Plenário é que vota leis e resoluções. Ele aprova ou não requerimentos e projetos que serão transformados em leis, decretos legislativos, resoluções e outras proposições. Logo, é nele que se manifesta a função legislativa da Câmara. As suas atividades abarcam também a função judicial, pois é por meio dele que os vereadores deliberam sobre a

As sessões da Câmara, normalmente, são públicas e, dessa forma, qualquer pessoa pode assistir a elas, desde que se comporte educadamente. Há um lugar reservado especialmente para o público acompanhar o trabalho dos vereadores, cuja ata deve ser elaborada pelo secretário.

cassação do mandato do prefeito e dos próprios vereadores, quando assim se configurar necessário.

No entanto, não cabe ao Plenário tomar medidas administrativas de caráter interno. Estas são de responsabilidade da Mesa e do presidente da Câmara, quando dizem respeito à gestão do Legislativo e quando é o prefeito que administra o município. Já as decisões do Plenário, quando possuem caráter de política administrativa, são tomadas em forma de resoluções, que deverão ser implementadas pelo presidente da Câmara.

O Plenário é onde ocorre a democracia representativa na sua essência, pois se constitui em uma miniatura da população do município, representada pelos vereadores. Podemos dizer que é no Plenário que as leis são gestadas.

As sessões da Câmara, normalmente, são públicas e, dessa forma, qualquer pessoa pode assistir a elas, desde que se comporte educadamente. Há um lugar reservado especialmente para o público acompanhar o trabalho dos vereadores, cuja ata deve ser elaborada pelo secretário.

Os regimentos internos também preveem sessões secretas, que são excepcionais e devem ocorrer somente em casos de extrema gravidade e por convocação da Mesa ou de um percentual de vereadores, conforme estiver previsto no regimento. Delas apenas os vereadores podem participar, já que nem mesmo a presença dos funcionários da Câmara é admitida.

A sala das sessões é onde funciona o Plenário, que, propriamente, se chama de *recinto da Câmara*. É o recinto legal, onde o colegiado dos vereadores se reúne para deliberar. Esse local deve estar previsto no regimento interno, e sessões realizadas fora dele são nulas. Estas só podem ocorrer se o Plenário tiver regularmente deliberado, dando ampla publicidade aos vereadores; portanto, nem o presidente, nem os secretários da Câmara, ou mesmo o prefeito, podem convocar sessões fora da sala de sessões a seu bel-prazer.

Quanto às sessões da Câmara, elas podem ser ordinárias ou extraordinárias. As ordinárias são aquelas previstas no regimento interno, que, por exemplo, pode estabelecer que as sessões sejam às segundas, terças e quartas-feiras, a partir das 16 horas, tendo a duração de três horas e acontecendo de 15 de fevereiro a 15 de dezembro, com recesso durante o mês de julho. Já as extraordinárias são aquelas que se realizam fora das datas previstas no regimento interno, por convocação do presidente da Câmara e/ou de ⅓ dos vereadores, ou ainda do prefeito municipal. Nesses casos, o regimento interno deve estabelecer as formas de convocação de sessões extraordinárias.

Agora, no entanto, com a Emenda Constitucional nº 50/2006, estabeleceu-se que o Congresso Nacional reunir-se-á, anualmente, de 2 de fevereiro a 17 de julho e de 1º de agosto a 22 de dezembro. Pelo princípio da simetria legislativa, as câmaras municipais devem estabelecer o mesmo período de funcionamento do Congresso Nacional (Câmara dos Deputados e Senado Federal), sendo que as sessões fora desse período serão extraordinárias.

A mesma emenda estabelece ainda que, na sessão legislativa extraordinária, o Congresso Nacional somente deliberará sobre a matéria para a qual foi convocado, sendo vedado o pagamento de parcela indenizatória em razão da convocação. Havendo, no entanto, medidas provisórias para serem deliberadas, estas serão colocadas em pauta. As câmaras municipais deverão adotar também esse princípio constitucional em suas leis orgânicas e regimentos internos.

✦ ✦ ✦

As sessões, por sua vez, também são de vários tipos. Algumas câmaras preveem, em seus regimentos, as sessões ordinárias ou plenárias, a preparatória de legislatura e a de instalação de legislatura.

✦ ✦ ✦

A sessão ordinária ou plenária é aquela normal, que se realiza durante o período legislativo e possui caráter deliberativo. Já para deliberar sobre matérias urgentes, pode ser convocada uma SESSÃO EXTRAORDINÁRIA fora dos dias e horários previstos no regimento, ou até mesmo no período de recesso parlamentar.

A SESSÃO SOLENE CARACTERIZA-SE pela entrega de um título ou de uma comenda e acontece também quando é realizada uma homenagem a determinada personalidade ou evento de caráter cívico. Ela é, normalmente, uma sessão extraordinária, isto é, não está prevista no regimento. Além disso, a sua realização deve ser aprovada pelo Plenário, embora não haja necessidade do *quorum* regimental, uma vez que ela nada delibera, não sendo, portanto, a presença dos vereadores obrigatória.

A SESSÃO PREPARATÓRIA DE LEGISLATURA ocorre antes da instalação da legislatura, ocasião em que os vereadores normalmente entregam as suas declarações de bens e recebem instruções sobre o funcionamento da Câmara e a sessão de instalação. Esta, por sua vez, refere-se à posse dos vereadores, do vice-prefeito e do prefeito. Nessa sessão, os eleitos devem fazer o juramento de bem servir a comunidade e obedecer à Constituição Federal e à Estadual, bem como à Lei Orgânica do Município e demais leis, além de assinar o livro de posse.

O quorum

*Quorum** vem do latim e significa "número de presentes necessários para que uma assembleia seja válida". No entanto, segundo o professor Ferreira Sobrinho (2007), com essa definição semântica, não fica totalmente clara a dimensão holística do conceito de *quorum*, "na medida exata em que ele não se circunscreve apenas ao funcionamento

♦ ♦ ♦

* *Quorum*: "trata-se de denominação surgida na Inglaterra, cuja origem é uma red. à primeira palavra de uma antiga fórmula jurídica inglesa, por meio da qual se convocavam pessoas de notório saber para a composição de uma corporação judicial com certo número de participantes, cuja função era investigar a verdade dos fatos da maneira mais completa; eram estas as palavras iniciais da convocatória: '*Quorum aliquem vestrum NN unum esse volumus*'"
(Houaiss; Villar; Franco, 2001).

inicial de um órgão coletivo". Sobrinho diz ainda que esse vocábulo contém, em seu significado, a ideia de "uma espécie de bimembridade conceptual: é o número de pessoas necessário para o funcionamento inicial e para a deliberação de um órgão colegiado".

✦ ✦ ✦

Recorrendo a essa remissão semântica e histórica, *quorum* corresponde ao número mínimo de vereadores necessários para iniciar uma sessão e dar continuidade aos trabalhos, considerando-se uma proporção relativa a todos os membros da Câmara.

✦ ✦ ✦

Normalmente, os regimentos internos estabelecem que o *quorum* mínimo para o início dos trabalhos é ⅓ do total de vereadores da Câmara, sendo que, para deliberar, ou seja, tomar as decisões, é a maioria absoluta*.

Para que os vereadores tenham a sua presença computada, eles devem assinar o livro de presença, pois, sem essa assinatura, embora possam estar no recinto da Casa, a sua presença não é computada. Atentemos aqui para o fato de que, mesmo que o vereador tenha assinado a lista, se ele ausentar-se do recinto, a presença não será computada. Existe ainda uma outra maneira usada para registrar a presença dos vereadores – a chamada feita pelo secretário – que substitui a lista.

Havendo *quorum*, ou seja, maioria absoluta, as decisões que forem tomadas constituem-se em maioria simples**. Nesse caso, devemos computar o número de parlamentares presentes, que deve ser superior

✦ ✦ ✦

** A maioria absoluta é constituída pelo primeiro número inteiro após a metade do total de parlamentares da Câmara. Assim, se o total de vereadores for 21, a metade será 10,5 e, portanto, a maioria absoluta será 11.

** A maioria simples corresponde à metade mais um, considerando-se o primeiro número inteiro após o total de 50% dos membros presentes na sessão, em vez dos membros que compõem a Casa, como no caso da maioria absoluta.

à metade dos membros da Câmara, sendo aprovada a proposta que possuir a maioria dos votos dos presentes.

Na situação, por exemplo, de uma Câmara que conte com nove vereadores, necessariamente deverão estar presentes cinco, sendo que três votos determinam a aprovação ou a reprovação. Caso isso não ocorra, a votação não será válida, uma vez que não houve *quorum*. Diz-se, também, que maioria simples é ocasional ou relativa.

No entanto, embora, de um modo geral, as matérias exijam apenas maioria absoluta para que se proceda à votação e maioria simples para que ocorra a aprovação, há ocasiões em que o *quorum* deverá, necessariamente, constituir-se e aprovar por maioria qualificada. Esta corresponde, conforme determinação específica da Lei Orgânica, a dois terços (⅔) ou três quintos (⅗) do total de vereadores da Câmara, o que significa uma proporção aritmética superior à maioria absoluta para que a matéria seja aprovada.

Por exemplo, MAIORIA DE DOIS TERÇOS (⅔) significa que, para o projeto ser aprovado, é necessário que dois terços (⅔) do total dos parlamentares que compõem a Câmara votem favoravelmente. Nesse cálculo, são computados os presentes e os ausentes. Também há matérias que exigem A MAIORIA QUALIFICADA DE ⅗, e assim por diante.

Quando a proporção aritmética dá uma fração irregular – por exemplo, numa Câmara de dez vereadores, a divisão dá 6,666 vereadores –, completa-se esse número para cima, ou seja, para a obtenção de dois terços (⅔), são necessários os votos de sete vereadores.

Atentemos ainda para o fato de que, na quantificação do *quorum*, em hipótese alguma se descontam os ausentes. A ausência de qualquer vereador, seja qual for o motivo – licença médica ou sem vencimentos; viagem em missão especial; cassação ou renúncia de mandato sem que o suplente tenha já assumido –, não é computada e, nesses casos, sempre o *quorum*, na maioria absoluta ou qualificada, ocorre sobre o número total de parlamentares. Assim, se a Câmara conta com nove membros, a maioria absoluta em qualquer circunstância será de cinco, e a maioria qualificada, de dois terços (⅔), isto é, de seis vereadores, não importando a justificativa dos ausentes.

2.3 Os crimes de prefeitos e de vereadores

A responsabilidade penal ocorre somente quando são cometidos crimes ou contravenções penais. Vamos esclarecer que, por CRIME, entende-se uma ação ou omissão proibida em lei que atinge um bem ou valor social e que prevê uma sanção a quem infringi-la. Já a CONTRAVENÇÃO é um crime considerado menos grave, menor que o delito, sendo a pena, portanto, também menor.

✦ ✦ ✦

Obviamente, para qualificarmos um ato como crime, é necessário que haja uma lei anterior que o defina como tal (art. 5º, XXXIX, CF). E o que seria crime, então, quando falamos de prefeitos e vereadores?

✦ ✦ ✦

Noronha (1978), ao conceituar crime, afirma que este "é a conduta humana que lesa ou expõe a perigo um bem jurídico protegido pela lei penal. Sua essência é a ofensa ao bem jurídico, pois toda norma penal tem por finalidade sua tutela"*. Acrescenta, ainda, que a ação humana criminosa deve corresponder à conduta descrita pela lei penal que contraria a ordem jurídica e, portanto, é reprovada socialmente, pois "o delito é uma ação típica, antijurídica e culpável" (p. 105).

✦ ✦ ✦

* Smanio (2004) propõe uma tríplice classificação para "bens jurídicos penais", que os caracteriza como: os de natureza individual (vida, propriedade, honra etc.); os de natureza coletiva (paz pública, entre outros); e os de natureza difusa, aqueles que trazem uma "conflituosidade social" (proteção ao meio ambiente, por exemplo).

Prefeitos e vereadores, no exercício da função pública e mesmo como quaisquer outros cidadãos, pelo simples fato de existirem e se relacionarem com os seus semelhantes, com o ambiente e as instituições, estão sujeitos a cometer crimes. E, embora prefeitos e vereadores, como agentes políticos locais, não sejam funcionários públicos, ao agirem no exercício de suas funções legais, equiparam-se a eles. Nessas circunstâncias, podemos dizer, então, que, para efeitos criminais, prefeito e vereadores igualam-se aos servidores públicos. Isso sem esquecermos que, além do aspecto funcional e da possibilidade de cometerem infrações de responsabilidade político-administrativa, prefeitos e vereadores também estão sujeitos a violar a legislação penal e a ser responsabilizados civilmente por todos os seus atos.

Espécies de crimes

Como vimos, os crimes que são cometidos por prefeitos e vereadores podem ser COMUNS, ESPECIAIS e CONTRAVENÇÕES. Além disso, esses agentes públicos estão sujeitos ao cometimento de crimes FUNCIONAIS, de abuso de AUTORIDADE e de RESPONSABILIDADE.

Crimes comuns

Os crimes designados como *comuns* são os que se encontram elencados na lei penal, que é o CÓDIGO PENAL. São assim definidos aqueles contra a vida (homicídio, indução ao suicídio, infanticídio, aborto), as lesões corporais, o abandono de incapaz, o perigo de contágio de moléstia grave, os crimes contra a honra (calúnia, injúria, difamação), além de rixa, constrangimento ilegal, ameaça, cárcere privado, violação de domicílio ou de correspondência, furto comum, roubo, extorsão, estelionato, formação de quadrilha, entre outros.

Crimes especiais

São aqueles que se encontram definidos em leis esparsas, também denominadas de *leis especiais*. Na condição de cidadãos, prefeitos e vereadores poderão ter condutas que estejam tipificadas como crimes nessas leis.

Entre as leis especiais estão a Lei nº 10.409/2002 (Brasil, 2002f), considerada a Lei Antitóxicos, que prevê a competência para o processo e julgamento do crime de tráfico internacional de entorpecentes (tráfico de drogas); a Lei do Parcelamento do Solo Urbano (Lei nº 6.766/1979), que dispõe sobre o parcelamento do solo urbano e dá outras providências (loteamento irregular); a Lei de Crimes Ambientes (Lei nº 9.605/1998), que trata das sanções penais e administrativas derivadas de condutas e atividades lesivas ao meio ambiente ("praticar ato de abuso, maus-tratos, ferir ou mutilar animais").

Crimes funcionais

São arrolados como crimes funcionais aqueles praticados no exercício da função pública e, para efeitos penais, prefeitos ou vereadores são considerados funcionários públicos (art. 327, CP). Nesse sentido, não há dúvidas de que "o prefeito exerce função pública, no desempenho de seu cargo" (Bernardi, 1962, p. 103) e, por conseguinte, responde pelos crimes que cometer em pé de igualdade com os demais funcionários públicos.

Esses crimes também estão tipificados no Código Penal (arts. 312 a 326 e arts. 359-A a 359-H). São eles: peculato (apropriação de dinheiro público), inserção de dados falsos e modificação ou alteração não autorizada em sistemas de informação, extravio, sonegação ou inutilização de livro ou documento, emprego irregular de verbas ou rendas públicas e concussão (exigir vantagem indevida).

Além destes, constituem também crimes funcionais:

+ o excesso de exação (exigir tributo a mais do contribuinte);
+ a corrupção passiva;

- a facilitação de contrabando ou descaminho;
- a prevaricação (retardar ou deixar de praticar atos);
- a condescendência criminosa;
- a advocacia administrativa;
- a violência arbitrária;
- o abandono de função;
- o exercício funcional ilegal;
- a violação do sigilo funcional e do sigilo de proposta de concorrência.

Nessa relação, cabem ainda os crimes praticados contra as finanças públicas e previstos na Lei de Responsabilidade Fiscal (Lei Complementar nº 101/2000), como a contratação de operação de crédito sem autorização, a inscrição de despesas não empenhadas em restos a pagar, a assunção de obrigação no último ano de mandato ou de legislatura e a ordenação de despesas não autorizadas. Incluem-se, ainda, a prestação de garantia graciosa, o não cancelamento de restos a pagar, o aumento de despesa total com pessoal no último ano de mandato ou de legislatura e a oferta pública ou a colocação de títulos que não tenham sido criados por lei no mercado. Além disso, nessa lei foram incluídos os arts. 359-A a 359-H do Código Penal.

✦ ✦ ✦

O sujeito passivo dos crimes funcionais é a Administração Pública; portanto, os crimes são todos de ação pública, o que significa que a iniciativa é do Ministério Público.

✦ ✦ ✦

No entanto, qualquer pessoa pode comunicar o fato criminoso, apontando elementos sobre o caso para a polícia ou para a justiça, a fim de que se tomem as devidas providências, abrindo o inquérito policial ou a ação penal.

Crime de abuso de autoridade

Acontecem também casos em que prefeitos e vereadores, no exercício de suas atividades, cometem abusos e, embora estejamos mais propensos a relacionar tais crimes com as autoridades policial e judicial, estes se definem pela prática de atos que ultrapassem, de forma arbitrária, as atribuições de órgãos públicos. Incluem-se aqui portanto, o Legislativo e o Executivo. Tais situações constituem-se em crime de abuso de autoridade e estão previstas e tipificadas na Lei nº 4.898/1965 (Brasil, 1965), ao afirmar o legislador que:

Art. 3º Constitui abuso de autoridade qualquer atentado:

a) à liberdade de locomoção;

b) à inviolabilidade do domicílio;

c) ao sigilo da correspondência;

d) à liberdade de consciência e de crença;

e) ao livre exercício do culto religioso;

f) à liberdade de associação;

g) aos direitos e garantias legais assegurados ao exercício do voto;

h) ao direito de reunião;

i) à incolumidade física do indivíduo;

j) aos direitos e garantias legais assegurados ao exercício profissional (Incluído pela Lei nº 6.657, de 05/06/1979).

Art. 4º Constitui também abuso de autoridade:

a) ordenar ou executar medida privativa da liberdade individual, sem as formalidades legais ou com abuso de poder;

b) submeter pessoa sob sua guarda ou custódia a vexame ou a constrangimento não autorizado em lei;

c) deixar de comunicar, imediatamente, ao juiz competente a prisão ou detenção de qualquer pessoa;

d) deixar o juiz de ordenar o relaxamento de prisão ou detenção ilegal que lhe seja comunicada;

e) levar à prisão e nela deter quem quer que se proponha a prestar fiança, permitida em lei;

f) cobrar o carcereiro ou agente de autoridade policial carceragem, custas, emolumentos ou qualquer outra despesa, desde que a cobrança não tenha apoio em lei, quer quanto à espécie quer quanto ao seu valor;

g) recusar o carcereiro ou agente de autoridade policial recibo de importância recebida a título de carceragem, custas, emolumentos ou de qualquer outra despesa;

h) o ato lesivo da honra ou do patrimônio de pessoa natural ou jurídica, quando praticado com abuso ou desvio de poder ou sem competência legal;

i) prolongar a execução de prisão temporária, de pena ou de medida de segurança, deixando de expedir em tempo oportuno ou de cumprir imediatamente ordem de liberdade (Incluído pela Lei n° 7.960, de 21/12/1989).

Nesse contexto, podemos dizer que o abuso de autoridade configura-se pela ilicitude e, por ser praticado por um funcionário ao agente público no exercício de suas funções, acarreta situações que provocam prejuízos a outrem.

Contravenções penais

Elas estão previstas no Decreto-Lei n° 3.688/1941 (Brasil, 1941b) e classificam-se em sete grupos de referência, sendo relativas à pessoa, ao patrimônio, à incolumidade pública, à paz pública, à fé pública, à organização do trabalho e aos costumes.

1. Entre as contravenções relativas à PESSOA se encontram as de: fabricar, importar, exportar e vender armas e munições sem permissão da autoridade competente; anunciar processo ou substância que possa provocar aborto; brigas (praticar vias de fato).
2. Entre as contravenções relativas ao **patrimônio**, podemos considerar o ato de fabricar ou vender chave falsa ou, ainda, instrumento para a prática de crime.

3. Entre as contravenções relativas à **incolumidade pública**; estão: provocar desabamento; deixar em liberdade animal perigoso; arremessar ou derramar em via pública coisa que possa ofender alguém.
4. Entre as contravenções relativas à PAZ PÚBLICA se encontram os atos de: provocar tumulto em solenidade oficial; perturbar o sossego alheio; fazer gritaria ou algazarra.
5. Entre as contravenções relativas à fé pública estão atitudes como: recusar-se a receber moeda de curso legal no Brasil; usar como propaganda objeto rústico que possa confundir como moeda; fingir-se de funcionário público.
6. Entre as contravenções relativas à **organização do trabalho**, são possíveis de ser elencadas as de: exercer profissão sem preencher as condições legais; exercer o comércio de antiguidade (obras de arte, manuscritos, livros antigos e raros) sem observar as prescrições legais.
7. Entre as contravenções relativas aos costumes estão: explorar jogos de azar; extrair loteria sem autorização legal como o jogo do bicho; exibir, como sua, loteria estrangeira; mendigar por ociosidade; importunar alguém de modo ofensivo ao pudor em local público ou tratar animal com crueldade.

É flagrante que, como cidadãos, os prefeitos e os vereadores estão sujeitos a cometer essas infrações; logo, também estão sujeitos a responder por elas. As penas previstas são de PRISÃO SIMPLES e MULTA, lembrando que a tentativa só é punida se, de fato, ocorrer. Nesse caso, a ação penal é pública e a autoridade deve agir por meio de ofício.

Crimes de responsabilidade

Os crimes de responsabilidade constituem-se em infrações que violam a norma penal de natureza político-administrativa e são cometidos por agentes públicos (prefeitos e vereadores). Tais atos colocam em risco a probidade da Administração e, em razão deles, o seu autor (ou autores), além de sanção penal e/ou medida de segurança, perde a função pública.

Tais crimes estão previstos no Decreto-Lei nº 201/1967, que "dispõe sobre a responsabilidade dos Prefeitos e Vereadores, e dá outras providências" (Brasil, 1967c). Especificamente no caso do prefeito*, a lei determina os parâmetros do art. 1º ao art. 4º. No art. 1º, são definidos os "crimes de responsabilidade dos prefeitos municipais, sujeitos ao julgamento do Poder Judiciário, independentemente do pronunciamento da Câmara dos Vereadores". Os mais graves são inafiançáveis (art. 1º, I e II) e preveem sanções como a pena de reclusão de dois a doze anos. Os crimes mais leves são afiançáveis e encontram-se nos incisos III a XXIII do art. 1º; a pena é de detenção, variando de dois meses a três anos. A condenação transitada em julgado, para quaisquer dos crimes previstos, também acarreta a perda de cargo e a inabilitação, pelo prazo de cinco anos, para o exercício de novo cargo ou função pública, sejam eletivos, sejam por nomeação.

Esses crimes são dolosos, e a punição deve ocorrer quando o prefeito age de forma intencional ou assume o risco de produzir o resultado. Nesse caso, o município é o sujeito passivo, já que o bem atingido foi a própria Administração Pública. Segundo Meirelles (1993b, p. 576), que redigiu o texto do Decreto-Lei nº 201/1967, nesse contexto, caberá ao prefeito ou a quem o tenha substituído (lembrando que, aqui, não importa o tipo de investidura nem de substituição) a responsabilidade sobre o crime, estando no cargo ou não, "porque o delito é meramente funcional e não político-administrativo, como erroneamente ainda pensam alguns autores e julgados".

◆ ◆ ◆

* "A competência do Tribunal de Justiça para julgar prefeitos restringe-se aos crimes de competência da justiça comum estadual; nos demais casos, a competência caberá ao respectivo tribunal de segundo grau" (Brasil, 2003f).

É pertinente ressaltarmos que, nesses casos, sempre será um tribunal que julgará o prefeito, seja qual for o crime que ele tenha cometido: comum, especial, funcional, de abuso de autoridade, de contravenção penal ou de responsabilidade. Em obediência ao preceito constitucional que estabelece que o julgamento do prefeito deve acontecer perante o Tribunal de Justiça (art. 29, X, CF), a Súmula nº 702 do STF assim reitera (Brasil, 2003f): se o prefeito cometer crimes comuns, será julgado pelo Tribunal de Justiça do respectivo estado; se cometer crime eleitoral, pelo Tribunal Regional Eleitoral; se crime em que haja interesse da União, pelo Tribunal Regional Federal, e assim por diante.

Infrações político-administrativas

O art. 4º do Decreto-Lei nº 201/1967 define quais "são [as] infrações político-administrativas dos prefeitos municipais sujeitas ao julgamento pela Câmara dos Vereadores e sancionadas com a cassação do mandato". O prefeito será, portanto, julgado pela própria Câmara Municipal nas infrações ali elencadas, e a pena é a perda do mandato. Esses crimes correspondem às infrações de responsabilidade do presidente da República e dos governadores de estados, que são julgadas pelo Senado Federal (art. 86, CF) e pelas assembleias legislativas e estão previstas na Lei Federal nº 1.079/1950.

Entre as ações que ensejam o julgamento do prefeito pelos vereadores (enumeradas de 1 a 10 no referido artigo) estão:

- as de impedir o funcionamento regular da própria Câmara Municipal, bem como a verificação dos livros e documentos da prefeitura;
- não responder às convocações e pedidos de informação;
- deixar de apresentar a proposta orçamentária no devido tempo e descumprir o orçamento aprovado;
- retardar a publicação de leis e atos ou deixar de publicá-los;
- praticar atos ou deixar de praticá-los, contrariando a lei;

- omitir-se ou negligenciar na defesa de bens, rendas, direitos ou interesses do município que estão sob a administração da prefeitura;
- ausentar-se do município por tempo superior ao permitido em lei ou afastar-se da prefeitura, sem autorização da Câmara dos Vereadores;
- agir de modo incompatível com a dignidade e o decoro do cargo.

✦ ✦ ✦

O art. 5º do mesmo decreto, nos incisos I a VII, estabelece o rito que deve ser observado pela Câmara Municipal no julgamento do prefeito por infração político-administrativa.

✦ ✦ ✦

Nesse caso, o Judiciário não pode manifestar-se quanto ao mérito da decisão, apenas quanto à obediência das formalidades legais, isto é, verificando se estas foram ou não observadas pelos vereadores no decorrer do processo de cassação do mandato do prefeito, pois os atos processuais que devem ser seguidos obedecem a uma ordem, e o prazo para a conclusão é de 90 dias, contados da data em que o prefeito foi notificado.

A denúncia deve ser feita por escrito pelo eleitor (este pode ser um vereador que, assim, fica impedido de votar), relatando os fatos e indicando as provas. O presidente da Câmara, na primeira sessão, determinará a leitura do documento e consultará a Câmara sobre o seu recebimento. Se ele for aprovado pelos vereadores, pelo voto da maioria dos presentes, na mesma sessão deverá ser constituída a Comissão Processante, composta de três vereadores sorteados entre os desimpedidos, à qual caberá eleger o presidente e o relator.

O presidente da Comissão Processante iniciará os trabalhos com a remessa de cópia da denúncia e dos documentos que a instruírem dentro de cinco dias, notificando o prefeito. No prazo de dez dias, este deverá apresentar uma defesa prévia, também por escrito, indicando as provas que pretende produzir e arrolando até, no máximo, dez testemunhas.

A Comissão Processante emitirá um parecer no prazo de cinco dias. Se ela decidir pelo arquivamento da denúncia, o parecer deverá ser submetido ao Plenário; entretanto, se opinar pelo prosseguimento, o presidente da comissão designará, o quanto antes, o início da instrução, determinando os atos, as diligências e as audiências para o depoimento do prefeito e a inquirição das testemunhas.

Para todos os atos do processo, o prefeito deve ser intimado pessoalmente ou por intermédio de seu procurador, com antecedência de 24 horas. Também é facultado a ele assistir às diligências e às audiências, bem como formular perguntas e reperguntas às testemunhas e requerer o que for de interesse da defesa.

Uma vez concluída a instrução, será aberta a vista do processo ao prefeito, para que, no prazo de cinco dias, ele faça sua defesa por escrito. Após emitir parecer final (decidindo pela procedência ou improcedência da acusação), a Comissão Processante solicitará ao presidente da Câmara a convocação de sessão para julgamento. Nela, o processo será lido integralmente. Em seguida, os vereadores que o desejarem poderão manifestar-se verbalmente, pelo tempo máximo de quinze minutos cada um e, ao final, o prefeito ou o seu procurador terá o prazo máximo de duas horas para produzir a defesa oral.

Após a defesa, para cada uma das acusações, deverá ser efetuada a votação nominal pelos vereadores. Nesse processo, o prefeito só será afastado definitivamente do cargo se ⅔ dos vereadores votarem a favor da cassação. Se, em vez disso, o resultado for pela absolvição, o presidente determinará o arquivamento do processo, sendo que a Justiça Eleitoral deverá ser comunicada do resultado.

No caso do vereador, é o art. 7º (Decreto-Lei nº 201/1967) que estabelece as três condições em que ele pode ser cassado pelos seus pares, a saber:

- quando utilizar o mandato para a prática de atos de corrupção ou de improbidade administrativa;
- fixar residência fora do município;
- proceder de modo incompatível com a dignidade da Câmara ou faltar com o decoro na sua conduta pública.

É considerado também crime de responsabilidade, especificamente do vereador presidente da Câmara, se ele, em suas ações administrativas, desrespeitar o limite de gastar só até 70% da receita do Legislativo com a folha de pagamento – nela incluídos os subsídios dos vereadores (art. 29-A, § 3º, CF). O processo de cassação do mandato de vereador é o mesmo adotado para a cassação do prefeito.

2.4 A improbidade administrativa no âmbito do Executivo e do Legislativo municipal

O termo *improbidade*, do latim *improbitas* ("má qualidade, perversidade, maus costumes"), traz, em sua formação, o termo *probus* ("que é de boa qualidade, bom, honrado, reto, leal, íntegro, probo"), ao qual foi acrescentado o prefixo *im*, portanto, a negação do que se diz, daí *ímprobo*, do latim *impròbus*, que significa "mau, falso, desonesto", "que não tem probidade" (Houaiss; Villar; Franco, 2001). **Portanto, na Administração Pública,** *improbidade* **significa de má qualidade, sem moral administrativa, que causa prejuízo ao público, que é prejudicial a toda a coletividade.**

Essa possibilidade de desvirtuamento da Administração Pública é um fato, razão pela qual – como agentes políticos – prefeitos e vereadores, entre outros, também estão sujeitos a serem punidos pela LEI DE IMPROBIDADE ADMINISTRATIVA. Trata-se da Lei nº 8.429 –, de 2 de junho de 1992, que "dispõe sobre as sanções aplicáveis aos agentes públicos nos casos de enriquecimento ilícito no exercício de mandato, cargo, emprego ou função na administração pública direta, indireta ou fundacional" (Brasil, 1992).

Declaração de bens

Quando da posse no exercício de agente público, este deve apresentar a declaração dos bens e valores que compõem o seu patrimônio privado, a qual deve ser arquivada no serviço de pessoal competente.

Essa declaração envolve imóveis, móveis, semoventes, dinheiro, títulos, ações e qualquer outra espécie de bens e valores patrimoniais localizados no Brasil ou no exterior. Desse documento somente são excluídos os objetos e utensílios de uso doméstico. Além disso, quando for o caso, ele abrangerá os bens e valores patrimoniais do cônjuge ou do companheiro, além dos referentes aos filhos e a outras pessoas que vivam sob a dependência econômica do declarante.

Essa declaração dos bens deve ser anualmente atualizada e, também, na data em que o agente público (prefeito, vereador) deixar o exercício do mandato, cargo, emprego ou função. Pode ser uma cópia da que foi encaminhada à Receita Federal, pela legislação do Imposto de Renda. Além disso, se a declaração for falsa ou o agente público, sendo servidor, não redigi-la, ele pode ser demitido a bem do serviço público.

> a obrigatoriedade de declarar os bens e valores componentes do acervo patrimonial do agente público serve para que a sua evolução patrimonial seja monitorada, acompanhada, a fim de que possa ser detectado qualquer acréscimo irregular e sem causa ao seu patrimônio, indicativo de improbidade administrativa. (Mascarenhas, 2001, p. 49).

A constitucionalidade da Lei de Improbidade Administrativa

A constitucionalidade da Lei de Improbidade Administrativa tem sido questionada por vários autores da área, uma vez que a Constituição não assegura à União a capacidade de legislar sobre esse assunto por ferir o princípio federativo. Dessa forma, afirmam que ela só pode legislar sobre sua própria administração. Além disso, quando a legislação atinge os estados, o Distrito Federal e os municípios, esses doutrinadores entendem que a União está invadindo a competência que é própria desses entes federados, ou seja, a de tratar de assuntos relacionados à Administração Pública estadual ou municipal no que concerne a impor sanções ao comportamento de seus agentes (Mukai, 1999).

Já o art. 1º da Lei nº 8.429/1992 prevê que os atos de improbidade administrativa praticados por qualquer agente público – servidor ou não – contra a Administração direta, indireta ou fundacional de qualquer dos Poderes da União, dos estados, do Distrito Federal, dos municípios ou dos territórios serão punidos pela lei. No art. 2º, a lei define como agente público "todo aquele que exerce, ainda que transitoriamente ou sem remuneração, por eleição, nomeação, designação, contratação ou qualquer outra forma de investidura ou vínculo, mandato, cargo, emprego ou função". Portanto, nessa condição estão incluídos os prefeitos, os vereadores, os secretários municipais e outros agentes públicos dos municípios.

A Lei de Improbidade Administrativa repete os princípios constitucionais da Administração Pública (art. 37, CF); assim, os agentes públicos de qualquer nível ou hierarquia são obrigados a velar pela estrita observância dos princípios de legalidade, impessoalidade, moralidade e publicidade. No caso de lesão ao patrimônio público, por ação ou omissão, nas formas dolosa ou culposa, o agente público ou o terceiro deve ressarcir integralmente o dano. Além disso, em caso de enriquecimento ilícito, eles perdem os bens ou valores acrescidos ao seu patrimônio.

Nessas circunstâncias, a autoridade administrativa responsável pelo inquérito deve notificar o Ministério Público quanto à indisponibilidade dos bens do indiciado. Também os sucessores (herdeiros) responderão pela lesão causada ao patrimônio público ou pelo enriquecimento ilícito até o limite da herança.

Tipos de improbidade

A Lei nº 8.429/1992 classifica os atos de improbidade administrativa em: os que importam em enriquecimento ilícito; os que causam prejuízo ao erário; os que atentam contra os princípios da administração pública.

Essa lei define como enriquecimento ilícito "auferir qualquer tipo de vantagem patrimonial indevida em razão do exercício de cargo, mandato, função, emprego ou atividade". Para explicitar o termo *ilícito*, são enumerados 12 incisos (art. 9º), que preveem os seguintes tipos de improbidade:

> [...]
>
> I – receber, para si ou para outrem, dinheiro, bem móvel ou imóvel, ou qualquer outra vantagem econômica, direta ou indireta, a título de comissão, percentagem, gratificação ou presente de quem tenha interesse, direto ou indireto, que possa ser atingido ou amparado por ação ou omissão decorrente das atribuições do agente público;
>
> II – perceber vantagem econômica, direta ou indireta, para facilitar a aquisição, permuta ou locação de bem móvel ou imóvel, ou a contratação de serviços pelas entidades referidas no art. 1º por preço superior ao valor de mercado;
>
> III – perceber vantagem econômica, direta ou indireta, para facilitar a alienação, permuta ou locação de bem público ou o fornecimento de serviço por ente estatal por preço inferior ao valor de mercado;
>
> IV – utilizar, em obra ou serviço particular, veículos, máquinas, equipamentos ou material de qualquer natureza, de propriedade ou à disposição de qualquer das entidades mencionadas no art. 1º desta lei, bem como o trabalho de servidores públicos, empregados ou terceiros contratados por essas entidades;
>
> V – receber vantagem econômica de qualquer natureza, direta ou indireta, para tolerar a exploração ou a prática de jogos de

azar, de lenocínio, de narcotráfico, de contrabando, de usura ou de qualquer outra atividade ilícita, ou aceitar promessa de tal vantagem;

VI – receber vantagem econômica de qualquer natureza, direta ou indireta, para fazer declaração falsa sobre medição ou avaliação em obras públicas ou qualquer outro serviço, ou sobre quantidade, peso, medida, qualidade ou característica de mercadorias ou bens fornecidos a qualquer das entidades mencionadas no art. 1º desta lei;

VII – adquirir, para si ou para outrem, no exercício de mandato, cargo, emprego ou função pública, bens de qualquer natureza cujo valor seja desproporcional à evolução do patrimônio ou à renda do agente público;

VIII – aceitar emprego, comissão ou exercer atividade de consultoria ou assessoramento para pessoa física ou jurídica que tenha interesse suscetível de ser atingido ou amparado por ação ou omissão decorrente das atribuições do agente público, durante a atividade;

IX – perceber vantagem econômica para intermediar a liberação ou aplicação de verba pública de qualquer natureza;

X – receber vantagem econômica de qualquer natureza, direta ou indiretamente, para omitir ato de ofício, providência ou declaração a que esteja obrigado;

XI – incorporar, por qualquer forma, ao seu patrimônio bens, rendas, verbas ou valores integrantes do acervo patrimonial das entidades mencionadas no art. 1º desta lei;

XII – usar, em proveito próprio, bens, rendas, verbas ou valores integrantes do acervo patrimonial das entidades mencionadas no art. 1º desta lei.

Conforme a Lei nº 8.429/1992 (art. 10), os atos de improbidade administrativa que causam lesão ao erário são "qualquer ação ou omissão, dolosa ou culposa, que enseje perda patrimonial, desvio, apropriação, malbaratamento ou dilapidação dos bens ou haveres". Os tipos específicos de ações enumeradas nesse artigo são:

[...]

I – facilitar ou concorrer por qualquer forma para a incorporação ao patrimônio particular, de pessoa física ou jurídica, de bens, rendas, verbas ou valores integrantes do acervo patrimonial das entidades mencionadas no art. 1º desta lei;

II – permitir ou concorrer para que pessoa física ou jurídica privada utilize bens, rendas, verbas ou valores integrantes do acervo patrimonial das entidades mencionadas no art. 1º desta lei, sem a observância das formalidades legais ou regulamentares aplicáveis à espécie;

III – doar à pessoa física ou jurídica bem como ao ente despersonalizado, ainda que de fins educativos ou assistências, bens, rendas, verbas ou valores do patrimônio de qualquer das entidades mencionadas no art. 1º desta lei, sem observância das formalidades legais e regulamentares aplicáveis à espécie;

IV – permitir ou facilitar a alienação, permuta ou locação de bem integrante do patrimônio de qualquer das entidades referidas no art. 1º desta lei, ou ainda a prestação de serviço por parte delas, por preço inferior ao de mercado;

V – permitir ou facilitar a aquisição, permuta ou locação de bem ou serviço por preço superior ao de mercado;

VI – realizar operação financeira sem observância das normas legais e regulamentares ou aceitar garantia insuficiente ou inidônea;

VII – conceder benefício administrativo ou fiscal sem a observância das formalidades legais ou regulamentares aplicáveis à espécie;

VIII – frustrar a licitude de processo licitatório ou dispensá-lo indevidamente;

IX – ordenar ou permitir a realização de despesas não autorizadas em lei ou regulamento;

X – agir negligentemente na arrecadação de tributo ou renda, bem como no que diz respeito à conservação do patrimônio público;

XI – liberar verba pública sem a estrita observância das normas pertinentes ou influir de qualquer forma para a sua aplicação irregular;

XII – permitir, facilitar ou concorrer para que terceiro se enriqueça ilicitamente;

XIII – permitir que se utilize, em obra ou serviço particular, veículos, máquinas, equipamentos ou material de qualquer natureza, de propriedade ou à disposição de qualquer das entidades mencionadas no art. 1º desta lei, bem como o trabalho de servidor público, empregados ou terceiros contratados por essas entidades;

XIV – celebrar contrato ou outro instrumento que tenha por objeto a prestação de serviços públicos por meio da gestão associada sem observar as formalidades previstas na lei;

XV – celebrar contrato de rateio de consórcio público sem suficiente e prévia dotação orçamentária, ou sem observar as formalidades previstas na lei.

E, finalmente, de acordo com a Lei de Improbidade Administrativa, em seu art. 11, "constitui ato de improbidade administrativa que atenta contra os princípios da administração pública qualquer ação ou omissão que viole os deveres de honestidade, imparcialidade, legalidade, e lealdade às instituições", sendo, nessa condição, relacionados os de:

[...]

I – praticar ato visando fim proibido em lei ou regulamento ou diverso daquele previsto, na regra de competência;

II – retardar ou deixar de praticar, indevidamente, ato de ofício;

III – revelar fato ou circunstância de que tem ciência em razão das atribuições e que deva permanecer em segredo;

IV – negar publicidade aos atos oficiais;

V – frustrar a licitude de concurso público;

VI – deixar de prestar contas quando esteja obrigado a fazê-lo;

VII – revelar ou permitir que chegue ao conhecimento de terceiro, antes da respectiva divulgação oficial, teor de medida política ou econômica capaz de afetar o preço de mercadoria, bem ou serviço.

Penas para atos de improbidade administrativa

Quanto às penas aplicáveis a quem comete improbidade administrativa, observamos que a grande maioria dos tipos enumerados pelos três artigos comentados anteriormente já estão previstos na legislação ordinária (Código Penal e outras leis). Portanto, os agentes públicos que se enquadrarem nessas situações serão punidos por crimes comuns, como peculato, corrupção ativa, prevaricação e outros.

Na sequência, vamos analisar essa situação diretamente enquadrada em artigos da Lei de Improbidade Administrativa. Nesse contexto, o acusado que, no ato de improbidade administrativa, for condenado por enriquecimento ilícito (art. 9º) poderá sofrer as seguintes penas:

- ser privado dos bens ou valores acrescidos ilicitamente ao patrimônio;
- ser obrigado a ressarcir integralmente o dano;
- perder a função pública;
- ter suspensos os direitos políticos de oito a dez anos;
- ter de pagar multa civil de até três vezes o valor do acréscimo patrimonial;
- ficar proibido de contratar com o Poder Público;
- ficar proibido de receber benefícios ou incentivos fiscais ou creditícios, direta ou indiretamente, ainda que por intermédio de pessoa jurídica da qual seja sócio majoritário, pelo prazo de dez anos.

Nos casos em que a improbidade administrativa causar prejuízo ao erário (art. 10), o réu terá de ressarcir, na sua totalidade, o órgão público lesado, o que acarretará a perda dos bens ou dos valores acrescidos ilicitamente ao seu patrimônio. Essa circunstância também implicará a perda da função pública e a suspensão dos direitos políticos pelo período de cinco a oito anos. A lei ainda determina que deverá ocorrer o pagamento de multa civil de até duas vezes o valor do dano e a "proibição de contratar com o poder público ou receber benefícios ou incentivos fiscais ou creditícios, direta ou indiretamente, ainda que por intermédio de pessoa jurídica da qual seja sócio majoritário, pelo prazo de cinco anos".

Além disso, na hipótese de atos de improbidade que atentem contra os princípios da Administração Pública (art. 11), a pena também acarretará, como no item anterior, a obrigatoriedade de ressarcir o erário público de forma integral, bem como a perda da função pública e a suspensão dos direitos políticos, nesse caso pelo prazo de três a cinco anos. A multa referente a atos que atentem contra os princípios da Administração Pública é bastante severa, já que a lei prevê uma "multa civil de até cem vezes o valor da remuneração percebida pelo agente". Nesse caso – embora aqui o período seja menor – há a proibição de "contratar com o poder público ou receber benefícios ou incentivos fiscais ou creditícios, direta ou indiretamente, ainda que por intermédio de pessoa jurídica da qual seja sócio majoritário".

Em qualquer circunstância, o juiz, na fixação das penas, deve levar em conta a extensão do dano causado, assim como o proveito patrimonial obtido pelo agente que praticou a ilicitude.

Procedimento administrativo e processo judicial

Pela Lei de Improbidade Administrativa, qualquer pessoa pode solicitar à autoridade administrativa competente que seja instaurada uma investigação destinada a apurar a prática de ato de improbidade. Essa solicitação deve ser escrita ou reduzida a termo e deve qualificar o representante, bem como as informações sobre o fato de improbidade, a autoria e as provas deste.

Para rejeitar a solicitação, a autoridade administrativa precisa fundamentar em despacho a inobservância das formalidades estabelecidas na lei, sendo que, nesse caso, não há motivo para que o Ministério Público seja acionado. Uma vez aceita a solicitação, a autoridade deve determinar a imediata apuração dos fatos, sendo que, nesse contexto, cabe à Comissão Processante dar conhecimento da existência de procedimento administrativo para apurar a prática de ato de improbidade ao Ministério Público e ao Tribunal ou Conselho de Contas. Havendo indícios de responsabilidade, a comissão pode requerer ao Ministério Público ou à Procuradoria do órgão que solicite o sequestro dos bens do agente ou do terceiro que tenha enriquecido ilicitamente ou causado dano ao patrimônio público. Quando ocorre essa situação, é proibido qualquer tipo de transação, acordo ou conciliação.

Caso haja uma sentença que julgue procedente a ação civil de reparação de dano ou que decrete a perda dos bens havidos ilicitamente, deve haver também a determinação do pagamento ou da reversão dos bens. Dessa maneira, eles voltarão à pessoa jurídica de direito público que fora prejudicada pelo ilícito.

As ações destinadas a levar a efeito as sanções previstas na Lei de Improbidade Administrativa prescrevem até cinco anos após o término do exercício de mandato, de cargo em comissão ou de função de confiança, ou ainda, dentro do prazo prescricional previsto em lei específica, para faltas disciplinares puníveis com demissão a bem do serviço público, nos casos de exercício de cargo efetivo ou emprego.

Porém, se a solicitação por ato de improbidade contra agente público ou terceiro beneficiário for falsa, o ato será considerado crime, e o denunciante poderá sofrer pena de detenção de seis a dez meses, além de multa. O denunciante pode ainda ter de indenizar o denunciado pelos danos que houver provocado, tanto materiais como morais ou à imagem.

Também o Estatuto da Cidade estabelece, no texto do art. 52, que o prefeito, sem prejuízo da punição de outros agentes municipais, incorre em improbidade administrativa quando:

[...]

II – deixar de proceder, no prazo de cinco anos, o adequado aproveitamento do imóvel incorporado ao patrimônio público, conforme o disposto no § 4º do art. 8º desta Lei;

III – utilizar áreas obtidas por meio do direito de preempção em desacordo com o disposto no art. 26 desta Lei;

IV – aplicar os recursos auferidos com a outorga onerosa do direito de construir e de alteração de uso em desacordo com o previsto no art. 31 desta Lei;

V – aplicar os recursos auferidos com operações consorciadas em desacordo com o previsto no § 1º do art. 33 desta Lei;

VI – impedir ou deixar de garantir os requisitos contidos nos incisos I a III do § 4º do art. 40 desta Lei;

VII – deixar de tomar as providências necessárias para garantir a observância do disposto no § 3º do art. 40 e no art. 50 desta Lei;

VIII – adquirir imóvel objeto de direito de preempção, nos termos dos arts. 25 a 27 desta Lei, pelo valor da proposta apresentada, se este for, comprovadamente, superior ao de mercado.

(Brasil, 2002d)

Você pode perceber, como o próprio artigo especifica, que esses são atos de improbidade administrativa que o prefeito municipal e outros agentes municipais podem cometer em prejuízo da ordem urbanística. Todos os agentes públicos que cometerem os tipos enumerados no art. 52 do Estatuto – bem como os terceiros beneficiados – estarão sujeitos ao procedimento e às sanções previstas na Lei da Improbidade Administrativa.

Podemos notar, enfim, ao longo dessa descrição de crimes, infrações e improbidades possíveis de serem cometidos pelo administrador público, que, somente diante de casos concretos, procedimentos e condutas em ação é que podemos atestar quais dos bens jurídicos penais se configuraram ou de que maneira o bem público foi lesado. Nesse contexto, é necessário atentarmos para o fato de que existem condutas criminosas que são ofensivas a mais de um bem jurídico penal. No entanto, só podemos averiguar esses fatos em sua concretude, ou seja, quando eles forem configurados como improbidade ou crime.

Síntese

Ao longo deste capítulo, no qual procuramos detalhar a estrutura dos poderes no âmbito municipal, observamos que existe uma concepção de organização do município que se espelha na organização federal e estadual, restrita, logicamente, à sua área de abrangência, nos aspectos concernentes ao Executivo, ao Legislativo ou ao Judiciário do país. Nesse contexto, os poderes, as jurisdições, as funções, as obrigações, a legitimidade das ações e os cargos são fundamentados, principalmente, nas diretrizes da Constituição, do Código Civil e, no caso dos municípios, da Lei Orgânica Municipal.

Questões para revisão

1. Como você viu neste capítulo, o município é pessoa jurídica de direito público interno e tem no prefeito o seu representante legal: judicial e extrajudicialmente. Ele é eleito juntamente com o vice-prefeito, formando uma chapa única, pelo sistema majoritário, para um mandato de quatro anos, por pleito direto e realizado simultaneamente em todo o Brasil. De acordo com a Constituição, em seu art. 29, I e II, quantas vezes um prefeito pode ser reeleito?
2. Se a doutrina atribui ao prefeito, além das funções políticas ou governamentais, funções administrativas e executivas, quais são as suas atividades desde o advento da Constituição de 1988 e onde elas estão elencadas?

3. Qual o papel do vice-prefeito, de acordo com o que ficou estabelecido na Constituição, em seu art. 79? E qual o princípio de simetria que relaciona o cargo de vice-prefeito com o de vice-presidente da República?
4. Além do papel legislativo, que outras funções são de competência da Câmara Municipal?
5. Sendo o vereador um parlamentar assemelhado aos senadores e deputados federais, estaduais e distritais, quais são e onde estão (ou deveriam estar) elencadas as proibições e incompatibilidades dos vereadores para o exercício do mandato?

capítulo três

Do sistema tributário municipal

Conteúdos do capítulo:

- Recursos financeiros que compõem a receita pública municipal;
- Princípios constitucionais que fundamentam a tributação municipal;
- Tipos de tributos.

Após a leitura deste capítulo, você será capaz de:

1. identificar a abrangência da competência tributária do município;
2. conhecer e detalhar aspectos legais e administrativos relacionados às diversas taxas, impostos e contribuições municipais;
3. entender o processo de conceituação de tributação e de destinação da receita municipal sob o prisma jurídico.

Um dos pilares da autonomia municipal diz respeito à sua capacidade de instituir e arrecadar tributos e aplicar suas rendas (Brasil, 1998). Isso significa que, da mesma forma que os demais entes federados (União, estados e Distrito Federal), o município possui sua própria renda – oriunda de tributos –, podendo gerir seu patrimônio e explorar os serviços de sua competência.

Esses recursos financeiros que compõem a receita pública municipal financiam a estrutura burocrática e viabilizam os serviços e obras do município.

3.1 Receitas do município

A Constituição define os tributos de competência municipal e a participação nas receitas estaduais e federais. Além dos recursos oriundos dessas fontes, também podem formar a receita municipal a exploração de atividades econômicas, o patrimônio, as compensações financeiras pela exploração de recursos naturais (energia elétrica, petróleo etc.) e negócios realizados com entidades públicas e privadas.

✦ A iniciativa da Lei Tributária Municipal pode ser do prefeito, de qualquer um dos vereadores, de comissão da Câmara ou de cidadãos mediante de proposta de 5% dos eleitores do município. ✦

O município detém o poder impositivo de estabelecer tributos, que é uma decorrência da própria autonomia financeira municipal, estabelecida pela norma constitucional. Não há limitações para isso, a não ser as definidas na Constituição Federal. A União e os estados, por exemplo, não podem interferir na autonomia financeira do município. Em consonância com tal princípio, apenas os tributos previstos na Carta Magna para os municípios possuem a competência de instituir, criar, decretar, arrecadar e aplicar. Dessa maneira, não pode haver nenhuma interferência dos demais entes federados.

Sobre a competência tributária do município, Carrazza (2001, p. 159) assim se manifesta:

> nem o governo federal nem o estadual podem interferir no exercício da competência tributária dos municípios. No mesmo sentido, qualquer tratado internacional que os "obrigue" a abrir mão de parte de seus tributos é nulo de pleno direito, ainda que referendado pelo Congresso Nacional, por meio de decreto legislativo.

Procurando explicar o que é receita pública, Meirelles (1993b, p. 135) afirma que "é o conjunto de recursos financeiros que entra para os cofres estatais, provindo de quaisquer fontes, a fim de acorrer às despesas orçamentárias e adicionais ao orçamento". Esse autor classifica a receita municipal como uma espécie do gênero receita pública, uma vez que, nos cofres do município, além das RECEITAS PRÓPRIAS, entram também os repasses constitucionais da União e dos estados, que formam a receita pública municipal, mas são arrecadados pelos outros dois entes federativos.

Quanto às rendas próprias do município, elas se constituem nos recursos financeiros decorrentes do poder impositivo municipal, como a arrecadação dos tributos e a exploração dos bens e dos serviços (preço pago pela população usuária). As demais rendas que entram para compor a receita municipal são provenientes de impostos compartilhados com a União e o estado e de repasses oriundos de programas, convênios, empréstimos, entre outros.

A iniciativa da Lei Tributária Municipal pode ser do prefeito, de qualquer um dos vereadores, de comissão da Câmara ou de cidadãos mediante proposta de 5% dos eleitores do município. É, portanto, bastante ampla a iniciativa das leis tributárias, estando regulada no *caput* do art. 61 da Constituição. Já a aplicação da receita pública (despesa) diz respeito à elaboração e gestão orçamentária – em que são custeados os programas, projetos e ações governamentais (assunto que não abrangeremos neste livro).

3.2 Princípios tributários municipais

Os princípios que regem os tributos municipais são os mesmos que regem os tributos das demais esferas federativas (União, estados e Distrito Federal). São constitucionais e atingem, portanto, todos os entes federados; logo, não existem princípios tributários exclusivamente municipais.

Alguns desses princípios, como legalidade (reserva legal), igualdade tributária, definição legal prévia do fato gerador (princípio da irretroatividade tributária), anterioridade ou anualidade do lançamento, carência, proporcionalidade ou razoabilidade e ilimitabilidade do tráfego de pessoas e bens, iremos analisar mais detalhadamente como funciona a tributação municipal, com o intuito de melhor compreendê-la.

Desde logo, vamos explicitar que, embora esses conceitos sejam elementares para entendermos o direito tributário, eles não se constituem em princípios. Portanto, não serão vistos nesta obra os seguintes fatores: fato gerador, base de cálculo, alíquota, lançamento, crédito tributário, imunidade, isenção, incidência e não incidência, parafiscalidade e extrafiscalidade.

> **Perguntas & respostas**
>
> **Desde o início, estamos falando em tributos. Mas o que é um tributo?**
>
> A definição de *tributo* está no Código Tributário Nacional*, que, em seu art. 3º, afirma que "Tributo é toda prestação pecuniária compulsória, em moeda ou cujo valor nela se possa exprimir, que não constitua sanção de ato ilícito, instituída em lei e cobrada mediante atividade administrativa plenamente vinculada" (Brasil, 1966). Portanto, tudo o que é recolhido em dinheiro para os cofres do Poder Público, que não seja multa e seja instituído por lei é considerado tributo. Os impostos, as taxas e as contribuições são, portanto, tributos.

♦ ♦ ♦

* CTN: Lei nº 5.172/1966.

Princípio da legalidade

É importante salientarmos que a União e o estado estão impedidos de instituir tributos que são da competência do município e vice-versa.

Quando a Carta Magna afirma que o município pode instituir determinado tributo, isso significa que ele deve aprovar uma lei criando esse tributo no âmbito municipal. Trata-se de um dos princípios do direito tributário, o da legalidade ou da reserva legal.

Outrossim, "ninguém será obrigado a fazer ou deixar de fazer alguma coisa senão em virtude da lei" (art. 5º, II, CF). É importante ressaltar que, sem lei, não existe tributo, mesmo que haja previsão de sua existência na Constituição. Esse princípio também se encontra no art. 150, inciso I, da Constituição: "é vedado ao município exigir ou aumentar tributo sem lei que o estabeleça".

Princípio da irretroatividade tributária

A lei municipal que instituir o tributo, para ser válida, deve obedecer à condição da prévia definição legal do fato gerador ou ao princípio da irretroatividade tributária. Ela deve prever todos os elementos concernentes à norma jurídica tributária, ou seja, hipótese de incidência, sujeitos ativo e passivo, base de cálculo e alíquota. Sem esses elementos, o tributo não tem condições de ser aplicado. Além disso, o decreto do prefeito que regulamenta o tributo não pode incluir nenhum elemento que não esteja na lei.

Princípio da anterioridade

Outro princípio que deve ser respeitado é o da anterioridade da lei tributária ou anualidade. Ele encontra-se no art. 150, inciso III, da Constituição, que veda à União, aos estados, ao Distrito Federal e aos municípios a cobrança de tributos no mesmo exercício financeiro (que vai de 1º de janeiro a 31 de dezembro), ou seja, no mesmo ano em que foi publicada a lei e em que se instituíram ou aumentaram os impostos. Isso significa que a municipalidade só pode exigir o tributo a partir do ano seguinte à edição da lei que o estabeleceu ou o majorou, incidindo sobre fatos ocorridos no ano em que ele é cobrado, e não desde a edição da lei que o criou.

Princípio da igualdade tributária

Na lei tributária municipal, o princípio da igualdade também deve ser observado, pois "A lei tributária deve ser igual para todos e a todos deve ser aplicada com igualdade. Melhor expondo, quem está na mesma situação jurídica deve receber o mesmo tratamento tributário" (Carrazza, 2001, p. 67). Esse princípio encontra-se na norma (art. 150, II, CF) que estabelece ser proibido ao "município instituir tratamento desigual entre contribuintes que se encontrem em situação equivalente, proibida qualquer distinção em razão de ocupação profissional ou função por eles exercida, independentemente da denominação jurídica dos rendimentos, títulos ou direitos".

A Constituição veda, ainda, peremptoriamente, vantagens tributárias pela função ou ocupação profissional que o contribuinte exerça. Por exemplo: o prefeito ou os vereadores não podem ter privilégios tributários só porque exerceram função pública eletiva. Da mesma forma, o padre ou o pastor não podem ter vantagens pelo fato de serem sacerdotes. Todos os contribuintes encontram-se em igualdade de condições em relação às normas tributárias e à incidência delas.

Princípio da proporcionalidade ou razoabilidade

O tributo não pode constituir-se num confisco. Dessa forma, deve haver uma proporcionalidade razoável entre ele e o patrimônio do cidadão que possui a obrigação de pagá-lo. Esse princípio constitucional tem sido reafirmado reiteradamente pela jurisprudência quando as alíquotas assumem proporções exageradas, constituindo-se em confisco (art. 150, IV, CF).

Princípio da carência

Alguns tributos municipais também estão sujeitos, para a sua cobrança, ao princípio da carência de 90 dias. Ela começa a contar da data em que tenha sido publicada a lei que instituiu ou aumentou o tributo. A essa carência estão sujeitos todos os impostos municipais, taxas e contribuições de melhoria.

Princípio da ilimitabilidade do tráfego de pessoas e bens

Vale lembrar que o município não pode limitar o tráfego de pessoas ou bens pelo território municipal por meio de tributos. Assim, a existência do pedágio só é possível porque a Administração Pública considera essa medida – que é uma forma de impedir a livre circulação de pessoas e bens – um preço público, e não um tributo.

3.3 Preços

Os preços também são fontes de recursos para os cofres públicos, porém não se constituem em tributos. Os preços não são impostos nem taxas. Tampouco são contribuições de melhorias. Constituem-se nos pagamentos que a população efetua ao Poder Público quando, de forma voluntária, com ele negociou quando utiliza determinados serviços ou bens públicos.

A tarifa é o preço público por excelência. É fixada previamente pela Administração Pública (Executivo) de forma unilateral e serve para vários tipos de serviços que podem ser prestados

♦ Os preços não são impostos nem taxas. Tampouco são contribuições de melhorias. Constituem-se nos pagamentos que a população efetua ao Poder Público quando, de forma voluntária, com ele negocia ou quando utiliza determinados serviços ou bens públicos. ♦

diretamente pelo Poder Público, por concessionárias ou até mesmo por permissionárias. É o que acontece nos casos das tarifas de energia elétrica, passagem de ônibus municipais, entre outras.

> **Tarifa é um preço, mas não é uma taxa? Como as diferenciamos?**
> O Supremo Tribunal Federal (STF), por meio da Súmula nº 545 (Brasil, 1969c), esclareceu que "preços de serviços públicos e taxas não se confundem, porque estas, diferentemente daqueles, são compulsórias e têm sua cobrança condicionada à prévia autorização orçamentária, em relação à lei que as instituiu". Isso significa que a taxa é compulsória, fixada em lei e prevista no orçamento, enquanto a tarifa pode ser estabelecida por decreto e independe de lei orçamentária que a autorize.

O *pedágio*, termo que vem do latim *pedacticum* ("onde se põe o pé"), é também um preço público. Normalmente, ele é cobrado em rodovias, pontes, túneis e viadutos e justifica-se quando proporciona vantagens para o usuário, como encurtar distâncias ou oferecer mais segurança. Porém, para cada local pedagiado, deve haver um caminho alternativo sem pedágio para assegurar o direito constitucional de ir e vir.

A doutrina também apresenta os preços semiprivados ou quase privados, sendo que estes não são estabelecidos por um ato unilateral do Poder Público, uma vez que são fixados como resultado de uma negociação entre a Administração Pública e o particular. Isso ocorre em relação aos preços pagos à prefeitura (nas diversas formas de licitações e leilões) para a aquisição de bens e materiais de propriedade do município ou para a utilização de praças, ruas, quiosques e boxes em mercados por particulares (não são compulsoriamente fixados pela Administração, e sim fruto de um acordo de negociação, de lances).

3.4 Tributos municipais

Encontram-se na Constituição (art. 145, I a III) as espécies de tributos, isto é, os impostos, as taxas e as contribuições de melhorias que os entes da federação (União, estados, Distrito Federal e municípios) podem instituir. Logo, sendo o município uma unidade federada, ele pode fixar essas três espécies de tributos. É importante atentarmos para o fato de que, nessa matéria, não pode haver nenhum tipo de interferência entre os entes federados.

Os impostos próprios e exclusivos (que os municípios podem instituir por meio de lei municipal), especificamente, são apenas três atualmente e estão previstos constitucionalmente (art. 156, CF). São eles: o Imposto Predial e Territorial Urbano (IPTU), o Imposto sobre Serviços de Qualquer Natureza (ISQN ou ISS) e o Imposto sobre Transmissão de Bens Imóveis (ITBI) – *inter vivos*, a qualquer título, por ato oneroso. Havia ainda um quarto imposto previsto na Constituição de 1988, o Imposto sobre Vendas a Varejo de Combustíveis Líquidos e Gasosos (IVVC), que foi revogado pela Emenda Constitucional nº 3/1993.

No âmbito dos ônus (contribuições) previstos na Constituição, os impostos podem ser classificados como TRIBUTOS NÃO VINCULADOS, e as taxas e as contribuições de melhorias, como TRIBUTOS VINCULADOS. "Definem-se, portanto, os tributos vinculados como aqueles cuja hipótese de incidência consiste numa atividade estatal; e impostos como aqueles cuja hipótese de incidência é um fato ou acontecimento qualquer, não consistindo numa atividade estatal" (Ataliba, 1987, p. 122-123).

Impostos

O imposto está conceituado no Código Tributário Nacional, em seu art. 16, como "o tributo cuja obrigação tem por fato gerador uma situação independente de qualquer atividade estatal específica, relativa ao contribuinte". Isso significa que o imposto existe de forma independente da finalidade que o Estado (governo) possa dar a ele em benefício de quem o recolhe aos cofres públicos. Assim, não há nenhuma vinculação do imposto com qualquer prestação de serviço que a atividade estatal ofereça ao contribuinte.

Ainda no que se refere a conceitos sobre impostos, Hack (2006, p. 286) afirma que

> os impostos não têm uma finalidade específica senão a de arrecadação de valores aos cofres públicos para o pagamento das despesas gerais do Estado. São tributos fiscais, arrecadatórios, por natureza, em que se deseja apenas prover o Estado com os meios financeiros para que ele desempenhe suas atividades normais.

Um esclarecimento sobre esse assunto se faz necessário: os impostos incidem sobre uma condição ou situação LÍCITA, como, entre outras:
- possuir um bem imóvel;
- adquirir um bem imóvel;
- prestar um serviço;
- auferir rendas;
- industrializar produtos;
- realizar operações de circulação de mercadoria ou importar um produto.

Todos os impostos que os entes federados (União, estados, Distrito Federal e municípios) podem instituir já estão previstos na Constituição. Apenas a União, por lei complementar, pode criar novos impostos que não estejam previstos na Carta Magna, isso desde que eles não sejam cumulativos e não tenham fato gerador ou base de cálculo próprios dos impostos que já existem na Constituição. Outra situação em que a União também pode criar novos impostos é na de guerra externa. Nesse caso, trata-se de um imposto extraordinário, que pode ou não ser de competência tributária da União. Porém, vale ressaltar que, cessando os motivos que levaram à criação do imposto, ele deve ser gradativamente extinto (art. 154, I e II, CF).

Quanto às taxas, a Constituição esclarece que elas devem ser instituídas em razão do exercício do poder de polícia ou pela utilização efetiva ou potencial de serviços públicos específicos e divisíveis, prestados ao contribuinte ou colocados à sua disposição. Esse já é, portanto, um conceito do que sejam as taxas. Elas configuram-se, então, como um tributo relacionado à prestação de um serviço ou, ainda, em função do poder de polícia que exerce o município. O serviço, por sua vez, pode ser direto ou estar apenas à disposição, mas deve ser específico, divisível e remunerar a atividade estatal (do município).

Imposto Predial e Territorial Urbano (IPTU)

O IPTU é um imposto municipal que incide sobre as construções (prédios) e os terrenos localizados na zona urbana. O fato gerador é a propriedade (posse e domínio útil) predial e territorial no meio urbano. Diz-se que ele é um imposto real e direto e que atinge o patrimônio. É, portanto, a unificação de dois tributos, o da propriedade predial urbana e o da propriedade territorial urbana; porém, ele não pode ser separado em dois pelo município, embora possa ter previsões de alíquotas diferentes, quando o terreno for construído ou estiver vazio.

Necessário se faz que tenhamos bem definidos alguns pressupostos e condições que envolvem esse assunto, estando cientes de que o fato gerador do IPTU é "a propriedade, a posse ou o domínio útil de bem imóvel por natureza ou por acessão física" (art. 32, CTN).

Primeiro, vamos nos fixar na figura jurídica da propriedade. Ora, a "propriedade", como direito real, assegura ao proprietário "a faculdade de usar, gozar e dispor da coisa [...]" (art. 1.228, CC). Proprietário é, portanto, aquele que possui o bem com todos os poderes inerentes à propriedade, sendo que *usar* é "utilizar, morar"; *gozar* é "usufruir" (por exemplo, receber alugueres ou plantar); *dispor* é "vender, alienar".

No entanto, o IPTU também pode ser cobrado daquele que possui apenas a posse do imóvel ou o seu domínio útil. Vamos, portanto, agora, fixar-nos na condição do que seja *posse* e *domínio útil*.

> *Posse* é o exercício por alguém, pleno ou não, de algum dos poderes inerentes à propriedade (usar, gozar ou dispor).
> Por outro lado, *domínio útil* é quem pode usar o bem e dele gozar (imóvel) sem, porém, poder dispor dele. Um exemplo é o usufrutuário do imóvel: ele pode usar, gozar, mas não pode vender.
> Logo, devedor do imposto é, além do proprietário, o posseiro ou aquele que possua o domínio útil do imóvel.

Ainda é necessário observar que existem condições para que o imóvel possa ser atingido pelo IPTU. Um requisito fundamental é que ele deve estar em zona urbana municipal, o que significa que deve estar dentro dos limites que a lei municipal estabelece como perímetro urbano. No entanto, embora exista tal pressuposto para que o referido imposto possa ser aplicado, o Código Tributário Nacional, em seu art. 32, parágrafo 1º, estabelece que deve haver, no mínimo, dois melhoramentos, numa relação de cinco. Entre eles estão:

- meio-fio ou calçamento;
- canalização de águas pluviais;
- abastecimento de água;
- sistema de esgotos sanitários;
- rede de iluminação pública, com ou sem posteamento para distribuição domiciliar;
- escola primária ou posto de saúde a uma distância máxima de três quilômetros do imóvel considerado.

Outra situação que permite a incidência do IPTU, de acordo com o parágrafo 2º do art. 32 (CTN), é aquela em que o "município considerar urbanas as áreas urbanizáveis, ou de expansão urbana, constantes de loteamentos aprovados pelos órgãos competentes, destinados à habitação, à indústria ou ao comércio, mesmo que localizados fora das zonas definidas" dentro dos parâmetros do parágrafo anterior.

O sujeito passivo do IPTU* é que detém o domínio útil ou a posse do imóvel. Também é responsável tributário, ou seja, responsável pelo pagamento do imposto, quem adquire ou recebe o imóvel por ato de última vontade (legatário) do *de cujus* por testamento. Quando alguém for legalmente incapaz, o pai, o adquirente ou o remitente será o responsável pelos tributos relativos aos bens adquiridos ou remidos. E, ainda, o sucessor a qualquer título e o cônjuge meeiro, bem como o espólio, são responsáveis pelos tributos devidos pelo *de cujus* até a data da abertura da sucessão (arts. 131 a 135, CTN).

O valor venal do imóvel – que significa o valor de venda – deve ser a base de cálculo para estabelecer a alíquota que deve incidir para a fixação do valor do imposto. Esse valor é estimável, ou seja, é provável de venda caso esta ocorra. Nesse cálculo, não são considerados os bens móveis que estejam dentro do prédio em caráter definitivo ou temporário, para utilização, exploração, embelezamento ou comodidade. Calcula-se apenas o valor de venda do terreno e do prédio que tenha sido construído no local.

✦ ✦ ✦

"Art. 130. Os créditos tributários relativos a impostos cujo fato gerador seja a propriedade, o domínio útil ou a posse de bens imóveis, e bem assim os relativos a taxas pela prestação de serviços referentes a tais bens, ou a contribuições de melhoria, sub-rogam-se na pessoa dos respectivos adquirentes, salvo quando conste do título a prova de sua quitação. Parágrafo único. No caso de arrematação em hasta pública, a sub-rogação ocorre sobre o respectivo preço." (CTN).

IPTU progressivo

Um dos instrumentos da política urbana é o IPTU PROGRESSIVO NO TEMPO (art. 182, § 4º, II, CF). Isso significa que, interessado no progresso e no desenvolvimento para garantir o bem-estar de seus habitantes, o município pode, obedecendo aos parâmetros previstos no Estatuto da Cidade, estabelecer áreas no plano diretor e, por meio de lei específica, determinar que o proprietário de área urbana não edificada, subutilizada ou não utilizada promova o adequado aproveitamento. Caso isso não ocorra no prazo determinado, o município pode, então, utilizar alíquotas progressivas no IPTU.

O objetivo dessa medida é assegurar a função social da propriedade na justa relação de obediência do proprietário do imóvel ao Plano Diretor. Além disso, trata-se de uma providência parafiscal, já que se constitui mais numa sanção do que no interesse da Administração Pública em arrecadar tributos para os cofres públicos. A progressividade do IPTU é, portanto, uma pena ou medida de coação para quem descumprir as normas urbanísticas locais, embora a posse de terra urbana não seja um ato ilícito. Ilícito é deixar a área abandonada, objetivando a especulação imobiliária e, assim, prejudicando os demais munícipes.

O Estatuto considera subutilizado o imóvel cujo aproveitamento seja inferior ao mínimo definido no Plano Diretor ou em legislação dele decorrente.

Antes que essa medida seja tomada, há condições para que a municipalidade aplique alíquotas progressivas no IPTU de áreas urbanas não utilizadas adequadamente por seus proprietários. Elas são agrupadas em duas situações básicas, considerando-se que a área precisa estar incluída no Plano Diretor e deve haver uma lei específica propondo um prazo e as condições para o parcelamento e a sua implementação.

Esses prazos, por sua vez, devem ser: SUPERIOR A UM ANO, para que o projeto seja protocolado no órgão da Administração municipal;

SUPERIOR A DOIS ANOS, a partir da aprovação do projeto, para o início das obras do empreendimento.

Nos empreendimentos de grande porte, em caráter excepcional, a legislação pode prever a conclusão em etapas, assegurando-se de que o projeto aprovado compreenda o empreendimento como um todo (art. 5º, EC).

O Estatuto da Cidade (EC)proíbe isenções e anistia relativas à tributação progressiva (art. 7º, EC). Uma vez descumpridas as obrigações de aproveitar melhor a área ou não cumprindo aquilo que havia sido determinado – como o projeto de urbanização que fora aprovado –, o município pode, então, aplicar o IPTU progressivo no tempo, majorando as alíquotas por cinco anos consecutivos. A alíquota máxima pode chegar a 15% sobre o valor venal. No entanto, de um ano para outro, ela não pode ser superior a duas vezes o percentual do ano anterior. Se, ao final dos cinco anos, não forem atendidas as obrigações de parcelar e edificar o terreno, o município manterá a alíquota máxima pelo tempo que for necessário para que esta seja cumprida.

Imposto sobre Serviços de Qualquer Natureza (ISQN ou ISS)

O ISS é um imposto indireto que recai sobre o consumo. Podemos dizer que é um tributo eminentemente urbano, incidente sobre a atividade terciária (o serviço) e que ganha importância na medida em que a cidade passa a ter uma quantidade enorme de empresas e profissionais prestadores de serviços de toda natureza.

O fato gerador do ISS é a prestação constante de serviços da lista de atividades que acompanha a Lei Complementar nº 116/2003 (Brasil, 2003b) ainda que estas não se constituam como atividade preponderante do prestador do serviço. O serviço foi prestado, remunerado, está na lista e, então, incide o tributo. Se ele não está na lista, o município não pode cobrar o ISS.

O ISS recai sobre uma gama enorme de serviços, desde informática, consertos de automóveis, atividades de profissionais autônomos, como médicos, advogados, engenheiros, entre outros, além de diversões, cuja lista está enumerada na Lei Complementar nº 116/2003, prevista na norma constitucional que instituiu o tributo (art. 156, III).

A base de cálculo do imposto é o valor do serviço e sobre esse valor é que a alíquota incide. Em algumas situações previstas em lei, excluem-se dessa base os valores dos materiais empregados na prestação do serviço.

Quem recolhe o ISS para os cofres da prefeitura é o prestador do serviço, que pode ser uma empresa ou profissional autônomo. Por empresa, entende-se a entidade econômica organizada na forma da lei para a produção ou circulação de bens ou serviços, objetivando lucro. Já o trabalhador autônomo é aquele que não possui empresa organizada, sendo que somente ele presta o serviço.

O ISS possui uma alíquota mínima de 2% (Emenda Constitucional – EmC nº 37/2002) e uma alíquota máxima de 5% (Lei Complementar – LC nº 116/2003), que incide sobre o valor do serviço prestado. A alíquota mínima foi a solução encontrada pelo Congresso Nacional para diminuir a guerra fiscal existente, principalmente, entre os municípios situados em regiões metropolitanas. Isso porque muitos desses municípios fixavam alíquotas abaixo de 1% com o objetivo de atrair empresas das grandes cidades, onde a alíquota era de 5%.

O ISS incide, inclusive, sobre o serviço proveniente do exterior do país ou cuja prestação tenha sido iniciada fora do Brasil – desde que conste da lista – e independe da denominação dada ao serviço. A legislação municipal tributária, no entanto, é que vai definir qual será a alíquota a ser aplicada – nesse caso, dentro dos limites de 2% a 5%. No entanto, esse imposto não incide sobre as exportações de serviços para o exterior do país, pois são tributados apenas os serviços aqui desenvolvidos e cujo resultado se verifique no Brasil (mesmo que eles sejam provenientes do exterior), ainda que o pagamento seja feito por residente no exterior. Um exemplo desse tipo de transação isenta do ISS é a exportação de programas de computador.

Outras situações em que não se aplica a tributação do ISS são as de prestação de serviços, em relação de emprego, dos trabalhadores avulsos e dos diretores e membros de conselho consultivo ou de conselho fiscal de sociedades e fundações, bem como dos sócios-gerentes e dos gerentes-delegados.

Nessas atividades, os empregados de empresas estão trabalhando para elas; portanto, não estão prestando serviço de maneira autônoma. Aqui, observamos a prevalência da definição estabelecida pela Consolidação das Leis do Trabalho (CLT), segundo a qual empregado "é a pessoa física que prestar serviço de natureza não eventual a empregador, sob a dependência deste e mediante salário" (art. 3º, CLT).

Outra não incidência ou imunidade é a relativa às atividades bancárias, mais propriamente ao valor intermediado no mercado de títulos e valores mobiliários e ao valor dos depósitos bancários, ao principal, aos juros e aos acréscimos moratórios relativos a operações de crédito realizadas por instituições financeiras. Observa-se, aí, uma forte pressão do setor financeiro que, certamente, influenciou a decisão do Congresso de tornar imune esse tipo de operação, que também é uma prestação de serviço.

A lei considera estabelecimento prestador o local onde o contribuinte desenvolve a atividade de prestar serviços, seja de modo permanente seja de modo temporário, e que configure unidade econômica ou profissional. O fato de esse lugar ter a denominação de *sede, filial, agência, posto de atendimento, sucursal, escritório de representação* ou *contato* é irrelevante para a incidência do ISS (art. 4º, LC nº 116/2003).

A identificação do local onde o serviço é prestado também é importante para definir para qual município o ISS deve ser recolhido. Nesse caso, "o serviço considera-se prestado e o imposto devido no local do estabelecimento prestador ou, na falta do estabelecimento, no local do domicílio do prestador (art. 3º, LC nº 116/2003).

Há exceções, como no caso de o imposto ser devido no local do estabelecimento do tomador ou do intermediário do serviço ou quando, na falta de estabelecimento, o serviço é proveniente do exterior. Essas exceções estão enumeradas na mesma lei complementar numa lista de incisos de I a XXII.

A incidência e a cobrança do ISS levam em consideração o local onde o serviço é realizado nos casos relativos:

- à instalação de andaimes, palcos, coberturas e outras estruturas;
- à execução de obra de demolição, de edificações em geral, de estradas, de pontes, de portos e de congêneres; bem como,
- à execução da varrição, coleta, remoção, incineração, tratamento, reciclagem, separação e destinação final de lixo, rejeitos e outros resíduos de limpeza.

O pagamento do imposto também deve ser feito no local em que ocorre o serviço, quando ele for de manutenção e conservação de vias e logradouros públicos, de imóveis, chaminés, piscinas, parques, jardins e congêneres, de decoração e jardinagem, de corte e poda de árvores; de controle e tratamento de efluente de qualquer natureza e de agentes físicos, químicos e biológicos, bem como em atividades de florestamento, reflorestamento, semeadura, adubação e congêneres.

Nessa relação ainda podemos incluir os serviços de escoramento, de contenção de encostas e congêneres, de limpeza e dragagem; atividades de segurança, armazenamento, depósito, carga, descarga, arrumação e guarda do bem; de diversão e lazer no município onde esteja sendo executado o transporte referente ao estabelecimento do tomador da mão de obra ou, na falta de estabelecimento, onde ele estiver domiciliado; e, ainda, serviços de planejamento, organização e administração de portos, aeroportos, ferroportos, terminais rodoviários, ferroviários ou metroviários em função de feiras, exposições, congressos ou congêneres.

A lei municipal que institui o ISS pode atribuir expressamente a responsabilidade pelo crédito tributário a terceira pessoa, vinculada ao fato gerador da respectiva obrigação. Deve, no entanto, excluir a responsabilidade do contribuinte ou atribuí-la ao mesmo caráter supletivo do cumprimento total ou parcial da referida obrigação, inclusive no que se refere à multa e aos acréscimos legais (art. 5º, LC nº 116/2003). Ou seja, o município pode prever, em sua legislação, que o tomador do serviço é solidário ao recolhimento do tributo, inclusive quanto às multas e aos juros, sendo que essa situação deve estar claramente expressa na lei.

Imposto sobre Transmissão de Bens Imóveis (ITBI)

O ITBI está descrito como imposto sobre a "transmissão 'inter vivos', a qualquer título, por ato oneroso, de bens imóveis, por natureza ou acessão física, e de direitos reais sobre imóveis, exceto os de garantia, bem como cessão de direitos a sua aquisição" (art. 156, II, CF). Esse tributo era, até a Constituição passada, estadual e passou para a competência municipal com a Constituição de 1988, sob a atual denominação.

O ITBI está descrito no Código Tributário (art. 35) e tem como fatos geradores a transmissão, a qualquer título, por ato oneroso, da propriedade ou do domínio útil, de direitos reais ou a cessão de direitos de bens imóveis por natureza ou a cessão física *inter vivos*, isto é, pessoas vivas. A exceção, nesse caso, é que o imposto não incide quando a transmissão ocorre por direito real de garantia, que são a hipoteca e a anticrese. Quando, porém, a transmissão em caráter oneroso ocorre nas outras hipóteses de direito real – a propriedade, a superfície, as servidões, o usufruto, o uso, a habitação ou o direito do promitente comprador do imóvel (art. 1.225, CC) –, o imposto incide sobre o valor da transação.

No entanto, quando a transmissão do bem imóvel se dá por meio de uma pessoa morta – transmissão *causa mortis* – por herança para outra viva ou entre pessoas vivas, sem caráter oneroso, como o caso de doação, o imposto continua de competência estadual (art. 155, I, CF). Este, por sua vez, é denominado de *Imposto de Transmissão Causa Mortis e Doação* (ITCD).

A base de cálculo do ITBI é o valor venal do imóvel, portanto, a mesma do IPTU. O contribuinte declara o valor pago pelo imóvel, porém a municipalidade pode ter a sua própria planta genérica de valores imobiliários dos imóveis localizados em seu território e aplicá-la no caso, independentemente do que foi declarado. O sujeito ativo é o município, e o passivo, o contribuinte de qualquer uma das partes (comprador ou vendedor). Nesse caso, é a lei municipal que deve estabelecer a alíquota, não sendo aceita pelo Judiciário a progressiva, já que a Constituição não autoriza tal prática. Em qualquer situação, o tributo é sempre devido ao município onde o imóvel estiver situado.

Além de outras imunidades constitucionais a que o ITBI está sujeito, também existe uma imunidade específica, prevista no art. 156, parágrafo 2º, inciso I, da Constituição:

- o ITBI não incide quando a transmissão do bem ou do direito for incorporada ao patrimônio da empresa para a realização de capital;
- também não incide quando houver fusão, incorporação, cisão ou extinção da pessoa jurídica.

A exceção, neste último caso, é se a atividade principal da empresa adquirente for a compra e a venda desses direitos e a locação de bens imóveis ou mercantis, pois, nesses casos, o tributo é cobrado.

Considera-se atividade preponderante quando a receita operacional da pessoa física for maior que 50% (cinquenta por cento) da receita operacional da pessoa jurídica adquirente (nos dois anos anteriores e nos dois anos subsequentes à aquisição) e decorrer de transações imobiliárias (também nos dois anos anteriores e nos dois anos subsequentes à aquisição), ou ainda, se a pessoa jurídica adquirente iniciar suas atividades após a aquisição ou menos de dois anos antes dela. Nessa situação, a preponderância deve ser apurada levando em conta os três primeiros anos seguintes à data da aquisição. Uma vez confirmada que a preponderância é o ramo imobiliário, a empresa deve recolher o imposto aos cofres municipais, nos termos da data da aquisição e no valor da data em que for apurado o valor devido (art. 37, §§ 1º e 2º, XXX, CTN).

Quanto à imunidade, Carrazza (2001, p. 682) entende que ela atinge também "a redução do capital (desincorporação) de uma empresa, isto é, a restituição aos sócios (pessoas físicas ou jurídicas) de parte do valor de suas ações". Ele argumenta também que, com a redução do capital, parte da sociedade se extingue, ocorrendo o que o autor chama de *fenômeno oposto*. Por isso, deve ser assegurado o benefício constitucional da imunidade.

O Código Tributário Nacional determina que os bens desincorporados dos sócios devem retornar a eles, sem que incida sobre tais bens o ITBI. Diz a norma: "o imposto não incide sobre a transmissão aos mesmos alienantes, dos bens e direitos adquiridos na forma do inciso I deste artigo, em decorrência da sua desincorporação do patrimônio da pessoa jurídica a que foram conferidos" (art. 36, parágrafo único, CTN). Numa interpretação ampliada, é possível admitir que ocorra a mesma situação quando há redução do capital da pessoa jurídica; portanto, deve ser mantida a imunidade quanto ao ITBI – quando for devolvida aos sócios parte de suas ações.

Taxas

A definição clássica de *taxa* foi cunhada por Baleeiro (1971, p. 385), quando ele afirmou que "taxa é a contraprestação de serviço público, ou de benefício feito, posto à disposição ou custeado pelo Estado em favor de quem paga, ou por este provado".

Observamos, nessa definição, que há uma relação de causa e efeito entre o serviço que se coloca à disposição do cidadão e a Administração Pública. A taxa sempre terá um caráter impositivo, ou seja, usando ou não o serviço, o cidadão terá de pagar por ele. Essa definição, no entanto, não contempla a cobrança de taxa pelo município por meio do poder de polícia.

A taxa cobrada pelo poder de polícia que o município exerce é definida pelo Código Tributário Nacional, no art. 78, nos seguintes termos:

[...] Considera-se poder de polícia atividade da administração pública que, limitando ou disciplinando direito, interesse ou liberdade, regula a prática de ato ou a abstenção de fato, em razão de interesse público – concernente à segurança, à higiene, à ordem, aos costumes, à disciplina da produção e do mercado, ao exercício de atividades econômicas dependentes de concessão ou autorização do Poder Público, à tranquilidade pública ou ao respeito à propriedade e aos direitos individuais ou coletivos.
[...] Considera-se regular o exercício do poder de polícia quando desempenhado pelo órgão competente nos limites da lei aplicável, com observância do processo legal e, tratando-se de atividade que a lei tenha como discricionária, sem abuso ou desvio de poder.

Dessa forma, notamos que a taxa que possui como fundamento o poder de polícia, por enquadrar-se na condição que o município tem de fiscalizar as atividades urbanas, é possível, viável, como no caso da fiscalização das construções, dos edifícios, dos elevadores etc. Na doutrina clássica, pelo poder de polícia, o município não poderia cobrar taxas, uma vez que elas se referem apenas à contrapartida de um serviço prestado por ele ao cidadão.

As outras duas características da taxa, para que ela seja cobrada, são a ESPECIFICIDADE e a DIVISIBILIDADE do serviço.

Elas configuram-se como específicas, quando podem ser destacadas em unidades autônomas de intervenção ou de necessidades públicas, ou divisíveis, quando suscetíveis de utilização, separadamente, por parte de cada um dos seus usuários (art. 79, II e III, CTN). Portanto, além do poder de polícia que o município exerce, ele pode cobrar taxas por serviços específicos prestados aos cidadãos ou por aqueles que possam ser divididos em partes para cada um dos beneficiários.

Tendo em vista essa definição constitucional de que a taxa só pode ser cobrada pelo exercício do poder de polícia ou pela utilização de serviços públicos efetivos e divisíveis, o STF declarou inconstitucional a antiga taxa de iluminação pública que era cobrada pelos municípios. Além disso, ele estabeleceu na Súmula n° 670 que "O serviço de iluminação pública não pode ser remunerado mediante taxa" (Brasil, 2003c). Contudo, em contrapartida, o Congresso Nacional aprovou a Emenda Constitucional n° 39, de 19 de dezembro de 2002, que possibilita aos municípios e ao Distrito Federal "instituir contribuição para o custeio do serviço de iluminação pública" (Brasil, 2002c, art. 149-A).

Observamos, então, que os municípios não cobram mais a taxa de iluminação pública, mas uma contribuição para o custeio do serviço de iluminação pública. Para instituir essa contribuição, o município deve respeitar os princípios da legalidade, da anterioridade e da anualidade. Isso significa que a contribuição de iluminação pública deve ser estabelecida em lei municipal, considerando-se que ela não pode atingir fatos passados e o seu aumento só pode ocorrer de um exercício para o outro.

Não obstante, observamos que as prefeituras cobram as mais variadas taxas. Entre elas estão as de: fiscalização de obras (construção), avaliação de imóveis, limpeza pública, certidão negativa de débitos, habite-se de construção, ligação de água, esgoto, unificação de imóveis, projetos de construção, localização e funcionamento de atividades (comercial, industrial, serviços) e renovação de alvará.

Contribuições de melhoria

A contribuição de melhoria é a terceira modalidade de tributos que o município pode instituir e é decorrente de obra pública (art. 145, III, CF). Esse tributo possui como fato gerador a valorização do imóvel tendo em vista a realização de obras públicas por parte do município.

Quando um terreno foi valorizado, por exemplo, como consequência da pavimentação asfáltica de determinada rua com a qual ele possui testada*, a prefeitura pode estabelecer uma contribuição pelo acréscimo no valor patrimonial por ele sofrido. Nessa situação, o máximo que a prefeitura pode cobrar de contribuição de melhoria é o limite da valorização acrescida ao imóvel, não o valor da obra, mas quanto ela valorizou o imóvel. Ou seja, se a obra custou R$ 100,00, e o imóvel que valia R$ 30,00 passou a valer R$ 35,00 com a obra pública, o município poderá cobrar apenas R$ 5,00 do proprietário dele.

Nesse cálculo, também deve ser considerado outro limite – o do valor da obra. Assim, se o valor da obra, como exemplificamos, foi de R$ 100,00, a soma de todos os valores cobrados dos proprietários beneficiados por meio dela não pode ultrapassar tal valor, que se refere ao custo da obra para os cofres públicos. Nesse caso, em particular, Ichihara (1987, p. 49) sugere dois limites: "um limite global ou total, isto é, a cobrança não pode ultrapassar o valor da despesa gasta pelo Poder Público,

+ O fato gerador da contribuição de melhoria é a realização de obras públicas que acarretem valorização imobiliária. Esse tributo é um dos mais importantes instrumentos que o município possui para combater a especulação imobiliária.

e um limite individual, ou seja, individualmente considerado, o valor da cobrança não pode ultrapassar o valor do acréscimo ou valorização imobiliária".

Nesse exemplo, se a prefeitura decidisse ratear entre ela e os moradores da rua a pavimentação asfáltica, ela não estaria cobrando a contribuição de melhoria, mas uma taxa. A contribuição de melhoria, portanto, não é imposto nem taxa, é um tributo autônomo. Meirelles (1993b, p. 144) afirma que "a contribuição de melhoria não se confunde com a taxa por ser recuperatória do custo de obra pública, ao passo que esta última é remuneratória de serviço público".

◆ ◆ ◆

* *Testada*: "porção de via pública (estrada, rua, passeio) que fica à frente de um prédio; parte anterior do imóvel confinante com essa via; linha que separa uma propriedade privada de um logradouro público" (Houaiss; Villar; Franco, 2001).

Para que seja possível estabelecer a contribuição de melhoria referente a uma obra específica, faz-se necessária uma lei municipal que deve estabelecer a publicação prévia de alguns elementos (art. 82, CTN), a saber:

> [o] memorial descritivo do projeto; o orçamento do custo da obra; a determinação da parcela do custo da obra a ser financiada pela contribuição; a delimitação da zona beneficiada; além desses, também deve ser estabelecida a publicação da determinação do fator de absorção do benefício da valorização para toda a zona ou para cada uma das áreas diferenciadas, nela contidas.

A lei também deve garantir prazo não inferior a 30 dias para a impugnação dos diversos itens que compõem o projeto urbanístico pelos interessados. Aliás, deve haver um regulamento que estabeleça o processo administrativo de instrução e julgamento da impugnação a que se refere o inciso I do art. 82 do CTN, sem prejuízo da sua apreciação judicial. Cada contribuinte também precisa ser notificado do montante de sua contribuição e da forma e do prazo para o pagamento, além dos elementos que compõem o cálculo.

O fato gerador da contribuição de melhoria é a realização de obras públicas que acarretem valorização imobiliária. Esse tributo é um dos mais importantes instrumentos que o município possui para combater a especulação imobiliária.

3.5 Tributos compartilhados

Além dos impostos exclusivos, próprios, que o município arrecada (IPTU, ISS e ITBI), ele possui ainda a participação em outros impostos de competência da União e dos estados. São eles os IMPOSTOS

COMPARTILHADOS. Sobre eles o município não tem nenhuma ingerência, a não ser participar da divisão arrecadada, como no caso do Imposto de Renda, em que uma parte ou a totalidade desse tributo pertence à municipalidade, chamada de *quota-parte*.

Alguns autores – estudiosos da área – chamam essa técnica de distribuição das receitas tributárias entre as unidades federadas de *federalismo cooperativo*, que teve início com a Constituição de 1934 e, cada vez mais, tem se acentuado no Brasil, procurando "racionalizar a cooperação financeira entre a União, os estados, o Distrito Federal e os municípios" (Silva, 1989). Nesse contexto, a União e os estados estão proibidos de reter ou restringir a parte que cabe aos municípios, além de não poderem opinar quanto à forma como será aplicada, exceção feita apenas em relação aos seus créditos não quitados e aos percentuais que os municípios devem aplicar na área de saúde (art. 160, CF).

Até o último dia do mês subsequente à arrecadação, os entes federativos (União, estados, Distrito Federal e municípios) "devem divulgar o montante dos tributos arrecadados, os recursos recebidos, os valores de origem tributária entregues e a entregar, a expressão numérica dos critérios de rateio" (art. 162, CF). A forma de divulgação deve ser a mais ampla possível (*Diário Oficial*, internet, fixação no mural da prefeitura etc.) e objetiva proporcionar transparência e controle das contas públicas para a população.

Os impostos dos outros entes partilhados com os municípios são:

- Imposto de Renda (IR);
- Imposto sobre Produtos Industrializados (IPI);
- Imposto Territorial Rural (ITR);
- Imposto sobre Propriedade de Veículos Automotores (IPVA);
- Imposto sobre Operações Relativas à Circulação de Mercadorias e sobre Prestações de Serviços de Transporte Interestadual e Intermunicipal e de Comunicação (ICMS);
- Fundo de Participação dos Municípios.

❖ ❖ ❖

A forma dessa partilha está prevista nos arts. 158 a 162 da Constituição de 1988.

❖ ❖ ❖

Imposto de Renda (IR)

O IR é um imposto privativo da União que incide sobre a renda e os proventos de qualquer natureza. Ele tem como fato gerador a aquisição ou a disponibilidade econômica ou jurídica de renda, que se entende como o produto do capital, trabalho ou de ambos e como os proventos de qualquer natureza, ou seja, os acréscimos patrimoniais que não se constituam em renda. Na incidência do imposto, não tem importância o nome da receita ou do rendimento, bem como a localização, a condição jurídica, a nacionalidade da fonte pagadora, a origem e a forma como é recebida (art. 43, CTN).

O IR pertence ao município na sua totalidade quando incide sobre "rendimentos pagos, a qualquer título, por eles, suas autarquias e pelas fundações que instituírem ou mantiverem" (art. 158, I, CF). Isso significa que o imposto que o município retém, seja oriundo do trabalho dos funcionários de seu quadro próprio, de autarquias ou de fundações, como renda, subsídios ou vantagens, seja relativo aos pagamentos feitos aos credores de um modo geral (empreiteiros, fornecedores de serviços), sempre pertencerá aos cofres da municipalidade.

Portanto, de acordo com Silva (2005), embora o IR seja um tributo federal, nesse caso, constitui-se em tributo municipal. Logo, quando a Administração municipal o retém, age no exercício de competência própria, como a Justiça já reconheceu, em situação semelhante, em relação aos estados (STJ, RMS 6.9.1995-RJ, RDDT 3/179). Porém, não há de se ignorar que o sujeito ativo do IR é a União, por força do CTN (art. 119) e da Lei do Imposto de Renda e, por isso, o Judiciário também não afasta dela a competência tributária (TJSP/ ap. Civil 144.101, São Paulo, j. 21.8.1991, RJTJSP 135/1946).

Quanto às autarquias e às fundações mantidas pelo município, "elas também, como pessoas jurídicas, são obrigadas a reter o imposto incidente sobre rendimentos que pagam, e o produto desta retenção (imposto retido) pertence à entidade federada instituidora ou mantenedora das autarquias e das fundações" (Silva, 2005, p. 678). Observamos, dessa maneira, que, quanto aos outros órgãos da Administração indireta mantidas pelo município, como empresas públicas, empresas de economia mista, organizações sociais, o IR retido por esses órgãos continua sendo um tributo federal, ou seja, é recolhido para os cofres da União.

Imposto sobre Produtos Industrializados (IPI)

A lei considera industrializado o produto que tenha sido submetido a qualquer operação que lhe modifique a natureza ou a finalidade ou o aperfeiçoe para o consumo (art. 46, CTN). O IPI é um tributo de competência da União e possui como fato gerador:

+ o desembaraço aduaneiro, quando o produto procede do estrangeiro;
+ a saída do estabelecimento industrial e a arrematação, quando for levado a leilão por ter sido apreendido ou encontrado abandonado.

O IPI possui caráter seletivo em função da essencialidade dos produtos e não é cumulativo. Logo, quanto mais supérfluo for considerado o produto, maior a alíquota de incidência, sendo que o que é tributado numa etapa é descartado na seguinte. Nessa relação tributária, o sujeito ativo é a União, e o passivo, o contribuinte do imposto. É contribuinte o importador, o industrial, o comerciante, o arrematante ou quem a lei a eles equiparar.

A parte do IPI que cabe aos municípios, que, somado ao Imposto de Renda, representa 22,05% do total desses dois impostos arrecadados pela União, vai compor o Fundo de Participação dos Municípios – FPM (art. 159, I, b, CF).

Aos estados e ao Distrito Federal cabem 21,5% do IPI arrecadado pela União, valor que vai constituir o Fundo de Participação dos Estados e do Distrito Federal – FPE, e mais 10% proporcional ao montante de suas exportações. Além disso, dos 10% referentes ao IPI recebidos pelos estados, proporcionalmente às suas exportações, estes deverão destinar 25% para os municípios, que será somado até um quarto da parcela do ICMS, conforme critérios previstos na Constituição (art. 158, parágrafo único).

Fundo de Participação dos Municípios (FPM)

O FPM, cujo objetivo é a tranferência constitucional de percentuais da arrecadação de impostos federais aos municípios, é constituído por 22,5% do que é arrecado de IR e de IPI (art. 159, I, b, CF) e mais 1% desses impostos federais, conforme alteração que consta na Emenda Constitucional nº 55/2007 (Brasil, 2007).

O FPM é formado, portanto, por 23,5% da arrecadação daqueles dois tributos.

Cabe ao Instituto Brasileiro de Geografia e Estatítisca (IBGE), órgão de pesquisa do governo federal, realizar o censo demográfico municipal, que vai determinar o índice que caberá a cada município. O Tribunal de Contas da União (TCU), baseado no censo municipal, estabelece, então, o coeficiente de cada município, que deve ser publicado no *Diário Oficial da União* de acordo com os critérios estabelecidos.

O acréscimo de 1% é entregue aos municípios no primeiro decênio do mês de dezembro de cada ano e é utilizado pela grande maioria das prefeituras para o pagamento do décimo terceiro salário aos seus servidores.

A forma de distribuição desses recursos aos municípios leva em conta critérios populacionais, uma vez que a distribuição é por faixas populacionais, sendo o índice mínimo de 0,6% para municípios com até 10.188 habitantes e o máximo de 4% para os municípios com população superior a 156 mil habitantes. Do total do FPM, 10% são destinados às capitais e 86,4% aos demais municípios, sendo que restam 3,6% para um fundo de reserva destinado aos municípios que possuem coeficiente de 3,8, ou seja, com população superior a 142.633 habitantes, excluindo-se deles as capitais.

Cabe ao Instituto Brasileiro de Geografia e Estatística (IBGE), órgão de pesquisa do governo federal, realizar o censo demográfico municipal, que vai determinar o índice que caberá a cada município. O Tribunal de Contas da União (TCU), baseado no censo municipal, estabelece, então, o coeficiente de cada município, que deve ser publicado no *Diário Oficial da União* de acordo com os critérios estabelecidos.

A União deve repassar os recursos do FPM para os municípios três vezes ao mês, nos dias 10, 20 e 30, sempre em relação ao que foi arrecadado no decênio anterior. Os recursos não repassados no prazo estão sujeitos à correção monetária, com base na variação do bônus do Tesouro Nacional Fiscal (art. 4º, Lei Complementar nº 62/1989).

Imposto Territorial Rural (ITR)

A apuração do ITR é anual e tem como fato gerador a propriedade, "o domínio útil ou a posse de imóvel por natureza, localizado fora da zona urbana do município" (art. 1º, Lei nº 9.393/1996). O proprietário do imóvel rural, o titular do domínio útil, ou até o possuiro a qualquer título, é o contribuinte do ITR. Além disso, o domicílio tributário do contribuinte diz respeito, sempre, à localização do imóvel.

O ITR é um imposto real, direto, que atinge a propriedade rural e pertence à União, que o institui e o arrecada (art. 153, VI, CF). Porém, 50% do que é arrecadado pertence ao município onde o imóvel estiver situado.

O ITR é um imposto real, direto, que atinge a propriedade rural e pertence à União, que o institui e o arrecada (art. 153, VI, CF). Porém, 50% do que é arrecadado pertence ao município onde o imóvel estiver situado.

Essa determinação, no entanto, está em desarmonia com o Código Tributário, pois, enquanto o art. 160 da Constituição proíbe qualquer retenção ou restrição à entrega de 50% do valor do ITR ao município, o Código Tributário Nacional, no art. 85, parágrafo 3º, permite que uma parcela, não superior a 20%, desse imposto seja destinada ao custeio do respectivo serviço de lançamento e arrecadação. Os tribunais, contudo, têm declarado inconstitucional esse parágrafo, uma vez que ele conflita, como vimos, com a determinação da Constituição.

A lei prevê isenção do ITR para os imóveis que fazem parte dos programas oficiais de reforma agrária. Estes devem, entretanto, atender a alguns requisitos, como o de serem explorados por associação ou cooperativa de produção; o referente à fração ideal por família assentada, que não pode ultrapassar os limites estabelecidos em lei e, ainda, o que diz respeito ao assentado, que não deve possuir outro imóvel.

Também há isenção ao conjunto de imóveis rurais de um mesmo proprietário, uma vez que a área total não ultrapasse certos limites (e que seja explorada por sua própria família, embora se admita eventual ajuda de terceiros) e que o proprietário não possua imóvel urbano.

A Constituição estabelece ainda que o ITR deve adotar alíquotas que desestimulem a existência de propriedades improdutivas e também que ele não incida sobre pequenas glebas rurais (art. 153, § 4º, CF). É considerada pequena propriedade rural o terreno com até 30 hectares, independentemente da região onde esteja localizado. Mas há exceções. Na Amazônia Ocidental, no Pantanal mato-grossense e sul-mato-grossense, por exemplo, a pequena propriedade é a de até 100 hectares; já no Polígono das Secas e na Amazônia Oriental, pequena propriedade é a de até 50 hectares.

Imposto sobre Propriedade de Veículos Automotores (IPVA)

O IPVA é um imposto estadual devido anualmente e tem como fato gerador a propriedade de veículos automotores, tanto terrestres como aquáticos ou aéreos. O valor do imposto tem por base o valor venal do veículo, aplicando-se uma alíquota que varia, conforme o estado, entre 1 e 4%. Sendo o proprietário do veículo sujeito passivo, isso significa que os proprietários de automóveis, motocicletas, caminhões, ônibus, aviões, helicópteros, ultraleves e embarcações como iates, navios, barcaças, lanchas e *jet skis* devem, todos os anos, recolher esse tributo aos cofres estaduais.

Embora o IPVA seja um imposto estadual, 50% também pertencem ao município onde o veículo está licenciado (art. 158, IV, CF). Nesse sentido, não pode haver qualquer restrição do estado quanto ao repasse do tributo ao município, por força do art. 160 da Constituição.

Normalmente, as leis estaduais que instituem o IPVA consideram que o fato gerador do tributo ocorre no mês de janeiro de cada exercício. No caso de veículos novos, a ocorrência de fato gerador é considerada pelo consumidor final – pessoa física ou jurídica – na data de aquisição ou quando da incorporação ao ativo permanente por empresa fabricante ou revendedora de veículos.

No caso de veículo de procedência estrangeira, o fato gerador ocorre, normalmente, na data do desembaraço aduaneiro, tanto quando importado por consumidor final ou na data em que este o adquire como quando importado por empresa revendedora de veículos. O outro momento de ocorrência do fato gerador refere-se à incorporação ao ativo permanente da empresa importadora, revendedora de veículos.

Quanto às isenções do IPVA, cada estado estabelece quais veículos estão isentos do pagamento. Normalmente, há isenções para veículos com muitos anos de uso, para os adaptados para deficientes físicos, os de embaixadas, de missões diplomáticas, de entidades de classe, de missões religiosas e de entidades assistenciais, bem como para táxis, ônibus, ambulâncias, carros de bombeiros, entre outros.

Os recursos arrecadados com o IPVA não são destinados a recuperar ruas e estradas. Como todo imposto, é proibido pela Constituição qualquer tipo de vínculo predeterminado. Dessa forma, os recursos oriundos do IPVA, tanto os que ficam nos cofres estaduais quanto os que vão para o município, são recolhidos no caixa comum da unidade federada, de onde saem para serem aplicados em serviços públicos, como saúde, educação, segurança, entre outros.

Imposto sobre Circulação de Mercadorias e Serviços (ICMS)

Como acontece com os demais impostos partilhados, é do município uma parte do que é arrecadado do ICMS contudo, a instituição e a cobrança cabem ao estado. Este não pode deduzir da quota do município, a nenhum título, as despesas administrativas ou de fiscalização, entre outras, em obediência à proibição constitucional, já que a parcela municipal é integral (art. 160, CF).

Do total arrecadado pelo estado com o ICMS, 25% pertencem aos municípios. Desses 25%, ¾, ou seja, 75%, ficam no município onde o imposto foi gerado; o restante, ¼, ou 25%, deve ser repartido entre os demais municípios, conforme determinar a legislação estadual (art. 157, IV e parágrafo único, I e II, CF).

Do total arrecadado pelo estado com o ICMS, 25% pertencem aos municípios. Desses 25%, ¾, ou seja, 75%, ficam no município onde o imposto foi gerado; o restante, ¼, ou 25%, deve ser repartido entre os demais municípios, conforme determinar a legislação estadual (art. 157, IV e parágrafo único, I e II, CF).

O ICMS é um imposto indireto estadual e não cumulativo. Isso significa que, para calcular o valor a pagar, deve-se deduzir do seu valor total o que já foi pago nas vendas em etapas anteriores, além dos insumos utilizados para que o bem tributado fosse produzido. O valor a ser pago pela população ao adquirir um produto é o que incide sobre todos os bens, havendo apenas exclusão daqueles que a lei isentar.

> O ICMS, conforme nos ensina Bezerra Neto (2000), é a conjugação de cinco impostos:
> I. sobre operações relativas à circulação de mercadorias;
> II. sobre serviços de transporte interestadual e intermunicipal;
> III. o sobre serviços de comunicação (art. 155, II, CF);
> IV. sobre produção, importação, circulação, distribuição ou consumo de lubrificantes e combustíveis líquidos e gasosos e de energia elétrica;
> V. sobre a extração, circulação, distribuição ou consumo de minerais (art. 153, § 3º).

Dessa forma, o fato gerador do ICMS é

> "a saída de mercadorias de estabelecimento comercial, industrial ou produtor; a entrada, em estabelecimento comercial, industrial ou produtor, de mercadoria importada do exterior pelo titular do estabelecimento; e o fornecimento de alimentação, bebidas e outras mercadorias em restaurantes, bares, cafés e estabelecimentos similares" (art. 1º, Decreto-Lei nº 406/1968).

O ICMS pode ser seletivo, de acordo com a essencialidade das mercadorias e dos serviços (art. 155, § 2º, III, CF). Normalmente, os estados costumam estabelecer uma alíquota mínima para alguns bens essenciais, principalmente os da "cesta básica". Já em relação aos produtos considerados supérfluos, como bebidas, cigarros, combustíveis, energia e comunicação, as alíquotas estão entre as mais altas, acima de 25% sobre o valor do produto.

Não há incidência do ICMS quando ocorre a saída do produto industrializado destinado ao exterior e existe a alienação fiduciária em garantia e também quando a mercadoria for de terceiro e sai da transportadora ou do depósito desta. A lei ainda prevê algumas isenções quanto às saídas de vasilhames, recipientes e embalagens, mercadorias destinadas à fabricação de peças e máquinas, quando esses produtos forem resultado de concorrência internacional ou quando saírem do produtor para a cooperativa, e assim por diante (art. 3º, Decreto-Lei nº 406/1968).

O contribuinte do ICMS é o comerciante, o industrial e/ou o produtor que promove a saída da mercadoria, bem como aquele que a importe do exterior, a arremate em leilão ou a adquira em concorrência promovida pelo Poder Público de mercadoria importada e apreendida.

Conforme o art. 6º do Decreto-Lei nº 406/1968 (Brasil, 1968b), também são considerados contribuintes:

> [...]
> I – As sociedades civis de fins econômicos, inclusive cooperativas que pratiquem com habitualidade operações relativas à circulação de mercadorias;
> II – As sociedades civis de fins não econômicos que explorem estabelecimentos industriais ou que pratiquem, com habitualidade, venda de mercadorias que para esse fim adquirirem;
> III – Os órgãos da administração pública direta, as autarquias e empresas públicas, federais, estaduais ou municipais, que vendam, ainda que apenas a compradores de determinada categoria profissional ou funcional, mercadorias que, para esse fim, adquirirem ou produzirem.

Contribuições e compensações financeiras

Outro tributo que o município pode cobrar é a contribuição social de seus servidores para custear os benefícios do regime próprio de previdência social (art. 149, § 1º, CF). Ele, no entanto, não pode estabelecer para os seus funcionários uma alíquota de contribuição inferior àquelas adotadas para as contribuições dos servidores titulares de cargos efetivos da União.

Já no caso específico dos municípios que possuem, em seus territórios, petróleo, gás natural e recursos hídricos que são aproveitados para a geração de energia elétrica e recursos minerais, é assegurada uma compensação financeira pela exploração desses recursos naturais. Tal compensação é também denominada de *Fundo de Exaustão e Royalties* (art. 20, § 1º, CF).

Contribuição dos funcionários

Como vimos, essa norma prevê que a alíquota a ser cobrada dos servidores municipais não pode ser inferior às adotadas para os servidores federais. Para Silva (2005), é flagrantemente inconstitucional tal determinação, já que fere o princípio da autonomia dos entes federados quando determina um comportamento que deve ser seguido pelos estados, pelo Distrito Federal e pelos municípios. Nesse sentido, concordamos com o referido autor, pois ele estabelece que a Constituição (art. 40, CF), assim como a União, os estados, o Distrito Federal e também os municípios (incluindo suas autarquias e fundações) podem ter seus regimes próprios previdenciários, os quais devem ter caráter contributivo e solidário, para atendimento à saúde, à previdência e à assistência social. Ficou estabelecido que, nessa condição, a contribuição será:

+ do município;
+ da autarquia ou fundação;
+ dos servidores que estão na ativa e dos que não estão, bem como dos pensionistas.

Essa regra objetiva, portanto, a preservação do equilíbrio financeiro e atuarial do órgão que concede o benefício ao servidor.

Algumas razões para que sejam criados sistemas municipais próprios de previdência são apontadas por Fernandes (2000, p. 103), a saber:

> a desvinculação do INSS; o que permite aos municípios terem livres de retenção por inadimplência a sua parcela do Fundo de Participação dos Municípios – FPM. Além disso, proporciona a obtenção de empréstimos de curto e longo prazo; b) atendimento de reivindicações do funcionalismo, uma que o valor da contribuição é menor; c) oferecimento de benefícios não contemplados pelo sistema oficial; d) formação de uma poupança própria municipal, cujos recursos poderão ser aplicados no desenvolvimento local.

É importante, para o entendimento desse contexto, acentuarmos que, se o município não possuir o seu regime de previdência, os servidores, sejam eles estatutários sejam eles regidos pela CLT, contribuirão para o Instituto Nacional de Seguridade Social (INSS), nas mesmas regras dos demais trabalhadores da iniciativa privada.

Quanto à hipótese de incidência dessa contribuição social, encontra-se na norma constitucional (art. 195, I e II, CF) a determinação de que ela será devida pelo empregado e pelo empregador, relativa à folha de salários.

Como se trata de uma contribuição social de natureza tributária, a norma que a institui deve obedecer a todos os princípios constitucionais, como a legalidade, a irretroatividade, a isonomia, a capacidade contributiva e o não confisco.

Fundos de exaustão e royalties

Por meio da Lei nº 7.990/1989 (Brasil, 1990a) e de alterações da Lei nº 8.001/1990 (Brasil, 1990b), foi instituída a compensação financeira prevista no parágrafo 1º do art. 20 da Constituição, estabelecendo os parâmetros para a distribuição desses recursos aos municípios.

A compensação financeira é dividida entre os estados, o Distrito Federal e órgãos da Administração direta da União, sendo que abrange também o mar territorial ou a zona econômica exclusiva pertencente a esses municípios.

Quanto aos recursos hídricos, a compensação financeira é paga mensalmente pelas concessionárias de energia elétrica aos municípios onde estejam as usinas de produção de energia, bem como para aqueles que tenham seus territórios alagados em função das barragens. Nesses casos, o valor da compensação é de 6% do valor total da energia produzida. Desse percentual, ou seja, do valor que resultar dos 6% a que nos referimos, 45% ficam com os municípios atingidos pela hidrelétrica, e os outros 55% são distribuídos entre o estado (45%), o Departamento Nacional de Águas e Energia Elétrica (DNAEE) (8%) e a Secretaria Estadual de Ciência e Tecnologia (2%).

Em relação à compensação financeira sobre minérios, o percentual mensal a ser distribuído é menor: 3% sobre o faturamento líquido da venda do mineral, na última etapa do processo de industrialização. Desses 3% os municípios recebem 65%, os estados, 23%, e o Departamento Nacional de Produção Mineral (DNPM), 12%.

Já a Petrobras deve compensar os estados e os municípios com 5% sobre o valor do petróleo (óleo bruto), do xisto betuminoso e do gás natural. Desse percentual (5%) os municípios recebem 1%, os estados recebem 3,5%, e os municípios com instalações marítimas ou terrestres, onde há embarque e desembarque de óleo bruto ou gás natural, ficam com 0,5%.

Os municípios que recebem compensação financeira por produzirem petróleo ou gás natural ficam proibidos de utilizar os recursos oriundos desses *royalties* para pagamento de dívidas ou pessoal do quadro do município. Esses recursos devem ser aplicados na pavimentação de vias públicas, em saneamento básico, irrigação, proteção ao meio ambiente, entre outros.

Outras receitas municipais

Além dos tributos e dos preços já estudados, também compõem as receitas municipais os empréstimos, os títulos da dívida pública, os financiamentos, os auxílios e as subvenções concedidos pela União e pelos estados. Todas essas receitas integram a receita pública municipal e devem constar do orçamento anual, conforme a classificação prevista na legislação específica (art. 11, § 4º, Lei nº 4.320/1964).

Em relação aos empréstimos, eles podem ser operações financeiras internas e externas. Uma vez concretizada a operação de crédito, os valores compõem a receita corrente ou de capital. Dentro desse contexto, os empréstimos internos obedecem a regras próprias do sistema financeiro, sendo que os externos devem ser aprovados pelo Senado Federal. Em ambos os casos, devem ser respeitados os limites fixados pelo Senado para a dívida consolidada (dívida superior a 12 meses) e os limites e condições para operações de crédito externos e internos, que abrangem, além do município, as suas autarquias (art. 52, VI e VII, CF).

Sobre dívida consolidada, Meirelles (1993b, p. 2007) esclarece que ela se constitui em "toda e qualquer obrigação contraída pelo município em decorrência de financiamentos ou empréstimos", quando estes são caracterizados pela existência de contrato, pela emissão e aceite de títulos ou pela concessão de garantia. Isso, por sua vez, representa "compromisso assumido em um exercício para resgate em exercício subsequente".

O município pode emitir e vender títulos de sua dívida pública com resgate de longo prazo, obedecendo às normas e limites fixados pelo Senado. Outra forma bastante comum de o município atender às demandas sociais por obras e serviços públicos é por meio da obtenção de financiamentos com organismos federais e estaduais.

✦ ✦ ✦

Com frequência, os municípios também são auxiliados e subvencionados pela União e pelos estados para atender necessidades específicas ou projetos emergenciais.

✦ ✦ ✦

Essas subvenções, muitas vezes a fundo perdido, ou seja, sem que haja a necessidade de restituição dos valores ao ente concedente, visam mais a critérios políticos do que técnicos. Nesses casos, não há necessidade de obedecer aos limites de endividamento estabelecidos pelo Senado, uma vez que elas não vão compor a dívida consolidada.

3.6 Gestão tributária

Para viabilizar suas políticas públicas, o município necessita de uma estrutura administrativa tributária, já que é por meio da aplicação de recursos financeiros que será atingido o objetivo de proporcionar o bem-estar à população. A maior parte das receitas municipais provém de tributos; portanto, é fundamental que, além de um sistema tributário, que pode ser o Código Tributário ou a legislação tributária municipal, composta de várias leis, o município possua também um sistema próprio de gestão tributária eficiente.

Entendemos também que a gestão tributária, além de legal, deve ser justa, obedecendo a todos os princípios constitucionais de legalidade (reserva legal), igualdade tributária, prévia definição legal do fato gerador (princípio da irretroatividade tributária), anterioridade ou anualidade do lançamento, bem como os da carência, da proporcionalidade ou razoabilidade e da ilimitabilidade do tráfego de pessoas e bens. A justiça tributária é, acima de tudo, uma questão de lealdade para com o contribuinte e faz com que a instituição pública seja respeitada pelos cidadãos.

Os tributos devem ser, de modo científico, conceituados juridicamente, estabelecendo-se de maneira inconteste o fato gerador, a base de cálculo, a alíquota, o lançamento e a constituição do crédito tributário para que o município não venha sofrer ações judiciais que, além de custosas para o Poder Público, também podem reduzir as receitas.

> **Questões para reflexão**
>
> Outro aspecto que deve ser levado em consideração pela municipalidade é uma fiscalização eficiente e profissional. Nesse sentido, Ichihara (1987, p. 143) aconselha que "os agentes da fiscalização devem agir com discrição e de forma vinculada à vontade da lei e, em algumas vezes, com discricionariedade, o que não deve ser confundido com arbitrariedade, que é uma forma de ilegalidade ou abuso de poder". Esse parâmetro é importante para que você meça a eficiência e a seriedade da fiscalização de seu município. **Aliás, você já observou como procede a gestão do seu município? Que tipos de comentários são feitos pelos munícipes a respeito? A mídia local tem apresentado algum caso de abuso ou de eficiência da fiscalização? Você concorda com a afirmação de que "as normas só funcionam quando provocam dor no bolso"?**

Solicitamos a sua atenção e reflexão sobre esses fatores, já que o município também deve estabelecer normas de fiscalização, o que é feito por meio de regulamentos internos, portarias, circulares e outras medidas que disciplinam o processo de arrecadação dos tributos.

A boa política fiscal prega que devem ser evitadas, ao máximo, a concessão de anistia fiscal e a dispensa de penalidades. Essas medidas só devem ser aplicadas em situações de grave crise, uma vez que beneficiam os maus contribuintes em prejuízo daqueles que cumprem com as suas obrigações fiscais, gerando a impressão de injustiça.

Os créditos tributários não quitados no prazo estabelecido por lei devem, anualmente, ser registrados no Livro de Inscrição da Dívida Ativa, uma vez que, com essa inscrição, presumem-se líquidos e certos – como título extrajudicial –, possibilitando à Fazenda Municipal ingressar na justiça com ação de cobrança, o chamado *executivo fiscal*.

Síntese

Neste capítulo, observamos que o fator de autonomia municipal em relação à tributação de que usufrui o ente federado o transforma em uma microestrutura organizacional, configurada dentro das instâncias macro que são as esferas estadual e federal. Assim, a Constituição, ao mesmo tempo que garante a autonomia, determina a interdependência, o que fica bastante claro na aplicação do princípio da legalidade. Aliás, todos os procedimentos tributários são fundamentados nos princípios que validam a sua criação, regulamentação, aplicação e finalidade. Nesse contexto, é válido, ainda, observarmos que são os tributos próprios e os oriundos da participação na arrecadação estadual e federal que representam a receita financeira municipal. Estes, por sua vez, compõem as rendas que permitem a governabilidade e a implantação dos programas de governo. Logo, é de suma importância que o cidadão tenha conhecimento de como funciona esse processo, em suas instâncias legais, para acompanhar a aplicação das rendas públicas de seu município.

Questões para revisão

1. Você já sabe que nem a União, nem o estado membro, por determinação da Constituição, podem interferir na autonomia municipal em relação aos tributos, cuja instituição é de competência deste ente federado (o município). Isso significa que cabe apenas a ele instituir, criar, decretar, arrecadar e aplicar tais tributos. Mas quais são realmente as fontes de renda que compõem os recursos financeiros do município?
2. Já vimos que os princípios que regem os tributos municipais são os mesmos que regem os tributos das demais esferas federativas. São princípios constitucionais, que atingem ainda a União,

os estados e o Distrito Federal. Logo, não existem princípios tributários exclusivamente municipais. Mesmo assim, eles são, necessariamente, seguidos pelos municípios. Quais são esses princípios?

3. Que tributos específicos os municípios podem instituir?
4. Qual é o fato gerador do tributo classificado como contribuição de melhoria?
5. Qual é o objetivo do Fundo de Participação dos Municípios e qual a sua composição?

capítulo quatro

A estrutura administrativa municipal e o poder de polícia

Conteúdos do capítulo:

* A base constitucional da competência administrativa dos municípios;
* A atribuição de poderes na Administração Pública municipal;
* A distribuição de funções na Administração direta e indireta;
* Os princípios e diretrizes que regem a Administração Pública municipal nos âmbitos executivo, legislativo e judicial;
* O contexto do poder de polícia da Administração municipal.

Após a leitura deste capítulo, você será capaz de:

1. entender como funciona a Administração Pública;
2. relatar os preceitos legais em que se fundamentam as atividades da Administração Pública;
3. contextualizar os novos paradigmas, a partir das políticas neoliberais da gestão pública;
4. identificar os entes da Administração direta e indireta;
5. definir em que bases legais e sociais se fundamenta o poder de polícia do governo municipal;
6. descrever as características e a área de atuação das diversas polícias dos municípios;
7. fundamentar a criação das guardas municipais.

Da mesma forma que a União e os estados possuem uma estrutura organizacional para atender a sociedade e cumprir suas finalidades, os municípios também possuem a sua estrutura administrativa.

Não existe uma regra para a estrutura organizacional da Administração Pública municipal, porém a ciência da administração fornece muitos elementos para que ela seja constituída e exercida de forma a obter os melhores resultados no cumprimento de suas funções.

A Constituição (Brasil, 1988) estabelece que "ompete aos municípios "organizar e prestar, diretamente ou sob regime de concessão ou permissão, os serviços públicos de interesse local, incluindo o de transporte coletivo que tem caráter essencial" (art. 30, V).

Normalmente, entendemos por *Administração Pública* o Poder Executivo e o governo propriamente dito, com seus órgãos da Administração direta e indireta. No entanto, na concepção clássica da divisão dos poderes proposta por Montesquieu (1982), o poder, embora dividido em três – Executivo, Legislativo e Judiciário –, é uno.

Sobre o aspecto de organização, explica Medauar (1999, p. 45) que a "administração pública representa um conjunto de órgãos e entes estatais que produzem serviços, bens e utilidades para a população, coadjuvando as instituições políticas de cúpula no exercício das funções de governo". Ou seja, são as atividades no âmbito municipal que prestam auxílio ao poder político, atuando nas áreas de educação, saúde, assistência social, segurança, abertura e pavimentação de vias públicas, licença de obras, serviços públicos, como transporte, coleta de lixo, saneamento, entre outras.

Normalmente, entendemos por *Administração Pública* o Poder Executivo e o governo propriamente dito, com seus órgãos da Administração direta e indireta. No entanto, na concepção clássica da divisão dos poderes proposta por Montesquieu (1982), o poder, embora dividido em três – Executivo, Legislativo e Judiciário –, é uno.

Nesse sentido, os Poderes Legislativo e Judiciário também compõem a Administração Pública, cada um com suas atribuições preponderantes, ou seja, o primeiro com a de elaborar as leis e fiscalizar o Executivo, e o segundo com a de distribuir a justiça e dirimir os conflitos. No entanto, por uma questão de direcionamento de estudos, neste capítulo, quando nos referirmos à Administração Pública, estaremos falando dos órgãos do Poder Executivo.

4.1 Noções de Administração Pública

Na federação brasileira, há três níveis de Administração Pública: federal, estadual e municipal, cada uma com competências fixadas na Constituição e em leis. A Carta Magna estabelece, em seu art. 37, que a Administração Pública, direta e indireta, em qualquer um dos entes federados (União, estados e municípios) e dos poderes (Executivo, Legislativo e Judiciário), deve obedecer aos princípios de:
+ legalidade;
+ impessoalidade;
+ moralidade;
+ publicidade;
+ eficiência.

No entanto, a Administração de cada um desses entes federados é autônoma – independente das demais –, possui estrutura organizacional própria e também capacidade de elaborar suas próprias leis. Assim, os municípios podem elaborar as próprias leis no que diz respeito à sua Administração, já que possuem competência para isso. Há, porém, algumas leis emanadas da União, cuja competência foi outorgada por ela, que devem ser obedecidas por todos os entes federados; essas leis são consideradas nacionais, como a Lei das Normas Gerais do Orçamento (Lei nº 4.320/1964), a Lei das Licitações e

Contratos (Lei nº 8.666/1993), o Código Tributário Nacional (Lei nº 5.172/1966), entre outras.

Observamos, ainda, que a Constituição classifica a Administração Pública em DIRETA e INDIRETA. Boa parte da doutrina, no entanto, considera mais adequada a classificação de Administração Pública centralizada e descentralizada. Não obstante, o Decreto-Lei nº 200/1967 (Brasil, 1967b) ratifica e define a classificação constitucional em Administração Pública direta e indireta.

A Administração DIRETA são os serviços integrados na estrutura administrativa, no caso federal, da Presidência da República e dos ministérios; nos estados, na estrutura do governador e das secretarias estaduais; nos municípios, na estrutura do gabinete do prefeito e das secretarias ou dos departamentos municipais.

Logo, em relação à Administração direta, há, na União, a Administração federal – sendo o presidente da República o chefe do Executivo –, que é composta, ainda, pelos ministérios e órgãos da Administração INDIRETA, autarquias, empresas de economia mista, agências reguladoras, fundações públicas e organizações sociais. Há também a Administração Pública estadual, que é comandada pelo governador – chefe do Executivo estadual – e composta de secretarias, autarquias e outros entes da Administração indireta. Por fim, há o município – objeto deste estudo –, onde a Administração é exercida pelo prefeito (como chefe do Executivo), que conta com secretarias, departamentos e demais órgãos que compõem a estrutura administrativa do município.

Administração direta municipal

Nesse contexto, a Lei Orgânica Municipal pode estabelecer as diretrizes da própria estrutura administrativa municipal. Cabe ao município definir, por meio de uma lei municipal, como irá organizar a estrutura administrativa do Poder Executivo (a prefeitura).

O fato é que não existe um modelo a ser seguido, embora a grande maioria inspire-se na forma de organização proposta pelo Decreto-Lei nº 200/1967, que trata da organização no âmbito da Administração federal e estabelece as diretrizes para a reforma administrativa. Essa tendência está enraizada na ocorrência, durante o regime militar, da emissão do Ato Institucional nº 08/1969 (Brasil, 1969b), que determinava que os estados, o Distrito Federal e os municípios com mais de 200 mil habitantes deveriam seguir e observar a estrutura administrativa preconizada para o governo federal por meio do Decreto-Lei nº 201/1967 (Brasil, 1967c).

O que observamos é que muitas Constituições estaduais adotam o modelo de Administração Pública proposta por aquele decreto-lei, que, com várias alterações por leis posteriores, continua em vigor.

O modelo de estrutura administrativa deve definir o trabalho que cada órgão irá realizar e, consequentemente, a responsabilidade de cada servidor que ocupa um cargo público, a autoridade e os níveis hierárquicos, bem como os recursos que estão à disposição daquele ente para que este possa cumprir com suas finalidades dentro da estrutura.

Normalmente, o município adota, na estrutura administrativa da Administração direta, o sistema de departamentos. Ou seja, para cada tipo de atividade, são instituídas secretarias ou departamentos que têm a função de atuar em diversas áreas, que, por sua vez, vão se subdividindo nas tarefas a serem executadas.

Podemos tomar como exemplo de órgão a Assessoria de Planejamento com as tarefas definidas no organograma, cuja função é prestar assessoramento aos diversos órgãos do município, preparar o projeto da Lei Orçamentária Municipal, da Lei de Diretrizes Orçamentárias e do Plano Plurianual, viabilizar estudos, apurar custos de obras e serviços públicos e assim por diante. Além disso, é importante especificar que a assessoria possui um determinado quadro funcional, coordenado pelo assessor de planejamento, bem como um orçamento anual (especificar valores em reais) para atingir seus objetivos.

Normalmente, o município adota, na estrutura administrativa da Administração direta, o sistema de departamentos. Ou seja, para cada tipo de atividade, são instituídas secretarias ou departamentos que têm a função de atuar em diversas áreas, que, por sua vez, vão se subdividindo nas tarefas a serem executadas. Os cargos mais elevados são considerados de primeiro escalão, e os demais seguem uma ordem de número. Quanto maior o número, menor o nível hierárquico, até chegar àqueles que executam o trabalho e não estão em nenhum grau de comando na estrutura administrativa, pois simplesmente ocupam uma função com as atribuições fixadas em norma.

Quadro 1 – Nível hierárquico

Hierarquia	Denominação do órgão	Denominação do dirigente
1º Escalão	Secretaria ou Departamento	Secretário ou diretor
2º Escalão	Departamento	Diretor ou superintendente
3º Escalão	Divisão	Diretor ou gerente
4º Escalão	Seção ou serviço	Chefe
5º Escalão	Setor	Chefe
6º Escalão	Turma	Chefe ou encarregado

Fonte: Ibrap, 1992, p. 144.

A Administração direta ou centralizada compreende, portanto, os órgãos diretamente ligados à estrutura administrativa do Poder Executivo (federal, estadual, distrital ou municipal) e que prestam serviços à comunidade diretamente em seu nome e sob a sua própria responsabilidade. No âmbito do município, ela é a estrutura organizacional da prefeitura, com suas secretarias, assessorias, departamentos, divisões, serviços etc.

Diz-se que a Administração é direta ou centralizada quando possui, como característica, a capacidade de funcionar como órgão, exprimindo a vontade do ente jurídico ao qual está vinculada. Conforme explicam

Bastos e Martins (2000a, p. 75), "há um vínculo hierárquico que unifica toda esta administração no seio de cada um dos poderes a que está atrelada". Assim, os órgãos que a compõem são classificados como MONOCRÁTICOS ou COLEGIADOS.

Podemos compreender melhor essa divisão se atentarmos para o funcionamento, por exemplo, de uma Secretaria Municipal de Saúde (órgão monocrático) e de um Conselho Municipal de Saúde (órgão colegiado).

> Os órgãos da Administração Pública encontram-se vinculados a uma estrutura hierarquizada. Além disso, eles compõem um todo orgânico, que é a própria estrutura administrativa, relacionando-se com os demais órgãos que formam a máquina pública.

No primeiro, a decisão cabe apenas a uma pessoa, a qual deve ocupar uma função pública e possuir o poder de mando, ou seja, nesse caso, o poder decisório é de competência exclusiva do secretário municipal de Saúde. Já no segundo, que é um órgão colegiado, isto é, composto de vários membros, a decisão é por maioria de votos. Assim, enquanto o primeiro executa políticas de saúde, o segundo formula as diretrizes, os programas e as metas a serem atingidas nessa área.

Os órgãos da Administração Pública encontram-se vinculados a uma estrutura hierarquizada. Além disso, eles compõem um todo orgânico, que é a própria estrutura administrativa, relacionando-se com os demais órgãos que formam a máquina pública.

Nessa hierarquia, os órgãos superiores subordinam os inferiores, o que permite que as políticas públicas sejam executadas conforme a ordem emanada da autoridade que ocupa a posição mais elevada.

O órgão superior possui, se houver autorização legal, a incumbência de avocar competências de órgãos inferiores e deslocá-las para cima se for

> Para sintetizar, acentuamos que, na estrutura administrativa do Poder Executivo, quem efetivamente manda é o chefe do poder, ou seja, o presidente, o governador ou o prefeito, em última instância, de onde emanam todas as ordens.

do interesse da Administração, pois, da mesma maneira que avoca para si competências, o órgão superior pode delegá-las a órgãos inferiores. Isso funciona como instrumento de descentralização administrativa, porquanto a delegação de competências objetiva dar rapidez e efetividade às decisões ao estar próxima dos fatos, pessoas e problemas que deve atender.

Outra atribuição do órgão superior é a de fiscalizar, ou seja, controlar os atos e o cumprimento das ordens pelos órgãos inferiores. Ele possui também a capacidade de punir, caso o órgão inferior não esteja cumprindo as ordens que foram emanadas dele, bem como a de anular e revogar atos dos órgãos inferiores.

Esta última é a chamada *capacidade discricionária*, que dá à Administração Pública a condição de rever ato que possua vício, seja nulo, seja anulável.

Para sintetizar, acentuamos que, na estrutura administrativa do Poder Executivo, quem efetivamente manda é o chefe do poder, ou seja, o presidente, o governador ou o prefeito, em última instância, de onde emanam todas as ordens.

Administração indireta

Não devemos confundir Administração indireta ou descentralizada com Administração desconcentrada. Na DESCENTRALIZAÇÃO, o serviço público é distribuído por uma ou mais entidades; já na DESCONCENTRAÇÃO, ele é dividido entre vários entes do mesmo órgão, objetivando torná-lo mais simples, mais rápido e mais eficiente.

A Administração indireta possui várias categorias de entidades que têm personalidade jurídica própria e que podem estar vinculadas ou não às secretarias municipais (no caso da Administração federal, elas estão vinculadas ao ministério da área de competência da atividade principal). Encontramos entre elas as autarquias, as empresas públicas (estatais), as sociedades de economia mista, as fundações públicas e as empresas privadas ou particulares. Nesses casos, o que caracteriza a Administração Pública indireta ou descentralizada é o fato de que a execução ou a titularidade da competência Administrativa é concedida por outorga ou delegação a essas entidades.

A própria lei define quais e o que são esses entes da Administração indireta no art. 5° do Decreto-Lei n° 200/1967. Neste consta que autarquia, empresa pública, sociedade de economia mista e fundação pública são entidades que, além de personalidade jurídica própria, independentemente do ente da Administração Pública ao qual pertençam, devem ser criadas por lei federal, estadual ou municipal, conforme o caso, para existir.

No que se refere às regras para as atividades das fundações públicas e das autarquias, é necessário estabelecermos algumas conexões, ou seja, é preciso que façamos algumas ponderações.

De uma maneira simplista, podemos dizer que as fundações públicas e as autarquias obedecem às regras de direito público; portanto, devem seguir as normas da Lei de Licitações (Lei n° 8.666/1993) e outras pertinentes à Administração Pública. Já as empresas públicas e de economia mista, por exercerem atividades no mercado e serem organizadas na forma do direito civil, seguem a legislação do direito privado.

Há, no entanto, na doutrina, divergências quanto a essa interpretação. Afirma Figueiredo (2001, p. 112) que, se "as estatais estiverem prestando serviço público, terão regime sob forte influxo do Direito Público, embora se revistam de forma privada. E, neste caso, deverão se submeter à licitação [Lei das Licitações] e não, apenas, aos princípios da administração pública". Ele acrescenta que, se a estatal estiver atuando no mercado por meio da atividade econômica, concorrendo com as demais empresas privadas, "submetem-se, apenas, aos princípios da administração pública".

Questões para reflexão

O que você pensa sobre esses aspectos legais envolvidos no funcionamento das fundações públicas e das autarquias? Você já pesquisou algo sobre esse tema? Já observou como funciona isso em seu município?

Alguns conceitos revelantes na Administração Pública

Autarquia

É um serviço autônomo para executar atividades típicas da Administração Pública que requeiram, para o seu melhor funcionamento, gestão administrativa e financeira DESCENTRALIZADA. Deve ser criada por lei, com personalidade jurídica, receita e patrimônio próprios.

A autarquia não possui vínculo com a hierarquia da Administração direta, embora possa estar no organograma do ente público (União, estados, Distrito Federal e municípios), isto é, ligada a um ministério ou a uma secretaria. Possui autonomia administrativa, financeira e disciplinar, mas os recursos econômicos, normalmente, vêm do próprio orçamento público. Podemos observar como exemplo de autarquia, no âmbito federal, o Departamento Nacional de Infraestrutura de Transportes (Denit), sendo que, no âmbito municipal, pode haver um Departamento Municipal de Estradas de Rodagem.

Empresa pública

É a entidade dotada de **personalidade jurídica de direito privado,** com patrimônio próprio e capital exclusivamente público (União, estados, Distrito Federal e municípios). Ela é criada por lei para a **exploração de determinada atividade econômica** que o governo seja levado a exercer por força de contingência ou de conveniência administrativa, podendo revestir-se de qualquer uma das formas admitidas em direito.

Sua principal característica, portanto, é ser uma pessoa jurídica de direito privado, criada ou adquirida pela Administração Pública. Possui como atribuições a prestação de serviços públicos ou ainda a exploração de atividade econômica. Além disso, o regime jurídico é especial, já que, na sua constituição, usaram-se apenas recursos públicos. Um exemplo bastante conhecido é a Empresa Brasileira de Correios e Telégrafos (ECT).

Sociedade de economia mista

É a entidade dotada de **personalidade jurídica de direito privado**, criada por lei para a **exploração de atividade econômica**, sob a forma de sociedade anônima, cujas ações com direito a voto pertencem, em sua maioria, ao Poder Público (União, estados, Distrito Federal e municípios) ou à entidade da Administração indireta.

O que diferencia uma EMPRESA PÚBLICA de uma SOCIEDADE DE ECONOMIA MISTA é que o capital com o qual é constituída a primeira é todo público, enquanto na segunda, também há participação do capital privado. Porém, o controle acionário da sociedade de economia mista é sempre do ente público que a criou (União, estados, Distrito Federal ou municípios). O capital pode, inclusive, ser de vários entes públicos. A Petrobras (Petróleo Brasileiro S.A.) é um exemplo de empresa de economia mista.

Uma característica que une as empresas públicas e as sociedades de economia mista é o fato de ambas exercerem uma atividade que é própria da iniciativa privada, sendo que, nesta, por uma razão qualquer, houve a intervenção estatal. Em contraposição, em nosso país, há também situações em que o ente federado é quem deveria exercer determinada função ou prestação de serviço (empresa estatal), mas esta foi delegada para uma empresa pública ou de economia mista.

Fundação pública

É a entidade dotada de personalidade jurídica de direito privado, SEM FINS LUCRATIVOS, criada em virtude de autorização legislativa, para o desenvolvimento de atividades que não exijam execução por órgãos ou entidades de direito público. Tem autonomia administrativa, patrimônio próprio gerido pelos respectivos órgãos de direção e funcionamento custeado por recursos públicos (União, estados, Distrito

Federal e municípios) e de outras fontes. Se for estadual, os recursos para o seu custeio são do estado e, se for municipal, do município. Podemos citar como exemplo a Fundação Nacional de Saúde (Funasa). A fundação possui personalidade jurídica própria, desvinculada da Administração Pública. Não há, também, vínculo de hierarquia entre o órgão descentralizado e o órgão ao qual ela está vinculada, ministério ou secretaria. O que existe é uma tutela, um controle administrativo do órgão superior da Administração federal, estadual ou municipal ao qual a fundação esteja subordinada.

4.2 A nova Administração Pública

Vários países da Europa e da Oceania, além dos Estados Unidos da América, promoveram reformas na Administração Pública nos anos de 1970 que coincidiram com a política neoliberal adotada por eles, com inspiração nas técnicas de gestão assumidas pela iniciativa privada. O objetivo dessas reformas foi aprimorar o gerenciamento, transformando o ambiente – antes burocrático, centralizador e clientelista – em competitivo, como no mercado, em que o cidadão – usuário do serviço público – é visto como um consumidor que quer qualidade e eficiência. Esse período coincidiu com os governos de Margaret Thatcher, na Inglaterra, e de Ronald Reagan, nos Estados Unidos. Essa nova forma de administração do setor público ficou conhecida como *New Public Management* (NPM), isto é, a nova Administração Pública. A NPM caracteriza-se pela adoção de um novo paradigma na gestão pública, por meio da descentralização administrativa, da terceirização dos serviços e da utilização de novas tecnologias de informação na busca de qualidade, otimização de resultados e eficiência.

Na Inglaterra, algumas funções sociais continuaram sob a responsabilidade do setor público, no entanto o trabalho por ele prestado passou a ser orientado por valores gerenciais e de mercado. Consequentemente, a ênfase maior recaiu sobre alguns aspectos, como o "fazer mais com menos", preservar o valor do dinheiro, fazer uso de indicadores comparativos de desempenho e desenvolver sistemas aperfeiçoados de custos, informação e auditoria (Weber, 1982).

No Brasil, essa nova proposta de gestão pública ganhou destaque no governo do Presidente Fernando Henrique Cardoso. Nesse contexto, houve a adoção da política de privatizações, quando muitas estruturas burocráticas estatais foram substituídas por órgãos terceirizados. Isso porque eles, a princípio, foram considerados mais ágeis no atendimento das demandas sociais. Além disso, surgiram, nesse período, como entes da Administração indireta e executores das políticas da nova Administração Pública:

- as agências reguladoras;
- as agências executivas;
- as organizações sociais; e
- as organizações da sociedade civil de interesse público (Oscips).

Essas entidades da nova Administração Pública começaram a ser constituídas nos três entes federativos: a União, os estados e os municípios.

Agências reguladoras

São autarquias especiais que objetivam regular atividades que possuem caráter público e que são executadas por empresas privadas ou estatais. A Administração Pública transfere o serviço para a iniciativa privada, porém mantém o controle dele por meio da fiscalização, da formalização de políticas públicas no interesse do bem comum e da própria Administração Pública.

> **Como é realizada a criação das agências reguladoras?**
> As agências são criadas por lei, que também fixa as suas atribuições. Elas compõem a Administração Pública indireta e posicionam-se entre o prestador do serviço público (empresa) e o tomador ou usuário.

A Constituição (art. 21, XI e art. 177, § 2º, III) estabelece agências reguladoras nas áreas de telecomunicações, de petróleo e de energia elétrica: Agência Nacional de Telecomunicações (Anatel), Agência Nacional do Petróleo (ANP), Agência Nacional de Energia Elétrica (Aneel), respectivamente.

Agências executivas

As agências executivas também possuem o mesmo caráter jurídico das reguladoras, ou seja, são criadas por lei, que fixa suas atribuições e privilégios, e, portanto, configuram-se como autarquias especiais. Elas agem nas áreas de fiscalização e de licenciamento e atuam como árbitras de situações que envolvam usuários e concessionários de serviços públicos.

As agências executivas também estão previstas na Constituição (art. 21, XII) e operam nas áreas de radiodifusão, navegação aérea e aeroespacial, transportes ferroviários, aquaviários, rodoviários, entre outras.

A lei permite que autarquias e fundações públicas possam ser qualificadas como agências executivas, exercendo suas funções por meio de um contrato de gestão, conforme podemos conferir no texto do Decreto nº 2.487/1998 (Brasil, 1998a), que dispõe sobre o assunto e determina que:

> Art. 1º As autarquias e as fundações integrantes da Administração Pública Federal poderão, observadas as diretrizes do Plano Diretor da Reforma do Aparelho do Estado, ser qualificadas como Agências Executivas.
> § 1º A qualificação de autarquia ou fundação como Agência

Executiva poderá ser conferida mediante iniciativa do Ministério supervisor, com anuência do Ministério da Administração Federal e Reforma do Estado, que verificará o cumprimento, pela entidade candidata à qualificação, dos seguintes requisitos:

a) ter celebrado contrato de gestão com o respectivo Ministério supervisor;

b) ter plano estratégico de reestruturação e de desenvolvimento institucional, voltado para a melhoria da qualidade da gestão e para a redução de custos, já concluído ou em andamento.

§ 2º O ato de qualificação como Agência Executiva dar-se-á mediante decreto (Decreto Presidencial 23.387/98).

§ 3º Fica assegurada a manutenção da qualificação como Agência Executiva, desde que o contrato de gestão seja sucessivamente renovado e que o plano estratégico de reestruturação e de desenvolvimento institucional tenha prosseguimento ininterrupto, até a sua conclusão.

Como exemplos de agências executivas, encontramos, entre outras, a Agência Nacional de Águas (ANA) e a Agência Nacional de Vigilância Sanitária (Anvisa). Muitos estados também possuem agências executoras e reguladoras de serviços públicos, e os municípios também podem organizar as suas, nas áreas de sua competência.

Nesse contexto, o município tem a possibilidade de criar, por exemplo, uma Agência Municipal de Serviços Públicos para regular serviços como transporte, coleta de lixo terceirizada, abastecimento de água e esgoto, entre outros.

Organizações sociais

As organizações sociais, segundo definição legal, são pessoas jurídicas privadas, sem fins lucrativos, cujas atividades são dirigidas ao ensino, à pesquisa científica, ao desenvolvimento tecnológico, à proteção e à preservação do meio ambiente, à cultura e à saúde (art. 1º, Lei nº 9.637/1998).

Para que seja habilitada como organização social, a entidade precisa obedecer a certos requisitos, como: os objetivos devem corresponder à sua área de atuação; não pode ter finalidade lucrativa, devendo investir os excedentes no desenvolvimento de suas atividades; precisa possuir um conselho com membros da Administração Pública à qual ela está vinculada (20% a 40% do total dos membros); deve proibir a distribuição de bens ou de parcela do patrimônio líquido, inclusive em razão de desligamento, retirada ou falecimento de seus associados ou membros e, ainda, permitir, na forma estatutária, a entrada de outros sócios.

O Poder Público pode destinar recursos orçamentários para que as organizações sociais cumpram com suas tarefas institucionais em nome da Administração. Elas se relacionam com a Administração Pública por meio de um contrato de gestão, no qual assumem determinadas atividades nas áreas de sua competência, como saúde, educação, cultura, entre outras. O Poder Público também pode colocar à disposição das organizações sociais funcionários de seu quadro próprio. NÃO APENAS O GOVERNO FEDERAL TEM CRIADO ORGANIZAÇÕES SOCIAIS, MAS OS ESTADOS E OS MUNICÍPIOS TAMBÉM.

Organizações da sociedade civil de interesse social (Oscips)

Essas organizações são pessoas jurídicas de direito privado, criadas na forma de associações sem fins lucrativos e que adquirem essa condição ao serem registradas no Ministério da Justiça, de acordo com a legislação em vigor (Lei nº 9.790/1999). Elas firmam contratos de parceria com o Poder Público para executar determinadas tarefas terceirizadas, devendo submeter-se aos princípios da Administração Pública e prestando contas dos recursos recebidos.

Para serem consideradas como tais, as Oscips devem, de acordo com a lei, ter objetivos sociais e promover pelo menos uma das finalidades a seguir:

- promoção da assistência social;
- promoção da cultura, defesa e conservação do patrimônio histórico e artístico ou da educação;
- promoção gratuita da saúde ou da segurança alimentar e nutricional.

Além disso, elas também devem acrescentar aos seus objetivos: a defesa, a preservação e a conservação do meio ambiente; a promoção do desenvolvimento sustentável, do voluntariado, do desenvolvimento econômico e social, do combate à pobreza, dos direitos estabelecidos, bem como a construção de novos direitos e assessoria jurídica gratuita de interesse suplementar; a promoção da ética da paz, da cidadania, dos direitos humanos, da democracia e de outros valores universais; a experimentação – não lucrativa – de novos modelos socioprodutivos e de sistemas alternativos de produção, de comércio, de emprego e de crédito; a realização de estudos e pesquisas; o desenvolvimento de tecnologias alternativas; a produção e a divulgação de informações e conhecimentos técnicos e científicos.

4.3 Poder de polícia

O Estado é quem possui o monopólio para utilizar, de forma legítima, a força física para coibir os abusos e retirar do convívio social quem desrespeita a ordem jurídica, prejudicando toda a sociedade. Nesse sentido, é possível dizer que o Estado distingue-se das demais organizações não pelos fins, pois muitas podem ter finalidades semelhantes às da atividade estatal, mas pelos meios utilizados, ou seja, uso legítimo da força física (Weber, 1982).

O município é um dos entes que compõem o Estado. Dessa forma, o poder de polícia é o poder-dever de que o ente municipal não pode prescindir para que, efetivamente, se estabeleça o bem comum.

Trata-se de uma faculdade que deve ser exercida pela Administração no sentido de restringir o uso e o gozo de bens, atividades e direitos, para assegurar a ordem pública.

Podemos dizer que esse é um dever indeclinável da Administração Pública, que objetiva a proteção social e fundamenta-se na supremacia que ela exerce sobre todos. É, no entendimento de Justen Filho (2005, p. 393), "um conjunto de competências e se traduz em atividades administrativas".

> **Como deve ser exercido o poder de polícia?**
> O poder de polícia é uma função da Administração Pública, que deve ser exercida para o bem de toda a comunidade. Quando a conduta das pessoas – físicas ou jurídicas – afeta a ordem pública, colocando em risco a sociedade, em geral, a Administração Pública deve agir, por intermédio de seus agentes, pelo poder de polícia, de forma preventiva ou repressiva, conforme o caso. O que está em jogo é o interesse público e, quando ocorrem situações antissociais, a Administração municipal deve atuar energicamente para contê-las.

O termo *polícia* é uma variação de *política* e vem do grego *polis*, a cidade onde se exerce certa vigilância pública para que os cidadãos cumprissem e obedecessem as leis, objetivando o bem-estar e a segurança de todos. Os romanos, por sua vez, conheceram na urbe o termo *politia*, com o mesmo caráter de segurança e proteção que se atribui à palavra na língua portuguesa. Além disso, no período medieval, havia o *ius politiai*, utilizado pelo senhor do castelo para manter a ordem civil pública na jurisdição do seu feudo.

Afirma Cretella Júnior (1975) que todas as relações entre os homens são objeto da ação da polícia. Esta, por sua vez, age na tutela de bens materiais e dos ideais, bem como da integridade física, da vida, da honra e da liberdade. Ele acrescenta ainda que a atuação da polícia se faz notar nos direitos e interesses que são considerados dignos de respeito pela sociedade e enumera algumas áreas em que esse poder já atuava há séculos: religião, costumes, saúde, alimentos, vias públicas, ciência, artes liberais, comércio, indústria, mecânica, atividades domésticas, entre outras.

A definição legal do que seja *poder de polícia* encontra-se no Código Tributário Nacional (art. 78, Lei nº 5.172/1966):

> [...] Considera-se poder de polícia atividade da administração pública que, limitando ou disciplinando direito, interesse ou liberdade, regula a prática de ato ou a abstenção de fato, em razão de interesse público concernente à segurança, à higiene, à ordem, aos costumes, à disciplina da produção e do mercado, ao exercício de atividades econômicas dependentes de concessão ou autorização do Poder Público, à tranquilidade pública ou ao respeito à propriedade e aos direitos individuais ou coletivos.

Nesse cenário, há duas espécies de polícia: a ADMINISTRATIVA e a JUDICIÁRIA. A primeira possui o foco de atuação sobre os bens, os direitos e as atividades e age de forma preventiva. A segunda, por sua vez, age em relação às pessoas, de forma coletiva ou individual, e possui caráter repressivo.

O que, basicamente, caracteriza as duas polícias é o TEMPO DA INTERVENÇÃO:

- a polícia administrativa atua *a priori*, ou seja, antes de o fato ocorrer;
- a polícia judiciária atua *a posteriori*, após o fato ter ocorrido.

No entanto, as duas polícias atuam também de forma preventiva e repressiva. Quando a Polícia Militar faz o policiamento ostensivo, por exemplo, está agindo na prevenção do crime; da mesma forma, quando a polícia administrativa aplica uma multa ao cidadão que construiu uma edificação de forma irregular, está atuando de forma repressiva.

Além dessas duas, a doutrina ainda inclui outras denominações, como POLÍCIA DE SEGURANÇA e POLÍCIA ADMINISTRATIVA. Há autores, contudo, que acrescentam mais especificações, como Cretella Júnior (1975), que prevê um terceiro tipo – a POLÍCIA MISTA –, e Meirelles (1993b), que sugere a existência de uma POLÍCIA DE MANUTENÇÃO DA ORDEM PÚBLICA. Já Gasparini (1992) afirma que não existem outras espécies de polícia além da administrativa. O que há são SETORES nos quais ela atua.

Atributos do poder de política

Os atributos do poder de polícia são a DISCRICIONARIEDADE, a AUTOEXECUTORIEDADE e a COERCIBILIDADE. Assim, a Administração Pública, ao agir com discricionariedade, pode estabelecer o melhor momento, a oportunidade e a conveniência na aplicação das sanções previstas em lei, bem como os meios para atingir os resultados esperados.

Há uma autoexecutoriedade da Administração Pública para exercer o poder de polícia, ou seja, para agir, esta não necessita de autorização judicial ou de qualquer outra autoridade a não ser a administrativa, que tem competência legal para exercer o referido poder.

Outra capacidade da Administração Pública é o PODER COERCITIVO, ao impor sua vontade ao particular, podendo agir por meio da força pública (Polícia Militar) para manter a ordem e usar da força física, se houver resistência. Porém, aquela (a força) deve ser proporcional a esta (a resistência), caso contrário, configura-se uma situação de ARBITRARIEDADE e ABUSO de AUTORIDADE.

Destacamos que, nesse âmbito administrativo, em benefício do interesse geral e por uma questão de legalidade, a lei sempre deve fixar as sanções a que estarão sujeitos os particulares ao violarem determinada regra, seja ela da natureza que for, como normas de edilícia*, de higiene, de trânsito, de costumes, entre outras. A sanção também é aplicada pela própria Administração municipal (no âmbito de sua responsabilidade), sem que, para tanto, seja necessária a intervenção do Poder Judiciário.

Ao discorrer sobre esse tema, Simas (1987, p. 384) afirma que o poder de polícia "representa uma atividade discricionária do governo, que age com certa liberdade para aquilatar da conveniência, oportunidade ou alcance da aplicação das medidas limitativas ou disciplinadoras dos direitos individuais".

Essa observação é relevante, uma vez que, devemos concordar, há uma autoexecutoriedade da Administração Pública para exercer o poder de polícia, ou seja, para agir, esta não necessita de autorização judicial ou de qualquer outra autoridade a não ser a administrativa, que tem competência legal para exercer o referido poder. Dessa forma, a Administração Pública atua por intermédio de seus próprios meios e instrumentos previstos em lei. No entanto, o particular que tiver seus interesses feridos pela ação da Administração Pública em função de ação do poder de polícia pode buscar a proteção judicial visando à correção do ato administrativo que considerar ilegal.

Tipos de polícia

No período colonial, compunham as Câmaras, além dos vereadores, juízes, escrivães e dois almotacés, que tinham como atribuições fiscalizar os pesos e as medidas das mercadorias e fixar os preços dos gêneros alimentícios. Eram esses agentes, portanto, que exerciam o poder de polícia em relação a essas questões. Atualmente, a competência legal para exercer o poder de polícia cabe a funcionários municipais que, normalmente, possuem os cargos de fiscal, de agente de trânsito, de agente de fiscalização, entre outros.

❖ ❖ ❖

* *Edilícia*: aqui, o termo é usado em referência a situações relacionadas a edificações.

Nas atividades sob o controle da Administração Pública, existem inúmeras áreas em que o município exerce o poder de polícia. As mais comuns, entre outras, são:

h. polícia sanitária;
i. polícia edilícia (construções ou obras);
j. polícia de meio ambiente;
k. polícia de costumes;
l. polícia de trânsito;
m. polícia de comércio;
n. polícia de atividades urbanas.

Polícia sanitária

A polícia sanitária está interligada à SAÚDE PÚBLICA ou tem sob sua vigilância todas as atividades que a envolvem. Ela objetiva preservar um dos bens mais preciosos do ser humano: a vida. Assim, tem como propósito básico a prevenção de doenças por meio da exigência do cumprimento de normas de higiene pública.

Além desse CARÁTER PREVENTIVO, a polícia sanitária também exerce a FUNÇÃO REPRESSIVA, ou seja, a aplicação de multas e até a interdição do exercício da atividade pelos estabelecimentos ou pessoas que descumprem a lei, colocando em risco a saúde pública. A polícia sanitária pode, eventualmente, em determinado município, fiscalizar também atividades ligadas a questões do meio ambiente, como limpeza pública, esgotamento sanitário e poluição sonora e do ar.

As atividades desse tipo de polícia são exercidas por agentes públicos (normalmente por meio da função de fiscal), que têm como atribuições fiscalizar estabelecimentos:

- **da área de saúde**, tais como os hospitais, os pronto-socorros, as clínicas e as farmácias;

- **comerciais** que produzem alimentos para serem consumidos no próprio local, como restaurantes, churrascarias, bares, lanchonetes e comércio ambulante de alimentos (cachorro-quente, caldo de cana, sorvete e outros);
- **que produzem alimentos industrializados**, como bebidas e água mineral;
- **que, de um modo ou de outro, possam afetar a saúde humana e animal**.

A FUNÇÃO FISCALIZADORA dessas atividades, por parte do município, pode ocorrer diretamente por meio do cumprimento da legislação municipal própria (Código Sanitário Municipal) ou ainda por meio de atividade delegada por convênios com órgãos federais – como a Anvisa – ou estaduais na aplicação do código do respectivo estado.

Polícia edilícia

Ela também pode ser denominada de *polícia de edificações*, uma vez que atua sobre o ambiente em construção ou construído.

É poder-dever do município fiscalizar as construções já existentes e as que estão em processo de ruína e demolição devido aos perigos e ameaças que elas podem representar para a população. Ele pode, inclusive, determinar a interdição e a demolição de prédios que coloquem em risco a segurança pública. Nesse sentido, destacamos que uma das principais atividades municipais é fiscalizar os edifícios e as construções de um modo geral, sejam obras públicas, sejam particulares.

Nesse sentido, destacamos que uma das principais atividades municipais é fiscalizar os edifícios e as construções de um modo geral, sejam elas obras públicas ou particulares.

Cabe ainda à polícia edilícia a função de fiscalizar e exercer o controle técnico-funcional relacionado à obediência das normas urbanísticas (estabelecidas no plano diretor, na Lei de Zoneamento e do Uso e Ocupação do Solo Urbano e no Código de Posturas e de Edificações).

Ela faz isso tendo em vista, entre outras coisas, a segurança, a estética, a salubridade, as dimensões, o alinhamento e o recuo.

Quanto à responsabilidade técnica da obra ou da construção do prédio, esta é exercida pelo Conselho Regional de Engenharia e Arquitetura (Crea). Assim, a municipalidade, por intermédio da polícia de construção ou obras, deve atuar em conjunto com o Crea, já que, normalmente, a legislação municipal, para expedir uma licença (alvará) de construção, exige um profissional habilitado nas áreas de engenharia e arquitetura como responsável técnico.

◆ O alvará é uma autorização ou licença para construir. Para que seja expedido, existe uma lei municipal que sempre lhe dá cobertura e que deve ser obedecida. ◆

O alvará é uma autorização ou licença para construir. Para que seja expedido, existe uma lei municipal que sempre lhe dá cobertura e que deve ser obedecida. O alvará pode ser considerado, a título precário, uma "autorização", que, nessa condição, pode ser cassada a qualquer tempo pela autoridade municipal sem indenização ao particular. Já o alvará definitivo, como "licença", possui tempo de validade indeterminado e, se for revogado por interesse público, pode ensejar o direito à indenização.

Uma vez concluída a obra e cumprido o projeto de construção de acordo com os termos do alvará, a prefeitura deve emitir o HABITE-SE. Trata-se de um ato vinculado ao alvará que obriga a Administração municipal a cumprir a determinação que dará ao proprietário do prédio o direito de utilização de acordo com os fins propostos.

Polícia de meio ambiente

Essa polícia atua nas áreas em que o ambiente natural possa ser afetado. Há municípios que possuem um departamento, na Guarda Municipal, destinado a fiscalizar os parques e as praças, como é o caso de Curitiba, que possui a Guarda Verde. Essa polícia fiscaliza não apenas a segurança dos pedestres, mas também os danos que podem ser causados ao meio ambiente.

A poluição do ar é um dos problemas que afetam, principalmente, as grandes cidades e aquelas que possuem indústrias. Os odores, fumaças, vapores e partículas que são lançadas no ar pelas fábricas, bem como o gás carbônico emitido pelos veículos, são objetos da fiscalização da polícia ambiental.

A poluição do ar é um dos problemas que afetam, principalmente, as grandes cidades e aquelas que possuem indústrias. Os odores, fumaças, vapores e partículas que são lançadas no ar pelas fábricas, bem como o gás carbônico emitido pelos veículos, são objetos da fiscalização da polícia ambiental.

Ela envolve também a fiscalização do nível de ruído (decibéis) ou a poluição sonora, causada pelas atividades humanas (industriais, comerciais, de serviço, sociais, entre outras). Dentro desse contexto, normas cada vez mais rígidas estão sendo adotadas para coibir esse tipo de poluição, que causa inúmeros problemas de saúde pública.

Plantas e animais nocivos também são objetos de fiscalização. Nesse sentido, as plantas, normalmente, são protegidas pela legislação, e o corte de árvores deve ser autorizado pela autoridade competente, em especial o de árvores que se encontram em processo de extinção, como é o caso da araucária, no Estado do Paraná. Contudo, não são apenas as que se encontram em situação de risco que recebem a atenção da fiscalização.

A proteção do meio ambiente é competência comum da União, dos estados, do Distrito Federal e dos municípios (art. 23, VI e VII). Porém, no meio urbano, o município deve atuar com maior ênfase, uma vez que dispõe de instrumentos mais ágeis e eficazes para combater a degradação ambiental.

As árvores que colocam em risco a segurança das pessoas também são objetos dessa fiscalização. Quanto aos animais que podem afetar a vida urbana, são inúmeros, como insetos (moscas, mosquitos, formigas, cupins, lagartos etc.) e animais silvestres, como ratos, cobras e morcegos. Além disso, há muitas doenças que podem ser transmitidas por animais domésticos, tais como cães, gatos, aves, porcos, cavalos e outros.

A proteção do meio ambiente é competência comum da União, dos estados, do Distrito Federal e dos municípios (art. 23, VI e VII). Porém, no meio urbano, o município deve atuar com maior ênfase, uma vez que dispõe de instrumentos mais ágeis e eficazes para combater a degradação ambiental.

O município, por intermédio de sua legislação e de sua polícia ambiental, deve procurar manter o ambiente ecologicamente equilibrado e atuar com maior ênfase para preservá-lo para as atuais e futuras gerações, já que isso é fundamental para a qualidade de vida da população. Nesse sentido, ele deve atuar na racionalização do uso do solo, da água e do ar, por meio do controle e da fiscalização dos recursos naturais.

A polícia ambiental, ao fiscalizar as águas (fontes, cursos, córregos, rios e águas pluviais), pretende mantê-las em condições de utilização de acordo com sua destinação. Para isso, ela deve combater todas as formas de poluição das águas superficiais, bem como exigir dos concessionários de serviços públicos, quando não os explorar diretamente, a adoção de normas de potabilidade para as águas de consumo humano e animal.

Logo, é dever do município, em seus limites territoriais, fiscalizar as águas destinadas ao abastecimento residencial, comercial e industrial, bem como as do abastecimento de piscinas, de irrigação e outras que possam causar danos à saúde da população.

Além disso, a polícia de meio ambiente atua nos velórios e sepultamentos dos cadáveres humanos. Sabe-se que muitas doenças podem ser transmitidas por corpos em decomposição, e as condições das capelas mortuárias, dos cemitérios – públicos ou particulares – e dos necrotérios são objeto de normas e fiscalização. Nessas situações, a inumação (enterro) ou cremação dos cadáveres deve ocorrer depois de algumas horas, e a *causa mortis* certificada no atestado de óbito deve estar expressa por medida sanitária ou judicial.

Outra preocupação da alçada da polícia de meio ambiente é com os casos de epidemia ou calamidade pública, quando há a possibilidade de a contaminação atingir um grande número de pessoas e fugir do controle das autoridades, causando inúmeras mortes.

Compõe também o poder de polícia ambiental a polícia de limpeza pública. Essa abrange não apenas a limpeza dos logradouros públicos (ruas, avenidas, praças, largos, travessas etc.), mas também a coleta, o depósito ou a incineração dos resíduos sólidos de um modo geral. Nesse contexto, deve haver um cuidado especial com o lixo médico-hospitalar, que, pelo seu alto poder contaminante, precisa ter uma coleta seletiva, ou seja, deve ser separado do lixo comum doméstico. A coleta, o transporte, o tratamento e a disposição final do lixo urbano precisam ocorrer em condições que não tragam malefícios ou inconvenientes à saúde, ao bem-estar público ou ao meio ambiente.

A legislação municipal deve proibir que a disposição do lixo, comum ou hospitalar, seja efetuada em locais inapropriados, bem como impedir a incineração e a disposição final a céu aberto e o lançamento em água de superfície ou em sistemas de drenagem de águas pluviais, poços, cacimba e áreas sujeitas à erosão. Outra preocupação deve ser em relação às substâncias, aos produtos ou aos objetos ou resíduos potencialmente perigosos (tóxicos) para o meio ambiente, que devem ser depositados em locais apropriados, uma vez que seus efeitos podem durar décadas e até séculos.

Polícia de costumes

Zelar pela ética e pelos bons costumes, reprimindo as ações maléficas, as perversões e os vícios que podem afetar a moral pública é função da polícia de costumes.

Nesse âmbito, apenas os vícios que atingem a coletividade é que devem ser combatidos, uma vez que ferem o sentimento público. Para Cretella Júnior (1975, p. 221), a ação do poder de polícia de costumes deve ocorrer quando "o ato humano se exterioriza, se transitiva e, pelas características de que se reveste, ofende o sentimento ético geral, coletivo, cabe a imediata intervenção policial, para que o vício não enfraqueça, nem física nem espiritualmente o corpo social".

A atuação da polícia de costumes se faz sentir no combate à prática de jogos ilícitos (considerados de azar) e sorteios, bem como na fiscalização de estabelecimentos onde se praticam lenocínio, prostituição, perversões sexuais e consumo de drogas, como em clubes, sociedades, cabarés e boates que estejam corrompendo a sociedade, principalmente os menores de idade.

Nessas situações, a municipalidade pode negar alvará de funcionamento, interditar o estabelecimento e multá-lo de acordo com o grau da irregularidade cometida e o que se encontra previsto em lei. Essa área do poder de polícia também abrange os espetáculos públicos: cinematográficos, teatrais, circenses e diversões de um modo geral. Além disso, o Poder Público pode impedir o ingresso de pessoas embriagadas ou vestidas de forma atentatória em ambientes públicos, como igrejas, repartições, escolas, bibliotecas, estádios de futebol, casas de espetáculo, entre outros.

Polícia de trânsito

Tem por objetivo fazer cumprir as normas de trânsito e garantir segurança e tranquilidade aos pedestres e motoristas, coibindo os abusos nas vias públicas. Dentro desse contexto, o Código de Trânsito Brasileiro (CTB)* estabelece o Sistema Nacional de Trânsito, que se constitui num conjunto de órgãos e entidades da União, dos estados, do Distrito Federal e dos municípios e que

✦ ✦ ✦

* CTB: Lei nº 9.503/1997.

tem por finalidade o exercício das atividades de planejamento, administração, normatização, pesquisa, registro e licenciamento de veículos, formação, habilitação e reciclagem de condutores, educação, engenharia, operação do sistema viário, policiamento, fiscalização, julgamento de infrações e de recursos e aplicação de penalidades. (Brasil, 1997a, art. 5°)

♦ ♦ ♦

O valor arrecadado com as multas aplicadas pelos agentes municipais de trânsito vai para os cofres do município.

♦ ♦ ♦

O município pode organizar órgãos e entidades executivos de trânsito e rodoviários no limite de seu território (art. 8°, CTB). Portanto, ele exerce, na sua plenitude, o poder de polícia em sua jurisdição, quando possui o órgão executivo de trânsito. Nesses casos, agentes de trânsito, que podem ser pessoa civil ou policial militar credenciado pela autoridade de trânsito para o exercício das atividades de fiscalização, operação e policiamento ostensivo de trânsito ou patrulhamento, fazem cumprir o Código Brasileiro de Trânsito.

Polícia de comércio

Outra área em que o município deve exercer o poder de polícia diz respeito às ATIVIDADES DE COMÉRCIO. Isso significa fiscalizar, levando em conta as normas urbanísticas, a utilização de calçadas, placas, cartazes e som, bem como a obediência ao horário de funcionamento e de reabastecimento de mercadorias.

Também cabe ao município exercer a fiscalização do COMÉRCIO INFORMAL (vendedores ambulantes), procurando disciplinar as atividades realizadas nas feiras de produtos alimentícios e nas de artesanato, que, normalmente, utilizam logradouros públicos (ruas e praças).

Há, evidentemente, atividades comerciais em que a competência de fiscalização é federal ou estadual, como o comércio de produtos farmacêuticos, de combustíveis e outros. Porém, o município, em muitos casos, mantém convênios com os órgãos federais e estaduais competentes para exercer o poder de polícia nessas atividades, objetivando a segurança e o bem-estar da comunidade.

Quanto à fiscalização de pesos e medidas, o governo federal, pelo Decreto-Lei nº 240/1967 (Brasil, 1967d), regulamentado pelo Decreto nº 62.292/1968 (Brasil, 1968a), deu competência ao Instituto Nacional de Pesos e Medidas (INPM) para a aferição de instrumentos de medir e pesar, conforme podemos conferir nos textos dos respectivos decretos:

> Art. 6º São órgãos integrantes do Sistema Nacional de Metrologia:
>
> I – O Instituto Nacional de Pesos e Medidas funcionará como órgão supremo, como as funções permanentes de supervisão, orientação, coordenação e fiscalização de todo o Sistema, além das funções supletivas de execução, sempre que a seu juízo devam elas ser exercidas, diretamente, pelo órgão central;
>
> II – Os Representantes estaduais ou regionais do INPM, previstos no artigo 3º;
>
> III – Os Institutos Estaduais de Pesos e Medidas ou, nos Estados, em que estes ainda não tenham sido criados, os órgãos metrológicos dos governos estaduais, desde que recebam delegação do INPM;
>
> IV – Os órgãos metrológicos dos governos municipais aos quais o INPM ou, com sua expressa concordância, os órgãos delegados estaduais, concedam autorização para o exercício das Funções metrológicas.

Consequentemente, **municípios e estados têm o poder de exercer atividade metrológica apenas com expressa delegação do INPM**. Isso determinou que ficasse muito reduzida a capacidade do município de atuar nessa área que, tradicionalmente, era de sua competência, já que, desde o período colonial, os almotacés (membros das Câmaras) exerciam essas funções.

Polícia de atividades urbanas

Todas as atividades caracteristicamente urbanas são áreas do controle e da fiscalização por parte da polícia administrativa municipal. Até mesmo as atividades na zona rural estão sujeitas às fiscalizações do município no que diz respeito ao interesse local.

O controle dessas atividades comerciais, industriais, de serviços, lazer, trânsito, transporte, construções, de edificações, entre outras, objetiva manter a ordem no meio urbano por meio do respeito à localização adequada, de acordo com a lei, a higiene e a segurança. A poluição visual provocada por cartazes, placas, letreiros e outros tipos de anúncios que afetem a paisagem urbana também está sob o controle da municipalidade.

4.4 Guarda Municipal

A Constituição de 1988, no capítulo destinado à segurança pública, assegurou aos municípios o direito de constituírem guardas municipais destinadas à proteção de seus bens, serviços e instalações (art. 144, § 8º, CF). Nos últimos 20 anos, centenas de municípios brasileiros criaram suas guardas municipais, que, em função da falência da segurança pública verificada na maior parte dos estados do país, acabaram assumindo, ainda que timidamente, funções de policiamento ostensivo e, em alguns casos, atividades auxiliares de polícia judiciária.

Também muitas guardas municipais possuem, por força de lei municipal, o poder de polícia em atividades urbanas, como a fiscalização do trânsito, do patrimônio natural e cultural urbano, da saúde, da educação, entre outras. A base para essas atribuições de polícia às guardas municipais encontra-se na própria Constituição, quando esta estabelece como função dessas corporações a proteção dos bens, bem como dos serviços e instalações. Nesse contexto, é de entendimento generalizado que esses são serviços prestados pela municipalidade ao contribuinte, sendo, portanto, área de atuação da Guarda Municipal.

Quanto às atividades de segurança pública, estas têm sido frequentemente contestadas, já que, pela Constituição, são atribuições dos estados membros, exercidas por meio das Polícias Civil e Militar. Explica Silva (2005) que o Judiciário tem negado às guardas municipais a capacidade de atuação no policiamento ostensivo e de apuração de infrações penais. Ele lembra que esse

> é o pronunciamento da jurisprudência, segundo a qual as guardas municipais são incompetentes para atos de polícia, considerando irregular a condução por guardas municipais para atuação em flagrante, bem como o auto de prisão em flagrante e daí decorrentes, conforme acórdão da 5ª câmara criminal do TJSP na Ap. 124.767-3/5 (p. 639).

Há também os que, como Carvalho (2007), argumentam, com base no *caput* do art. 144 da Constituição, que "a segurança pública é dever do Estado, direito e responsabilidade de todos". Portanto, é, sim, competência das guardas municipais a atuação como órgão de segurança para "assegurarem a preservação da ordem pública e da incolumidade das pessoas e do patrimônio, [e] o farão amparadas por este dispositivo constitucional".

Esse é um assunto polêmico e, no Congresso Nacional, tramitam vários projetos procurando dar às guardas municipais a função de guardas comunitárias, auxiliando as polícias no combate à criminalidade.

Síntese

Ao abordarmos a Administração Pública sob o prisma da legislação e de seus aspectos sociais, a nossa preocupação foi esclarecer os aspectos concernentes à operacionalização desse processo. Você deve ter percebido que detalhamos o seu âmbito de ingerência, bem como a sua conformidade aos parâmetros adotados tanto pela Administração estadual, quanto pela federal. Realizada essa explanação ampla sobre os princípios legais que legitimam a Administração Pública, incluímos no estudo o contexto, a finalidade e as vias de operacionalização, ou seja, os órgãos de Administração direta e indireta. Outro aspecto importante que consideramos no âmbito da Administração municipal foi o seu poder de polícia e a criação das guardas municipais, cuja implantação já é uma realidade e representa um passo importante para o atendimento a uma questão básica que hoje é motivo de enorme preocupação, a SEGURANÇA DO CIDADÃO.

Questões para revisão

1. Nos anos 1970 houve uma série de reformas na Administração Pública de vários países, coincidindo com a política neoliberal por eles adotada, que tinha inspiração nas técnicas de gestão particular. Qual o objetivo de tais reformas?
2. Como você viu neste estudo, as organizações sociais, segundo definição legal, são pessoas jurídicas privadas, sem fins lucrativos, cujas atividades são dirigidas ao ensino, à pesquisa científica, ao desenvolvimento tecnológico, à proteção, à preservação do meio ambiente, à cultura e à saúde. Quais são a lei e o artigo que definem essas condições das organizações sociais?
3. As Oscips constituem-se como pessoas jurídicas de direito privado, criadas na forma de associações, sem fins lucrativos e que

adquirem essa condição ao serem registradas no Ministério da Justiça, obedecendo às normas da legislação em vigor (Lei nº 9.790/1999). Mas quais os objetivos que elas devem ter para conseguirem ser assim categorizadas?

4. Qual texto de lei traz a definição legal do que seja poder de polícia e o que ele estabelece?

5. Vimos que, nos últimos 20 anos, centenas de municípios brasileiros criaram suas guardas municipais e que estas acabaram assumindo, ainda que timidamente, funções de policiamento ostensivo e, em alguns casos, atividades auxiliares de polícia judiciária, em função da falência da segurança pública verificada na maior parte dos estados brasileiros. Você poderia identificar onde está a base legal para os municípios constituírem suas guardas municipais?

Parte 2
A política urbana

capítulo cinco

A questão urbana

Conteúdos do capítulo:

- O fenômeno urbano e sua evolução;
- As concepções de *urbano* e *cidade* sob o enfoque multidisciplinar;
- As origens e a organização dos municípios brasileiros;
- A observância de processos de metropolização em municípios brasileiros;
- As funções sociais da cidade.

Após a leitura deste capítulo, você será capaz de:

1. conceituar o fenômeno urbano;
2. fazer a interligação histórica entre as concepções de *urbano* e de *cidade*;
3. traçar a linha do processo evolutivo da organização municipal no Brasil;
4. identificar os fatores de metropolização de uma determinada região;
5. caracterizar as funções sociais da cidade e seus vários âmbitos de abrangência.

Quando pensamos em urbanização, vários são os questionamentos que se instauram: **O que é fenômeno urbano? Quando ele surgiu? Quais as consequências da transformação do meio ambiente natural em meio ambiente construído ou artificial? O que fazer para que os efeitos da urbanização afetem o mínimo possível o equilíbrio natural do planeta?**

Na busca por uma elucidação desse fato – o FENÔMENO URBANO –, que é crucial para a sobrevivência e para as relações da humanidade do século XXI, se olharmos para o passado, para o princípio, é possível nos socorrermos de estudos e teorias diversas. Então, recorremos aqui à concepção das origens do universo sob a visão da teoria hegemônica do BIG BANG, a qual afirma que tudo começou com uma grande explosão, há cerca de 14 bilhões de anos (Schroeder, 1997). Após aquela singularidade inicial, à medida que o tempo foi passando, foram surgindo as galáxias, as estrelas, os planetas e os outros astros. Enfim, o Universo adquiriu a conformação atual. Numa das extremidades da galáxia denominada de *Via Láctea*, o acúmulo de gases e poeira cósmica uniu-se, formando o sistema solar. Neste, por sua vez, estava inserida a Terra, o berço da humanidade, onde se calcula que, há 3 bilhões de anos, surgiu a vida microscópica (Silk, 1988).

> **O que significa *hegemônica*?**
> *Hegemônica*: adjetivo que agrega ao significado do termo a que ele se refere ou a condição de supremacia, de eixo diretivo, ou a de predominância de algo, de alguém, de opinião, de ideia, de conhecimento ou de poder. Aqui, a palavra refere-se à teoria de que o Universo teria surgido de uma grande explosão (Big Bang). Essa concepção tem predominado sobre as demais suposições e estudos, embora haja divergências a respeito do assunto.
> Localizados em um pontinho da Via Láctea, percebemos, ao olharmos através da lente das pesquisas científicas nas

mais variadas áreas do conhecimento, que a evolução no planeta é um processo contínuo. Há 500 milhões de anos, surgiu o ancestral mais antigo do homem moderno, o acanturídeo, uma espécie de peixe primitivo, vermiforme, cego, com pequenos traços de uma cartilagem vertebral. Já os vegetais começaram a desenvolver-se há 450 milhões de anos, e os anfíbios, há cerca de 350 milhões de anos. Os dinossauros dominaram o planeta por mais de 150 milhões de anos, desde que surgiram, há 245 milhões de anos, e desapareceram há cerca de 65 milhões de anos. Com a extinção deles, começou a evolução dos mamíferos, entre eles, um pequeno animal conhecido como *társio**, do qual todos os demais descendem

Ainda encontramos alguma espécie das ordens dos ornitisquianos e dos saurisquianos, às quais pertenciam os dinossauros?

Durante o Mesozoico, os dinossauros habitaram a Terra, sendo *dinossauro* um "designativo a diversos répteis diapsidas extintos, bípedes ou quadrúpedes". Atualmente não é mais possível encontrarmos dinossauros, mas os sáurios, uma "sub-ordem de répteis escamados, que compreende os lagartos, com cerca de 3.700 espécies [...]", ainda habitam regiões tropicais e temperadas da Terra (Houaiss; Villar; Franco, 2001).

✦ ✦ ✦

* *Társio*: "designativo comum aos primatas prossímios do gên. *Tarsius*, da família dos tarsídeos, noturnos, arborícolas e insetívoros, encontrados na Indonésia, Malásia e Filipinas; com corpo de até 16 cm de comprimento, cauda muito longa e fina, praticamente sem pelos, olhos muito grandes e membros posteriores alongados, esp. os tarsos" (Houaiss; Villar; Franco, 2001).

A paleontologia contribui com essa procura pelo entendimento de nossas origens ao revelar restos fossilizados dos mais antigos antepassados da raça humana, como os que foram encontrados no continente africano e que viveram há aproximadamente 4 milhões de anos. Entre eles estava "Lucy" (com 3,2 milhões de anos), classificada como *Australopithecus afarencis*, que, segundo estudos, já andava sobre duas pernas, tendo sido utilizada como prova para confirmar as teorias evolucionistas. Nesse contexto, se considerarmos a evolução do homem na fase de humanização, desde quando ele passou a apresentar o porte ereto até o uso do fogo, acredita-se que tenham ocorrido aproximadamente 600 mil gerações. O *Homo sapiens* moderno é muito mais recente, pois surgiu há 190 mil anos (Wendt, 1965).

Nesse processo, assim como houve a evolução da vida no planeta, ocorreu também, nos últimos dez milênios, um amplo processo de evolução e modificação do ambiente construído. A vida social do gênero *Homo*, que começou nas árvores, passou para o convívio nas cavernas e, posteriormente, transformou e modificou o ambiente natural, revela-se também no processo de desenvolvimento do que hoje se denomina *urbano*. Este, por sua vez, surgiu primeiro como tosco acampamento, depois se transformou na aldeia, na fortaleza, na cidade, até se transformar nas metrópoles dos últimos séculos, com milhões de habitantes e construídas com pedra, cimento e aço.

O fato é que, no momento em que o homem tornou-se gregário e dominou alguns vegetais e animais, a civilização teve um grande impulso. A luta que a espécie humana travou durante a sua evolução para conquistar o planeta e cumprir a ordem divina de dominar, conforme o *Gênesis* (Bíblia, 1979b, 1:28), "sobre os peixes do mar, sobre as aves do céu, e todo animal que rasteja sobre a terra", foi efetivada.

◆ Numa das mais antigas obras da cultura ocidental, a Bíblia, no livro do *Gênesis* – narrativa da epopeia humana, hebraico-cristã – encontramos o relato que diz ter sido Caim quem construiu a primeira cidade, chamando-a de *Enoque* (nome de seu filho). ◆

O surgimento da escrita*, há cerca de 5 mil anos, foi um marco fundamental nessa trajetória, e foi a partir do período Clássico Greco-Romano que a urbanização começou a tornar-se um fenômeno global, acentuado nas cinco últimas décadas do século XX, quando mais de 50% da população mundial passou a viver nas cidades.

A importância das cidades na história dos povos pode ser constatada em vários registros que resistiram ao tempo. Numa das mais antigas obras da cultura ocidental, a Bíblia, no livro do *Gênesis* – narrativa da epopeia humana, hebraico-cristã – encontramos o relato que diz ter sido Caim quem construiu a primeira cidade, chamando-a de *Enoque* (nome de seu filho). Ainda no livro sagrado dos cristãos, João (apóstolo de Jesus) descreve, no *Apocalipse* (Bíblia, 1979a, 21:20), aquela que será a última grande cidade, Santa Jerusalém, que descerá dos céus.

Por razões religiosas, na Antiguidade, as cidades se mantiveram independentes umas das outras, raramente formando um Estado unificado. Foi assim com os gregos, os latinos, os etruscos e também com as tribos semíticas. Dessa maneira, o deus de uma cidade era inacessível aos habitantes de outra, que, por sua vez, possuía os seus próprios deuses.

✦ ✦ ✦

Assim, compreende-se que "cidade e urbe não foram palavras sinônimas no mundo antigo. A cidade era a associação religiosa e política das famílias e tribos; a urbe, o lugar de reunião, o domicílio e, sobretudo, o santuário desta sociedade" (Coulanges, 1957, p. 197-198).

✦ ✦ ✦

✦ ✦ ✦

* O período histórico conhecido como *Idade Antiga* (ou *Antiguidade*) teve início com o surgimento da escrita e encerrou-se com a queda do Império Romano.

5.1 O fenômeno urbano

Sobre o fenômeno urbano, Mumford (1965, p. 13) afirma que, "antes da cidade, houve a pequena povoação, o santuário e a aldeia; antes da aldeia, o acampamento, o esconderijo, a caverna, o montão de pedras; e antes de tudo isso, houve certa disposição para a vida social que o homem compartilha, evidentemente, com diversas outras espécies animais". Aliás, a predisposição do homem para viver em sociedade foi o fator que permitiu que ele sobrevivesse no mundo hostil, disputando o mesmo território com outros animais e com os fenômenos incontroláveis da natureza.

Ao longo desse processo, muitas civilizações floresceram e desapareceram. Cada uma delas desenvolveu o seu próprio modelo urbano. Nas CIVILIZAÇÕES ORIENTAIS (China, Índia, Japão), o traçado da cidade era geométrico; as CIVILIZAÇÕES AMERICANAS (incas, maias e astecas) adaptavam suas povoações ao relevo, enquanto, na MESOPOTÂMIA, chegava-se a controlar o microclima das cidades.

No EGITO, o espaço urbano tinha escala metafísica, por estar voltado aos deuses, e lá se desenvolveu um sistema viário com hierarquia das ruas. Já os GREGOS adotaram o traçado urbano que ficou conhecido como *tabuleiro de xadrez*, enquanto ROMA, nos áureos tempos, chegou a ter um milhão de habitantes e contava com um sistema de abastecimento de água – os aquedutos – e de recolhimento do esgoto.

Na Idade Média, houve uma espécie de desurbanização na Europa causada pelas invasões

◆ Podemos dizer que a cidade transformou o homem ou, então, que o homem foi se transformando à medida que foi edificando o ambiente urbano. Antes de ser um espaço físico, o urbano é um espaço social, é o ambiente em que vivem seres humanos com suas necessidades, sonhos e projetos de vida. ◆

bárbaras. Naquele período, as cidades situavam-se no entorno dos castelos, cujos traçados eram irregulares, e as ruas, estreitas, numa espécie de desagregação ambiental. Porém, na Idade Moderna, que teve início por volta da metade do século XVIII, surgiram novamente as cidades com traçados regulares, modelo que ficou conhecido como *cidade estrela*, com ruas radiais. Nessa época, com a Revolução Industrial, apareceram vários estilos arquitetônicos, entre eles o BARROCO (cujas habitações voltavam-se para as ruas) os inspirados no ROMANTISMO e até mesmo o que é conhecido como *cidade orgânica*.

Mas até onde onde vai a urbanização? Ninguém sabe. No entanto, à medida que o homem foi modificando o ambiente natural, também adquiriu consciência de que, para sua sobrevivência, é necessário preservá-lo e mantê-lo em equilíbrio.

Podemos dizer que a cidade transformou o homem ou, então, que o homem foi se transformando à medida que foi edificando o ambiente urbano. Antes de ser um espaço físico, o urbano é um espaço social, é o ambiente em que vivem seres humanos com suas necessidades, sonhos e projetos de vida.

O urbano caracteriza-se por ser um ambiente modificado, alterado, construído, que, muitas vezes, faz esquecer o ambiente natural, no qual, por milhões de anos, a espécie humana permaneceu até chegar à civilização.

Nesse processo, são conhecidos o fenômeno das megalópoles, a formação de periferias, o caos urbano, a degradação do meio ambiente, a insegurança e os traçados diversificados e polinucleares das cidades

Questões para reflexão

Nesse contexto de transformações, você consegue imaginar as cidades do futuro? Seria possível imaginar uma cidade verticalizada, submarina e até subterrânea? Em vista de todas essas possibilidades, questiona-se o futuro da civilização. O que você pode observar é que, independentemente de qual seja a resposta a essa questão, a cidade, de uma forma ou de outra, esteja onde estiver,

> tem um papel importante para o ser humano, que só sobreviveu ao longo dos tempos porque conseguiu unir esforços com os seus semelhantes para vencer todos os desafios. Concluímos, portanto, que a cidade é o resultado da reunião de pessoas. Assim, podemos dizer que cidade é gente. **Você concorda com isso ou tem outro parecer?**

Podemos observar, então, que as perguntas feitas no início desta abordagem, bem como outras que surgirão (como acontece no cotidiano da urbe), preocupam todos aqueles que refletem sobre esse recente fenômeno histórico que é a urbanização. Entender como ele ocorre e caracterizar suas particularidades no Brasil não só pressupõe uma abordagem histórica e conceitual, mas também **requer que se tenha a compreensão do papel do município – definido, em nosso país, na Constituição Federal e nas leis infraconstitucionais –, bem como da realidade regional em que ele se insere**. Por outro lado, atualmente não é mais possível fazer uma definição clássica do ambiente urbano como contraposição ao ambiente rural, como se fazia no passado. Isso porque, nas nações mais desenvolvidas, praticamente tudo o que há em termos de conforto no meio urbano também é encontrado no campo.

5.2 Cidade e urbanidade: apontamentos conceituais

O termo *cidade* vem do latim *civitas*, que deu origem a palavras como *cidadania, cidadão, civismo*, entre outras. Também de origem latina é a palavra *urbe*, que gerou outros termos relacionados à vida em coletividade, como *urbanismo, urbano* e *urbanidade*, e, atualmente, é compreendida como sinônimo de *cidade*. Unindo esses significados ao termo grego *polis*, que significa "cidade autônoma e soberana, cujo quadro institucional é caracterizado por uma ou várias magistraturas, por um conselho e uma assembleia de cidadãos (*politai*)" (Bonini, 1983, p. 949), temos a origem dos termos que definem a CIDADE-ESTADO como independente, civil, pública, ou seja, o local onde acontece o comércio, o ambiente político, o exercício da cidadania e a vida cívica.

Apesar dessas definições fundamentadas na etimologia, fica, ainda, o questionamento a respeito de como a cidade pode ser conceituada, entendida e definida em sua especificidade ou, ainda, quais as características que a diferenciam do ambiente rural.

Na tentativa de esclarecer essas questões, vários estudiosos, ao longo da história, desenvolveram seus conceitos de cidade e de urbanidade. Weber (1987) conceitua a cidade tomando por base seu aspecto material, ou seja, a partir do que ele chama de *estabelecimento compacto de prédios próximos uns dos outros*. Sob a ótica econômica, o pensador alemão argumenta que, na cidade, a maior parte dos habitantes vive da indústria e do comércio, e não da agricultura. Ele também acrescenta ao conceito de cidade outra característica, que é a multiplicidade de atividades nela exercidas pelas pessoas. Estabelece, ainda, o domínio de um determinado terreno – como a especialização da indústria – para atender às necessidades políticas e econômicas da população que habita a cidade.

Quando trata da ORIGEM DAS CIDADES, Weber destaca a vontade do príncipe e dos comerciantes (a estes denomina também *piratas colonizadores*), que se dedicavam às atividades comerciais. Além disso, aponta algumas características da comunidade urbana, tendo sido elas, primeiramente, a fortaleza, posteriormente, o mercado, o tribunal, o direito e o caráter associativo e, por fim, uma certa autonomia administrativa.

Com base nesses comentários de Weber, Reis Filho, citado por Silva (2000, p. 24), propõe alguns requisitos determinantes para se conceituar cidade. Segundo ele, para ser considerada como tal, uma dada localidade precisa apresentar várias condições:

- possuir uma densidade demográfica específica;
- nela devem ser desenvolvidas profissões urbanas, como o comércio e a manufatura, com suficiente diversificação;
- oferecer economia urbana permanente, a qual, por sua vez, deve apresentar relações especiais com o meio rural;
- evidenciar a existência de uma camada urbana em que exista produção, consumo e direitos próprios.

Beaujeu-Garnier (1977) descreve a cidade a partir do PONTO DE VISTA GEOGRÁFICO e esclarece que essa visão tem sofrido modificações. Além disso, ela destaca que o geógrafo percebe a cidade pelo modo particular de ocupação do solo e, também, pelo fato de grupos de indivíduos se reunirem em um espaço mais ou menos vasto, porém muito denso, onde vivem e produzem.

A autora também indica o estado ou as condições em que a cidade pode se encontrar, isto é, ESTAGNADA, DETERIORADA, VIBRANTE ou em FRANCO PROGRESSO, constituindo-se, portanto, em um ambiente de relações e fluxos de toda natureza. Ela conclui que, "em diversos graus e sob várias formas, a cidade é o elemento fundamental da organização do espaço" (p. 7).

A conceituação elaborada por Beaujeu-Garnier, embora sob a ótica da geografia, não quer dizer que a cidade se limite ao espaço físico, já que a estudiosa **identifica as funções de objeto e sujeito e, por meio destas, explica a urbe**.

Na condição de OBJETO, a cidade, que existe de fato, podendo ser observada materialmente, "atrai e acolhe habitantes aos quais fornece, através da sua produção própria, do seu comércio e dos seus diversos equipamentos, a maior parte de tudo o que eles necessitam: é o lugar onde os contatos de toda a natureza são favorecidos e os resultados maximizados". No entanto, **a real função de objeto ocorre por meio da função de sujeito**, que proporciona a intervenção no ambiente urbano e, pouco a pouco, vai transformando os seus habitantes. Além disso, a cidade desempenha um papel importante, tanto nas atividades internas que a constituem como nas periféricas, uma vez que aí se pautam as exigências de alimentação, de matérias-primas, de comércio, entre outras. Assim é que a autora sentencia que, "se o homem utiliza e molda a cidade, a recíproca também é igualmente verdadeira" (Beaujeu-Garnier, 1977, p. 11).

Portanto, para aqueles que veem a cidade sob a ótica da geografia urbana, a primeira constatação é a de que o espaço, embora natural, agora é construído e, por conseguinte, artificial, visto que conta com a participação humana em sua montagem. Sob esse aspecto, podemos dizer que o meio urbano é uma CONSTRUÇÃO SOCIAL, o produto de muitas mãos e, até mesmo, de muitas gerações.

Ao agregar o papel do humano a esse conceito, concordamos com Carlos (1994, p. 160), quando diz que, nesse sentido, "a noção de cidade evolui", pois, sob essa ótica, a cidade deve ser observada como o local de produção, de reprodução da força de trabalho e do relacionamento que existe entre o local e a representação dessas relações. Tal articulação possibilita o "pensar-aprender a dimensão do homem e do humano, ligando as várias dimensões da cidade". Desse modo, de organismo funcional ela passa a ser entendida a partir da ideia de trabalho materializado, como elemento de uma totalidade espacial, marcando o limite entre a cidade e o urbano.

Outras definições que foram elaboradas ao longo da história apontam que a qualificação de *cidade* envolve a sua funcionalidade – a atividade econômica dominante, contexto em que estão incluídos desde os centros de produção e comércio até as capitais políticas, as cidades balneárias e as diversificadas.

Nas **cidades que são centros de produção**, esta pode ser PRIMÁRIA, baseada na indústria extrativa, ou SECUNDÁRIA, com base na transformação de matérias-primas em produtos acabados. Além disso, elas podem possuir também as DUAS FORMAS DE PRODUÇÃO (primária e secundária).

De um modo geral, todas as cidades possuem comércio, porém este nem sempre se constitui na atividade principal. Algumas cidades são entrepostos regionais, nacionais e até mundiais de comércio. Da mesma forma, elas podem ser centros culturais, voltadas para as áreas educacional, religiosa, histórica, de turismo ou de lazer. As capitais políticas, por sua vez, podem ser regionais ou nacionais e são facilmente identificáveis.

A esse respeito, **Lefebvre (2001, p. 104) declara que a ideia de que a cidade possui vida própria e independente nasceu com a divisão do trabalho em suas várias modalidades.** Nessa mesma perspectiva, surgiu a concepção de que a cidade é o objeto do que se denominou *ciência da cidade*. Esta, no entanto, não consegue chegar a uma síntese, uma vez que o conhecimento buscado depara-se com a cidade histórica já modificada.

Já Mariani (1986, p. 25) classifica as cidades em LIBERAIS e ESTATAIS e, entre essas posições, o autor situa as cidades INTERMEDIÁRIAS, aquelas imaginadas pelos utópicos e pelos socialistas. Logo, nessa concepção, a cidade liberal enquadra-se, quando dos "confrontos do desenvolvimento urbano", em uma situação em que participa como um dos elementos essenciais e dinamizadores da nova prática industrial. Já a outra, a cidade estatal, procura limitar ou impedir o seu próprio crescimento, considerando tal intento como um ato revolucionário ou subversivo.

Observamos, nessa perspectiva, a interferência de fatores ideológicos, uma vez que, embora não devidamente analisada pela ideologia socialista, como ocorre pela cultura liberal, a cidade é vista por aqueles como uma possibilidade da prática revolucionária, devido à concentração urbana, sendo que, nesse sentido, os conceitos de *cidade* e de *urbano* se entrelaçam, ainda que guardem algumas diferenças significativas.

Gist e Halbert (1961) qualificam as cidades de acordo com características ou atributos que lhes são peculiares. Por essa razão, não procuram definir um conceito, mas, sim, entendê-las a partir de características semelhantes entre elas. Segundo essa perspectiva, o fator determinante para o local ser classificado como cidade é o seu número de habitantes, isso porque, pela quantidade de moradores, se faz a distinção entre o que seja URBANO e o que se define como RURAL.

> Por exemplo: no Japão, urbano é o lugar que possui mais de 30 mil habitantes. Na Índia, para que um lugar seja considerado cidade, deve possuir mais de 100 mil habitantes. México, Venezuela e Estados Unidos da América consideram cidades aquelas com população acima de 2.500 habitantes. Na Itália, um lugar é identificado como urbano quando menos da metade da população trabalha na agricultura. Suécia, Polônia e Romênia estabelecem que é cidade a localidade em que existe uma administração urbana. Já na Hungria, nosso último exemplo, a cidade é definida por lei, quando esta a qualifica administrativamente.

Essas informações demonstram claramente que cada país determina o que sejam cidade e ambiente urbano de acordo com critérios próprios.

Exemplo disso é o pensamento de Castells (1983), que, tomando como base a sociologia contemporânea, **sugere sentidos diferenciados para a palavra *urbanização*.** O primeiro diz respeito à congregação de uma população (agrupamento) em determinada área, compactada justamente pelo grande volume populacional; o outro corresponde à propagação de um conjunto de crenças e preceitos éticos, morais ou ideológicos expressos em atitudes e comportamentos habituais que se inserem no que se convencionou chamar de *cultura urbana*. Para o autor, *urbano* designaria "uma forma especial de ocupação do espaço por uma população, a saber, o aglomerado resultante de uma forte concentração e de uma densidade relativamente alta, tendo como correlato previsível uma diferenciação funcional e social maior" (p. 16-17).

No Brasil, são as leis municipais que determinam o que compreende o perímetro urbano, e este, geralmente, é definido como a sede do município, mas pode também abranger distritos municipais.

Esse princípio de definir no que se constitui o espaço urbano municipal foi instituído pelo Decreto-Lei nº 311, de 2 de março de 1938. Segundo Gonçalves (1996, p. 46), "Cidade não é apenas a sede do município, a sede do governo municipal, mas todo complexo demográfico urbano e social e economicamente expressivo, com grande concentração populacional".

O modelo de cidade moderna (resultado do Congresso Internacional de Arquitetura Moderna – Ciam), sob a ótica do planejamento e da funcionalidade, compõe-se de espaços bem definidos para habitação, trabalho, lazer e circulação.

Esse pensamento remete à noção de cidade elaborada por Le Corbousier (1971), para quem a cidade responde às funções da vida, isto é, de "habitar, trabalhar, cultivar o corpo e o espírito, aos quais um objetivo elevado, conquanto acessível, possa ser atribuído: a alegria de viver" (p. 53).

A cidade pós-moderna contrapõe-se à moderna, porque assume formas opostas a esta última: não é mais um conglomerado de espaços e funções, mas, sim, uma cidade fragmentada em pedaços, cujas funções estão esparramadas na mancha urbana, agregando-se umas às outras num aparente caos de estilos e atividades.

Já a cidade pós-moderna contrapõe-se à moderna, porque assume formas opostas a esta última: não é mais um conglomerado de espaços e funções, mas, sim, uma cidade fragmentada, em pedaços, cujas funções estão esparramadas na mancha urbana, agregando-se umas às outras num aparente caos de estilos e atividades.

Dessa forma, a cidade pós-moderna volta a apresentar uma situação similar à que exibia no início da Era Industrial. Nesse âmbito, Harvey (1992, p. 69) compreende que o conceito de cidade da pós-modernidade engloba um pouco de tudo, pois "o pós-modernismo cultiva [...] um conceito de tecido urbano como algo necessariamente fragmentado, um palimpsesto de formas passadas superpostas umas às outras e uma 'colagem' de usos correntes, muitos dos quais podem ser efêmeros". Por essa razão, o pensador acredita que a metrópole só pode ser comandada "aos pedaços", visto que o projeto urbano gera "formas arquitetônicas especializadas e até sob medida, que podem variar dos espaços íntimos e personalizados ao esplendor do espetáculo, passado pela monumentalidade tradicional" (p. 69).

Isso ocorre porque o pós-modernista "antes projeta do que planeja" e coloca o seu foco nas "tradições vernáculas", nas histórias de determinada região e nos anseios, necessidades e aspirações imaginárias individuais (Harvey, 1992, p. 69).

A esse respeito, Sênior, citado por Beaujeu-Garnier (1977, p. 8), declara que "o urbano e o não urbano já não apresentam diferenças significativas". Ela ainda justifica essa visão, uma vez que tanto um como outro apresentam um progresso inovador radical nas comunicações e nos transportes, sofrem impacto generalizado da educação e da cultura das massas, bem como se beneficiam do processo de industrialização, que acontece em todas as áreas de atuação, inclusive na agricultura.

♦ ♦ ♦

> Portanto, o mundo pode ser visto como uma grande cidade, uma vez que os elementos que, anteriormente, identificavam as zonas urbanas encontram-se disponíveis também nas zonas rurais, isso não apenas nos países considerados desenvolvidos, mas já em escala global.

♦ ♦ ♦

Essa situação ocorre porque a economia globalizada e a agroindústria exigem que a zona rural, para se tornar competitiva, disponha de energia elétrica, saneamento, vias pavimentadas, telefone, internet, acesso aos meios de comunicação (rádio, televisão etc.), enfim, tudo aquilo que há algumas décadas só encontrávamos no meio urbano.

Assim, a cidade é um lugar de infinitas trocas (materiais e espirituais), que podemos caracterizar como "uma escola permanente, um espaço único para homens diferentes", pois, como afirma Auzelle (1972, p. 8-9), "a cidade é arquivo de pedra. Memória, ao mesmo tempo que projeto. Espaço temporal". Dessa forma, o referido autor conclui, de forma apoteótica, que a cidade "é a mãe da História".

> **PARA SABER MAIS**
>
> No que se refere ao espaço urbano sob o prisma do direito, uma leitura interessante para ampliar seus conhecimentos é a obra de Edésio Fernandes e Betânia Alfonsin – *Coletânea de legislação urbanística*.
>
> FERNANDES, E.; ALFONSIN, B. (Coord.). *Coletânea de legislação urbanística*. Belo Horizonte: Fórum, 2010.

5.3 A região metropolitana

Emergindo de todas essas concepções e tentativas de definição do que seja uma cidade pelas mais variadas óticas, ao mesmo tempo perseguimos uma resposta para a pergunta fundamental que aqui se faz notar: O QUE É O FENÔMENO URBANO? A essa questão ainda acrescentamos a interrogação de Lefebvre (1999, p. 156): SERIA ELE "O FENÔMENO SOCIAL TOTAL TÃO PROCURADO PELOS SOCIÓLOGOS?[*]"

✦ ✦ ✦

Assim, na tentativa de elucidar essas questões, vamos ampliar o nosso campo de estudo para o espaço da região metropolitana.

✦ ✦ ✦

✦ ✦ ✦

* De forma ambígua, Lefebvre (1999, p. 156) afirma que, sim, "no sentido em que o urbano caminha para uma totalidade sem jamais atingi-la, em que ele se revela o totalizador por essência (a centralidade), sem que esta totalidade se efetue jamais. Sim, no sentido de que nenhum saber parcelar, o esgota; ele é, ao mesmo tempo, histórico, demográfico, geográfico, econômico, sociológico, psicológico, semiológico etc. Ele é isso e ainda outra (coisa ou não coisa!), por exemplo, forma. Isto é, vazio, que exige, porém, um conteúdo: evocação do conteúdo".

Nesse propósito, destacamos os estudos do Instituto de Pesquisas Aplicadas (Ipea), do Instituto Brasileiro de Geografia e Estatística (IBGE) e também da Universidade Estadual de Campinas (Unicamp), os quais procuraram CONCEITUAR AS AGLOMERAÇÕES URBANAS TOMANDO POR BASE A COMPLEXIDADE DAS ATIVIDADES E DA CONCENTRAÇÃO POPULACIONAL, uma vez que consideraram que

> As aglomerações urbanas podem ser identificadas nos seus mais diferentes estágios em consonância com a escala que o processo de urbanização assume em determinado local. Em sua manifestação mais completa, as aglomerações urbanas atingem a dimensão metropolitana, constituindo nós de diferentes tipos de redes, apresentando grande complexidade de funções e, principalmente, grande concentração populacional. Podem ser identificadas, também, aglomerações urbanas onde a escala do processo de urbanização não atingiu o nível metropolitano, podendo ser até o mesmo local em função do sítio geográfico, a exemplo das aglomerações constituídas de dois pequenos centros urbanos separados por um rio, com funções complementares, englobando em seu conjunto população total pouco significativa no quadro nacional. (Ipea; IBGE; Unicamp, 2002, p. 47)

Considerando esse cenário, podemos dizer que metrópole é a principal cidade de uma região ou país ou então uma cidade que possui forte atração sobre outras do ponto de vista econômico, da prestação de serviços e do fornecimento de bens.

Uma região metropolitana é uma região conurbada, constituída de uma cidade principal e de outras cidades secundárias, cujas malhas urbanas se entrelaçam.

Nos Estados Unidos, uma cidade, para constituir-se num centro metropolitano, deve possuir, no mínimo, 50 mil habitantes. Já na Alemanha, o número de habitantes que se exige para que uma cidade seja considerada um centro metropolitano cai para 25 mil.

A metrópole também pode ser caracterizada como uma área com denso volume de ocupação territorial, onde a infraestrutura urbana representa condição substancial para o entrosamento e a vivência de seus habitantes. Esta determina as possibilidades de uma vida comunitária intensa, proporcionando a reciprocidade de relações sociais, comerciais, culturais etc. entre os que se encontram circunscritos nos limites da metrópole. Além disso, a agricultura, obviamente, não está entre as atividades importantes ou básicas de tal local (Instituto de Estudios de Administración Local, 1973). A Constituição da República Federativa do Brasil define *região metropolitana* como aquela que se constitui "de agrupamentos de municípios limítrofes", sendo a condição básica para a sua instituição o fato de divisarem uns com os outros e o seu objetivo "integrar a organização, o planejamento e a execução de funções de interesse comum".

Juridicamente, as regiões metropolitanas, as aglomerações urbanas e as microrregiões não possuem autonomia no Brasil, como ocorre com os municípios, embora estes sejam reconhecidos como entes territoriais pela Constituição. Assim, os instrumentos de que elas dispõem para o cumprimento da ordem constitucional de planejamento e execução de funções de interesse comum são os órgãos de coordenação estadual, as autarquias ou as empresas públicas ou, então, os consórcios intermunicipais.

A região metropolitana brasileira "não é uma entidade estatal localizada entre o Estado e o Município", pois "no ordenamento constitucional do país não está previsto um outro nível de poder". Logo, ela ocupa um lugar equivalente ao de "área de serviços especiais" e, portanto, suas funções limitam-se às atividades administrativas (Meirelles, 1993b, p. 75).

Entre os instrumentos da política urbana, o Estatuto da Cidade (art. 4º, I e II) estabelece que devem ser utilizados os "planos nacionais, regionais e estaduais de ordenação do território e de desenvolvimento econômico e social" (Brasil, 2002d). Previstos em lei, é dever dos órgãos federais e estaduais elaborar esses planos, sob os quais os municípios, no planejamento local, devem seguir as orientações ali estabelecidas.

A legislação federal estabelece claramente que os planos devem promover a ordenação territorial com o objetivo de proporcionar o desenvolvimento econômico e social. No mesmo sentido, está previsto o planejamento das regiões metropolitanas, das aglomerações urbanas e das microrregiões. A responsabilidade desse planejamento deve ser de órgãos estaduais que atuem nessas áreas, uma vez que essa é uma atribuição – uma competência estadual – claramente definida na Constituição.

Ao fazer o Plano Diretor, o município inserido numa região metropolitana deve ter uma visão global de todo o espaço urbano, que, muitas vezes, extrapola o seu território. Dessa forma, as funções sociais da cidade, para serem contempladas nesse plano, devem estar conectadas com o planejamento dos demais municípios de seu entorno.

Aos estados compete ainda instituir uma política urbana metropolitana de acordo com a Constituição (art. 25, § 3º), cujo texto diz que cabe "aos Estados, mediante lei complementar, instituir regiões metropolitanas, aglomerações urbanas e microrregiões, constituídas por agrupamentos de municípios limítrofes, para integrar a organização, o planejamento e a execução de funções públicas de interesse comum". Portanto, não é mais a União, como estabeleciam as Constituições de 1967 e 1969* (art. 157, § 10 e art. 164), que possui a incumbência de instituir regiões metropolitanas, mas, sim, os estados membros. Estes, por lei complementar, podem criar regiões metropolitanas e também aglomerações urbanas e microrregiões.

✦ ✦ ✦

* Em 17 de outubro de 1969, a Constituição brasileira então vigente sofreu profundas alterações em decorrência da Emenda Constitucional nº 1, outorgada pela junta militar que assumiu o poder no período em que o Presidente Costa e Silva encontrava-se doente. Essa emenda é também conhecida como *Constituição de 1969*.

Ao fazer o Plano Diretor, o município inserido numa região metropolitana deve ter uma visão global de todo o espaço urbano, que, muitas vezes, extrapola o seu território. Dessa forma, as funções sociais da cidade, para serem contempladas nesse plano, devem estar conectadas com o planejamento dos demais municípios de seu entorno.

Ao cidadão da metrópole não importa muito o organismo estatal que esteja realizando os serviços públicos, o saneamento, a habitação, a saúde, a educação, o lazer etc. Para eles, o fundamental é que esses serviços estejam disponíveis, acessíveis e com qualidade. Essa questão, em particular, independe do arranjo institucional, convênio, consórcio e parceria, desde que sejam cumpridos com princípios, como o da moralidade, da eficiência e da eficácia, e proporcionem o bem-estar para a população.

Aos estados que possuem, portanto, a competência constitucional sobre as regiões metropolitanas cabe a incumbência de constituir os instrumentos de participação e controle da sociedade, por meio de conselhos metropolitanos, para agir em diversas áreas, como saúde, transporte, educação, habitação, bacias hidrográficas, desenvolvimento econômico e social, entre outras.

Essa atuação viabiliza o planejamento integrado nas regiões metropolitanas, o que torna possível o objetivo de fazer com que os recursos públicos sejam mais bem aplicados, evitando-se a sobreposição de funções e o desperdício, muito comuns quando não há uma articulação integrada.

Outro aspecto que deve ser observado diz respeito à obrigatoriedade da participação popular e da sociedade civil organizada nos órgãos gestores das regiões metropolitanas e de aglomerações urbanas, conforme estabelece o art. 45 do Estatuto da Cidade. Além disso, essa participação deve ser significativa, e não apenas simbólica, com a finalidade de garantir o controle direto das atividades exercidas por esses órgãos e, principalmente, o exercício pleno da cidadania.

5.4 Direitos fundamentais e urbanismo

Pensar em exercício pleno da cidadania nos remete aos direitos fundamentais. Além disso, surgem algumas reflexões a respeito da efetivação desse processo:

> - Qual é a função principal do poder público?
> - Para que finalidade os recursos são arrecadados da sociedade, por meio dos tributos?
> - Por que o poder é fragmentado em Executivo, Legislativo e Judiciário?
> - Por que, no caso do Brasil, ele está descentralizado em três níveis: a União, os estados, o Distrito Federal e os municípios?

A resposta para essas perguntas parece simples, embora não seja: essa é a forma republicana de governo adotada pelo Brasil, onde a soberania é do povo, que livre e democraticamente elege seus governantes por um prazo determinado, com a divisão e a descentralização do poder para que haja uma fiscalização recíproca dos poderes e dos entes federados.

Para os que veem o Poder Público sob a ótica da função, o Estado, por meio de sua estrutura administrativa, é o instrumento que materializa os direitos fundamentais dos cidadãos. Portanto, "A administração pública é uma espécie de atividade, caracterizada pela adoção de providências de diversa natureza, visando a satisfação imediata dos direitos fundamentais" (Justen Filho, 2005, p. 90). Assim, é possível dizer que o Poder Público existe para satisfazer esses direitos, ou seja, o direito à vida, à liberdade, à igualdade, à segurança e à propriedade, bem como os sociais, que também são fundamentais, como a educação, a saúde, o trabalho, a previdência, a proteção, entre tantos outros elencados na Constituição.

Alguns direitos podem nem estar atualmente na Constituição, mas isso não significa que não existam. A evolução da sociedade e dos valores sociais faz novos valores emergirem e se consolidarem como direitos fundamentais. Estes, por sua vez, vão se constituir nas "funções sociais da cidade" (conforme será visto mais adiante).

É básico, para a realização dos direitos fundamentais, que a sociedade se constitua em um Estado democrático de direito. Isso significa que há garantias fundamentais que devem ser preservadas aos cidadãos. Além disso, a limitação do arbítrio do poder do Estado deve ser determinada.

❖ ❖ ❖

> No Estado democrático de direito, a lei é a regra que deve ser observada por todos, do presidente da República até o cidadão sem nenhuma renda.

❖ ❖ ❖

No entanto, o Estado social de direito, que se contrapõe ao Estado liberal de direito, pressupõe um sistema de proteção social em que o desamparado estará assistido pelo Poder Público. Essa proteção deve vir por intermédio dos órgãos da União, dos estados membros, do Distrito Federal ou dos municípios. No Estado liberal de direito, é o Estado que determina as regras básicas da convivência social e a garantia dos contratos entre os particulares e o Poder Público, ao passo que o mercado se encarrega de regular a sociedade e de promover a distribuição da riqueza.

Dessa forma, a gestão e o planejamento urbano são instrumentos importantes para a implementação dos direitos fundamentais. Sociedade justa é aquela que garante direitos e deveres iguais a todos os seus cidadãos, independentemente do local em que eles estejam situados, tanto em relação ao espaço urbano como na hierarquia social. Por conseguinte, devem estar disponíveis em

> No Estado liberal de direito, é o Estado que determina as regras básicas da convivência social e a garantia dos contratos entre os particulares e o Poder Público, ao passo que o mercado se encarrega de regular a sociedade e de promover a distribuição da riqueza.

todos os espaços urbanos: infraestrutura básica de saneamento, lazer, equipamentos urbanos e comunitários.

✦ ✦ ✦

Nesse contexto, a cidade pode ser comparada a um corpo, no qual a carência em alguns de seus membros ou órgãos afeta todo o organismo. Essa ótica sistêmica se constitui em um diferencial, pois permite perceber a necessidade de diminuir as desigualdades sociais, começando pela universalização do acesso aos bens que a urbanização oferece.

✦ ✦ ✦

É por meio dessa concepção – cidade/corpo humano – que a favela, por exemplo, pode ser apontada como uma patologia urbana que produz modificações no organismo com alterações de ordem física, social, cultural, informacional, econômica, política e até de direito (Nigro, 2005).

Além disso, ao estabelecermos uma comparação entre o corpo humano e o corpo urbano (cidade), é possível notar que, em ambos os processos (biológico e social), existem situações similares, como a adaptação ao meio, a divisão fisiológica do trabalho, a acumulação de reservas ou, ainda, um conjunto de estruturas mais ou menos permanentes em que se alojam e se relacionam as células ou indivíduos que compõem uma comunidade (Alomar, 1980).

✦ A cidade depende, para manter-se viva e com qualidade de vida, de fatores salutares na constituição de seu meio ou de seu "ecossistema natural e antrópico", ou seja, ela também está sujeita a circunstâncias e aspectos reguladores que são responsáveis por promover e manter a sua condição de equilíbrio. ✦

Sob essa perspectiva, compreendemos que a cidade depende, para manter-se viva e com qualidade de vida, de fatores salutares na constituição de seu meio ou de seu "ecossistema natural e antrópico", ou seja, ela também está sujeita a circunstâncias e aspectos reguladores que são responsáveis por promover e manter a sua condição de equilíbrio.

Nesse sentido, devemos atentar para o fato de que os direitos fundamentais que dizem respeito à qualidade de vida no ambiente urbano estão expostos na Constituição, ora de maneira objetiva, ora de maneira subjetiva. O que observamos na vida prática é a necessidade de esses direitos saírem do texto de lei e passarem a materializar-se na vida dos cidadãos.

Justifica-se essa afirmação, pois, apesar de o texto constitucional definir o cumprimento imediato de suas determinações, nem sempre essas têm a "força normativa" necessária para sua execução objetiva. Tornam-se, portanto, fundamentais nesse processo "a tomada de posições, a realização de competências e ações positivas estatais". Além disso, ainda se fazem necessárias normas para organizar e ordenar as atuações e os procedimentos, de maneira que esses direitos adquiram uma forma concreta, "palpável", e consistência de valores, ou seja, "é necessário mecanismos jurídicos e extrajurídicos para a implementação dos direitos humanos" (Dias, 2002, p. 25).

Os direitos sociais de educação, saúde, trabalho, moradia, lazer, entre outros, também se constituem em direitos do ser humano que a gestão e o planejamento urbano devem considerar e respeitar, sob pena de, caso eles não sejam cumpridos, estar praticando a injustiça.

✦ ✦ ✦

A conclusão é evidente: em uma sociedade em que haja justiça social, a gestão e o planejamento não podem estar desvinculados do homem e de seus direitos.

✦ ✦ ✦

Trata-se de direitos em relação à vida, à segurança e à propriedade, além daqueles que asseguram a inviolabilidade da moradia, a propriedade, atendendo a função social desta, e da justa e prévia indenização em dinheiro quando houver necessidade de desapropriação por necessidade, utilidade pública ou interesse social. Os direitos sociais de educação, saúde, trabalho, moradia, lazer, entre outros, também se constituem em direitos do ser humano que a gestão e o planejamento urbano devem considerar e respeitar, sob pena de, caso eles não sejam cumpridos, praticar a injustiça.

Na visão do urbanista Campos Filho (1992), **os direitos humanos devem garantir, no capitalismo, a capacidade do cidadão de obter qualidade de vida nas cidades**. Essa qualidade de vida envolve a capacidade de consumo – compra de mercadorias e serviços – que proporcione uma vida digna, com o conforto que as sociedades avançadas oferecem aos seus membros.

No caso do Brasil, os direitos humanos e o urbanismo interligam-se e confundem-se de forma muito mais intensa do que nas nações desenvolvidas. Podemos, inclusive, concluir que "Nossa imensa dívida social, pelo fato de a grande maioria dos brasileiros pobres morar nas cidades, é uma dívida fundamentalmente urbana" (Campos Filho, 1992, p. 105-106).

Sob a ótica funcionalista (adotada nesse estudo), o Poder Público tem como objetivo primordial materializar os direitos fundamentais do cidadão. Assim, embora tais direitos não, necessariamente, possam situar-se num espaço físico geográfico, ocorre que, na sua concretização, muitos deles estão intimamente vinculados ao ambiente urbano. Nesse contexto, o direito à habitação, ao trabalho, ao lazer, ao deslocamento, ao meio ambiente saudável, à educação, à saúde, à segurança e à proteção são alguns dos que efetivamente ocorrem no meio urbano.

Acreditamos que pensar a cidade sob a perspectiva de que ela é o palco onde os direitos dos cidadãos devem se materializar é o objetivo de quem busca a realização de uma política que gere pleno desenvolvimento urbano e ordene as funções sociais da cidade com a finalidade de proporcionar o bem-estar de seus habitantes.

Logo, a essência da política urbana é esta: viabilizar os direitos fundamentais. Ao longo dos tempos, sempre houve uma preocupação em fazer com que o ambiente construído pudesse dar conforto, segurança e qualidade de vida aos seus habitantes. Embora o

♦ Muitas são as visões do que seja cidade, porém todas convergem para um ponto fundamental: o de que cidade é a ocupação de um território com prédios e atividades urbanas, que se contrapõe ao ambiente rurícola.

♦ fenômeno da urbanização mundial seja recente, diversas civilizações experimentaram e construíram cidades com certas semelhanças em relação às cidades modernas. Afirmar, pois, que a cidade é o espaço onde a espécie humana,

♦ na sua evolução, ao transformar o ambiente natural, ampliou seus relacionamentos à medida que os contatos foram se tornando mais complexos e intensos é factível.

Muitas são as visões do que seja cidade, porém todas convergem para um ponto fundamental: o de que cidade é a ocupação de um território com prédios e atividades urbanas, que se contrapõe ao ambiente rurícola. A cidade moderna, com os seus setores de atividades planejados e definidos, é, dessa forma, uma construção do século XX. O mesmo acontece em relação à cidade pós-moderna – que se contrapõe à moderna com a sua diversidade e colagem de estilos e funções, sem, contudo, abandonar as regras básicas do planejamento.

♦ ♦ ♦

A cidade é uma construção coletiva, tanto no aspecto físico como conceitualmente, que vai modificando-se no tempo de acordo com a participação das gerações de seus habitantes.

♦ ♦ ♦

5.5 Funções sociais da cidade

A Constituição, ao afirmar, no art. 182, que "a política de desenvolvimento urbano tem por objetivo o pleno desenvolvimento das funções sociais da cidade", deixa uma indagação: **quais são as funções sociais da cidade?**

A resposta para essa pergunta está no texto constitucional? Se não, onde iremos encontrá-la? Além disso, a sequência do mandamento constitucional também afirma que o objetivo do desenvolvimento urbano "é garantir o bem-estar social de seus habitantes".

A questão sobre as funções sociais da cidade ampliou-se à proporção que o desenvolvimento de tecnologias inovadoras gerou uma nova visão sobre o espaço urbano. Como exemplo dessa evolução, é possível citar as tecnologias de telecomunicações, as quais unem espaços reais (ruas, edifícios, meios de transporte, parques, praças, fábricas, casas de comércio, escritórios, igrejas, entre outros) a um ambiente virtual, em que o espaço e o tempo, unidos, estabelecem uma nova dimensão material da vida humana (Castells, 2002).

A Carta de Atenas

A Carta de Atenas é um documento que foi redigido no IV Congresso Internacional de Arquitetura Moderna (Ciam), em 1933. Nesse documento, a cidade foi considerada similar a um organismo a ser planejado de modo funcional e centralmente planejado, no qual as necessidades do homem deveriam estar claramente colocadas e resolvidas. Com a intenção de criar cidades funcionalistas, a Carta defende quatro funções principais, a saber: HABITAR, TRABALHAR, RECREAR E CIRCULAR.

Cabem, aqui, algumas reflexões:

Questões para reflexão

Há outras funções sociais da cidade, além das abordadas pela Carta de Atenas?

O texto constitucional, ao estabelecer que o Poder Público municipal, por meio da execução da política de desenvolvimento urbano, deve ter como objetivo ordenar o pleno desenvolvimento das funções sociais da cidade, refere-se à habitação, ao trabalho, à circulação e à recreação?

Sendo ela (a cidade) um ambiente vivo, construído diuturnamente

> pela inteligência humana e, portanto, encontrando-se em plena transformação, poderia agregar, ao longo do tempo, novas funções para, assim, garantir o bem-estar de seus habitantes?

Dessa forma, questionamos se seriam apenas quatro as funções sociais da cidade ou se o modo de vê-la hoje, diferentemente de décadas passadas, não poderia originar novas funções sociais.

Nesse sentido, procuramos abordar outros aspectos que são considerados importantes e que se constituem em novas funções sociais da cidade – a que sempre existiu, desde tempos imemoriais, e a que se comunicava e se organizava em redes, mas que, agora, passa a ser olhada sob uma outra ótica (Alomar, 1980).

O QUE ISSO IMPLICA? O fato é que a cidade pós-moderna não se limita mais ao espaço físico territorial. Embora, aparentemente, ela tenha uma configuração idêntica à da antiga cidade, não é mais a mesma. A cidade sempre foi um centro irradiador de domínio, todavia este, outrora, foi político e militar; hoje, é econômico e cultural. Por isso, a maneira de estudá-la não pode ser a mesma.

Se, no início do século XX, Le Corbousier (1971) se espantava com a velocidade de 80 km a 100 km – proporcionada pelos motores em relação à parelha de cavalos, que, até então, tinham ditado o ritmo dos deslocamentos humanos (na base de 4 km por hora) –, o QUE DIZER DOS DIAS ATUAIS, QUANDO A VELOCIDADE DOS FLUXOS DE INFORMAÇÃO OCORRE EM MILIONÉSIMOS DE SEGUNDOS, UNINDO TODO O PLANETA INSTANTANEAMENTE?

✦ ✦ ✦

> Nesse período de mudanças de paradigmas, de transição da sociedade industrial para a sociedade da informação, a nova cidade ideal traz, em seu interior, muitos dos conceitos das clássicas utopias, mas, na realidade, ainda possui problemas históricos da "velha cidade moderna".

✦ ✦ ✦

Trata-se da cidade que busca a sua nova identidade, que procura descobrir suas verdadeiras funções sociais:
- a cidade sustentável;
- a cidade conectada em redes sociais e econômicas e ao meio ambiente;
- a cidade que cumpre com suas funções de proporcionar o desenvolvimento e de garantir o bem-estar de seus habitantes.

Nesse contexto, o que observamos é que a cidade que se pretende no futuro próximo é a que busca o seu equilíbrio com a natureza e procura ser sustentável em todos os aspectos da dimensão humana.

Assim, por tudo aquilo que o homem tem enfrentado na realidade concreta do cotidiano citadino, bem como nas interações entre os diversos espaços urbanos e não urbanos, a cidade do futuro não poderá ser a cópia "das nações industrializadas da Europa ocidental cujos problemas não provem em primeiro lugar do aumento de população, mas muito mais das tendências de acumulação das empresas industriais". Isso é algo a ser pensado, mas parece óbvio quando avaliamos que, em cidades (as do futuro) que têm a pretensão de serem espaços vitais, não será possível absorver a massa "de homens não civilizados, não instruídos e, em consequência disso, condenados à vegetação material e espiritual" (Mitscherlich, 1972, p. 51).

A nova Carta de Atenas

O Conselho Europeu de Urbanistas (CEU) – que reúne várias associações de urbanistas de países europeus, como França, Alemanha, Itália, Reino Unido, Espanha, Bélgica, Dinamarca, Irlanda, Portugal, entre outros –, em 1998, propôs uma NOVA CARTA DE ATENAS, em que analisa a cidade contemporânea, as suas funções, e faz propostas para o futuro das cidades, no século XXI. Essa carta deve sofrer revisão de quatro em quatro anos, sendo que a primeira foi aprovada no congresso da entidade, realizado em 20 de novembro de

2003, em Lisboa, Portugal, e recebeu o nome de *Carta Constitucional de Atenas 2003: A visão das cidades para o século XXI do Conselho Europeu de Urbanistas*.

As quatro funções básicas da cidade fixadas na Carta de Atenas de 1933 – habitação, trabalho, lazer e circulação – continuam válidas para as cidades do novo milênio, já que, em relação às suas características físicas, o ambiente urbano pouco mudou nesses últimos séculos e, certamente, continuará assim por algum tempo. Dessa forma, Meirelles (1993b), reportando-se à Carta de Atenas, afirma que as funções sociais da cidade atualmente são as mesmas das citadas na referida carta de 1933, pois foi o modelo pensado na década de 1930 que influenciou a cidade moderna, planejada com funções delimitadas em seu espaço físico-territorial durante mais de 50 anos e que, no Brasil, teve como marco histórico a implantação do projeto de Lúcio Costa em Brasília, a capital da República.

Novas funções para a cidade, no entanto, vão se somando àquelas tradicionais. Algumas delas já existiam na cidade antiga, porém não possuíam a importância que hoje se dá a elas, por diversos fatores que vieram a agregar-se a esta "nova velha cidade".

A nova Carta de Atenas (Conseil Européen des Urbanistes, 2003) não estabelece apenas quatro funções, como na carta de 1933, mas várias, apresentadas em conceitos. Nela se percebe a ampliação desse entendimento que atribui dez funções ou conceitos para as cidades do novo milênio: a CIDADE PARA TODOS; A PARTICIPATIVA; A CIDADE REFÚGIO; A SAUDÁVEL; A PRODUTIVA; A

No novo milênio, a questão ambiental deve estar focalizada no uso racional dos recursos naturais e renováveis, como solo, ar e água; portanto, os recursos deverão ser usados cuidadosamente e de acordo com as necessidades reais, utilizando-se de tecnologias inovadoras, minimizando o consumo e reutilizando e reciclando o lixo, com o objetivo de proteger a cidade da poluição e da degradação.

INOVADORA; a da ACESSIBILIDADE; a ECOLÓGICA; a CULTURAL; e a de caráter CONTÍNUO (HISTÓRICA)

Observamos, nesse contexto, a passagem da função funcionalista para a função focada na QUALIDADE DE VIDA em seus múltiplos aspectos: tecnológico, econômico, ambiental, histórico, cultural e social. É importante salientar que, em cada uma dessas funções, desenha-se a proposta de uma rede de cidades que deseja "conservar a riqueza cultural e a diversidade construída ao longo da história; conectar-se através de uma variedade de redes funcionais; manter uma fecunda competitividade, porém esforçando-se para a colaboração e cooperação e contribuir para o bem-estar de seus habitantes e usuários" (Conseil Européen des Urbanistes, 2003, tradução nossa).

No novo milênio, a questão ambiental deve estar focalizada no uso racional dos recursos naturais e renováveis, como solo, ar e água; portanto, os recursos deverão ser usados cuidadosamente e de acordo com as necessidades reais, utilizando-se de tecnologias inovadoras, minimizando o consumo e reutilizando e reciclando o lixo, com o objetivo de proteger a cidade da poluição e da degradação.

Foi prevista, nesse documento (com o objetivo de aumentar as vantagens competitivas), a formação de redes urbanas policêntricas de vários tipos, chamadas de *redes de sinergia de cidades com as mesmas especializações*. São elas as REDES DE COMPLEMENTARIDADE (onde as cidades se conectam para proporcionar diferentes especializações) e as REDES FLEXÍVEIS, sendo que o objetivo das cidades é a troca de bens e serviços.

A ótica proposta nessa carta é a de uma cidade conectada, instantânea, mas é importante assinalar que não se busca "uma visão utópica e nem uma inadequada projeção das inovações tecnológicas" (Conseil Européen des Urbanistes, 2003, tradução nossa).

O documento também observa que a conexão irá realizar-se através do tempo, interligando zonas rurais, pequenas e grandes cidades, criando um contínuo urbano. Propõe, ainda, o equilíbrio social envolvendo não apenas as pessoas, mas também as comunidades, para, dessa forma, solucionar os problemas de acessibilidade à educação, à saúde e a outros bens sociais; além disso, sugere novas estruturas sociais e econômicas que possibilitem reduzir a ruptura social causada pela exclusão, pela pobreza, pelo desemprego e pela criminalidade.

Essa conexão deve abranger economias locais e regionais que se conectarão com outras economias nacionais e internacionais, possibilitando o pleno emprego e o aumento da prosperidade dos cidadãos. Esse processo abrangerá o aspecto econômico, "criando um extenso tecido financeiro de grande eficácia e produtividade, mantendo níveis altos de emprego e assegurando competitividade em âmbito global" (Conseil Européen des Urbanistes, 2003, tradução nossa).

Descrevemos, a seguir, para melhor entendimento, aspectos intrínsecos a cada uma das dez funções que foram elencadas na nova Carta de Atenas (Conseil Européen des Urbanistes, 2003). Dada a sua abrangência e o paradigma que estabelecem, embora se refiram às cidades europeias do futuro, esses aspectos aplicam-se a qualquer cidade do mundo, já que as novas tecnologias e as visões filosóficas são adotadas quase instantaneamente nestes tempos de globalização.

1. **A cidade para todos,** – Deve-se buscar a inclusão das comunidades por meio da planificação espacial e de medidas sociais e econômicas que, por si sós, devem combater o racismo, a criminalidade e a exclusão social.
2. **A cidade participativa,** – O cidadão deve possuir espaços de participação pública para a gestão urbana, conectados numa rede de ação local, desde o quarteirão, o bairro e o distrito. Assim, são possíveis redes policêntricas e cidades multifacetárias comprometidas com os processos de governo e gestão.
3. **A cidade inovadora** – Deve-se utilizar tecnologias de informação e de comunicação e permitir a todos o acesso a elas.
4. **A cidade refúgio** – Para que isso ocorra, ela deve ser protegida por acordos internacionais, visando tornar-se área de não combate em caso de guerra, bem como por medidas para conter desastres naturais. Deve ser um lugar adequado para proporcionar o bem-estar e a solidariedade entre as gerações.

5. **A cidade saudável** – Para isso, deve obedecer às normas da Organização Mundial da Saúde, melhorando as habitações e o meio ambiente e, com o planejamento sustentável, reduzir os níveis de poluição e de lixo e conservar os recursos naturais.
6. **A cidade ecológica e sustentável** – É aquela constituída com base nos princípios do desenvolvimento sustentável num processo de planejamento conectado ao processo de participação social.
7. **A cidade produtiva** – É potencializada a competitividade, gerando postos de trabalho e pequenos negócios, fortalecendo a economia local e melhorando o nível dos cidadãos por meio da educação e da formação profissional.
8. **A cidade dos movimentos racionais e da acessibilidade** – Nela o planejamento está vinculado à estratégia de transporte de forma integrada. Com isso, melhoram as interconexões e o transporte público, ampliam-se as ruas livres de carros e promovem-se a caminhada e o uso da bicicleta. Nesse contexto, o planejamento do espaço urbano também será um elemento importante para eliminar as diferenças e dar um caráter de continuidade no processo, por meio de intervenções para proteger e melhorar as ruas. São exemplos disso placas, visando facilitar o contato entre as pessoas, e as oportunidades de lazer, diversão e segurança, sem agredir o meio ambiente e melhorando a estética das redes urbanas.
9. **A cidade cultural** – Diz respeito ao comprometimento com os aspectos sociais e culturais do meio urbano, objetivando enriquecê-lo e diversificar a malha urbana com os espaços públicos, integrando trabalho, moradia, transporte e lazer para proporcionar bem-estar e melhor qualidade de vida.
10. **A cidade de caráter contínuo** – É aquela considerada hospedeira da civilização, histórica, devendo, portanto, proteger os elementos tradicionais, a memória, a identidade do meio ambiente urbano – incluindo as tradições locais –, o patrimônio edificado, os métodos construtivos, os bairros históricos e os espaços abertos e verdes.

O fato é que a nova Carta de Atenas trata das qualidades de uma cidade, que se refletem no bem-estar daqueles que nela habitam. A cidade não é vista apenas pelo olhar da funcionalidade, como na carta anterior, mas da realização, da satisfação e do prazer que possa trazer aos seus moradores. Afinal, ela existe para proporcionar felicidade àqueles que nela vivem.

Neste novo milênio, os gestores do meio urbano não podem prescindir desses conceitos para possibilitar que a cidade seja sustentável e mantenha a qualidade de vida não apenas para esta, mas, principalmente, para as futuras gerações. Isso porque as normas urbanísticas "na essência são sempre voltadas para o bem-estar da coletividade e o interesse público" (Di Sarno, 2004, p. 8).

As funções sociais da cidade e a Constituição

Aprofundando as investigações sobre as funções sociais da cidade, observamos que a Constituição de 1988 inovou o direito constitucional brasileiro em muitos aspectos. Uma área, em especial, diz respeito às grandes transformações que o país sofreu a partir da década de 1950, quando houve uma enorme migração do campo para as cidades, fruto, principalmente, do processo de urbanização. Esse processo foi tão intenso que, no final do século XX, cerca de 82% da população brasileira já estava vivendo em áreas urbanas.

Diante desse quadro, como já foi dito, começaram a surgir movimentos pela reforma urbana, que culminaram com uma proposta, de iniciativa popular, de inclusão do capítulo "Da Política Urbana" na Constituição de 1988. Aprovadas, as normas de política urbana resumem-se a apenas dois artigos, sete parágrafos e alguns incisos, porém os preceitos nelas expostos trouxeram enormes consequências para o ambiente urbano brasileiro.

A Constituição estabeleceu também que a União, os estados e o Distrito Federal possuem competências legislativas concorrentes para legislar sobre direito urbanístico, institucionalizando, assim, uma nova matéria autônoma na área do direito. O direito urbanístico passou, então, a ter *status* constitucional, não sendo mais uma área do direito administrativo, já que a União elabora as normas gerais; os estados, as regionais; os municípios, as locais (arts. 30, 182 e 183, CF).

As primeiras normas de direito urbanístico remontam à Idade Média e, no Brasil colonial, as câmaras municipais orientavam-se pelas Ordenações do Rei de Portugal, que tratavam de disciplinar a cidade, o seu crescimento e o seu desenvolvimento, conforme o modelo colonial português.

Conforme a Constituição (art. 182), a política de desenvolvimento urbano, no Brasil, deve ser executada pelo Poder Público municipal, de acordo com as diretrizes gerais fixadas em lei, e tem por objetivo ordenar o pleno desenvolvimento das funções sociais da cidade e garantir o bem-estar de seus habitantes. Nesse contexto, o enunciado da norma constitucional merece algumas reflexões, já que abrange vários conceitos que são fundamentais para o desenvolvimento e equilíbrio do ambiente coletivo construído.

Ainda nessa reflexão, é importante salientarmos que, quando se fala em política de desenvolvimento urbano, isso significa que a questão urbana deve estar sob a gestão ou o direcionamento de uma política pública que busque o desenvolvimento (crescimento, progresso e evolução) da cidade.

Estabelece a norma constitucional (como foi visto) que a política de desenvolvimento urbano tem por objetivo ordenar o pleno desenvolvimento das funções sociais da cidade e garantir o bem-estar de seus habitantes. No entanto, quando a norma determina que o objetivo é ordenar o pleno desenvolvimento das funções sociais da cidade, ela deixa um amplo espaço para questionamentos, já que ordenar pode ser entendido como colocar em ordem, de forma lógica. **O pleno desenvolvimento refere-se ao desenvolvimento total, em todos os aspectos?** A questão é descobrir quais as funções sociais da cidade, uma vez que a Constituição não define, não explica e não esclarece quais seriam essas funções urbanas que possuem um caráter social e que devem ser ordenadas.

Assim, o que, de fato, orienta esse propósito são as diretrizes gerais, fixadas em lei, que correspondem a uma lei de caráter nacional que determina quais são os objetivos dessa política para todo o país. Essa lei é o Estatuto da Cidade, que estabelece princípios que norteiam a política de desenvolvimento urbano para todos os municípios brasileiros e, também, os instrumentos que estão à disposição para que ela seja implementada. Outrossim, não podemos esquecer que o desenvolvimento das funções sociais da cidade não prescinde da participação municipal, como determina a Constituição no art. 30, inciso VIII – que estabelece competência aos municípios no sentido de "promover, no que couber, adequado ordenamento territorial, mediante planejamento e controle do uso, do parcelamento e da ocupação do solo urbano" (Fiorillo, 2005, p. 39).

Portanto, ao estabelecer as diretrizes gerais para o pleno desenvolvimento das funções sociais da cidade e da propriedade urbana, o Estatuto da Cidade (art. 2º, I) aponta, mesmo que indiretamente, quais seriam algumas das funções sociais da cidade: "garantia do direito a cidades sustentáveis, entendidos como o direito à terra urbana, à moradia, ao saneamento ambiental, à infraestrutura urbana, ao transporte e aos serviços públicos, ao trabalho e ao lazer, para as presentes e futuras gerações", enquanto ao município cabe a organização desse processo.

Ao analisar essas funções sociais, Saule Júnior, citado por Oliveira e Carvalho (2003), percebe que há a necessidade de uma "nova ética urbana", estabelecida com base em paradigmas que destaquem a importância do ambiente, da cultura, da cidadania e dos direitos humanos para que, assim, seja concretizado, de fato, o conceito da função social da cidade. Essa ética deve abarcar "o pleno exercício do direito à cidade; enquanto se fustigam as causas da pobreza, protegem-se o meio ambiente e os direitos humanos, reduz-se a desigualdade social e melhora-se a qualidade de vida" (p. 64).

Esse é um aspecto essencial a ser considerado, pois, enquanto a população mais carente "não tiver acesso à moradia, transporte público, saneamento, cultura, lazer, segurança, educação, saúde, não haverá como postular a defesa de que a cidade esteja atendendo à sua função social" (Brasil, 2002d, p. 28). De forma geral, a norma constitucional deve ser norteadora contra a atuação do Poder Público e da iniciativa privada, evitando que eles ampliem ainda mais as desigualdades entre os setores menos favorecidos ou desenvolvendo externalidades negativas à vida urbana.

Assim, a definição do que abarca as funções sociais das cidades está em aberto, tanto nos âmbitos da Constituição e do Estatuto quanto no da reflexão jurídica até aqui apresentada. Caberá à doutrina aprofundar esse debate, não apenas focando nos aspectos jurídicos, já que a questão urbana possui um caráter multidisciplinar e nela atuam e convergem várias ciências ao mesmo tempo. Nessas circunstâncias, quando a Constituição brasileira trata das funções sociais da cidade, ela apresenta um conceito aberto que deve ser construído ao longo da história, porque a cidade se transforma, como também muda a visão que temos dela. Numa abordagem funcional, o ordenamento das funções sociais da cidade constitui-se na materialização dos direitos fundamentais através de uma política de desenvolvimento urbano com o objetivo de proporcionar o bem-estar de seus habitantes por meio da melhoria da qualidade de vida a todos aqueles que nela habitam ou dela usufruem.

Funções urbanísticas, de cidadania e de gestão

Antes de ordenar-se o pleno desenvolvimento das funções sociais, é necessário que se desvendem quais são as funções de uma cidade. A Carta de Atenas aponta (como já visto) algumas funções, mas, assim como a consolidação dos direitos humanos que, com o passar do tempo, evolui em seus conceitos e incorpora novos direitos à medida que avança a compreensão da sociedade, ela também evolui e incorpora novas funções em relação às da cidade. Sob esse prisma, a classificação organizada nesse material sobre as funções da cidade não é e não pretende ser definitiva. Trata-se apenas de mais uma contribuição para a reflexão a respeito da vida urbana.

Nesta obra, as funções da cidade serão classificadas e apresentadas em três grandes grupos. No primeiro, encontram-se as funções urbanísticas (habitação, trabalho, lazer e mobilidade), estabelecidas pelos membros do Ciam, que têm influenciado o planejamento, a política e a legislação urbana há décadas. No segundo grupo, estão as funções de cidadania (educação, saúde, segurança, proteção), que se constituem em direitos sociais. No terceiro, encontram-se as de gestão (prestação de serviços, planejamento, preservação do patrimônio cultural e natural, sustentabilidade urbana), ou seja, as que envolvem todas as práticas de administração que objetivam garantir o bem-estar dos habitantes no meio urbano.

Para melhor visualizar esse cenário, resumimos, no Quadro 2, as funções sociais da cidade, que foram divididas em três grupos e quatro subgrupos.

Quadro 2 – Funções sociais da cidade

Funções Urbanísticas	Funções de Cidadania	Funções de Gestão
Habitação	Educação	Prestação de serviços
Trabalho	Saúde	Planejamento
Lazer	Segurança	Preservação do patrimônio cultural e natural
Mobilidade	Proteção	Sustentabilidade urbana

É importante esclarecer que as funções sistematizadas no Quadro 2 não representam todas as funções sociais de uma cidade. A classificação aqui apresentada é fruto de uma reflexão para melhor organizar o estudo. Observamos, ainda, que não há classificação similar em relação a essas funções na literatura nacional consultada.

Funções urbanísticas

As funções urbanísticas correspondem às que foram sistematizadas e definidas na Carta de Atenas de 1933. Contudo, embora tenham sido inicialmente classificadas em quatro, isso não significa que as cidades possuem apenas essas. Além disso, já naquela época, certamente, havia muitas outras funções de caráter social – que as cidades possuem atualmente e deverão possuir também no futuro – à medida que o ambiente urbano foi se modificando e agregando outros conceitos e valores.

Os ideólogos do Ciam propunham essas funções de maneira segmentada – separadas umas das outras –, em ambientes estanques, bem definidos, para que melhorassem a qualidade de vida das pessoas. No entanto, o que observamos é a tendência de uma leitura conectada das diferentes funções, sendo que aqui tomaremos o trabalho e as suas interligações para exemplificar essa situação.

O trabalho, a indústria, o comércio e os serviços são atividades fundamentais para a sustentabilidade econômica de uma cidade. Sem o trabalho que mantém a cidade viva, funcionando, ela definha e desaparece. Nesse contexto, é observada a forma como o trabalho se organiza, é distribuído no ambiente urbano e pode mudar de tempos em tempos. Assim, envolto em todo esse movimento, o **trabalho sempre será uma função primordial da vida urbana.**

Não obstante, como já foi afirmado anteriormente, nestes tempos de transformação, de mudança da sociedade industrial para a sociedade da informação, o trabalho e a forma do seu exercício sofrem rápidas transformações. Nesse contexto, não é imprescindível a presença física do

O direito ao trabalho é um princípio constitucional. Sob esse aspecto, ele pode ser classificado também como uma função social de cidadania, e não apenas como uma função urbanística.

trabalhador no local de trabalho, para que este seja realizado. O local de trabalho é apenas um detalhe, já que o trabalhador pode estar a milhares de quilômetros de onde o objeto de seu esforço irá materializar-se. A cidade conectada, da nova sociedade da informação, a cidade pós-moderna, não necessariamente precisa de um ambiente específico para a realização do trabalho, embora ainda haja atividades para as quais as pessoas devem se deslocar.

O trabalho também se constitui num direito social. O direito ao trabalho é um princípio constitucional. Sob esse aspecto, ele pode ser classificado também como uma função social de cidadania, e não apenas como uma função urbanística. Esta, por sua vez, encontra-se em sua plenitude quando há o pleno emprego, ou seja, todas as pessoas na idade adequada e com condições de saúde estão exercendo uma atividade profissional que proporciona uma renda digna para a sua mantença e de sua prole. Isso significa que elas recebem uma remuneração justa para adquirir e usufruir os bens que a sociedade oferece, na média, a todos os seus membros.

Além do trabalho, outra função social urbanística é a de habitação, considerada como principal refúgio do núcleo familiar e fundamental na caracterização e conceituação da cidade, lembrando que, sem habitantes e moradias fixas, não há cidade. Pode haver um acampamento, porém a existência de prédios para a habitação é uma das características principais do ambiente urbano, desde tempos imemoriais.

A função social de habitação concretiza-se quando o Poder Público possui políticas para que as populações de baixa renda tenham acesso à moradia e a áreas urbanizadas*, portanto, quando há disponibilidade de moradia digna a todos os habitantes. Além disso, essa função também se realiza quando ele (o Poder Público) atua no sentido

♦ ♦ ♦

* O alto custo do espaço territorial urbano – fruto da especulação imobiliária – é um dos fatores que têm dificultado a obtenção de moradia por parte das pessoas de baixa renda.

de minimizar os problemas das áreas ocupadas por assentamentos humanos precários, por meio da institucionalização de zonas especiais de interesse social no Plano Diretor (Brasil, 2002d), destinadas a regularizar essas áreas do tecido urbano e dar acesso a moradias para as populações marginalizadas.

✦ ✦ ✦

Atualmente, numa atualização terminológica, *recreação* passou a ser denominada de *lazer*, e *circulação* foi substituída por *mobilidade urbana*, pela amplitude conceitual que esses novos termos contêm.

✦ ✦ ✦

A terceira função urbanística da cidade é o lazer. Os espaços de recreação que possibilitam o encontro, o contato social entre os moradores do ambiente urbano são importantes para a realização integral do ser humano. Geralmente, é nesses contatos que nascem os relacionamentos humanos em todas as esferas (desde a familiar até as amizades), a solidariedade e os sentimentos de unidade e de grupo. **A universalização dos ambientes de lazer** – acessíveis a todos os segmentos sociais, de acordo com suas características, costumes, tradições e necessidades – **é que faz da função "lazer" uma função social.**

Finalmente, a quarta função urbanística é a mobilidade urbana. Mobilidade é um processo integrado de fluxos de pessoas e bens que envolvem todas as formas de deslocamento dentro do ambiente urbano, ou seja, o transporte público coletivo e individual, o transporte privado motorizado ou não e até a condição de pedestre além dos modos rodoviário, ferroviário e hidroviário, entre outros.

Devemos considerar aqui que, segundo a Constituição, art. 30, inciso V, **o transporte coletivo é um serviço público de caráter essencial.** Ao oferecê-lo, a Constituição afirma que se trata de um serviço fundamental, necessário para a concretização das funções sociais da cidade. Portanto, garantir o direito de acesso ao transporte coletivo urbano e disponibilizá-lo a todos os moradores da cidade, sem nenhum tipo de exclusão, seja por falta de condições de acessibilidade física ou econômico-financeira seja por qualquer tipo de discriminação, por meio da universalização dos serviços, é a forma de o Poder Público implementar essa função social da cidade.

Funções de cidadania

As funções de cidadania (segundo grupo) são vistas, nesta obra, como a materialização dos direitos sociais elencados na Constituição, que, no *caput* do art. 6º, aponta como direitos sociais "a educação, a saúde, o trabalho, a moradia, o lazer, a segurança, a previdência social, a proteção à maternidade e à infância e a assistência aos desamparados". Esses, portanto, são direitos que a Constituição reconhece como sociais (isso não significa que eles não estejam enumerados em outros artigos e que não existam outros).

Dessa forma, a Constituição trata, entre outros, como direitos sociais: a previdência social, a proteção à maternidade e à infância e a assistência aos desamparados. Entende-se, então, que esses três direitos sociais são o desdobramento de um direito único e amplo – o **direito de todo ser humano à proteção social.**

> Particularmente neste estudo, são classificadas como funções de cidadania:
> - a saúde;
> - a educação;
> - a proteção e a segurança.

Cabe esclarecer que essas funções confundem-se com os próprios direitos sociais estabelecidos na Constituição (como visto anteriormente).

Além disso, no texto constitucional há capítulos especiais sobre educação (arts. 205 a 214) e saúde (arts. 196 a 200), nos quais se determina que esses dois aspectos são direitos de todos e deveres do

Estado. Dentro desse contexto, é atribuição dos entes constitutivos* do Estado brasileiro – a União, os estados, o Distrito Federal e os municípios – a promoção da educação e da saúde a todos os brasileiros, de acordo com os princípios fixados em lei. Assim, **pela análise constitucional, educação e saúde são atribuições compartilhadas entre os três níveis da Administração Pública brasileira.** É importante salientarmos, nesse âmbito, que, embora o Poder Público municipal não tenha competência exclusiva sobre as referidas áreas de atuação, esses direitos sociais são funções da cidade por meio de sua organização política municipal.

Os municípios atuam, prioritariamente, no ensino infantil e no ensino fundamental, que são obrigatórios e gratuitos e devem ser universalizados, assegurando o acesso a todos os que estiverem na idade própria, ou seja, até os 14 anos de idade. Os municípios também possuem a obrigação constitucional de aplicar 25% da receita dos impostos, incluindo as transferências das outras esferas governamentais, na manutenção e no desenvolvimento do ensino.

Quanto à saúde, assim como a educação, ela é dever do Estado. Nesse caso, tanto a União como os estados membros, o Distrito Federal e os municípios participam de seu custeio, devendo, anualmente, destinar um percentual de suas receitas tributárias a ela. As ações e serviços públicos de saúde formam e integram uma rede hierarquizada e regionalizada que se constitui num sistema, o **Sistema Único de Saúde (SUS).** Particularmente no que concerne a essa questão, **todos os municípios brasileiros devem atuar na área de saúde,** embora ainda nem todos possuam a gestão plena de seus serviços, sendo que, para alguns, os recursos são repassados por outras esferas governamentais.

✦ ✦ ✦

* União e estados são ficções jurídicas, ou seja, formas de organização política. Os municípios e o Distrito Federal são realidades locais que possuem um meio urbano e uma autonomia sobre determinadas competências fixadas na Constituição.

Ainda de acordo com a Constituição (art. 23), **a educação, a saúde e a segurança são direitos sociais assegurados em todos os níveis da organização política brasileira, além de serem competência comum da União, dos estados e dos municípios.** O *caput* do art. 5º da Constituição trata a segurança como um direito fundamental, portanto, com proteção estatal em todos os níveis.

Funções de gestão

As funções de gestão pública constituem-se no terceiro grupo de funções sociais da cidade e incluem:

- a prestação de serviços públicos;
- a promoção do planejamento territorial, econômico e social;
- a preservação do patrimônio cultural e natural (histórico, artístico, cultural, paisagens naturais, sítios arqueológicos); e
- a sustentabilidade urbana.

Essas funções refletem as práticas urbanas comuns esperadas pela população. Além disso, cabe ressaltar que a **cidade é um grande fornecedor de serviços públicos à população que nela habita.**

Os serviços públicos constituem-se no gerenciamento dos recursos tributários arrecadados de toda a comunidade para oferecer conforto e qualidade de vida aos moradores do ambiente urbano. Esses serviços compreendem o abastecimento de água e energia (iluminação), a pavimentação, a coleta de resíduos sólidos, o esgotamento sanitário, o transporte coletivo, o atendimento funerário, entre outros. É, portanto, função social da cidade oferecer esses serviços de forma universalizada à população, de modo que ela possa usufruí-los não como um privilégio ou uma vantagem, mas como um direito de todos. A boa qualidade dos serviços públicos beneficia a população como um todo.

A promoção do planejamento territorial, econômico e social é uma das funções de gestão de grande valia para a vida urbana. O

Estatuto da Cidade, art. 4º, incisos I e II, coloca a promoção do planejamento como um dos principais instrumentos da política urbana. Nesse particular, há uma graduação do planejamento, começando com os planos nacionais, regionais, estaduais de ordenação do território e de desenvolvimento econômico e social e incluindo o planejamento das regiões metropolitanas, das aglomerações urbanas e das microrregiões.

No âmbito do município, a promoção do planejamento territorial, econômico e social tem como principal instrumento o Plano Diretor, que deve disciplinar o parcelamento, o uso e a ocupação do solo e o zoneamento ambiental, bem como orientar o Plano Plurianual, as diretrizes orçamentárias e o orçamento anual.

Todavia, nesse contexto, para que a função de gestão urbana – a promoção do planejamento territorial, econômico e social – se constitua efetivamente numa função social da cidade, é fundamental a participação da comunidade. É importante frisar que essa participação deve ser de qualidade, consciente e efetiva, envolvendo cidadãos de vários grupos sociais para que o benefício seja coletivo e não apenas direcionado a uma minoria de privilegiados, componentes da elite dominante, que, historicamente, apropria-se dos recursos públicos. Para isso, a promoção do planejamento deve incluir planos, programas e projetos setoriais de desenvolvimento econômico e social que procurem corrigir as injustiças e as desigualdades que ocorrem no meio urbano (inclui-se aqui também o planejamento estratégico municipal, que será aprofundado adiante).

Para a consolidação desse processo, uma das propostas é a criação (nos municípios) do CONSELHO DE DESENVOLVIMENTO ECONÔMICO E SOCIAL, cuja função seria a de implementar uma política de intervenção no domínio econômico. Entre as competências desse conselho estariam as de estabelecer as diretrizes gerais da política econômica do município e colaborar na elaboração de projetos e na legislação municipal, inclusive no Plano Plurianual, na Lei de Diretrizes Orçamentárias e na Lei do Orçamento Anual (Clark, 2001).

O Conselho de Desenvolvimento Econômico e Social teria a participação de vários segmentos sociais, entre eles, representantes:

- do Executivo;
- dos trabalhadores;
- dos empresários;
- dos produtores rurais;
- de associações comunitárias;
- das organizações não governamentais;
- dos consumidores;
- dos prestadores de serviços.

Também se propõe a LEI DO PLANO MUNICIPAL DE DESENVOLVIMENTO ECONÔMICO, que teria como finalidade estabelecer a intervenção do poder local no domínio econômico, objetivando o desenvolvimento, a empregabilidade e o direito ao consumo das camadas de menor renda (Clark, 2001).

Nesse contexto, apesar de o Plano Diretor incluir na sua formulação políticas econômicas e sociais vinculadas ao ordenamento do espaço urbano e, portanto, assemelhar-se ao plano de desenvolvimento econômico, é necessário distingui-los. Isso porque aquele orienta as atividades do Estado e do empreendedor privado em relação ao espaço territorial, baseando-se, para isso, em normas jurídicas básicas de planejamento e, uma vez que está sujeito à Lei do Plano Plurianual, seus objetivos abrangem apenas o desenvolvimento fundamentado na "normatização e ordenação territorial". Já o plano de desenvolvimento econômico tem uma abrangência bem maior, uma vez que o seu propósito é orientar o desenvolvimento socioeconômico sob uma ótica social e econômica, e não simplesmente territorial (Clark, 2001).

Independentemente da forma como deva ocorrer, a promoção do planejamento, em todos os seus aspectos, é função primordial de gestão urbana. Projetar é também uma forma de orientar e controlar o futuro, de evitar problemas, ou, pelo menos, de estar preparado para enfrentá-los quando surgirem. Também é uma forma de racionalizar recursos e, através de metas, atingir o bem-estar social por meio da qualidade de vida preconizada como fundamento básico da política de desenvolvimento urbano.

Outra competência comum da União, dos estados, dos municípios e do Distrito Federal, conforme preconiza a Constituição no art. 23, inciso III, e no art. 216, inciso V, parágrafo 5º, é a **"preservação do patrimônio cultural e natural", realizada pelo Poder Público com o apoio da comunidade.**

Assim, é função da gestão urbana proteger paisagens naturais, sítios arqueológicos e o patrimônio histórico e artístico, entre outros, bem como salvaguardar a memória do ambiente urbano e natural. Esses bens culturais, além de protegidos pela lei, constituem-se em funções sociais da cidade, já que pertencem às gerações passadas, presentes e futuras. Podemos dizer, então, que eles constituem-se em PATRIMÔNIO DA HUMANIDADE, e a sua preservação é um dever e obrigação de todos.

São considerados PATRIMÔNIO CULTURAL os monumentos constituídos de obras arquitetônicas, esculturas, pinturas, inscrições em cavernas, bem como os grupos de construções – que podem ser isoladas ou reunidas – cuja arquitetura, unidade e integração com a paisagem possuam valor universal excepcional sob o ponto de vista da história, da arte, da ciência, da estética, da etnologia e da antropologia (Unesco, 2005).

Já PATRIMÔNIO NATURAL são as formações físicas e biológicas, as formações

◆ Preservar os patrimônios cultural e natural é uma tarefa fundamental da gestão urbana e, portanto, uma função social de gestão que transcende a questão legal e o direito positivado para constituir-se num verdadeiro direito fundamental das gerações: o de terem acesso àquilo que se constitui em patrimônio de todos sob os aspectos da cultura e do ambiente natural. ◆

geológicas e fisiológicas que constituam o *habitat* de espécies animais e vegetais ameaçadas, que possuam valor universal excepcional do ponto de vista estético e científico, e as zonas naturais que tenham valor universal excepcional sob a ótica da ciência e da conservação das belezas naturais (Unesco, 2005).

Preservar os patrimônios cultural e natural é uma tarefa fundamental da gestão urbana e, portanto, uma função social de gestão que transcende a questão legal e o direito positivado para constituir-se num verdadeiro direito fundamental das gerações: o de terem acesso àquilo que se constitui em patrimônio de todos sob os aspectos da cultura e do ambiente natural. Trata-se de um direito novo, que, muitas vezes, o homem contemporâneo não consegue visualizar ou perceber, isto é, verificar a importância que há na transcendência do tempo e do momento em que vive. Por isso, muitas vezes, por interesse privado e econômico, ele acaba destruindo e perdendo para sempre um bem que pertence à humanidade.

A quarta função de gestão aqui analisada é a SUSTENTABILIDADE URBANA, que se constitui numa síntese de todas as funções estudadas anteriormente e vai além da sustentabilidade ambiental, que é fundamental para a vida na cidade e no planeta. O espaço antrópico deve proporcionar um equilíbrio entre os diversos elementos que o compõem, principalmente com o ambiente natural, procurando minimizar, ao máximo, os impactos oriundos da transformação proporcionada pelo homem.

Nessas circunstâncias e sob esse enfoque, a ação humana deve reforçar-se economicamente sem que o custo a ser pago por isso comprometa a sociedade e inviabilize as medidas mitigadoras de tais impactos. Quanto aos aspectos sociais, objetiva manter o equilíbrio entre as classes sociais, melhorando a qualidade de vida e reduzindo a exclusão aos bens que a cidade oferece.

É fundamental, para que esse processo atinja um bom termo, a noção de que o homem é fruto do meio e deve empenhar-se para preservá-lo, mantendo as condições mais próximas possíveis daquelas que permitiram o seu surgimento e a sua evolução. **Manter o meio ambiente saudável deve ser uma tarefa de todos: do Estado e da sociedade.** "O direito ao meio ambiente ecologicamente equilibrado é um direito à vida, e a manutenção das bases que a sustentam" (Derani, 1998, p. 97). Nesse sentido, é necessário o despertar da consciência de que o direito natural, o direito positivado e a lei – no caso, a Constituição – garantem o direito à vida como algo fundamental. Dessa forma, proteger a natureza – manter o meio ambiente equilibrado – é preservar e assegurar a vida no planeta.

♦ ♦ ♦

> Sob essa ótica, o conceito de sustentabilidade vai além de uma análise conceitual e requer a implementação prática da teoria.

♦ ♦ ♦

Todavia, só adquire a necessária legitimidade política aquele que aplica as teorias e vivencia os argumentos que proclama. Dessa forma, torna-se convincente para influenciar e direcionar os comportamentos da sociedade e as políticas voltadas para o desenvolvimento.

Outrossim, o que observamos, muitas vezes, é que os debates e as teorias revelam a existência, "entre diferentes atores sociais", de disputas camufladas no afã de conquistar o exercício do poder, para, então, de forma predominante, estabelecer os parâmetros e as normas de atuação, além de "endossar representações simbólicas de sustentabilidade" no que se refere à biodiversidade e à sobrevivência do planeta ou das comunidades independentes, isto é, autossuficientes (Rattner, 2004).

Além disso, é necessário estarmos atentos para o fato de que a sustentabilidade deve ser analisada sob vários aspectos, e não apenas sob a ótica ecológica e ambiental. Ela também diz respeito à ocupação do espaço urbano pelo homem e, portanto, aos aspectos demográficos que envolvem a quantidade de pessoas que habitam ou utilizam um determinado território.

No ambiente social, a sustentabilidade deve abarcar as questões referentes à qualidade de vida, à utilização dos bens sociais e ao nível de exclusão que tal ambiente proporciona aos seus habitantes. Tal proposta requer que o meio ambiente seja observado sob uma perspectiva abrangente, que o considere um determinado bem de todos – daqueles que estão no presente e dos que virão no futuro. Essa é a principal tarefa dos que atingiram o grau de consciência de "visão social".

Além disso, outro fator essencial nesse processo de busca do equilíbrio entre o sujeito operante e o meio na qualidade de origem (matéria-prima) e resultante (produto) é, ao observarmos a cidade, termos em conta que, por mais que se aproxime do meio ambiente natural, ela é, ainda, uma construção artificial do homem e, portanto, uma agressão ao ambiente natural.

Nesse contexto, o Estatuto da Cidade, mediante várias normas, procura combater a agressão ao meio ambiente, como quando define, no art. 2º, que o objetivo da política urbana é

> [...] ordenar o pleno desenvolvimento das funções sociais da cidade e da propriedade urbana, mediante as seguintes diretrizes gerais:
> I – a garantia do direito a cidades sustentáveis, entendido como o direito à terra urbana, à moradia, ao saneamento ambiental, à infraestrutura urbana, aos transportes e aos serviços públicos, ao trabalho e ao lazer, para as presentes e futuras gerações;
> [...]
> IV – planejamento do desenvolvimento das cidades, da distribuição espacial da população e das atividades econômicas do município e do território sob sua área de influência, de modo a evitar e corrigir as distorções do crescimento urbano e seus efeitos negativos ao meio ambiente;
> [...]

O Estatuto estabelece também como diretrizes gerais que o ordenamento do uso do solo deve "evitar a poluição e a degradação ambiental" e recomenda a adoção de padrões de produção e consumo de bens e serviços e de expansão urbana compatíveis com os limites da sustentabilidade ambiental, social e econômica do município e do território sob sua área de influência. Além disso, ocupa-se da proteção, preservação e recuperação do meio ambiente natural e construído, bem como dos patrimônios cultural, histórico, artístico, paisagístico e arqueológico.

No entanto, não é somente o Estatuto da Cidade que incorpora a tese da sustentabilidade urbana, sendo ela um princípio que se incorpora à visão de cidade ecologicamente equilibrada. Podemos até mesmo dizer que ela é um dos alicerces da política urbana nacional – desde a sua matriz constitucional até o Estatuto – e de toda a legislação brasileira sobre meio ambiente.

O termo *sustentabilidade*, quando aplicado aos significados urbanos, "encerra a tese-chave de que é possível desenvolver sem destruir o meio ambiente", ao passo que a SUSTENTABILIDADE PROGRESSIVA abarca, em seu significado, a ideia de redução da degradação do meio ambiente concomitante à redução da pobreza e das desigualdades sociais (Canepa; Garcia, 2005, p. 134).

✦ ✦ ✦

> O desenvolvimento sustentável é aquele que atende às necessidades do presente sem comprometer as possibilidades de as gerações futuras atenderem as suas próprias necessidades.

✦ ✦ ✦

Manter-se saudável é, portanto, uma das funções sociais da cidade, para que, dessa maneira, seja garantida a qualidade de vida para as atuais e futuras gerações, de um horizonte próximo ou distante. Dentro desse contexto, *saúde urbana* significa a sustentabilidade ambiental, social, cultural e política. Em todos os aspectos da dimensão humana, o ambiente artificial, criado pelo homem para que ele pudesse viver com mais conforto e protegido das intempéries da natureza, deve manter um nível de qualidade que preserve condições favoráveis para o desenvolvimento da vida.

A sustentabilidade, em todos os seus aspectos (ambiental, econômico, social, cultural e político), é uma nova maneira de reconhecer uma das funções sociais da cidade, tão importante quanto às demais. UTILIZAR preservando, renovando, reutilizando, reciclando e respeitando constitui-se numa VISÃO ÉTICA DA CIVILIZAÇÃO e do seu instrumento de desenvolvimento, que é a cidade. A civilização construiu a cidade, que construiu a civilização.

Síntese

Da mesma forma que há países em maior ou menor grau de desenvolvimento, o mesmo se pode dizer a respeito das cidades. De modo geral, a humanidade avança e progride para suprir suas necessidades, principalmente quando falamos das comunidades em que o desenvolvimento ainda é pequeno em relação às civilizações mais avançadas (Canepa; Garcia, 2005). Nesse sentido, observamos que o homem estabeleceu, ao longo do tempo, funções para a cidade e procurou fazer com que elas fossem validadas através da cultura e da edificação de ambientes urbanos. Na sociedade contemporânea, da informação, a cidade transcende o seu limite geográfico – como transcendeu em todos os tempos –, porém agora o faz de forma instantânea. As suas funções sociais independem do espaço/tempo, pois são direitos que acompanham o ser humano onde ele estiver. Pela teoria da finalidade, o Poder Público existe para garantir e materializar esses direitos, e eles não são senão o próprio direito à vida social com liberdade e limites que possam assegurar a todos condições de igualdade para usufruir dos bens gerados pela civilização.

Assim, o que percebemos, acompanhando o processo histórico, os vários estudos e concepções sob o prisma da multidisciplinaridade, bem como as determinações legais emanadas – no caso do Brasil, da própria Constituição – e alinhadas aos parâmetros das convenções internacionais – principalmente os manifestados na antiga e na nova

Carta de Atenas –, é que há a necessidade de que as reformulações tornem-se conhecidas dos formuladores e executores da política de desenvolvimento urbano. Dessa maneira, elas poderão possibilitar que as funções da sociedade sejam ordenadas, no sentido de ocorrer o seu pleno desenvolvimento.

Nesse contexto, é necessário utilizarmos os instrumentos previstos na legislação. No entanto, identificar as funções sociais da cidade, na amplitude e diversificação do ambiente urbano com todas as interações que ele sofre, não é tarefa das mais fáceis. Porém, as funções aqui elencadas, se não forem ordenadas no sentido da promoção da justiça social urbana e da melhoria da qualidade de vida dos habitantes do meio urbano, proporcionando a estes o bem-estar, não podem receber o qualificativo de *sociais*. Serão apenas funções da cidade. Dessa forma, como será estudado adiante, o instrumento para o ordenamento de tais funções é o PLANO DIRETOR.

Questões para revisão

1. Quem transformou quem: o homem ou a cidade?
2. O que podemos considerar para conceituar *cidade*? Quais os critérios usados para isso?
3. Como a nossa Constituição define *região metropolitana*?
4. Qual é a essência da política urbana?
5. Considerando que a Constituição, em seu art. 182, declara que "a política de desenvolvimento urbano tem por objetivo o pleno desenvolvimento das funções sociais da cidade", responda: Quais seriam essas funções?

capítulo seis

Normas gerais de urbanismo

Conteúdos do capítulo:

- Parâmetros estabelecidos pela Constituição como normas urbanísticas;
- O Estatuto da Cidade e as questões relativas à sustentabilidade, à gestão democrática das cidades e demais diretrizes;
- Aspectos relacionados ao solo urbano, seu uso e regulação.

Após a leitura deste capítulo, você será capaz de:

1. fundamentar as normas urbanísticas no texto constitucional;
2. descrever as normas urbanísticas de acordo com a regulamentação dada pelo Estatuto da Cidade;
3. identificar a legalidade das leis orgânicas e urbanísticas do município em consonância com as leis estaduais sobre o assunto;
4. fazer a conexão do Plano Diretor da cidade com as normas da legislação urbana brasileira;
5. descrever as condições de uso do solo urbano dentro de um plano de zoneamento.

A fundamentação das normas de direito urbanístico dos municípios parte, inicialmente, da Constituição, posteriormente regulamentadas pelo Estatuto da Cidade. Se existirem, no âmbito dos estados membros, as leis estaduais de política urbana e urbanística, consequentemente, as leis orgânicas e urbanísticas municipais, assim como o Plano Diretor, deverão seguir as diretrizes estabelecidas por aquelas normas gerais dos estados onde os municípios estejam inseridos.

6.1 A política urbana na Constituição

O movimento pela reforma urbana surgiu no Brasil em meados de 1960, como resultado dos problemas que foram deflagrados com a crescente urbanização. Esta trouxera, como consequência, a intensificação dos problemas relacionados às precárias condições de vida de uma parcela significativa da população nas grandes cidades. A rápida urbanização, aliada a outros fatores sociais e econômicos, desencadeou um processo de favelização* e de caos urbano, principalmente em serviços como transporte e saneamento. Foi nesse contexto que se iniciou o movimento pela reforma urbana, a qual se consolidou nas décadas seguintes com o Projeto de Lei do Desenvolvimento Urbano, o PL nº 775/1983, com o Capítulo II – "Da Política Urbana, na Constituição Federal" e, finalmente, em 2001, com o Estatuto da Cidade.

De acordo com a Constituição (Brasil, 1988), a União tem o papel de fixar as diretrizes gerais por meio da Lei da Política Urbana e, ao instituir essas diretrizes para o desenvolvimento urbano, não pode ignorar as áreas de habitação, saneamento básico e transportes

✦ ✦ ✦

* Favelização: nome dado ao grande crescimento de favelas nos centros urbanos.

urbanos, conforme preceitua o art. 21, inciso XX, da Constituição. No art. 24, a Constituição determina que a competência para legislar sobre direito urbanístico é concorrente entre a União, os estados e o Distrito Federal, sendo que a doutrina, majoritariamente, incluiu o(s) município(s) com poderes para legislar sobre direito urbanístico.

Assim, embora os estados membros e o Distrito Federal possuam competência concorrente com a União para legislar (de acordo com suas competências) sobre esse direito em relação aos municípios, essa atribuição está expressa na competência de legislar sobre assuntos de interesse local. Ainda mais especificamente, no capítulo "Da Política Urbana", as atribuições e as responsabilidades ali elencadas devem ser cumpridas, prioritariamente, pelo ente municipal.

♦ ♦ ♦

> É salutar lembrar que a Constituição trata do "direito à cidade" – que venha a proporcionar qualidade de vida e bem-estar aos seus habitantes – como fundamental apenas em seus arts. 182 e 183.

♦ ♦ ♦

O art. 182 atribui ao município, como ente federativo, a responsabilidade de promover a política urbana de modo a "ordenar o pleno desenvolvimento das funções sociais da cidade". Estabelece ainda que o Plano Diretor é o instrumento básico para o desenvolvimento urbano e para que a propriedade cumpra sua função social.

O mesmo artigo, no parágrafo 1º, prevê que o Plano Diretor deve ser aprovado pela Câmara Municipal. Isso significa que ele é uma lei municipal. Porém, a Constituição não determina em que tipo de lei, se ordinária (aprovada por maioria simples dos vereadores) ou complementar (aprovada por maioria absoluta), ou mesmo com *quorum* (aprovação qualificada de ⅔ ou ⅗ dos membros do legislativo municipal), ela se encaixa. Dessa forma, a decisão sobre a natureza da lei que vai regular o Plano Diretor, bem como sobre o seu *quorum* de aprovação deve ser estabelecida na lei orgânica de cada município.

Quanto à iniciativa do projeto, a Constituição também não prevê de quem será a competência. A iniciativa pode ser do prefeito – como chefe do Poder Executivo –, de qualquer um dos vereadores ou de uma comissão da Câmara, como também ocorrer por iniciativa popular. Isto é, 5% dos eleitores do município podem apresentar o Projeto de Lei do Plano Diretor, desde que a Lei Orgânica Municipal não estabeleça competência privativa de algum dos poderes municipais.

A política urbana promovida por meio do Plano Diretor possui, como instrumentos para atingir os objetivos previstos no combate, a especulação imobiliária, o parcelamento e a edificação compulsória das áreas urbanas, bem como o Imposto Predial e Territorial Urbano (IPTU) progressivo no tempo e a desapropriação com pagamento por meio de títulos da dívida pública.

Para a regularização das áreas ocupadas irregularmente, são previstas a usucapião especial e a concessão de uso para quem possua área urbana de até 250m² há mais de cinco anos e não tenha outra propriedade urbana ou rural (art. 183, § 1º, CF). Esse parágrafo da Constituição foi regulamentado pela Medida Provisória (MP) nº 2.200, de 4 de setembro de 2001, fixando as condições para a Concessão de Uso Especial para Fins de Moradia (Brasil, 2001b).

Resumidamente, podemos dizer que, se para a União coube a tarefa de fixar as normas gerais – como as previstas no Estatuto da Cidade –, aos estados membros e ao Distrito Federal (já que este último detém as atribuições legislativas dos estados e dos municípios) couberam as regras suplementares à lei nacional e também à legislação regional. Esta, por sua vez, deve vigorar sobre o território de todo o estado ou sobre determinadas regiões dele, como as turísticas, as de preservação ambiental ou a região litorânea.

Nesse âmbito, é tarefa dos "Estados membros organizar o Plano Estadual de Urbanismo e editar as normas urbanísticas regionais, adequadas ao seu território, observados os princípios federativos de repartição e limites de atribuições das quatro esferas estatais"

(Meirelles, 2005, p. 391). Já aos municípios atribui-se a competência para legislar sobre assuntos de interesse local, visando ao ordenamento territorial mediante o planejamento, o controle do uso, o parcelamento e a ocupação do solo urbano (art. 30, I, II e VIII, CF).

6.2 O Estatuto da Cidade

O Estatuto da Cidade* (Brasil, 2002d) dispõe a respeito das competências da União sobre a política urbana e estabelece as atribuições aos outros níveis de poder (estados, Distrito Federal e municípios). Além disso, ele normatiza que os entes federados devem assegurar os direitos e as garantias fundamentais das pessoas mediante a implementação de políticas públicas que promovam a justiça social, a erradicação da pobreza e a redução das desigualdades sociais, possibilitando, assim, a plena cidadania e a dignidade do ser humano.

Nesse entendimento, com base no art. 182 da Constituição e no princípio da preponderância do interesse, o município é o principal ente federativo responsável por promover a política urbana de modo a "ordenar o pleno desenvolvimento das funções sociais da cidade, de garantir o bem-estar de seus habitantes" e de assegurar que a propriedade urbana cumpra a sua função social. Isso deve ser feito de acordo com os critérios e instrumentos estabelecidos no **Plano Diretor, definido constitucionalmente como o instrumento básico da política urbana.**

O Estatuto da Cidade apresenta características próprias e inovadoras. Na regulamentação do dispositivo constitucional, a lei fixa obrigações aos cidadãos e ao Poder Público, cria institutos jurídicos novos, regulamenta outros e prevê sanções para quem descumpre a

✦ ✦ ✦

* A Lei nº 10.257/2001, denominada de *Estatuto da Cidade* (EC), é a que regulamenta os art. 182 e 183 da CF e estabelece as diretrizes gerais da política urbana.

norma. Pela primeira vez, a lei possui um nome – *Estatuto da Cidade* – e apresenta as normas como de ordem pública e interesse social na regulamentação do uso da propriedade urbana, objetivando o bem coletivo, o equilíbrio ambiental, a segurança e o bem-estar dos cidadãos (art. 1º, parágrafo único, EC). Procura também se reafirmar como norma de direito público, enfatizando o caráter social da lei.

As três esferas governamentais, para Meirelles (2005), devem agir no sentido de implementar os instrumentos e as normas gerais de direito urbanístico previstos no Estatuto da Cidade, mas é na atuação do município que o impacto é maior. Enfatiza o mesmo autor que a competência municipal é determinada pela Constituição, e não pelo Estatuto da Cidade. A este último ele atribui a condição de apenas configurar alguns instrumentos de política urbana, entre eles alguns novos e outros de uso já tradicional, contribuindo, dessa forma, "para a uniformização da nomenclatura, do significado e dos meios e modos de utilização de cada um" (Meirelles, 2005, p. 157).

Podemos constatar a veracidade dessa observação na prática da Administração Pública, pois o Estatuto, após fixar as diretrizes gerais da política urbana, enumera os instrumentos para viabilizá-la, sendo alguns já consagrados no ordenamento jurídico brasileiro, como:

- o Plano Plurianual;
- a Lei de Diretrizes Orçamentárias;
- a desapropriação.

No entanto, outros são novos, como:
- o direito de superfície;
- o direito de preempção;
- o direito de impacto de vizinhança.

Também é necessário aprofundar as diretrizes de alguns desses instrumentos, como o parcelamento, edificação ou utilização compulsória, o IPTU progressivo no tempo, a desapropriação com pagamento de títulos, a usucapião especial de imóvel urbano, as operações urbanas consorciadas, entre outros.

O Estatuto da Cidade estabelece ainda que o Plano Diretor deve conter os instrumentos urbanísticos a serem utilizados no parcelamento ou edificação compulsórios para a aplicação do IPTU progressivo no tempo e a desapropriação para fim de reforma urbana. Esses instrumentos devem estar previstos no Plano Diretor para que possam ser empregados pelo município a fim de garantir a função social da propriedade.

Diretrizes gerais do Estatuto da Cidade

Entre as atribuições da União, encontra-se a de estabelecer as diretrizes do desenvolvimento urbano, incluindo as áreas de habitação, saneamento básico e transportes urbanos (art. 21, XX, CF), e a de legislar concorrentemente com os estados e o Distrito Federal sobre direito urbanístico (art. 24, I, CF).

Isso significa que as normas gerais, os princípios e as diretrizes da legislação urbana são atribuições federais, de caráter nacional. Dessa forma, o país todo adotará, nessa área, os mesmos princípios, cabendo aos municípios adaptá-los às realidades locais e regionais por meio de suas leis. Essas normas reportam-se a questões básicas fundamentais, sem entrar em detalhes, porém devem conter uma uniformidade para que sejam aplicadas em situações semelhantes.

Nesse contexto, o Estatuto estabelece 16 princípios que direcionam a política urbana para que ela cumpra os objetivos propostos. Assim, em seu art. 2º, ele especifica as diretrizes gerais da política urbana, reiterando os princípios estabelecidos no art. 182 da Constituição – que afirma que ela, a política urbana, tem por objetivo ordenar o pleno desenvolvimento das funções sociais da cidade e da propriedade urbana.

Cidade sustentável

Embora se constitua num espaço construído e, portanto, artificial, a cidade deve agredir o mínimo possível o meio ambiente, aproximando-se do natural. Para isso, o Estatuto, em várias normas, procura combater a agressão ao meio ambiente, como quando ordena, em seu art. 2º, inciso I, como primeira diretriz, que a "garantia do direito a cidades sustentáveis, entendido como o direito à terra urbana, à moradia, ao saneamento ambiental, à infraestrutura urbana, ao transporte e aos serviços públicos, ao trabalho e ao lazer, para as presentes e futuras gerações", deve ser observada, pois entende a lei que a cidade deve ser ocupada e utilizada visando não apenas ao conforto e ao bem-estar da geração atual, mas também das que virão no futuro.

Esse princípio é a garantia legal da responsabilidade que as cidades têm de serem sustentáveis, ou seja, a sustentabilidade deve ser vista além da ótica ecológica e ambiental, também no que diz respeito à ocupação do território urbano, envolvendo questões demográficas, econômicas, de qualidade de vida e de disponibilização dos bens e serviços.

> Nesse entendimento, destacamos que, ao conceituar cidades sustentáveis, o Estatuto acrescenta que isso significa:
> - o direito à terra urbana;
> - à moradia;
> - ao saneamento ambiental;
> - à infraestrutura urbana;
> - ao transporte e aos serviços públicos;
> - ao trabalho e ao lazer.

Esses são, portanto, direitos fundamentais que se constituem nas próprias funções sociais da cidade.

> **A preocupação com o meio ambiente, a sustentabilidade, a preservação, entre outros fatores, não acaba por impedir o desenvolvimento?**
> É importante compreender que as preocupações a respeito das questões ambientais não impedem o progresso nem o desenvolvimento da cidade. Aliás, para que ela se torne sustentável, é necessário que haja o desenvolvimento social, econômico e ecológico também de forma sustentável. Consideramos fundamental que aqui se faça uma elucidação: **o que é desenvolvimento sustentável?** Entendemos, baseando-nos nas concepções hodiernas, por desenvolvimento sustentável aquele que atende às necessidades do presente **sem comprometer a possibilidade de as gerações futuras atenderem às suas próprias necessidades.**

Gestão democrática

Essa é a segunda diretriz estabelecida no Estatuto (art. 2º, III), determinando que a "gestão democrática acontece por meio da participação da população e de associações representativas dos vários segmentos da comunidade na formulação, execução e acompanhamento de planos, programas e projetos de desenvolvimento urbano". Isto é, a população, organizada ou não, deve contribuir para a formulação e implementação dos programas e projetos que objetivem o desenvolvimento urbano de forma integral, bem como acompanhar esse processo.

A gestão democrática também está fundamentada na Constituição, quando esta estabelece, entre os preceitos da ação municipal, "a cooperação das associações representativas no planejamento municipal" (art. 29, XII, CF). Isso significa que, na tomada de decisões pelo Poder Público, envolvendo questões urbanas, a comunidade deve ser ouvida e manifestar-se por meio de audiências públicas e conselhos. A participação popular é, portanto, um DIREITO DE CIDADANIA, que remete à existência de uma democracia direta nas questões fundamentais da vida urbana.

Cooperação

A terceira diretriz estabelece a cooperação entre os governos (federal, estadual e municipal), a iniciativa privada e os outros setores da comunidade, objetivando atender o interesse social. Diz a norma (art. 2º, III, EC) que deve haver a "cooperação entre os governos, a iniciativa privada e os demais setores da sociedade no processo de urbanização, em atendimento ao interesse social". Observamos, nesse caso, que, ao determinar a cooperação entre o Poder Público e a sociedade, a lei reconhece a importância dos diversos segmentos, mas sempre o interesse coletivo deve prevalecer, uma vez que a cidade é de todos, e a sua construção é uma tarefa coletiva.

Adiante, nos instrumentos de política urbana, o Estatuto da Cidade menciona as operações urbanas consorciadas em que o poder público coordena as atividades, mas há a participação de proprietários, moradores, usuários e até de investidores privados. Nesse contexto, a possibilidade da ação privada estabeleceu um marco de contenção na postura autossuficiente do Poder Público – nos assuntos referentes aos processos urbanísticos –, ensejando a cooperação.

Planejamento

A quarta diretriz é o planejamento do desenvolvimento urbano, com a distribuição espacial no território do município da população e das atividades econômicas. É o zoneamento do município para que o crescimento urbano seja ordenado e se evitem os efeitos negativos e as distorções que ocorrem quando não há planejamento, causando inúmeros prejuízos e malefícios ao meio ambiente.

É o planejamento integrado da habitação, do trabalho e do relacionamento da área urbana e do entorno de sua influência, porquanto estabelece a diretriz (art. 2º, IV, EC) que haja "o planejamento do desenvolvimento das cidades, da distribuição espacial da população e das atividades econômicas do Município e do território sob sua área de influência, de modo a evitar e corrigir as distorções do crescimento urbano e seus efeitos negativos sobre o meio ambiente".

Equipamentos urbanos

Também se constitui uma diretriz a oferta de equipamentos urbanos e comunitários, bem como de serviços de transportes e de saneamento ambiental, conforme as necessidades da população e as características do lugar. Diz a lei (art. 2º, V, EC) que deve acontecer a "oferta de equipamentos urbanos e comunitários, transporte e serviços públicos adequados aos interesses e necessidades da população e às características locais".

Por equipamentos urbanos, são designados os equipamentos públicos, como os destinados ao abastecimento de água, aos serviços de esgotos, à energia elétrica, à coleta de águas pluviais, à rede telefônica, ao gás canalizado, entre outros. Já os equipamentos comunitários são os destinados à educação, à saúde, à cultura, ao lazer, à segurança e similares, como escolas, postos de saúde, hospitais, teatros, canchas esportivas, delegacias de polícia, entre outros.

Controle do uso do solo

Essa diretriz (art. 2º, VI, EC) trata da ocupação e do uso do solo mediante o emprego adequado dos imóveis de acordo com a infraestrutura existente, combatendo a especulação imobiliária e a deteriorização, bem como a poluição e a degradação do meio ambiente. A lei municipal que tratar desse assunto deverá levar em conta essa sexta diretriz como princípio norteador, pois ela estabelece que, para o desenvolvimento das funções da cidade, deve haver a:

[...] ordenação e controle do uso do solo, de forma a evitar:
a. a utilização inadequada dos imóveis urbanos;
b. a proximidade de usos incompatíveis ou inconvenientes;
c. o parcelamento do solo, a edificação ou o uso excessivos ou inadequados em relação à infraestrutura urbana;
d. a instalação de empreendimentos ou atividades que possam funcionar como pólos geradores de tráfego, sem a previsão da infraestrutura correspondente;
e. a retenção especulativa de imóvel urbano, que resulte na sua subutilização ou não utilização;
f. a deterioração das áreas urbanizadas;
g. a poluição e a degradação ambiental;
[...]

A obediência a essa determinação evita o conflito que, muitas vezes, ocorre entre o interesse privado – do proprietário – e o interesse público – de toda a cidade.

Integração urbana e rural

A grande maioria dos municípios brasileiros possui como principal atividade a AGRICULTURA, a qual sustenta as atividades urbanas não apenas com o emprego de trabalhadores, mas principalmente sob o aspecto econômico.

Isso faz notório o fato de o planejamento territorial precisar envolver tanto o aspecto urbano quanto o rural, já que um complementa o outro desde os primórdios da civilização.

Coerente com essa realidade, o **Estatuto estabelece como uma das diretrizes a integração entre as atividades urbanas e as rurais,**

♦ A grande maioria dos municípios brasileiros possui como principal atividade a AGRICULTURA, a qual sustenta as atividades urbanas não apenas com o emprego de trabalhadores, mas principalmente sob o aspecto econômico. ♦

objetivando o desenvolvimento socioeconômico. Isso porque, conforme o seu texto (art. 2º, VII), "a integração e complementaridade entre as atividades urbanas e rurais, tendo em vista o desenvolvimento socioeconômico do Município e do território sob sua área de influência", é um princípio a ser considerado, uma vez que o município não pode ser visto como áreas estanques: cidade e campo.

Nesse contexto, o Plano Diretor – um dos principais instrumentos da política urbana – deve envolver todo o território municipal, justamente para que essa diretriz seja implantada, ocorrendo, assim, a integração e a complementaridade das atividades socioeconômicas.

Padrões de sustentabilidade

A oitava diretriz (art. 2º, VIII, EC) estabelece a "adoção de padrões de produção e consumo de bens e serviços e de expansão urbana compatíveis com os limites da sustentabilidade ambiental, social e econômica do Município e do território sob sua área de influência" como mais um princípio para o desenvolvimento das funções da cidade. Se, na primeira diretriz, o Estatuto afirma que a cidade deve ser sustentável, nesta ele estabelece que o Poder Público deve adotar padrões de consumo de bens e serviços e da expansão urbana para que ocorra, efetivamente, a sustentabilidade ambiental, social e econômica não apenas no município, mas em toda a área de sua influência.

> **Mas que padrões são esses que devem ser adotados pelas municipalidades?**
> Padrões técnicos nas áreas de saneamento, de combate à poluição ambiental em todos os níveis (solo, ar, água), a preservação das nascentes e cursos de água e, também, a ocupação humana do território, envolvendo os aspectos da capacidade econômica (produção de bens e geração de renda) e a questão social: saúde, educação, segurança, lazer, entre outros.

Distribuição de benefícios e de ônus

Qualquer processo de urbanização traz aspectos POSITIVOS E NEGATIVOS, vantagens e prejuízos. Todo investimento público ou particular causa impactos econômicos e ambientais, como a valorização imobiliária de determinadas regiões – sendo que a falta de investimentos pode trazer prejuízos em outras, como a poluição, o congestionamento, a desvalorização, entre outros. A nona diretriz (art. 2º, IX, EC) estabelece, entre as determinações para que a cidade ordene suas funções, a necessidade de uma "justa distribuição dos benefícios e ônus decorrentes do processo de urbanização".

Para tanto, o Poder Público deve adotar princípios de CORREÇÃO DOS IMPACTOS, com o intuito de que determinados setores não sejam beneficiados sempre, e outros, só penalizados. **Esses mecanismos podem ser tributários e compensatórios.** Os tributários são a contribuição de melhoria, e os compensatórios, a aplicação de recursos – a fundo perdido – numa região deteriorada.

Investimentos geradores do bem-estar

Os instrumentos de política econômica, tributária e financeira, bem como os gastos públicos, devem ter como meta a GERAÇÃO DO BEM-ESTAR DA POPULAÇÃO, procurando atingir toda a coletividade. Quando um investimento público ocorrer, ele deve priorizar a comunidade como um todo, e não apenas determinado setor. É esse o sentido da décima diretriz (art. 2º, X, EC), ou seja, a "adequação dos instrumentos de política econômica, tributária e financeira e dos gastos públicos aos objetivos do desenvolvimento urbano, de modo a privilegiar os investimentos geradores de bem-estar geral e a fruição dos bens pelos diferentes segmentos sociais".

Com essa visão, meio século atrás, Pasqualini (1958) já preconizava que deveriam ser asseguradas a todos as condições mínimas de conforto e bem-estar, ou seja, as pessoas possuem o direito de participar dos benefícios da civilização e da cultura, sendo esse o objetivo de toda organização social. Além disso, ele acrescentava não ser suficiente "o princípio teórico da igualdade de oportunidade, mas é necessário dar-lhe um sentido concreto e prático", o que significa que o Estado tem o dever de disponibilizar oportunidade para todos, "a fim de que cada um possa aproveitá-la de acordo com as suas necessidades, as suas tendências e as suas aptidões" (p. 5).

Recuperação dos investimentos

Os investimentos públicos que geram valorização imobiliária, uma vez aplicados, devem retornar aos cofres públicos para que possam ser empregados em outras regiões mais necessitadas. Se não for assim, o Poder Público vai gerar uma categoria de privilegiados em detrimento de toda a população. Trata-se de mais um princípio constante no Estatuto (art. 2º, XI): "a recuperação dos investimentos do Poder Público de que tenha resultado a valorização de imóveis urbanos".

Entre os mecanismos de recuperação dos investimentos estão os tributários, como a contribuição de melhoria, no caso de uma obra pública causar grande valorização numa determinada área, sendo que os recursos ali arrecadados poderão ser aplicados em outras áreas menos favorecidas. Além disso, essa também é uma forma de combater a especulação imobiliária.

Proteção do meio ambiente natural e construído

O Estatuto também estabelece (art. 2º, XII), como diretriz do ordenamento urbano, a "proteção, preservação e recuperação do meio ambiente natural e construído, do patrimônio cultural, histórico, artístico, paisagístico e arqueológico". Essa diretriz reforça as competências comuns da União, dos estados, do Distrito Federal e dos municípios (art. 23, CF), que visam:

[...]

III – proteger os documentos, as obras e outros bens de valor histórico, artístico e cultural, os monumentos, as paisagens naturais notáveis e os sítios arqueológicos;

IV – impedir a evasão, a destruição e a descaracterização de obras de arte e de outros bens de valor histórico, artístico e cultural;

VI – proteger o meio ambiente e combater a poluição em qualquer de suas formas;

VII – preservar as flores, a fauna e a flora.

Essa proteção deve ocorrer por meio da aplicação de vários instrumentos que a própria lei enumera, entre outros:

- o zoneamento ambiental;
- o tombamento de imóveis ou de mobiliário urbano;
- a instituição de unidades de conservação.

Dentro desse contexto, observamos, no texto constitucional, que o patrimônio construído encontra-se no mesmo nível de proteção do ambiente natural, uma vez que ele representa a história humana de um determinado período e serve também de referencial para o futuro.

Audiências públicas

As audiências públicas ampliam o conceito de gestão democrática da cidade. Isso porque possibilitam à população (quando atingida por empreendimentos ou por atividades a serem implantadas que possam causar efeitos negativos no meio ambiente natural ou construído ou ainda trazer não só desconforto e afetar a segurança pública) oportunidades não só para ser ouvida, mas também para contribuir com propostas e sugestões que deverão ser consideradas pelo Poder Público. Esse princípio está expresso no Estatuto (art. 2º, XIII), que estabelece a "audiência do Poder Público municipal e da população interessada nos processos de implantação de empreendimentos ou atividades com efeitos potencialmente negativos sobre o meio ambiente natural ou construído, o conforto ou a segurança da população" como um dos princípios para o desenvolvimento pleno das funções da cidade.

Normas especiais de regularização fundiária

O objetivo dessa diretriz é garantir o direito de moradia aos brasileiros que vivem na informalidade, principalmente nas grandes metrópoles, onde o processo de urbanização não acompanhou o crescimento populacional, gerando situações de difícil solução.

Assim, a regularização e a urbanização de áreas ocupadas por populações de menor renda, como as favelas, devem seguir critérios específicos, diferentes do restante da cidade. Nesse sentido, não podemos exigir que os habitantes dessas regiões deterioradas tenham as mesmas obrigações das populações mais ricas, pois isso não poderá acontecer. Essa concepção é evidente no Estatuto (art. 2º, XIV), quando ele define ser uma norma a "regularização fundiária e urbanização de áreas ocupadas por população de baixa renda mediante o estabelecimento de normas especiais de urbanização, uso e ocupação do solo e edificação, consideradas a situação socioeconômica da população e as normas ambientais". Logo, nesses espaços, as normas urbanísticas e ambientais a serem adotadas deverão ser menos rígidas para que essas áreas sejam regularizadas e esses brasileiros possam viver com um relativo conforto.

Simplificação da legislação

Observamos que, quanto mais complexo o Estatuto da Cidade e quanto mais se exige, menos a economia formal oferece lotes regulares nos grandes centros urbanos, fazendo com que a população promova ocupações de forma irregular, gerando problemas urbanos de difícil solução.

Com esse entendimento, a diretriz que **estabelece a simplificação da legislação** prevê que a legislação (art. 2º, XV, EC) do parcelamento, uso e ocupação do solo, bem como as normas de direito edilício, deve ser amenizada, tornando-se mais simples e clara, para que os custos sejam reduzidos e, com isso, haja uma oferta maior de imóveis para a construção de moradias. Assim está expresso no Estatuto: "Simplificação da legislação de parcelamento, uso e ocupação do solo e das normas edilícias, com vistas a permitir a redução dos custos e o aumento da oferta dos lotes e unidades habitacionais".

Isonomia entre o público e o privado

A última diretriz estabelece que não deve haver diferença entre as normas que regulam as atividades públicas e as que se referem às atividades privadas no processo de urbanização, desde que atendidos os interesses sociais. **Isso significa que deve haver um pacto entre os setores públicos e privados, o qual deve ser respeitado por todos.**

Nesse contexto, não deve haver o emprego de medidas autoritárias por parte do Poder Público. O que vale para um deve valer para o outro. As regras para os empreendimentos públicos e privados devem ser as mesmas, e isso está bem claro no Estatuto (art. 2º, XVI), ao afirmar que deve haver "isonomia de condições para os agentes públicos e privados na promoção de empreendimentos e atividades relativos ao processo de urbanização, atendido o interesse social".

6.3 Os instrumentos de política urbana

Os instrumentos para a concretização da política urbana estão enumerados no art. 4º, Seção I, Capítulo II, do Estatuto da Cidade e podem ser ordenados em quatro categorias:

- de planejamento;
- tributários e financeiros;
- jurídicos e políticos;
- ambientais.

Porém, os instrumentos enumerados não se constituem numa relação fechada e exclusiva, sendo que a própria norma estabelece que eles "serão utilizados, entre outros instrumentos" (art. 2º, *caput*, EC), o que significa que existem ou podem existir outros que não foram relacionados.

Além disso, **a aplicação desses instrumentos citados deve ser regida pela legislação em vigor**, com os complementos estabelecidos no Estatuto, e, quando for utilizado recurso do Poder Público na aplicação de algum dos instrumentos, deve haver um controle social (conselho, audiências públicas), sendo assegurada a participação de comunidades, movimentos e entidades da sociedade civil. Também é importante salientar que, nos programas e projetos habitacionais de interesse social – desenvolvidos por órgãos ou entes da Administração Pública –, a concessão de direito real de uso de imóveis públicos pode ser contratada coletivamente (art. 4º, §§ 1º, 2º, 3º, EC).

Questões para reflexão

Os princípios, para Dallari e Ferraz (2003), também são normas que determinam e autorizam certo comportamento, pois são dotados de positividade e eficácia, não precisando ser transformados em regras específicas, conforme entende o Judiciário, para terem validade. Os autores acrescentam ainda ao seu discurso que "o princípio da função social da propriedade é a ideia central que confere coerência e racionalidade ao sistema de atos normativos e administrativos que visam à organização conveniente dos espaços habitáveis" (p. 75). Considerando esse contexto, **você já pôde observar, na prática,** ou seja, no seu entorno, na vida, **que os instrumentos de política urbana** (de planejamento, tributários e financeiros,

> jurídicos e políticos ou, ainda, ambientais), uns mais e outros menos, **envolvem, de certa maneira, a utilização da propriedade urbana?** Portanto, eles estão sujeitos aos direitos e às limitações administrativas que fazem com que a propriedade seja submetida à sua função social e, consequentemente esteja integrada às funções sociais da cidade. Além disso, é interessante você fazer uma avaliação em relação às seguintes questões: **Em seu município, a função social da cidade se dá de forma equânime, isto é, atende a todas as classes sociais? Ocorre em todos os níveis do espaço urbano?**

Nesse processo, **os instrumentos de planejamento atuam nas três esferas** com planos federais, regionais, estaduais e municipais, abrangendo territorialmente um planejamento macro a nível nacional, ou de regiões, ou também de estados como um todo. Esse planejamento terá origem em organismos federais ou regionais, com orientação destinada aos aspectos relacionados ao ordenamento do território e ao desenvolvimento econômico e social dessas regiões.

A outra esfera diz respeito ao PLANEJAMENTO ESTADUAL, que deve envolver as regiões metropolitanas, as microrregiões e as aglomerações urbanas. Ele deve ser orientado também ao ordenamento territorial e ao desenvolvimento econômico e social. Deve ser patrocinado por órgãos estaduais e pode se constituir em políticas de desenvolvimento urbano e regional a serem implantadas pelos governos dos estados.

A terceira linha do planejamento é a estabelecida pelo município, muito mais específica, chegando ao detalhamento do bairro. Visa não apenas aos aspectos territoriais, mas, principalmente, aos aspectos econômico e social. Os instrumentos desse planejamento são:

- o Plano Diretor (que analisaremos em tópico especial);
- o parcelamento, o uso e a ocupação do solo;
- o zoneamento ambiental;

- o Plano Plurianual, as diretrizes orçamentárias e o orçamento anual;
- os planos, programas e projetos setoriais;
- os planos de desenvolvimento econômico e social, além da participação popular na gestão orçamentária.

✦ ✦ ✦

Os instrumentos tributários e financeiros, enumerados pelo Estatuto, são o IPTU progressivo no tempo, a contribuição de melhoria e os incentivos e benefícios fiscais e financeiros.

✦ ✦ ✦

Para a execução da política urbana, o Estatuto apresenta, COMO INSTITUTOS JURÍDICOS E POLÍTICOS, a desapropriação, a servidão administrativa, as limitações administrativas, o tombamento de imóveis ou de mobiliário urbano, a instituição de unidades de conservação, a instituição de zonas especiais de interesse social, a concessão de direito real de uso, a concessão de uso especial para fins de moradia, o parcelamento, a edificação ou a utilização compulsórios, a usucapião especial de imóvel urbano, o direito de superfície, o direito de preempção, a outorga onerosa do direito de construir e de alteração de uso, a transferência do direito de construir, as operações urbanas consorciadas, a regularização fundiária, o consórcio imobiliário, a assistência técnica e jurídica gratuita para as comunidades e grupos sociais menos favorecidos, bem como o referendo popular e o plebiscito.

Quanto aos INSTRUMENTOS AMBIENTAIS, o Estatuto apresenta, para empreendimentos de grande porte, o ESTUDO PRÉVIO DE IMPACTO AMBIENTAL (EIA) e o de IMPACTO DE VIZINHANÇA (EIV). O primeiro já é bastante conhecido, e o outro é um instrumento novo, que os municípios começam a colocar na sua legislação ordinária.

Em tópicos especiais, serão analisados, mais adiante, institutos jurídicos e políticos e, com profundidade maior, a usucapião especial em imóveis urbanos, a concessão do uso especial para fins de moradia, o EIV, a gestão democrática da cidade e o Plano Diretor.

Zoneamento urbano

Um dos principais instrumentos de que dispomos para o planejamento urbano é a Lei de Zoneamento. É o instrumento que disciplina o uso e a ocupação do solo urbano e deve estar em consonância com o Plano Diretor. Constituiu-se numa lei que complementa esse plano, como a Lei de Edificações e Instalações, a Lei dos Arruamentos, a Lei do Perímetro Urbano, a Lei do Sistema Viário, a Lei de Loteamentos, entre outras.

> **O que é zoneamento?**
> O zoneamento é a divisão do território urbano do município em setores ou zonas, definindo áreas para atividades industriais, comerciais, de serviço, habitação, bem como a utilização racional do sistema viário, da topografia e das bacias hidrográficas, objetivando a ocupação e o adensamento diferenciado do espaço urbano.

A Lei de Zoneamento Urbano é aprovada pela Câmara Municipal e constitui-se em uma atribuição legislativa do município, fundamentada no preceito constitucional que estabelece ser de sua competência: "promover, no que couber, adequado ordenamento territorial, mediante planejamento e controle do uso, do parcelamento e da ocupação do solo urbano" (art. 30, VIII, CF).

A LEI DE ZONEAMENTO ESTABELECE OS CRITÉRIOS PARA A OCUPAÇÃO DO SOLO URBANO. Logo, é de sua competência orientar o desenvolvimento da cidade, promover a integração das atividades que compõem a vida urbana e controlar a densidade demográfica dos diversos setores, estabelecendo as funções e compatibilizando usos e atividades de acordo com a infraestrutura e as situações ambientais.

Ao estabelecer critérios para o uso e a ocupação do solo urbano, a Lei de Zoneamento pode também definir objetivos a serem alcançados, como prioridade para a geração de emprego e renda e busca por compatibilização entre o sistema viário e o de transporte público com hierarquia das vias, proporcionando, dessa maneira, condições para que o adensamento habitacional seja compatível com as atividades comerciais e de serviços.

Além disso, outros aspectos também podem ser considerados objetivos da Lei de Zoneamento, como a preservação dos patrimônios natural e construído, a recuperação de áreas degradadas e periféricas, bem como a participação das entidades representativas da comunidade na gestão urbana.

Alerta Meirelles (2005, p. 128) que o zoneamento é um "eficiente instrumento urbanístico de ordenação da cidade, mas deve ser utilizado com prudência e respeito aos direitos adquiridos". O referido autor acrescenta ainda que a "mudança de destinação de um bairro ou de uma rua produz profundas alterações econômicas e sociais, valorizando ou desvalorizando substancialmente as propriedades atingidas e suas adjacências".

Zonas ou setores urbanos

A Lei de Zoneamento pode dividir o espaço urbano em macrozonas e estas em zonas ou setores urbanos, estabelecidos no mapa do município, que deve compor a lei como anexo. As zonas podem ser classificadas como: zonas residenciais (ZR); zonas de serviço (ZS); zonas industriais (ZI); zonas de expansão urbana (ZEU), e assim por diante. Cada zona poderá ter múltiplas denominações, com critérios diferentes de ocupação e uso do solo.

As zonas residenciais podem ser:
- ZR 1, onde só serão permitidas unidades habitacionais unifamiliares, com até dois pavimentos;
- ZR 2, as quais podem permitir a construção e o uso multifamiliar de prédios residenciais até dois pavimentos e determinadas atividades de serviço ou comércio;

* ZR 3, onde podem ser edificadas construções residenciais e comerciais de até três pavimentos, e assim por diante.

Da mesma forma, **nas zonas industriais e de serviço podemos ter critérios diferentes de ocupação para essas atividades**. Para você ter um parâmetro, observe que, nas ZI 1, por exemplo, podem ser permitidas apenas indústrias não poluentes; todavia, nas ZI 2, podem ser admitidos certos tipos de indústrias que, embora poluidoras, para serem instaladas, devem cumprir determinadas exigências legais. Em relação às ZS, nas ZS 1, podemos, por exemplo, estabelecer ou instalar instituições educacionais, igrejas, entre outros tipos de ocupações; já nas ZS 2, é possível instalarmos empresas de transporte e logística, e assim por diante.

Enfim, são múltiplas as possibilidades que o zoneamento urbano permite. Entre elas, estão áreas destinadas a atividades esportivas – incluindo a implantação de ginásios, estádios e pistas de atletismo–, áreas de preservação ambiental, como bosques e parques; áreas destinadas às atividades militares especiais; áreas de transição entre uma atividade e outra.

Na Lei de Zoneamento, é permitido ainda que estejam previstas a infraestrutura urbana de cada zona ou setor, a rede de abastecimento de água, de coleta de esgoto, a malha de galerias pluviais, de energia elétrica e a iluminação pública.

Tipos de uso de solo

Quanto ao uso do solo para as atividades urbanas, a Lei de Zoneamento pode definir, de acordo com a natureza e o tipo de uso, que ele seja específico ou conforme a sua destinação. Esses usos podem ser **permitido, permissível e proibido**, ou ainda, ter a denominação de **usos conformes, desconformes ou tolerados**.

Para exemplificar essas situações, você pode observar que, em uma determina zona, certas atividades, como a comercial, são permitidas, dependendo, para isso, apenas da licença de construção e funcionamento; em outra, no entanto, a atividade comercial é permissível, desde que respeitados determinados parâmetros; já em uma terceira, a atividade comercial existente é tolerada, porém não é permitida a licença de novos empreendimentos comerciais. E, finalmente, em determinado setor a atividade comercial é proibida por ser inadequada, perigosa ou nociva à comunidade. Salientamos que esses critérios podem ser válidos também para outras atividades, como as industriais, as educacionais, as de serviço e as esportivas.

Uso permitido ou conforme

Essa classificação refere-se aos usos que estão permitidos, ou seja, estão conforme o que determina a Lei de Zoneamento para aquele setor. Se, em um determinado setor, é permitido realizar determinada construção ou atividade, quando você a fizer, ela estará de acordo com a legislação. Nesses casos, o agente público não pode, por exemplo, nos impedir de construir uma habitação onde a lei permite.

Evidentemente que esse é um referencial para os moradores da cidade. Estes, por sua vez, quando adquirem um lote, já sabendo que ali é permitido determinado tipo de construção e uso, devem obedecer a tal regulamentação. Assim, se, por um lado, a autoridade não pode negar o direito que está assegurado em lei, por outro, a edificação de uma habitação também está sujeita a obedecer outras regras estabelecidas na legislação, como ocupar até 50% do terreno ou possuir, no máximo, dois pavimentos, se assim determinar a legislação.

Uso permissível ou tolerável

Nessa situação, a legislação pode permitir ou tolerar que determinada construção ou uso ocorra, desde que obedeça a determinadas regras estabelecidas também em lei. Dentro desse contexto, a legislação pode estabelecer um critério subjetivo, como o de que, havendo um Conselho Municipal de Zoneamento, este deve ser ouvido, ficando a critério desse conselho permitir ou não que a construção ou o uso possa ocorrer.

Nos usos PERMISSÍVEIS OU TOLERÁVEIS, uma das características é que o alvará de autorização possui caráter precário. Essa situação não estabelece direito adquirido ou subjetivo a quem o detém. Vigora, em última análise, o poder discricionário da Administração Pública, que pode, a qualquer tempo, com base no interesse público, revogar o alvará.

Uso proibido ou desconforme

Nessa situação, o uso para determinadas atividades está peremptoriamente proibido. A Lei de Zoneamento estabelece que aquele uso não é permitido, já que é incompatível com a região. Nesses casos, a Administração Pública possui instrumentos para impedir que você exerça determinada atividade no local, podendo até mesmo, embargar o estabelecimento já existente, não permitindo que este continue funcionando.

Em alguns casos, pode ser que tenha havido uma mudança no zoneamento e determinada atividade que era permitida na legislação anterior agora não seja mais. Nessas situações, o estabelecimento continua funcionando. No entanto, ele não pode ser ampliado, devendo limitar-se ao que anteriormente havia sido autorizado. Explica Meirelles (2005, p. 130) que, "se havia uma pré-ocupação de acordo com a lei, e a Prefeitura deseja ocupar o imóvel, deverá desapropriar ou amigavelmente indenizar o proprietário".

O parcelamento do solo urbano

O parcelamento do solo urbano está regulado pela Lei nº 6.766/1979(Brasil, 1979), anterior à Constituição de 1988, que estabelece os requisitos urbanísticos para a elaboração dos projetos de loteamento e desmembramento, bem como os procedimentos necessários para a aprovação destes e a forma de registro do solo urbano parcelado.

Essa lei objetiva combater a deterioração das cidades (e, para isso, estabelece padrões mínimos para o parcelamento do solo urbano) e a especulação, assegurando, dessa maneira, ao Poder Público o controle sobre o espaço urbano. Determina ainda como os contratos devem ser elaborados e quais são os crimes que costumam ser praticados contra a Administração Pública por quem parcela o solo urbano sem seguir o ritual previsto na lei, estabelecendo pena privativa de liberdade, além de multa.

Em seu art. 1º, a LEI LEHMANN* autoriza aos estados, ao Distrito Federal e aos municípios a competência de "estabelecer normas complementares relativas ao parcelamento do solo municipal para adequar o previsto nesta Lei às peculiaridades regionais e locais" (art. 1º, parágrafo único, Lei nº 9.785/1999). Isso significa que os municípios, por força constitucional, podem "legislar sobre assuntos de interesse local, e, suplementar a legislação federal e estadual no que couber" (art. 30, I e II, CF). **A lei municipal de parcelamento do solo deve seguir as diretrizes das legislações federal e estadual, se houver, porém precisa adequar-se à realidade local.**

Destacamos, pela sua objetividade, o conceito de parcelamento urbanístico do solo proposto por Silva (2000): "é o processo de urbanificação de uma gleba, mediante sua divisão ou redivisão de parcelas destinadas ao exercício das funções elementares urbanísticas". Além disso, o autor acrescenta como características nesse processo "a execução de planos de arruamento, planos de loteamento, em desmembramento, em desdobro de lotes, ou ainda em reparcelamento"(p. 315-316).

A lei, por sua vez, estabelece duas formas principais de parcelar o solo urbano: LOTEAMENTO e PARCELAMENTO. No entanto, há outras formas, como o REPARCELAMENTO – também conhecido como *desdobro* –, que é o fracionamento do lote e não da gleba. Ele é

✦ ✦ ✦

* A Lei nº 6.766/1979 foi alterada pela Lei nº 9.785/1999, também conhecida como *Lei Lehmann*, pois é de iniciativa do Senador Otto Cirilo Lehmann.

equiparado ao desmembramento pelo parágrafo único do art. 11 da Lei nº 6.766/1979.

Na definição legal, o LOTEAMENTO é caracerizado por ser "a subdivisão de gleba em lotes destinados a edificação, com abertura de novas vias de circulação, de logradouros públicos ou prolongamento, modificação ou ampliação das vias existentes" (art. 2º, §§ 1º e 2º, Lei nº 6.766/1979). Outro conceito sobre o que seja o loteamento encontra-se na doutrina, que procura defini-lo a partir de sua finalidade e de sua destinação para fins urbanos, contendo aspectos urbanísticos, administrativos, civis e penais. Nessa concepção, o parcelamento para fins urbanos ocorre quando os lotes são destinados à construção de moradias, a atividades comerciais, de serviços e industriais.

O DESMEMBRAMENTO é definido como a "subdivisão de gleba em lotes destinados à edificação, com aproveitamento do sistema viário existente, desde que não implique na abertura de novas vias e logradouros públicos, nem no prolongamento, modificação ou ampliação dos já existentes" (art. 2º, §§ 1º e 2º, Lei nº 6.766/1979). A principal característica em torno do desmembramento envolve, ao contrário do loteamento – que se caracteriza pelo arruamento –, a proibição da abertura de novas vias, devendo-se aproveitar o arruamento já existente na gleba. No entanto, o desmembramento repercute no ambiente urbano, e os efeitos jurídicos dele são semelhantes aos dos loteamentos.

Há ainda o parcelamento de CONDOMÍNIO URBANÍSTICO OU FECHADO: em gleba ou em lote –, constituindo-se em unidades autônomas (casas, sobrados etc.) e em áreas de uso comum, incluindo vias de circulação interna. Embora interfira no meio urbano, o condomínio fechado é regido por normas do direito privado (Lei nº 4.591/1964). Silva (2000, p. 336) afirma ser o loteamento fechado caracterizado pela "formação de lotes autônomos com áreas de utilização exclusiva de seus proprietários, confinando-se com outras de utilização comum dos condôminos".

Outra forma de tratar o solo urbano é por meio da unificação de lotes, também denominada de REMEMBRAMENTO OU REAGRUPAMENTO DE LOTES CONTÍGUOS para formar lotes maiores. É um instituto bastante conhecido na Europa, que se caracteriza por uma nova divisão do solo urbano para um melhor aproveitamento na construção de novos prédios. No Brasil, ele depende da vontade do proprietário, embora o Poder Público possa induzir o remembramento quando exige que, para a construção ou regularização de determinado edifício, seja necessária uma determinada quantidade de metros quadrados, superior ao lote normal daquele setor da cidade.

O lote

O lote é definido pela lei como "terreno servido de infraestrutura básica cujas dimensões atendam aos índices urbanísticos definidos pelo plano diretor ou lei municipal para a zona em que se situe" (art. 2º, § 4º, Lei nº 6.766/1979). A lei, quando trata de infraestrutura básica, refere-se a equipamentos urbanos de escoamento das águas pluviais, de iluminação pública, de redes de esgoto sanitário e de abastecimento de água potável, bem como de energia elétrica pública e domiciliar e de vias de circulação pavimentadas ou não.

Porém, nos casos de parcelamento das zonas habitacionais que tenham sido declaradas de interesse social, ou seja, áreas faveladas ou destinadas a loteamento para famílias de menor renda, a infraestrutura mínima exigida é menor do que aquela estabelecida para os loteamentos ou desmembramentos normais. Nas áreas de interesse social, exigem-se apenas:

- a abertura das vias de circulação;
- a abertura de vias de escoamento das águas pluviais;
- a existência de rede para o abastecimento de água potável;
- a existência de soluções para o esgotamento sanitário e para a energia elétrica domiciliar.

Devemos atentar para o fato de que o parcelamento do solo (loteamento, desmembramento) só pode ser realizado em zonas urbanas ou de expansão urbana, definidas no Plano Diretor ou em lei municipal. Nesse contexto, a lei municipal que define os limites urbanos do município é a Lei do Perímetro Urbano.

Também prevê a lei que o parcelamento do solo não pode ser feito em áreas alagadiças, onde haja aterros com material nocivo à saúde pública (lixo tóxico e outros) ou onde a declividade seja superior a 30%, ou ainda em áreas de preservação ecológica ou que as condições geológicas não permitam a intervenção, bem como em terrenos poluídos.

Enquanto as condições negativas perdurarem, o parcelamento do solo não pode ser feito. Se, contudo, essa situação for corrigida e o município autorizar, o parcelamento deve ser justificado pelo fato de as condições restritivas terem sido sanadas, permitindo que, naquele local, possam ocorrer os loteamentos ou o desmembramento.

Enquanto as condições negativas perdurarem, o parcelamento do solo não pode ser feito. Se, contudo, essa situação for corrigida e o município autorizar, o parcelamento deve ser justificado pelo fato de as condições restritivas terem sido sanadas, permitindo que, naquele local, possam ocorrer os loteamentos ou o desmembramento.

Os requisitos mínimos para o parcelamento do solo

A legislação federal (art. 4º, Lei nº 6.766/1979) também estabelece alguns requisitos urbanísticos mínimos para o parcelamento, como:

- As áreas destinadas a sistemas de circulação e à implantação de equipamento urbano e comunitário e, ainda, os espaços livres para o uso público devem ser todos proporcionais à densidade de ocupação prevista pelo Plano Diretor ou aprovada por lei municipal para a zona em que se situem.

- Os lotes precisam ter área mínima de 125 m² e frente mínima de 5 m, salvo quando a legislação estadual ou municipal determinar maiores exigências
- ou quando o loteamento tiver como finalidade especial a urbanização ou a edificação de conjuntos habitacionais de interesse social.
- A reserva mínima de uma faixa não edificável de 15 m de cada lado ao longo das águas correntes e dormentes e das faixas de domínio público das rodovias e das ferrovias.
- As vias de loteamento devem ligar-se com as vias contíguas (ou próximas) oficiais – sejam elas existentes ou, sejam elas projetadas – e estar em harmonia, equilíbrio, com a topografia local.

A lei anterior previa que 35%, no mínimo, do total da gleba onde seria feito o loteamento deveria ser destinado ao sistema de circulação, aos equipamentos urbanos e comunitários e às praças públicas. Contudo, a Lei nº 9.785/1999 (Brasil, 1999a) deixou de exigir um percentual específico de área e estabeleceu que uma "lei municipal é que deve definir, para cada zona em que se dividia o território do Município, os usos permitidos e os índices urbanísticos de parcelamento e ocupação do solo, que incluirão, obrigatoriamente, as áreas mínimas e máximas de lotes e os coeficientes máximos de aproveitamento".

Portanto, os municípios, pela nova redação, devem aprovar uma lei de parcelamento, de uso do solo e zoneamento para que sejam estabelecidos os parâmetros mínimos destinados ao patrimônio público.

Portanto, os municípios, pela nova redação, devem aprovar uma lei de parcelamento, de uso do solo e zoneamento para que sejam estabelecidos os parâmetros mínimos destinados ao patrimônio público.

Cabe ainda à lei municipal, dentro desse contexto, estabelecer uma faixa não edificável junto às dutovias – quando do licenciamento ambiental –, objetivando a segurança da população e a proteção do meio ambiente.

Devemos lembrar que são considerados equipamentos comunitários públicos os destinados à educação, à cultura, à saúde, ao lazer e similares, enquanto equipamentos urbanos públicos são os destinados ao abastecimento de água, ao esgotamento sanitário, à energia elétrica, à coleta de águas pluviais, à rede telefônica e ao gás canalizado.

Aprovação do loteamento e do desmembramento

A lei determina que o loteador, antes da elaboração do projeto de loteamento ou desmembramento, deve requerer à prefeitura ou ao órgão do Distrito Federal, se for o caso, o estabelecimento das diretrizes de uso do solo, o traçado dos lotes, o sistema viário, os espaços livres e as áreas destinadas aos equipamentos urbanos e comunitários. Para isso, o loteador deve apresentar a planta do imóvel que será loteado ou desmembrado, constando nele as divisas da gleba, as curvas de níveis, os cursos de água, os bosques e as construções existentes.

❖ ❖ ❖

Cabe à prefeitura ou ao órgão do Distrito Federal fornecer ao interessado, na própria planta, as diretrizes que terão validade pelo prazo máximo de quatro anos.

❖ ❖ ❖

Os municípios com menos de 50 mil habitantes, onde o Plano Diretor contiver diretrizes de urbanização para a zona em que se situe o parcelamento, podem dispensar a exigência da apresentação do projeto de loteamento à prefeitura.

O art. 9º da Lei nº 6.766/1979 determina que, uma vez definido o projeto com os desenhos, as diretrizes, o memorial descritivo e o

A lei exige que, nos loteamentos e nos desmembramentos, o projeto aprovado deve ser executado dentro do prazo estabelecido no cronograma de execução. Se isso não ocorrer, o órgão da municipalidade responsável pode declarar a caducidade do parcelamento.

cronograma de execução das obras com duração máxima de quatro anos, ele deve ser apresentado à prefeitura municipal ou ao Distrito Federal. O processo precisa conter a certidão atualizada da matrícula da gleba expedida pelo cartório de registro de imóveis competente e a certidão negativa de tributos municipais e de instrumento de garantia.

O mesmo artigo estabelece ainda que os DESENHOS devem conter:

- a subdivisão das quadras em lotes, com as respectivas dimensões e numeração;
- o sistema de vias com a respectiva hierarquia; as dimensões lineares e angulares do projeto, com raios, cordas, arcos, ponto de tangência e ângulos centrais das vias;
- os perfis longitudinais e transversais de todas as vias de circulação e praças;
- a indicação dos marcos de alinhamento e nivelamento localizados nos ângulos de curvas e vias projetadas;
- a indicação em planta e perfis de todas as linhas de escoamento das águas pluviais.

O MEMORIAL DESCRITIVO, por sua vez, deve conter, obrigatoriamente, pelo menos:

- a descrição sucinta do loteamento, com as suas características e a fixação da zona ou das zonas de uso predominante;
- as condições urbanísticas do loteamento e as limitações que incidem sobre os lotes e as suas construções, além daquelas constantes das diretrizes fixadas;
- a indicação das áreas públicas que passarão ao domínio do município no ato de registro do loteamento;
- a enumeração dos equipamentos urbanos, comunitários e dos serviços públicos ou de utilidade pública já existentes no loteamento e nas adjacências.

Na **aprovação de projeto de desmembramento**, o requerimento deve ser acompanhado de certidão atualizada da matrícula da gleba e de planta do imóvel a ser desmembrado, bem como da indicação das vias existentes, dos loteamentos próximos, da descrição do tipo de uso predominante no local e da divisão de lotes.

A lei exige que, nos loteamentos e nos desmembramentos, o projeto aprovado deve ser executado dentro do prazo estabelecido no cronograma de execução. Se isso não ocorrer, o órgão da municipalidade responsável pode declarar a caducidade do parcelamento.

Além disso, a legislação municipal deve fixar o prazo para que o projeto de parcelamento seja aprovado ou rejeitado pelo órgão competente do município, bem como o prazo máximo para que as obras de infraestrutura urbana sejam concluídas.

A competência dos estados

Os estados possuem competência para disciplinar a aprovação de loteamentos e desmembramentos quando estes se localizam em áreas de interesse especial, como proteção de mananciais ou patrimônios cultural, histórico, paisagístico e arqueológico. Essa mesma competência é reconhecida também nos casos de loteamentos em áreas superiores a 1.000.000 m^2 (um milhão de metros quadrados).

Nas regiões metropolitanas, a anuência prévia à aprovação de projeto de loteamentos ou de desmembramentos, localizados em área de exame, cabe à autoridade metropolitana. Esta, normalmente, é um órgão da Administração estadual, já que é competência dos estados instituírem regiões metropolitanas, aglomerações urbanas e microrregiões (art. 25, § 3º, CF). As normas a que devem ser submetidos os projetos de parcelamento do solo serão estabelecidas pelos estados através de decreto, atendendo as exigências urbanísticas do planejamento do município onde a área estiver localizada.

A lei também estabelece que, no prazo de 180 dias, o loteador deverá proceder ao registro do loteamento ou do desmembramento no cartório competente. Ela trata ainda das formalidades dos contratos de compromisso de compra e venda, dos direitos dos compradores e dos loteamentos irregulares.

Dentro desse contexto, não são considerados loteados os terrenos que não tenham sido vendidos, em caso de desapropriação pelo Poder Público. Este, por sua vez (município, Distrito Federal e estado), não poderá expropriar áreas urbanas ou de expansão urbana para reloteamento, demolição, reconstrução e incorporação, ressalvada a preferência dos expropriados para a aquisição de novas unidades.

Disposições penais

A Lei Lehmann também estabelece que constitui crime contra a Administração Pública (art. 50) efetuar, de qualquer modo, loteamento ou desmembramento do solo para fins urbanos sem autorização do órgão público competente – ou em desacordo com as disposições legais – ou, ainda, sem observar as determinações do ato administrativo de licença ou vincular proposta. Além disso, contrato com afirmação falsa sobre a legalidade do loteamento ou desmembramento também constitui crime.

A punição, nesses casos, é a pena de reclusão – de um a quatro anos – e multa de 5 a 50 cinquenta vezes o salário mínimo. Já quando o lote é vendido, há promessa de venda, não existe registro ou o título é ilegítimo ou fraudulento, o crime é qualificado com pena de um a cinco anos de prisão e multa de 10 a 100 salários mínimos.

✦ ✦ ✦

> Além disso, todos os que concorrem para a prática desses crimes, como mandatário, diretor ou gerente da sociedade, incidem nas mesmas penas.

✦ ✦ ✦

Nessas situações, o município é parte na ação para punir os infratores da Lei do Parcelamento do Solo Urbano. Para Aguiar Júnior, citado por Stoco et al. (1997, p. 1909), "o município quando for o ofendido pode intervir como assistente do Ministério Público". Assim também tem entendido a jurisprudência: "Não se pode negar à Municipalidade o direito de ser assistente do Ministério Público na ação penal movida por infração do art. 50, inciso I, da Lei nº 6.766/1979, eis que na verdade é sujeito passivo secundário, com legítimo interesse (TJSP – 6ª C – MS – Rel. Gentil Leite – JTJ – LEX 148/315)" (Stoco et al., 1997).

O sujeito passivo desses crimes é a ADMINISTRAÇÃO PÚBLICA – o Estado, no sentido amplo –, embora o particular que adquiriu o lote irregular de um loteamento ou desmembramento possa também ser vítima. O sujeito ativo pode ser qualquer pessoa proprietária ou não de gleba que incorra nos tipos penais previstos na lei. Já o objeto material nesses crimes contra a Administração Pública é a ofensa dos interesses jurídicos do Poder Público. TRATA-SE DE UM TIPO PENAL ABERTO, já que há várias formas de ele ser praticado, como "dar início, fazer veicular, por meio de venda, promessa de venda, com inexistência de título etc"(Brasil, 1979a).

Síntese

Retomando a essência da abordagem das normas gerais de urbanização, encontramos três pontos basilares. Um deles é a definição constitucional que atribui à União a responsabilidade por fixar as normas gerais, contexto no qual encontramos o Estatuto da Cidade. Outro é a determinação de que aos estados membros e ao Distrito Federal cabe a responsabilidade em relação às regras suplementares à lei nacional e também à legislação regional, que vigora sobre o território de todo o estado ou sobre determinadas regiões dele. Nessa conjuntura, é tarefa dos estados a criação do Plano Estadual de Urbanismo, que deverá estar adequado ao seu território, além de respeitar os princípios de atribuições entre os poderes das três esferas. Por fim, como terceiro ponto, foi atribuído ao município a competência para legislar sobre assuntos de interesse local, visando ao ordenamento territorial – perante o planejamento e o controle do uso –, ao parcelamento e à ocupação do solo urbano (art. 30, I, II e VIII, CF).

Consideramos importante salientar que é nesse contexto que encontramos os fundamentos das normas urbanísticas, bem como a implantação e a regulação do Estatuto da Cidade, o que nos possibilita também visualizar as conexões entre o Plano Diretor e as normas gerais do Estado, que, em última instância, irão refletir nas condições de uso e parcelamento do solo no território municipal.

Questões para revisão

1. Em qual contexto se iniciou o movimento pela reforma urbana e como ele evoluiu para um quadro de regulamentação?
2. Que responsabilidade o art. 182 atribui ao município?
3. Conforme você viu em nosso estudo, embora se constitua num espaço construído – portanto, artificial –, a cidade deve agredir o mínimo possível o meio ambiente, aproximando-se do natural. Nesse sentido, o Estatuto da Cidade procura combater tal agressão. Quais são o artigo e o respectivo inciso do Estatuto que expressam essa diretriz?
4. Quais são as diretrizes gerais do Estatuto da Cidade?
5. Quais são os institutos jurídicos e políticos que esse estatuto apresenta para a execução da política urbana?

capítulo sete

Instrumentos fundiários de gestão urbana*

---

* Este capítulo é baseado em Bernardi (2006).

Conteúdos do capítulo:

- Instrumentos fundiários e sua função no ordenamento das atribuições sociais da cidade;
- Concepção de propriedade;
- Propriedade reconhecida como de direito;
- Ordenação jurídica e administrativa do direito à propriedade.

Após a leitura deste capítulo, você será capaz de:

1. identificar os aspectos concernentes ao direito à propriedade e sua função na estruturação de uma sociedade;
2. discutir a função social da propriedade urbana;
3. aplicar os institutos administrativo, jurídicos e políticos que constam na Constituição, no Estatuto da Cidade, no Código Civil (Lei nº 10.406/2002) e na Medida Provisória nº 2.200/2001 e que viabilizam à Administração municipal ordenar o espaço urbano para cumprir sua função social.

Os instrumentos fundiários são institutos importantes para viabilizar, junto com o Plano Diretor, o ordenamento das funções sociais da cidade.

A Constituição afirma, no *caput* do art. 5º e no inciso XXII, que o direito de propriedade é fundamental (Brasil, 1988). Além disso, no inciso XXIII, ela declara que a propriedade atenderá a sua função social. Portanto, o direito de propriedade e a sua inviolabilidade são direitos fundamentais, o que significa que brasileiros e estrangeiros possuem o direito de serem proprietários, sendo que essa propriedade será respeitada pelas leis do país. No entanto, há limitadores jurídicos, legais e administrativos no usar, gozar e dispor da propriedade. Esse limite é a FUNÇÃO SOCIAL.

Nesse contexto, o interesse da sociedade vem em primeiro lugar, o que não descaracteriza o direito à propriedade, mas assegura que esse interesse prevaleça sobre o particular, que, por sua vez, pode prejudicar o todo. **Mas, afinal, o que vem a ser direito de propriedade? O que significa, para as pessoas, possuir o direito à propriedade**?

Para responder a essas reflexões, faz-se necessário definir o termo *propriedade*, cuja origem etimológica remete a *proprius* (um adjetivo do latim), que, por sua vez, refere-se ao que é de uma pessoa específica ou de um objeto específico, que é de alguém exclusivamente.

Podemos também, para ampliar a compreensão, recorrer à definição sociológica, que entende a propriedade como uma relação estabelecida entre sujeito (o possuidor) e objeto (a coisa possuída), em que se confere àquele o direito de deliberar livremente sobre este – condição esta reconhecida pela sociedade como *prerrogativa exclusiva*. Portanto, "dispor de X significa ter o direito de decidir com respeito a X, que se possua ou não, em estrito sentido material" (Martignetti, 1983, p. 1021).

Esse mesmo princípio (da propriedade), sob a ótica dos conceitos dominantes nas áreas de economia e de direito, é, nas palavras de Mueller (2005), descrito "como sendo um conjunto de direitos (*bundle of rights*) sobre um recurso, que o dono está livre para exercer e cujo exercício é protegido contra a interferência de outros agentes".

Com base nesse entendimento, podemos definir *propriedade* como a relação de possessão* ou pertencimento que existe entre uma pessoa e determinado objeto ou em relação a um direito.

Ainda, buscando ampliar o nosso entendimento acerca da evolução desse processo, se fizermos uma rápida retrospectiva histórica, observaremos que, para os romanos, o direito de propriedade era absoluto, ilimitado. Dessa forma, o titular poderia dispor dele da maneira que fosse de seu interesse, sendo que o proprietário não estava limitado por normas em relação ao seu direito. Esse conceito foi acentuado durante a ascensão da burguesia com a Revolução Francesa (1789), que inaugurou o período liberal, em que o proprietário possuía direito quase que absoluto sobre seus bens.

A propriedade foi considerada como um direito sagrado, inviolável, estabelecido na Declaração dos Direitos do Homem e do Cidadão, que, em seu art. 17, assim se refere: "As propriedades são um direito inviolável e sagrado, ninguém pode ser privado das mesmas, a não ser por necessidade pública, legalmente constatada e evidentemente exigida sob a condição de uma justa e prévia indenização" (DHnet, 2007).

Esse "direito sagrado" à propriedade já vinha sendo defendido desde o final da Idade Média por Santo Thomás de Aquino – que pregou como direito natural do homem o apossamento de bens materiais como forma de garantir sua liberdade.

Convém lembrar que, já antes da Revolução Francesa, no *Segundo Tratado sobre o Governo*, Locke (2004) escreveu sobre a propriedade. Ele busca a origem desta em Deus, que deu propriedades a Adão, bem

* * *

* *Possessão*: aqui, o termo é usado no sentido de "ato ou efeito de ter [algo] para si, de dispor de [qualquer coisa] e dela poder tirar proveito e prazer; posse" (Houaiss; Villar; Franco, 2001).

como a Noé e seus filhos, isto é, "Deus, mandou dominar e concedeu autoridade para a apropriação". Assim, Locke afirma que aquilo que o homem retira da natureza por seu próprio esforço é seu. Isso desde o peixe até a planta colhida após o lavrar da terra, o que demonstra que a atuação dos homens sobre a natureza é limitada. Ninguém pode ter tudo para si e, para apropriar-se de uma porção de terra, é necessário que a pessoa trabalhe, cultivando-a. Sob essa perspectiva, o direito de propriedade está intimamente ligado ao trabalho, ou seja, o trabalho gerou a propriedade privada.

No entanto, os bens, em sua grande maioria, úteis para a vida do homem são perecíveis, por isso possuem pouco valor e necessitam de trabalho constante para serem repostos. Por outro lado, bens de maior duração e mais raros ganham mais valor: ouro, prata, diamantes. Porém, esses são bens que possuem pouca utilidade para a vida humana, se forem comparados com alimentos, vestuários e transportes. Todavia, por consenso, os homens lhes atribuem alto valor por possibilitarem a troca. Foi também em função da necessidade de troca que surgiu a MOEDA, o uso do dinheiro. Nesse contexto, "havendo governos, as leis regulam o direito de propriedade e constituições positivas determinam a posse da terra". Além disso, todo homem tem direito à propriedade de sua própria pessoa (Locke, 2004, p. 50).

Contrapondo-se a essa visão, na sociedade comunista – proposta por Marx (1991) – a propriedade particular do solo desapareceria. Dentro desse contexto, as pessoas apenas iriam dela usufruir com a condição de entregá-la em melhores condições para as futuras gerações.

Nessa concepção, quando a humanidade atingir um patamar que se possa designar como *estágio de formação econômica superior*, a propriedade, no sentido que é usual, isto é, de posse e domínio de porções territoriais do planeta por determinadas pessoas, será vista da mesma maneira como se vê a propriedade de uma pessoa sobre outra, ou seja, como abominável. "Mesmo uma sociedade inteira não é proprietária da terra, nem uma nação, nem todas as sociedades de uma época reunidas. São apenas possuidoras, usufrutuárias dela, e como bonipatres famílias têm de legá-la melhorada às gerações vindouras" (Marx, 1991, p. 891).

> Questões para reflexão
>
> Após esse panorama envolvendo concepções sobre propriedade e as transformações pelas quais o conceito e a prática passaram, você concorda com a opinião de que o direito à propriedade foi sendo incorporado nas constituições e leis das democracias liberais que se seguiram e, ao longo do tempo, foi adquirindo um contorno menos absoluto e mais social?

7.1 Propriedade urbana

A propriedade urbana exerce um papel fundamental no contexto do ordenamento das funções sociais da cidade. Tanto que o capítulo da Constituição que trata da política urbana esclarece, já no art. 182, parágrafo 2º, "que a propriedade urbana cumpre sua função social quando atende às exigências fundamentais de ordenação da cidade expressa no plano diretor". Assim, os outros dois parágrafos desse artigo e seus incisos tratam da propriedade, como também o art. 183 da Constituição, que prevê a usucapião constitucional e a concessão de uso.

♦ A forma de apropriação, utilização e ocupação do território no espaço urbano tem sido objeto de estudos e análises permanente nas cidades, objetivando proporcionar qualidade de vida para aqueles que nelas vivem e delas se utilizam. ♦

A forma de apropriação, utilização e ocupação do território no espaço urbano tem sido objeto de estudos e análises permanente nas cidades, objetivando proporcionar qualidade de vida para aqueles que nelas vivem e delas se utilizam.

Nesse contexto, a Constituição (art. 182, § 4º) e o Estatuto da Cidade, ao estabelecerem como um princípio o fato de que a propriedade deve cumprir sua função social, concedem ao Poder Público municipal instrumentos urbanísticos e tributários para o combate à especulação imobiliária. Além disso, eles declaram que, ao atender a ordenação da cidade estabelecida no Plano Diretor, a propriedade urbana cumpre a sua função social (art. 182, § 2º, CF).

Assim, **a propriedade – um direito fundamental – passa a ter limitações no seu exercício individual pelo interesse coletivo ou de toda a sociedade.** Além disso, ao abusar do direito, a Constituição prevê, como punições, desde a obrigatoriedade de parcelamento e de edificação até o IPTU progressivo e a desapropriação por interesse social.

O que se verifica nas cidades é que, embora haja espaço suficiente para todos os seres humanos habitarem a Terra, no meio urbano – devido à necessidade de as pessoas estarem próximas do ambiente de trabalho –, para os equipamentos sociais de educação, saúde e lazer falta espaço. Nesse ambiente, a Terra (o solo como espaço) é apropriada pelo especulador e adquire valores que a tornam inacessível a uma parcela significativa da população.

Os especuladores também procuram armazenar áreas urbanas dotadas de infraestrutura, como saneamento básico, pavimentação, sistema de transporte coletivo, energia e iluminação, objetivando, com isso, grandes lucros, uma vez que nem sempre o Poder Público municipal possui força política para cobrar tributos progressivos sobre a propriedade urbana e determinar o parcelamento e a edificação compulsória.

A apropriação pelas elites econômicas e políticas do espaço urbano com infraestrutura, visando à especulação imobiliária e lucro fácil às custas do Poder Público, tem sido a experiência mais marcante das últimas décadas de intensa urbanização das cidades brasileiras. Contra esse processo exploratório, os setores mais conscientes da sociedade brasileira têm se mobilizado, propondo a reforma urbana para garantir qualidade de vida a todos os cidadãos que, com o seu trabalho, constroem, no dia a dia, o grande edifício social que é a própria cidade.

Sob tais condições, vale lembrar o anarquista Proudhon (2000), para o qual, mesmo parecendo uma contradição, a propriedade é um roubo. Ele justifica tal perspectiva, uma vez que considera impossível acabar com o abuso da propriedade sem acabar com ela, assim como ocorre naquilo que é concernente aos elementos da área econômica, em seus múltiplos aspectos, sendo que a propriedade está aí inserida; sabendo-se que "o mal ou o abuso é inseparável do bem [...], querer suprimir o abuso da propriedade é destruí-la" (p. 36).

7.2 Função social da propriedade

O conceito de função social da propriedade está normatizado na atual Constituição brasileira, no Título II, "Dos Direitos e Garantias Fundamentais", Capítulo I, "Dos Direitos e Deveres Individuais e Coletivos", art. 5º, XXIII, no qual está estabelecido que "a propriedade atenderá a sua função social". Além disso, no art. 182, parágrafo 2º, a Constituição determina que ela cumpre a função social ao atender as exigências de ordenação da cidade expressas no Plano Diretor.

Dessa forma, podemos afirmar que a propriedade urbana cumpre a sua função social quando atende ao art. 2º do Estatuto da Cidade (Lei nº 10.257/2001), pois, nele, as exigências fundamentais consubstanciadas nas 16 diretrizes ali elencadas impõem-se como diretrizes que, obrigatoriamente, devem estar presentes no Plano Diretor, isso segundo dispõe o art. 39 do referido estatuto (Mukai, 2004).

Também a Constituição, no art. 170, inciso III, estabelece que um dos princípios gerais da atividade econômica é a "função social da propriedade", sendo que os art. 185, parágrafo 1º, e 186, que tratam da política agrícola e fundiária e da reforma agrária, fixam garantias de tratamento especial e critérios para que a propriedade rural esteja cumprindo essa função.

Quanto à propriedade urbana, embora a ideia não seja novidade, há uma função social com roupagem nova prevista no Estatuto da Cidade, ou seja, "Ela passa a estar atrelada ao aproveitamento e à destinação que o plano diretor lhe atribui" (Brasil, 2002d). Isso significa que o direito do proprietário irá receber uma nova configuração no direito municipal, ou seja, as penas previstas para os que não cumprem as determinações do Plano Diretor vão incidir sobre a *res*. Portanto, será "a propriedade que responderá através da edificação compulsória, do IPTU progressivo e da desapropriação-punição" (Séguin, 2002, p. 144).

Ao procurar definir o que seja a função social da propriedade, como norma constitucional que objetiva corrigir deformações no uso individual desta em prejuízo do coletivo, observa-se que o termo, embora aparentemente vago, reflete a preocupação do texto constitucional no sentido de não propor um termo estático, e sim evolutivo. Portanto, essa função deve ser entendida de forma correlacionada a outros princípios, pois havemos de ser enfáticos quanto ao fato de que a "função social da propriedade nada mais é do que o conjunto de normas da Constituição que visa, por vezes, até com medidas de profunda gravidade jurídica, a recolocar a propriedade na sua trilha normal" (Bastos; Martins, 2000b, p. 136). Todavia, há os que argumentam que o princípio da função social tem sido mal definido pela doutrina brasileira, porém isso não autoriza a supressão do direito à propriedade privada nem o esvaziamento do conteúdo mínimo da propriedade sem indenização, pois o direito de propriedade não pode ser visto apenas como um direito individual.

Dizemos isso porque, uma vez que "A propriedade urbana é um típico conceito de Direito Urbanístico, na medida em que cabe qualificar os bens urbanísticos e definir seu regime jurídico", para que se possa estabelecer um parâmetro de entendimento desse conceito, primeiramente, deve-se destacar que a "propriedade urbana" resulta da projeção da atividade do homem em relação ao meio, não apenas territorial, mas também cultural, estando, portanto, impregnada de valores resultantes do espírito humano. Logo, a qualificação ou classificação da propriedade depende das funções a que ela se destina, isto é, refere-se a um espaço destinado a suprir necessidades urbanas, o que a diferencia da propriedade agrícola (Silva, 2000, p. 74).

A propriedade constitui-se numa peça, num órgão do tecido urbano, onde exerce uma função em benefício de toda a sociedade e de seu proprietário. Se a Constituição (art. 182, § 2º) diz que a propriedade urbana está cumprindo a sua função social quando atende às exigências de ordenação da cidade expressas no Plano Diretor, essa deve ser a forma de ver a propriedade, isto é, se ela, efetivamente, está atendendo o que exige o Plano Diretor. Esse conceito, por sua vez, foi ampliado quando o Estatuto da Cidade (art. 1º, parágrafo único) constituiu-se numa lei que "estabelece normas de ordem pública e interesse social que regulam o uso da propriedade urbana em prol do bem coletivo, da segurança e do bem-estar dos cidadãos, bem como do equilíbrio ambiental".

Assim, também o Código Civil (Lei nº 10.406/2002) estabelece que o direito de propriedade deve ser exercido em conformidade com os fins econômicos e sociais, pois determina, em seu art. 1.228, parágrafo 1º, que

> [...] O direito de propriedade deve ser exercido em consonância com as suas finalidades econômicas e sociais e de modo que sejam preservados, de conformidade com o estabelecido em lei especial, a flora, a fauna, as belezas naturais, o equilíbrio ecológico e o patrimônio histórico e artístico, bem como evitada a poluição do ar e das águas. (Brasil, 2002e)

É possível dizer que esse princípio se constitui na função ambiental da propriedade "que o Plano Diretor, de acordo com as diretrizes do Estatuto da Cidade, deverá tornar efetiva" (Mukai, 2004, p. 22).

Nesse princípio, está inclusa a ideia de que a propriedade privada deve ter a sua utilização orientada de acordo com os interesses sociais e públicos expressos em normas urbanísticas, ambientais e, principalmente, em conformidade com as determinações do Plano Diretor e dos demais instrumentos técnico-jurídicos dispostos na Lei nº 10.257/2001. Essa função se expressa mediante um conjunto de ordenações jurídicas que estabelecem as normas da relação PROPRIETÁRIO-COLETIVIDADE. Assim, a atuação de ambos é formatada e confrontada entre os interesses do sujeito proprietário e a utilidade social do espaço que está em posse daquele (Dias, 2002).

Nesse contexto, é o Plano Diretor que vai definir o papel da propriedade no tecido urbano, quando ela poderá ser utilizada, quais as suas limitações, além de como, de que forma, ela poderá ser utilizada. Isso abrange desde o aproveitamento da propriedade nas três dimensões do espaço (área, altura e volume) até definições relativas ao fato de haver restrições quanto às áreas verdes que ela contém (fundos de vales, córregos, rios etc.) ou, ainda, quanto ao tráfego de veículos e pessoas e ao aproveitamento de seu espaço aéreo limitado ao cone aeronáutico.

Para que a propriedade cumpra a sua função social na malha urbana, o Poder Público municipal define, por meio da Lei do Plano Diretor ou das outras diversas leis complementares, o direito de propriedade.

Entre elas estão:

- a Lei de Ocupação e Uso do Solo;
- a Lei do Sistema Viário;
- a Lei das Edificações, do Código de Posturas, do Código Sanitário e do Código Florestal.

Todos esses recursos legais, de uma forma ou de outra, disciplinam o direito de propriedade para que ela cumpra a sua função.

O direito de propriedade e a ideia de propriedade urbana, embora possuam um aspecto conservador e individualista, estão, cada vez mais, submetendo-se ao interesse social. É nesse espaço que as normas urbanísticas poderão fazer o papel do Plano Diretor nos municípios de menor população, onde a elaboração desse não é exigida por lei.

No entanto, isso não significa que as restrições ao direito individual, no que se refere ao uso da propriedade urbana, deixem de existir. Portanto, mesmo quando não houver o Plano Diretor, se o município respeitar os princípios constitucionais no que tange à política urbana, leis como as do uso do solo e do zoneamento urbano permanecerão válidas. Fazemos essa afirmação, pois, embora o Plano Diretor tenha a atribuição de estabelecer os parâmetros da política urbana, isso não cabe somente a ele, considerando-se até mesmo que os municípios com menos de 20 mil habitantes devem respeitar os preceitos "maiores" da administração de uma cidade (Leal, 1988).

7.3 Imunidade dos bens públicos

Um dos principais instrumentos da reforma urbana é o instituto da usucapião, isto é, **a aquisição da propriedade em decorrência de decurso do tempo**.

No entanto, nas áreas urbanas brasileiras, milhões de famílias vivem em glebas ocupadas irregularmente, sem o domínio da propriedade. Grande parte dessas áreas, muitas vezes denominadas de *favelas*, ficam em áreas públicas, ou seja, em locais que pertencem a um dos entes da federação: União, estados membros, Distrito Federal ou municípios. A regularização fundiária, nesse caso, não é possível por meio da usucapião, uma vez que esses bens gozam de imunidade e, portanto, não estão sujeitos a modificações do domínio por intermédio desse instrumento. Em imóveis pertencentes ao patrimônio público, o instrumento de regularização fundiária é a **concessão de uso especial para fins de moradia**, que será estudada adiante.

✦ ✦ ✦
Os bens públicos, como foi dito, estão protegidos das ações de usucapião. Embora eles possam ser objeto de apossamento, a sua propriedade jamais poderá ser adquirida por meio desse instituto. Isso porque a Constituição proíbe peremptoriamente ao particular obter o direito da propriedade por usucapião.

✦ ✦ ✦

Essa proibição é uma segurança de toda a sociedade, já que os bens públicos são bens coletivos, que pertencem a toda a comunidade e, portanto, pela sua própria natureza, o particular não pode tê-los como dono. Se assim fosse permitido, certamente não haveria mais bens públicos. Ruas, praças, parques, áreas públicas e outros bens estariam em mãos daqueles que tivessem maior capacidade de apropriação. Nessa categoria, encontram-se os situados nas mais altas posições na escala social, as elites dominantes. Se isso ocorresse, seria o caos, "o salve-se quem puder". O bem público é de todos; portanto, ninguém pode, pela usucapião, tornar-se dono, proprietário, daquilo que é da sociedade.

Nesse sentido, enfatiza Levenhagem (1982) que praticamente todas as coisas podem ser objeto de posse, exceto aquelas que ele aponta como inexauríveis e os bens públicos. Diz ele que tudo aquilo que possa ser objeto de propriedade também pode ser objeto de posse, "isto é, as coisas corpóreas susceptíveis de apropriação e, ainda, as relações jurídicas em que se decompõe a propriedade" (p. 20). No entanto, Levenhagem apresenta outra circunstância, ou seja, há também aquelas que não podem ser objeto de posse: "as coisas corpóreas, como as de uso inexaurível (o ar, a luz); as coisas públicas de uso comum ou especiais e, ainda, as dominicais" (p. 20).

> O bem público é de todos; portanto, ninguém pode, pela usucapião, tornar-se dono, proprietário, daquilo que é da sociedade.

Dessa forma, todos os bens que pertencem ao Poder Público (de uso comum do povo, especiais ou dominicais) não podem ser objeto de usucapião. A Constituição (art. 183, § 3º) veda claramente a possibilidade de o instituto de usucapião incidir sobre bens públicos, nos artigos que tratam da usucapião constitucional, urbano e rural: "os imóveis públicos não serão adquiridos por usucapião".

7.4 Instrumentos fundiários da política urbana

Previstos na Constituição e na legislação ordinária como institutos de regularização fundiária, a usucapião especial constitucional, a concessão de uso especial para fins de moradia, o direito real de uso e as zonas especiais de interesse social são instrumentos disponíveis para a Administração Pública para promover a regularização da propriedade urbana e a realização das funções sociais da cidade.

O Estatuto da Cidade faculta às cidades a inclusão desses instrumentos no Plano Diretor, não os estabelecendo como obrigatórios para não ferir a autonomia municipal. Leis específicas, que resultem do Plano Diretor, podem determinar quais são as áreas da cidade que estarão sujeitas à aplicação desses instrumentos, os quais são verdadeiras ferramentas para que o Poder Público municipal possa regularizar a cidade ilegal, informal, permeada de áreas ocupadas por populações de menor poder aquisitivo – por meio de loteamentos ilegais ou irregulares –, habitando em moradias insalubres, favelas, cortiços, mocambos etc.

Nessas circunstâncias, muitas vezes as próprias leis urbanísticas, principalmente nas grandes metrópoles, têm sido apontadas por muitos estudiosos como instrumentos que têm dificultado o acesso das classes trabalhadoras à terra urbanizada, gerando uma cidade ilegal. Assim, embora a legislação seja minuciosa, na prática ela acaba por concorrer para a expansão da corrupção, tornando-se um processo exemplificador da contradição existente "entre a cidade do direito e a cidade do fato".

Uma indagação que se faz premente, diante desse cotidiano urbano, é sobre o papel das leis que têm o propósito de regulamentar o detalhamento do interior das moradias. O que observamos é a expansão contínua de espaços habitacionais clandestinos, onde as normas gerais e básicas são simplesmente ignoradas (Maricato, 1996).

Nesse cenário, insere-se a favela, um espaço organizado às margens da lei, porém de caráter particular, tendo como critério, basicamente, o da utilização. Em relação a esse lugar, observamos que há um engano costumeiro oriundo da crença de que os assentamentos irregulares são sempre provisórios e, portanto, destinados ao desaparecimento. Os fatos urbanos mostram que isso não é verdade, servindo apenas como argumentação ilusória e demagógica, da qual se utilizam os órgãos públicos para se eximirem de investir na infraestrutura de tais espaços habitacionais, marginalizando-os – ao condicioná-los a essa posição extralegal – e contribuindo, dessa maneira, para a exclusão social (Rolnik, 1997).

Na apreciação de tal situação, outro aspecto que precisa ser salientado é que, embora fora da lei, as ocupações citadinas irregulares constituem-se num verdadeiro mercado imobiliário, possuindo suas regras e normas próprias, que, dentro de certos limites, são respeitadas pelas populações que ali atuam.

Portanto, no contexto do mercado imobiliário, o que observamos é uma disputa, um

◆ O direito à moradia constitui-se num direito fundamental do ser humano, consagrado em diversas declarações, cartas e tratados internacionais que o Brasil compartilha e adota. Nesse contexto, a Constituição reconhece, no art. 6º, o direito à moradia como um dos direitos sociais, considerando que implementá-lo e assegurá-lo a todo cidadão brasileiro é um dever do Estado, nos níveis federal, estadual e municipal. ◆

desencontro, entre o Estado (com o seu aparato legislativo e jurídico – planejamento urbano) e a economia de mercado (no caso, à margem dos dispositivos legais). Esta última, por sua vez, busca atender a necessidade habitacional de uma determinada porção de habitantes que, por questões econômicas, não consegue acessar as regiões com infraestrutura dentro do espaço urbano.

É para colocar todo esse mercado na legalidade, promovendo um encontro entre "a cidade e a lei" (Rolnik, 1997, p. 183), que os instrumentos de regularização fundiária visam objetivamente promover uma nova ordem legal, dando segurança jurídica a setores da população que ocupam áreas urbanas degradadas sob os pontos de vista ambiental e estético.

Tal procedimento revela-se absolutamente necessário, pois o direito à moradia constitui-se num direito fundamental do ser humano, consagrado em diversas declarações, cartas e tratados internacionais que o Brasil compartilha e adota. Nesse contexto, a Constituição reconhece, no art. 6º, o direito à moradia como um dos direitos sociais, considerando que implementá-lo e assegurá-lo a todo cidadão brasileiro é um dever do Estado, nos níveis federal, estadual e municipal.

A primeira Constituição brasileira – a de 1824 – assegurava, em toda a plenitude, o direito à propriedade, tendo como ressalva, apenas, a possibilidade de desapropriação pelo Poder Público. Esse princípio também se estendia à legislação ordinária, como vemos também no dizer de Almeida, citado por Mukai (1988): "nosso Código Civil estendeu o direito do proprietário, verticalmente, até as raias de seu interesse, fazendo-o parar aí".

Mas, no decorrer dos séculos, o conceito de direito absoluto sobre a propriedade foi sofrendo modificações. A propriedade passou a ser vista não apenas como um bem pessoal, mas como um bem coletivo, social. Surge, então, o conceito de função social da propriedade, que, antes de atender a um interesse individual, passa a constituir-se em um bem de toda a sociedade.

Esse princípio encontra sua origem na CONSTITUIÇÃO DE WEIMAR*, de 1919, que adotou o conceito de função social da propriedade, o qual, posteriormente, inspirou as cartas de vários países, inclusive a brasileira, de 1934.

Usucapião constitucional urbana

Entre os instrumentos legais de aquisição de uma propriedade, encontra-se a USUCAPIÃO, que pode ser definida como uma das formas de aquisição da propriedade ou outro direito real no transcorrer de um determinado período de tempo, para o que se observam certos requisitos que a lei estabelece. Assim, para que ocorra a USUCAPIÃO CONSTITUCIONAL – tanto urbana quanto rural –, é necessário que o possuidor pratique atos de gozo que a coisa possa lhe proporcionar. Dessa forma, ele deve comportar-se como se fosse o verdadeiro dono e, principalmente, morar no imóvel. A doutrina denomina a usucapião urbana constitucional de *posse de animus domini e pro habitatio*.

✦ ✦ ✦

A prova para que esse direito seja reconhecido é a física, ou seja, o autor deve provar que mora (tem no imóvel a sua moradia) e que transcorreu o período aquisitivo da propriedade de cinco anos.

✦ ✦ ✦

Ao abordarmos tal assunto, consideramos oportuno destacar o fato de que, para Campos (1983, p. 3), referindo-se ao *animus domini*, "a área deverá ser possuída como se realmente pertencesse ao possuidor e nela praticado atos indicativos de posse e até mesmo de domínio". Já para

---

✦ ✦ ✦

* A Constituição de Weimar (que instituiu a primeira República alemã), promulgada em um momento histórico marcado pelas crises do período que se seguiu à Segunda Guerra Mundial, embora tenha tido uma existência breve na Alemanha, viria a exercer forte influência no Ocidente pelo seu conteúdo social-democrata.

Santos (1983, p. 5), "fácil é verificar-se que é o tempo previsto na lei que consolida o domínio do possuidor sem título: e é ele, desse modo, que permite a transferência da titularidade no Registro Imobiliário".

No entanto, é necessário ficar claro que a usucapião especial constitucional é um instrumento que se aplica de forma independente de qualquer ação do Poder Público municipal, uma vez que se constitui num direito do cidadão e aplica-se a propriedades de particulares. Esse tipo de usucapião é o principal instrumento de regularização fundiária, ganhando *status* constitucional e uma seção no Estatuto da Cidade (arts. 9º a 14, Seção V).

No que se refere a essa situação, a Constituição (art. 183) prevê que o cidadão, homem ou mulher, adquire o direito de domínio sobre imóvel urbano por meio de determinadas condições. No caso de aquisição do direito de domínio por meio do instituto da usucapião, as condições são:

+ O interessado deve ter a área como sua, ou seja, considerá-la sua propriedade, ou possuir o ânimus domini, o desejo, a vontade de domínio sobre o imóvel; + O imóvel pode ter até 250 metros quadrados; + A posse precisa ser ininterrupta, não podendo, nesse período, ter sofrido qualquer tipo de interrupção; + Não pode ter sofrido nenhum tipo de oposição, como uma ação de reintegração por parte do proprietário legal ou outro posseiro anterior; + O imóvel deve ser utilizado como moradia do posseiro ou de sua família; + O interessado não pode ser proprietário de imóvel urbano ou rural; + Também o candidato a proprietário não pode ter conseguido o domínio de outro imóvel utilizando-se dessa modalidade de usucapião; + Finalmente, o imóvel não pode ser público.

✦ ✦ ✦

No entanto, não é possível alguém adjudicar os bens públicos, pois estes estão protegidos constitucionalmente das ações de usucapião. Embora eles possam ser objeto de apossamento, não é possível alguém adquirir a sua propriedade (a dos bens públicos) por meio do instituto de usucapião. Os bens públicos são imunes a ele.

✦ ✦ ✦

As condições para alguém adquirir o direito de propriedade por usucapião constitucional são repetidas no Código Civil, em seu art. 1.240, ao qual se acrescenta o art. 1.243, do mesmo código, em que consta que "o possuidor poderá contar para somar os cinco anos, exigidos para a aquisição do domínio, à sua posse o tempo de seus antecessores". Nesse caso, a lei também faz algumas exigências em relação à posse, no sentido de esta ser contínua e pacífica. Além disso, no art. 9º do Estatuto da Cidade, repetem-se as mesmas condições da Constituição e do Código Civil, acrescentando-se, no parágrafo 3º, o mesmo direito do possuidor ao herdeiro legítimo, desde que este resida no imóvel no momento da sucessão.

> **Os conceitos de sucessão na posse e soma da posse do antecessor expressam a mesma situação?**
> Não, há que atentarmos para o fato de que existe, aqui, uma diferença entre a sucessão na posse e soma da posse do antecessor. Quando o Código Civil prevê que, para a aquisição do domínio sobre o imóvel, podem ser somadas as posses dos antecessores, está tratando de sucessores singulares, já que eles é que precisam somar o período para completar os cinco anos e, assim, adquirir o bem por prescrição aquisitiva. No caso dos sucessores herdeiros universais, aos quais se refere o Estatuto da Cidade, "não há que se falar de soma da posse mantida pelo morto como a de seus herdeiros, porque ela não sofre solução de continuidade com o desenlace do possuidor" (Santos, 1983, p. 75). **O tempo aquisitivo é completado com os herdeiros na posse do imóvel.**

O Estatuto da Cidade ampliou o direito à usucapião previsto na Constituição, acrescentando, além da área, também a possibilidade de apropriar-se (por meio do instituto da usucapião) de edificações urbanas (art. 10) com mais de 250 m², desde que sejam ocupadas por população de baixa renda para moradia, constituindo-se num tipo de condomínio denominado de *especial*.

Também no caso das EDIFICAÇÕES URBANAS, nas exigências para que alguém tenha direito ao domínio, faz-se necessário o decurso do prazo de cinco anos, ininterruptos, sem oposição. É acrescentada ainda outra condição, isto é, que não seja possível identificar os terrenos ocupados individualmente pelos possuidores. Nesses casos, o juiz deve, na sentença, atribuir a cada um dos autores a fração ideal do terreno que lhes cabe, independentemente da dimensão do espaço que ocupem. Pode, no entanto, haver um acordo por escrito entre os condôminos, estabelecendo-se as frações ideais diferenciadas de cada um, o que deve ser reconhecido pelo magistrado.

✦ ✦ ✦

Salientamos que tais "condomínios especiais", estabelecidos por sentença judicial, são indivisíveis e não podem ser extintos. Contudo, podem ser alterados com a anuência de dois terços dos condôminos, quando houver obra de urbanização da área em época posterior à sua constituição.

✦ ✦ ✦

O Estatuto da Cidade estabelece, ainda, regras para a administração desse tipo de condomínio, as quais deverão ser tomadas pela maioria de votos dos condôminos presentes, sendo todos os demais obrigados a cumprir as deliberações, incluindo-se os que estejam ausentes ou forem discordantes das proposições aprovadas.

Além disso, também ficaram estabelecidas nesse texto de lei algumas normas de direito processual nas ações de usucapião especial de imóvel urbano. Uma delas é que ficam sobrestadas, ou seja, paradas, todas e quaisquer ações petitórias ou possessórias que venham a ser propostas em relação ao imóvel usucapiendo (art. 11, EC). Isso significa que o juiz, quando for proferir a sentença de usucapião, deve se manifestar a respeito das demais ações.

O Estatuto também determina, em seu art. 12, quem pode ser a parte legítima na propositura da ação, a saber: o possuidor, que pode ser parte de forma isolada ou em litisconsórcio, originário ou superveniente; os possuidores, em estado de composse; a associação de moradores da comunidade, desde que esteja regularmente constituída, ou seja, tenha personalidade jurídica e esteja autorizada pelos possuidores da área.

A essas determinações o Estatuto da Cidade ainda acrescenta que é obrigatória a intervenção do Ministério Público nas ações de usucapião especial urbana e garante o direito à assistência judiciária gratuita, não apenas no desenrolar da ação, mas posteriormente, no registro da sentença que reconheceu o direito dos autores, no registro de imóveis. Nesse entendimento, o Estatuto confere à usucapião especial a condição de ser invocada em matéria de defesa, valendo a sentença que a reconhecer como título aquisitivo perante o Cartório de Registro de Imóveis, e ainda define como processual o rito sumário.

Há que observarmos que, a respeito dessa matéria – usucapião urbana –, nem tudo é consenso. Objeto de polêmica entre os juristas, o parágrafo 1º do art. 183 da Constituição estabelece que "o título de domínio e a concessão de uso serão conferidos ao homem ou à mulher, ou a ambos, independentemente do estado civil". A justificativa dos juristas é determinar que, na usucapião, o que se adquire é o domínio do bem, e não o seu uso – que é regulado em contrato administrativo entre a Administração Pública e o particular.

Além disso, vale ressaltar que a redação do parágrafo a que se referem os juristas não se encontra bem elaborada, uma vez que a intenção do legislador constitucional foi possibilitar a concessão do uso de terras públicas aos particulares. Aliás, essa concessão de uso especial para fins de moradia estava prevista nos art. 15 a 20 do Estatuto da Cidade, que foram vetados pelo presidente da República. Esse instituto foi regulamentado pela Medida Provisória nº 2.220/2001 (Brasil, 2001b), como se verá adiante.

Assim, atento ao contexto social e constitucional, o Plano Diretor pode estabelecer áreas de zoneamento especial que estejam ocupadas irregularmente por famílias de menor renda, prevendo a regularização por meio da **usucapião especial constitucional de forma coletiva ou individual**.

Nessas zonas, as exigências legais quanto às características dos lotes, das vias, das áreas públicas e das moradias podem ser diferentes do restante da cidade legal, já que essa usucapião é um instrumento de legalização fundiária, cujo objetivo maior é manter esses assentamentos precários onde eles se encontram, procurando fazer com que as populações que ali vivem possam integrar-se à cidade não apenas nos aspectos físicos urbanísticos, mas também para usufruir de todos os direitos que o meio urbano oferece, em termos de qualidade de vida e de desenvolvimento econômico e social. Isso ocorrendo, as funções sociais da cidade são materializadas.

Concessão de uso especial para moradia e direito real de uso

A inclusão de áreas de interesse social nos projetos de urbanização está entre as finalidades do Plano Diretor. Nesse contexto, e em razão de sua natureza intrínseca, a usucapião urbana (como já foi discutido) revela-se um instrumento mediador da regularização da ocupação dos espaços habitacionais na medida em que possibilita concretizar a função social da propriedade urbana ao criar condições legais para normalizar, além de inserir na qualidade de vida urbana, as áreas ocupadas pela população de baixa renda. Nesse contexto, estão inseridos os cortiços, os loteamentos irregulares e as favelas. Estes, uma vez considerados "áreas especiais de interesse social", implicam o compromisso da Administração municipal em realizar a infraestrutura básica necessária, que, assim, passa a integrar a cidade legal. Para a efetiva realização desse propósito, o Poder Público municipal conta com o amparo legal – além da Constituição – da Medida Provisória n° 2.220/2001, do Decreto-Lei n° 271/1967 (Brasil, 1967e) e do próprio Estatuto da Cidade (como já foi visto).

Medida Provisória n° 2.220/2001

A Medida Provisória (MP)n° 2.220/2001 regulamentou o parágrafo 1° do art. 183 da Constituição, dispondo sobre a concessão do uso especial e criando o Conselho Nacional de Desenvolvimento Urbano (atualmente, Conselho das Cidades). A concessão de uso especial para fins de moradia constituía a Seção VI do Estatuto da Cidade, composta dos arts. 15 a 20, que foram, na ocasião, vetados pelo presidente da República, tendo sido, contudo, reescritos e, finalmente, instituídos por meio dessa Medida Provisória.

Observamos que, embora a MP n° 2.220/2001 possua como finalidade a "concessão de uso especial para fins de moradia" (habitação), ela faculta ao Poder Público, no art. 9°, conceder esse direito também a quem esteja utilizando o imóvel com finalidade comercial. Dessa forma, a concessão de uso só pode ocorrer em bem público, ou seja, em imóveis que pertençam à União, aos estados membros, ao Distrito Federal e aos municípios. Foi essa a forma encontrada pelo legislador constitucional para solucionar o problema de milhões de brasileiros que ocupam áreas públicas e que, por força da imunidade que os bens públicos possuem em relação à aplicação do usucapião, ficam, assim, impedidos de regularizar a propriedade sobre o imóvel.

Portanto, essa MP confere o direito à concessão de uso especial para quem, até 30 de junho de 2001, possuía como seus, já há cinco anos – ininterruptamente e sem oposição –, até 250 metros quadrados de imóvel público situado em área urbana e utilizado para moradia sua ou de sua família. As condições são as mesmas exigidas para a usucapião especial constitucional, acrescentando-se também as proibições ao exercício do direito – por tal medida instituído – e aos concessionários, a qualquer título, de outro imóvel urbano e rural.

✦ ✦ ✦

É importante lembrar que, dentro de uma coerência própria de medidas que buscam a inclusão social, esse direito é conferido de forma gratuita.

✦ ✦ ✦

Outrossim, essa MP estabeleceu alguns itens limitadores à sua abrangência que são bem específicos: TEMPO LIMÍTROFE (a concessão só será conferida ao cidadão que, até a data de 30 de junho de 2001, tenha preenchido as condições para o gozo de tal prerrogativa), o que impede o oportunismo ou o abuso da lei (uma vez conhecedor dela, criar condições para, futuramente, fazer uso do direito). Ela visa resolver, regularizar uma situação, de fato, já existente, por circunstâncias objetivas e sociais, pois aquele que não se enquadrar na data já previamente definida não possui o direito, o que significa que quem veio ou venha a ocupar o imóvel posteriormente a essa data não está contemplado pela Medida Provisória. Outra observação é que ela trata de "imóvel" de até 250 metros quadrados, e não mais de "área urbana", como na usucapião especial de que trata o art. 183 da Constituição. Nesse sentido, o termo *imóvel* é muito mais amplo do que *área*. Compreende, além do lote, do terreno, também a edificação, ou seja, a casa, o apartamento ou o edifício (construídos).

Notamos que, nas mesmas condições da usucapião do Estatuto da Cidade, em áreas superiores a 250 metros, utilizadas em composse, a concessão para uso especial para fins de moradia, conforme o art. 3º da MP, pode ser concedida a comunidades de moradores, formando-se um condomínio, no caso, com imóveis da União. Para isso, basta que os ocupantes estejam regularmente inscritos em seus cadastros e, assim, possam obter de forma individual ou coletiva a concessão.

É possível observar, portanto, que houve uma preocupação dos legisladores no sentido de realmente salvaguardar os direitos adquiridos, pois, se os ocupantes do imóvel público estiverem correndo riscos – ou de morte, ou à saúde –, eles possuem a garantia do Poder Público de que podem exercer o direito à concessão em outro local.

Nos casos em que os ocupantes se encontrem em bens de uso comum do povo, o Poder Público também pode garantir o direito à posse em outro local. Encontram-se nessas condições aqueles:

- destinados a projetos de urbanização, de interesse da defesa nacional, de preservação ambiental e de proteção dos ecossistemas naturais;
- reservados para a construção de represas ou obras congêneres;
- situados em vias de comunicação.

O título de *concessão de uso especial para fins de moradia* é obtido por via administrativa ou judicial. A Administração Pública tem o prazo de 12 meses para decidir sobre o pedido. Uma vez conferido o direito, administrativamente ou de forma judicial, a concessão pode ser registrada no Cartório de Registro Civil, sendo transferível por ato *inter vivos* ou *causa mortis*.

Essa MP também prevê a extinção do direito conferido ao concessionário, o que acontece em três hipóteses: proceder à destinação diferente da moradia para si ou sua família; adquirir a propriedade; obter nova concessão de uso de imóvel urbano ou rural. Ocorrendo uma dessas três situações, a extinção deve ser averbada pelo órgão concedente no cartório de registro de imóveis.

Assim, a concessão de uso especial para fins de moradia constitui-se em um instrumento disponibilizado pela lei para regularizar a situação de milhões de famílias brasileiras que ocupam áreas pertencentes ao Poder Público. É um direito básico, assegurado de forma graciosa às pessoas de menor renda que cumprem as condições estabelecidas na lei.

Decreto-Lei nº 271/1967 (Concessão de direito real de uso)

Como instrumento de regularização fundiária, há ainda a concessão de direito real de uso, instituído pelo Decreto-Lei nº 271/1967, (também previsto no Estatuto da Cidade no art. 4º, inciso V, alínea "g", como instrumento jurídico e político). O art. 7º instituiu essa modalidade de concessão em terrenos públicos ou particulares, de forma onerosa ou gratuita, por tempo determinado ou indeterminado, com a finalidade de urbanização, industrialização, plantação ou qualquer outra utilização de interesse social.

Estabelece ainda que o contrato de concessão pode ser efetuado por instrumentos públicos, particulares ou por um simples termo administrativo. Este último deve ser registrado no respectivo livro do cartório de registro de imóveis, conforme prevê a Lei de Registros Públicos (Lei nº 6.015/1973) no art. 157.

O concessionário do terreno usufruirá de todos os direitos estabelecidos em contrato, respondendo também pelos encargos civis, administrativos, tributários e rendas que eventualmente incidam sobre o imóvel.

A concessão resolve-se a termo ou antes, quando for descumprida qualquer cláusula resolutória. Neste último caso, o decreto prevê que o concessionário perderá todas as benfeitorias. Se não houver disposição contratual em contrário, a concessão transfere-se por atos *inter vivos* ou *causa mortis*. Também existe a possibilidade de conceder-se apenas o espaço aéreo sobre os terrenos públicos e particulares.

O Estatuto da Cidade (art. 47) ainda estabelece que os programas e projetos habitacionais de interesse social sejam desenvolvidos por órgãos da Administração Pública, e que os contratos de concessão de direito real de uso de imóveis públicos sejam comparados à escritura pública. Além disso, eles devem ser, obrigatoriamente, aceitos em garantia nos contratos de financiamento habitacional.

Assim como na usucapião especial constitucional (da concessão de uso para fins de moradia), a concessão real de uso, nos casos de programas habitacionais de interesse social, pode ser outorgada coletivamente, por exemplo, para uma associação comunitária ou de moradores, entre outras.

Podemos, por conseguinte, afirmar que a concessão de direito real de uso também é uma forma de conceder o direito de propriedade, para que esta cumpra a sua função social no meio urbano. Ele pode ser conferido de forma individual ou coletiva e é um direito que se transfere em atos *inter vivos* ou *causa mortis*. Na aplicação desse instrumento, podem ser utilizados mecanismos públicos ou administrativos, porém é fundamental que essa ação seja registrada no competente cartório de registro de imóveis.

Sob o aspecto jurídico-doutrinário, há uma diferença entre a simples concessão de uso de um bem público e a concessão de direito real de uso de um terreno público para um concessionário privado (particular). Enquanto o PRIMEIRO é um simples contrato administrativo em que a Administração Pública possibilita que o particular utilize o bem de acordo com determinada finalidade, a CONCESSÃO REAL DE USO ultrapassa a figura do concessionário para, conservando a propriedade com o concedente, transferir o direito a terceiros, bem como os direitos relativos à disposição do bem, segundo critérios firmados. Ocorre neste segundo caso o que, em direito, se chama *justicialidade do direito à moradia*.

Institutos de regularização fundiária e zonas especiais

Os institutos de regularização fundiária (a concessão de uso especial para fins de moradia e a concessão de direito real de uso, da mesma forma que a usucapião especial constitucional), que contribuem para o ordenamento das funções sociais da cidade, devem ter os seus setores de aplicação estabelecidos no Plano Diretor das cidades.

Evidentemente, haverá áreas ocupadas em que as famílias que ali se encontram deverão, por questões técnicas de segurança e salubridade, ser realocadas. São aquelas áreas que se constituem em mananciais de abastecimento de água, estão às margens dos rios, sofrem com alagamentos ou localizam-se nas encostas dos morros, estando sujeitas a deslizamentos.

Porém, a remoção dessas famílias deve ser a exceção, jamais a regra. Afinal, o propósito, aquilo que a sociedade espera do Plano Diretor é que ele, ao estabelecer as zonas especiais para aplicar os instrumentos de regularização fundiária analisados, também preveja critérios para a remoção das famílias que estejam ocupando assentamentos precários, onde, por questões técnicas, não seja possível a permanência.

Essa situação, e sobre isso é importante que reflitamos, é uma questão de segurança social, que atinge não apenas as pessoas envolvidas, mas, indiretamente, toda a coletividade. Por exemplo, uma epidemia pode surgir naquela área devido à precariedade ambiental e espalhar-se por toda a cidade, atingindo pessoas que não têm relação com o problema.

7.5 Instrumentos jurídicos e de ação política

O Estatuto da Cidade (art. 4º, V) apresenta vários instrumentos denominados de *institutos jurídicos e políticos*, que podem e devem ser utilizados pela Administração Pública municipal para promover o desenvolvimento urbano. Muitos desses instrumentos constituem-se em elementos que viabilizam a função social da propriedade urbana e, quando incorporados ao Plano Diretor, contribuem para a materialização das funções sociais da cidade.

Além dos instrumentos já estudados, incluem-se entre eles a desapropriação, a servidão administrativa, as limitações administrativas, o tombamento de imóveis ou de mobiliário urbano, a instituição de unidades de conservação, a instituição de zonas especiais de interesse social, o parcelamento, a edificação ou a utilização compulsórios, o direito de superfície, o direito de preempção, a outorga onerosa do direito de construir e o de alteração de uso, a transferência do direito de construir, as operações urbanas consorciadas e, ainda, a regularização fundiária, a assistência técnica e jurídica gratuita para as comunidades e grupos sociais menos favorecidos e o referendo popular (plebiscito).

Parcelamento, edificação ou utilização compulsórios (arts. 5º e 6º, EC)

É considerado imóvel subutilizado aquele que possua um aproveitamento INFERIOR ao mínimo definido pelo Plano Diretor ou por uma lei que dele decorra. Nesse caso, o proprietário é notificado pelo Executivo municipal para que proceda ao parcelamento, à edificação ou à utilização do imóvel, tendo o prazo de um ou dois anos. Essa notificação é averbada no cartório de registro de imóveis e, para que um dos três dispositivos possa ser aplicado, ele deve ser objeto de uma lei própria e estar previsto no Plano Diretor, que fixará um prazo determinado para que a obrigação seja cumprida. Essa obrigação, por sua vez, acompanha o imóvel e é transmitida *inter vivos* ou *causa mortis*.

O IPTU progressivo no tempo

Como já foi visto anteriormente, se a edificação, a utilização compulsória ou o parcelamento do imóvel não for efetuado no prazo especificado, o município pode aplicar outra sanção, que é o IPTU progressivo no tempo. Isso pode ser feito por cinco anos seguidos, mediante aumento da alíquota. No entanto, essa alíquota não pode ultrapassar duas vezes o valor do ano anterior, até o limite máximo de 15%.

Além disso, se o parcelamento, a edificação ou a utilização não ocorrer no prazo de cinco anos, o município deve manter a cobrança na alíquota máxima até o cumprimento da obrigação. Nessa situação, não pode haver isenções nem anistias relativas aos tributos cobrados.

Desapropriação com títulos da dívida pública

Esse instrumento legal é utilizado quando a alíquota está no limite de 15% e, ainda assim, não foi efetuado o parcelamento, a edificação ou a utilização do imóvel. Nessa situação, o município pode fazer a desapropriação pagando com títulos da dívida pública. Esses títulos, no entanto, devem ser aprovados previamente pelo Senado e ter o prazo de dez anos para serem resgatados, em prestações anuais, iguais e sucessivas, mantendo-se o valor real da indenização, além de juros de 6% ao ano.

O município, quando realiza a desapropriação com títulos da dívida pública, tem o prazo de cinco anos para, diretamente ou por meio de terceiros, fazer o devido aproveitamento do imóvel. Esse procedimento pode ser executado pela municipalidade, diretamente ou por meio de seus entes da Administração indireta, mediante licitação alienar, ou, então, por meio da concessão do imóvel a terceiros para que procedam ao devido aproveitamento.

Consórcio imobiliário

Objetivando o aproveitamento e a viabilização financeira do empreendimento, o município ao promover consórcio imobiliário, pode conceder aos proprietários de glebas, a requerimento destes, a edificação ou a utilização compulsória.

Pelo consórcio imobiliário, o Poder Público faz as obras de infraestrutura na área, como a abertura de vias públicas, pavimentação, implantação de saneamento ambiental, iluminação, e repassa ao proprietário um percentual de lotes (urbanizados ou edificados) equivalentes ao valor da gleba. Os demais lotes ou prédios viabilizados nessa parceria são destinados a programas habitacionais populares.

O próprio Estatuto (art. 47, *caput* e § 1º) define consórcio imobiliário como "a forma de viabilização de planos de urbanização ou edificação por meio da qual o proprietário transfere ao Poder Público municipal seu imóvel e, após a realização das obras, recebe, como pagamento, unidades imobiliárias devidamente urbanizadas ou edificadas".

Preempção

Para que o instrumento da preempção (preferência para a aquisição de imóvel urbano por parte do município) possa ser utilizado, deve estar previsto no Plano Diretor. Uma lei municipal específica deve delimitar as áreas onde o instrumento incidirá, não podendo ultrapassar cinco anos (com possibilidade de renovação após um ano).

ESSE DIREITO SÓ PODE SER EXERCIDO PELO PODER PÚBLICO MUNICIPAL NOS CASOS DE:

- regularização fundiária;
- execução de programas e projetos habitacionais de interesse social;
- constituição de reserva fundiária;
- ordenamento e direcionamento da expansão urbana;
- implantação de equipamentos urbanos e comunitários;
- criação de espaços públicos de lazer e áreas verdes;
- criação de unidades de conservação ou proteção de outras áreas de interesse ambiental e no caso de proteção de áreas de interesse histórico, cultural ou paisagístico.

O proprietário deve notificar o desejo de vender o imóvel, dando o prazo de 30 dias para que o município se manifeste por escrito demonstrando o interesse em comprá-lo. Se o município não se manifestar durante esse período, o proprietário pode vender o imóvel a terceiros. Caso o município deseje adquirir o imóvel, pagará o valor da base de cálculo para o IPTU ou, então, o valor indicado na proposta, sendo este menor.

Operações urbanas consorciadas

Para que sejam realizadas operações urbanas consorciadas, entre o Poder Público e os particulares, além de o Plano Diretor delimitar as áreas dessas ações, o município também deve possuir lei específica nesse sentido.

O instrumento prevê a participação dos proprietários, dos moradores, dos usuários permanentes e dos investidores privados para viabilizar as transformações urbanísticas e, com isso, conseguir melhorias sociais e a valorização ambiental. Esse procedimento tem a sua origem mais remota na França de Napoleão III, em meados do século XIX, quando Paris foi transformada com a abertura de avenidas, a demolição de cortiços, a construção de pontes e a implantação de sistemas de abastecimento de água e esgoto.

Nos Estados Unidos e na Europa, esse instrumento é denominado de *renovação urbana*, e é aplicado desde os anos 1950.

Esse mecanismo foi apontado por Abrams (1967) como uma das soluções para combater os males do crescimento desordenado das grandes cidades dos países em desenvolvimento, os quais enfrentam, com quase um século de atraso, aquilo que países europeus e da América do Norte enfrentaram devido à degradação urbana e à perda de qualidade de vida. Ele afirma que "a renovação urbana implica a aquisição de grandes extensões de terras pelo poder público, o replanejamento da área, e depois a revenda ou arrendamento das terras não necessárias ao uso público a empresários particulares para reconstrução ou recuperação" (p. 168). O autor ainda observa que, apesar de a extinção das favelas ter sido a principal motivação quando surgiu o programa nos Estados Unidos, esse processo tomou um novo rumo, pois "a reconstrução de regiões centrais urbanas tem recentemente recebido o maior destaque" naquele país (p. 168).

Ainda em relação às operações urbanas consorciadas, previstas no Estatuto da Cidade, pode haver modificação dos índices e características de parcelamento, uso e ocupação do solo e subsolo e das alterações nas normas edilícias, bem como alterações na regularização de construções, de reformas ou ampliações que estejam em desacordo com a lei. Devem também ser efetuados o estudo de impacto de vizinhança e o controle da operação, compartilhado com a sociedade civil. O município pode também emitir certificados adicionais de potencial construtivo, que serão livremente negociados em leilões ou no pagamento da própria obra, entre outras inovações.

Transferência do direito de construir

Na preservação de imóveis de valor histórico, cultural, ambiental, paisagístico e social, na implantação de equipamentos urbanos e comunitários, na regularização fundiária e na urbanização de áreas ocupadas por famílias de menor renda, o Plano Diretor pode autorizar ao proprietário de imóvel urbano, privado ou público, que exerça o direito de construir em outro lugar ou que o transfira.

Esse direito também é assegurado ao proprietário que doar o imóvel ou parte dele para o Poder Público. Nesse caso, uma lei municipal específica estabelece as condições em que a transferência pode ocorrer. Além disso, o proprietário também pode transferir o potencial construtivo de seus imóveis para terceiros, desde que essa possibilidade esteja prevista em lei municipal.

Outorga onerosa do direito de construir

Ao Plano Diretor compete ainda fixar áreas onde o direito de construir pode ser exercido acima do coeficiente de aproveitamento básico adotado, bem como determinar a transferência desse direito. **No caso da outorga do direito de construir, esta deverá ser onerosa.**

O Estatuto explica que "coeficiente de aproveitamento é a relação entre a área edificável e a área do terreno". Assim, para exemplificarmos essa situação, se o coeficiente for 1, significa que se pode construir uma vez a área do lote, ou seja, se o lote possui 1.000 m², a construção poderá ter 1.000 metros quadrados. No entanto, se o coeficiente for 5, são cinco vezes a área do imóvel, portanto a construção poderá ser de 5.000 metros quadrados, e assim por diante.

Desde que fixado no Plano Diretor, o coeficiente de aproveitamento poderá ser único em toda a cidade ou diferenciado por zona urbana. Nesse caso, devem ser estabelecidos os limites máximos a serem atingidos no aproveitamento da zona, com base na infraestrutura existente, e a previsão de densidade demográfica que poderá ser alcançada.

Cabe a uma lei municipal específica estabelecer o cálculo para a cobrança e outras formas de contrapartida do beneficiário, na outorga onerosa do direito de construir. Além disso, os recursos auferidos nessa transação entre o Poder Público e o particular sempre serão destinados, entre outros, à regularização fundiária e a programas habitacionais de interesse social.

Direito de superfície

O direito de superfície vigorou no Brasil até meados do Império, tendo sido, posteriormente, extinto do ordenamento jurídico nacional, até ressurgir no Estatuto da Cidade, quando foi "Instituído como direito real, que se destaca do direito de propriedade sobre o solo, [pois] o direito de superfície pode ser atribuído a quem não seja proprietário do terreno" (Meirelles, 2006, p. 529). Isso significa que o proprietário de imóvel urbano pode conceder a terceiro, por tempo determinado ou indeterminado, o direito de utilizar o solo, o subsolo ou o espaço aéreo, de acordo com a legislação urbanística.

> **Qual a lei que regulamenta o direito de superfície?**
> Por ser um instituto do direito civil, ele está regulamentado no novo Código Civil (arts. 1.369 a 1.377) e no Estatuto da Cidade (arts. 21 a 23), sendo que ambos repetem praticamente as mesmas normas.

A concessão pode ser gratuita ou onerosa, mas o superficiário responderá pelos encargos e tributos que incidirem sobre o imóvel, bem como poderá transferir o direito a terceiros. Aliás, esses direitos também poderão ser transferidos aos herdeiros em caso de sucesso, enquanto vigorar o contrato. No caso de venda do imóvel, o superficiário tem o direito de compra. **Vale ressaltar que tanto a concessão do direito de superfície como a sua extinção devem ser averbadas no cartório do registro de imóveis.**

❖ ❖ ❖

O direito de superfície extingue-se em três situações:
- quando terminar o contrato por tempo determinado;
- pelo descumprimento das obrigações assumidas pelo superficiário; ou
- se ele der destinação diferente daquela que foi contratada.

❖ ❖ ❖

Uma vez extinto o direito de superfície, o proprietário do terreno recuperará o domínio pleno do imóvel com todas as benfeitorias e acessões que nele forem introduzidas, independentemente de indenização. Essa é a regra geral (art. 24, EC e art. 1.375, CC). No entanto, a escritura que concedeu o direito de superfície pode estabelecer que as benfeitorias deverão ser indenizadas.

Síntese

Quando observamos os fatos cotidianos, é fácil vizualizarmos que o espaço urbano agrega funções econômicas, ambientais e sociais. Assim, administrar uma cidade requer planejamento e instrumentos legais que considerem essa realidade. Nesse contexto, é necessário destacarmos que um vetor de grande relevância para o espaço urbano é realmente o princípio da função social. Portanto, dentro dos limites da autonomia municipal e no interesse local, cabe aos municípios definir, por meio do Plano Diretor, os limites ao exercício do direito de propriedade de forma a cumprir a sua função social.

A função social da propriedade urbana, por sua vez, caracteriza-se pela limitação administrativa da utilização do bem – imposta pelo Plano Diretor e contrapondo-se ao interesse pessoal e egoístico – em favor do interesse coletivo não apenas no momento presente, mas também no futuro. Dessa maneira, o Plano Diretor torna-se o instrumento norteador da concretização das funções sociais da propriedade urbana. Porém, não é o único, já que nos municípios onde ele não é exigido, ficam valendo os princípios constitucionais (art. 5º, XIII e art. 182, CF), o Estatuto da Cidade e a legislação urbanística municipal.

Além disso, é relevante o fato de que, embora a propriedade urbana seja um bem particular, o direito do proprietário de usar, gozar e dispor está limitado pelo interesse social. Dentro desse âmbito, a lei assegura o direito de propriedade, mas, para que esse seja protegido, o imóvel deve exercer uma função social no ambiente urbano. Antes dos interesses individuais, estão, portanto, os interesses comunitários.

Dessa forma, podemos dizer que a administração das cidades envolve complexidades – pois elas não são apenas espaços físicos, mas também culturais, sociais, históricos, econômicos, ou talvez, melhor dizendo, espaços onde o homem, em uma progressão geométrica, agrega à natureza os seus propósitos. Logo, é compreensível a necessidade de inúmeros institutos e instrumentos para operacionalizar tal processo.

Questões para revisão

1. Quais os textos de lei que normatizam o conceito de função social da propriedade? Além disso, qual o texto que estabelece as exigências para que a propriedade urbana cumpra a sua função social?
2. Quais os instrumentos disponíveis para a Administração Pública promover a regularização da propriedade urbana, no sentido de realizar as funções sociais da cidade?
3. Como foi visto, a usucapião urbana constitui-se num instrumento mediador da regularização da ocupação dos espaços habitacionais, na medida em que possibilita concretizar a função social da propriedade urbana ao criar condições legais para normalizar, além de inserir na qualidade de vida urbana, as

áreas ocupadas pela população de baixa renda. Nesse contexto, encontramos os cortiços, os loteamentos irregulares e as favelas, os quais, uma vez considerados "áreas especiais de interesse social", implicam o compromisso de a Administração municipal realizar a infraestrutura básica necessária a esses núcleos habitacionais, que, assim, passam a integrar a cidade legal. Além da Constituição, qual o texto de lei que ampara o município para realizar essa inclusão?

4. Quais os instrumentos jurídicos e de ação política previstos no art. 4º, inciso V, do Estado da Cidade que propiciam à Administração Pública municipal a promoção do desenvolvimento urbano?

5. É possível alguém adquirir a posse de bens públicos por meio do instituto da usucapião?

capítulo oito.

O Plano Diretor*

* Esse capítulo é baseado em Bernardi (2006).

Conteúdos do capítulo:

* Como formular o Plano Diretor;
* A materialização das funções sociais da cidade;
* Aspectos de abrangência do Plano Diretor;
* Análise da participação da comunidade na gestão da cidade.

Após a leitura deste capítulo, você será capaz de:

1. organizar sistematicamente os aspectos ou espaço físicos, econômicos e sociais do município para elaborar o Plano Diretor;
2. identificar os aspectos de controle e fiscalização do Plano Diretor;
3. conhecer os procedimentos de gestão democrática da cidade;
4. entender a importância do planejamento estratégico para o município;
5. reconhecer os aspectos necessários e a finalidade dos estudos de impacto de vizinhança e do impacto ambiental para levar a bom termo a organização da cidade.

É de entendimento geral que o objetivo final do planejamento é melhorar a qualidade de vida das pessoas que moram em determinado ambiente urbano, mantendo o equilíbrio ambiental e preservando seus recursos para as futuras gerações. Nessa conjuntura, destacamos a importância do Plano Diretor no âmbito da Administração municipal no propósito de propiciar bem-estar aos habitantes da cidade.

O Plano Diretor de Desenvolvimento Integral (PDDI), além de traçar diretrizes gerais, deve fixar metas e objetivos de desenvolvimento para um determinado período da gestão municipal (Mukai, 1988). Sob essa perspectiva, inclui-se a compreensão, segundo Meirelles, citado por Mukai (1988), de que devem ser atribuições municipais, na área urbana, a regulamentação edilícia sobre a propriedade particular e a ordenação física e social da cidade por meio da Lei de Zoneamento e de planos de urbanização.

Toda essa abrangência e a amplitude de fatores envolvidos servem para elucidar a importância do planejamento para qualquer município brasileiro, independentemente de seu tamanho e de sua população, mesmo para aquelas cidades que, dificilmente, serão grandes metrópoles, como ocorre com lugares antigos que continuam configurando-se como pequenas comunidades urbanas. Assim, o objetivo do planejamento não é apenas preparar a cidade para um dia possuir uma grande população e ter condições de enfrentar os problemas dos grandes centros, como trânsito, transporte, poluição, degradação urbana, violência, entre outros.

Conforme a Associação Internacional de Administradores Municipais (1965), o Plano Diretor da cidade "deve ser meticulosamente prático e economicamente sólido, por outro lado deve expressar outras aspirações – não puramente materiais – dos membros da comunidade [...] um projeto geral equilibrado, e atraente, adaptado às necessidade presentes e probabilidades futuras" (p. 15). A associação também aconselha que o Plano Diretor deve estar "em proporção com a população e as perspectivas econômicas da comunidade e de acordo com seus recursos financeiros, e em consonância com seu modo de pensar" (p. 16).

Essas recomendações são pertinentes, pois o que observamos numa primeira fase do Plano Diretor foi que ele esteve mais voltado aos aspectos físico-territoriais do espaço urbano e, só posteriormente, passou a envolver o desenvolvimento socioeconômico.

8.1 O planejamento urbano no contexto histórico

O planejamento revela o direcionamento e antecipa o futuro para o momento presente. Com ele, fica mais fácil saber onde se pode e se quer chegar. Nesse contexto, todas as situações podem ser previstas, e os resultados futuros, palpáveis, podendo ser, portanto, quantificados no momento em que ocorre o ato do planejamento. "Planejar significa estabelecer objetivos, indicar diretrizes, estudar programas, escolher meios mais adequados a uma realização e traçar a atuação do governo, consideradas as alternativas possíveis" (Aguiar, 1996, p. 35). Planejar não é, então, um ato casual, mas algo pensado, refletido, um procedimento constante que possui regras e normas a serem seguidas para se chegar ao objetivo desejado. Isso em todas as áreas onde esse ato é aplicado, principalmente na área urbana, já que, desde a Antiguidade, o planejamento tem sido uma ferramenta usada na construção de fortalezas, castelos, templos e cidades.

Nesse contexto, o historiador francês Coulanges (1957, p. 158) observa que "a urbe, entre os antigos, não se formava no decorrer do tempo pelo lento desenvolvimento do número dos homens e das construções. Fundava-se a urbe de uma só vez, inteiramente, em um só dia", e a sua formação era resultado de um processo de planejamento. Havia o cuidado, por parte do fundador da urbe, em escolher o local da nova cidade, de acordo com os desejos dos deuses. Além disso, a sua edificação era constituída por um ritual que compreendia aspectos como o local onde se colocava o fogo sagrado e o espaço onde ficava o lar, bem como aqueles relacionados ao entorno do qual ela deveria ser erigida. Cabia, então, ao fundador percorrer o lugar (o território) e fazer os sulcos indicativos de onde deveriam ser construídas as muralhas sagradas e as portas da urbe. No Brasil, a tradição de planejamento urbano remonta ao período colonial. A exemplo das civilizações antigas, algumas cidades brasileiras, como São Vicente (1532) e Salvador (1549), foram fundadas num determinado dia, marcando o início da vida cívica daquelas comunidades.

Tomé de Souza, o primeiro governador geral do Brasil, quando chegou ao país para fundar a primeira capital brasileira, tinha na sua equipe arquitetos, agrimensores, pedreiros, carpinteiros, entre outros profissionais. Essa constatação desmistifica o conceito de que as primeiras cidades brasileiras nasceram de maneira espontânea, sem nenhum tipo de planejamento. Sobre esse aspecto urbanístico, é esclarecedora a pesquisa de Delson (1994, p. 810):

> As cidades brasileiras, de acordo com as ideias geralmente mais difundidas, surgiram de povoações sem plano, espontâneas e não fórmulas que obedecessem ao planejamento metropolitano. Esse retrato pouco lisonjeiro não teve, contudo, sua origem nos documentos históricos. Por exemplo, a primeira povoação construída sob auspícios régios, Salvador, da Bahia, utilizou os serviços de arquitetos, pedreiros, carpinteiros etc., e, sem dúvida alguma, seguiu o padrão geral ortogonal, embora alongado longitudinalmente pela topografia acidentada do terreno da cidade. Essa falta de planejamento e de supervisão só foram visíveis [sic] nas povoações informais, desenvolvidas durante o período dos donatários, ou aquelas que cresceram "espontaneamente" ao longo de caminhos de gado, ou em resultados de acampamentos de bandeiras.

Como já mencionamos anteriormente, os primeiros planos diretores implantados no Brasil (em meados do século passado) tinham um caráter de ordenamento e disciplinamento do solo urbano.

Eram objetos desses planos de distribuição e uso da terra urbana: os espaços públicos e privados, as vias públicas, os setores de habitação, o comércio e a indústria, as futuras obras de infraestrutura e os equipamentos urbanos, sociais e comunitários.

Atualmente, temos uma visão mais ampla do Plano Diretor. Considera-se que ele transcende ao aspecto físico-territorial do espaço urbano, constituindo-se um instrumento integral que abrange todos os aspectos da vida urbana, desde o planejamento territorial até o desenvolvimento socioeconômico. Por isso, muitos autores e municípios o chamam de *Plano Diretor de Desenvolvimento Integrado*.

Essa visão global da cidade como um ser vivo desenvolveu-se a partir do século XIX, com o processo de industrialização que transformou, na Europa, pacatas cidades de artesãos em grandes agrupamentos humanos com milhares de pessoas trabalhando nas fábricas. Consequentemente, aqueles objetos que, em séculos anteriores, eram fabricados um por um, com a industrialização, passaram a ser produzidos em série. Esse processo possibilitou que os custos caíssem e que os produtos pudessem ser utilizados por um enorme grupo de pessoas, não apenas na aldeia ou no castelo, mas em qualquer parte do mundo.

♦ ♦ ♦

No Brasil, a Era Industrial chegou com um século de atraso. Além disso, o fenômeno observado na Europa e nos Estados Unidos – como o crescimento desordenado das cidades, com pessoas vivendo em áreas faveladas, sem infraestrutura de saneamento ambiental e na marginalidade social – agravou-se no século XX.

♦ ♦ ♦

Referindo-se a esse aspecto da urbanização brasileira, é concernente a argumentação de Leal (1988), quando afirma que a industrialização ocorreu de forma diversificada e desequilibrada, tanto nos países desenvolvidos como nos em desenvolvimento, incluindo-se aqui o Brasil.

Aliás, o que se observa é que, no caso brasileiro, esse problema foi agravado pela imensa migração do campo para a cidade, ocorrida no século passado. Em decorrência dessa realidade, durante o regime militar nos anos de 1970, as leis orgânicas dos municípios, principalmente as capitais, adotaram o PDDI como instrumento de planejamento urbano.

Nesse contexto, estados como São Paulo, Santa Catarina, Rio Grande do Norte, Pará, Mato Grosso, Alagoas, Ceará, Paraná, Goiás, Bahia, Pernambuco, Sergipe, Minas Gerais e Rondônia obrigavam os seus municípios a elaborar planos de desenvolvimento. Nesse período, alguns estados, como São Paulo, fixaram como exigência para liberar recursos aos municípios – mediante convênios ou para a obtenção de auxílio e transferência de recursos – a existência do Plano Diretor (Saule Júnior, 1997).

Todavia, foi com a Constituição de 1988 (Brasil, 1988, art. 182, § 1º) que o Plano Diretor adquiriu *status* de norma constitucional, regulamentado pelo Estatuto da Cidade (art. 4º, III, "a"), em que se apresenta como o instrumento básico de planejamento municipal (Brasil, 2002d).

8.2 A gestão democrática por meio da participação popular

A gestão democrática da cidade dá ênfase à democracia participativa. Ela pressupõe a participação popular por intermédio de órgãos colegiados, nos três níveis federativos: federal, estadual e municipal.

Esse processo de participação está regulamentado no Estatuto da Cidade (arts. 43 a 45) e pode ser realizado por meio de debates, audiências, consultas públicas e conferências sobre temas urbanos, além de planos urbanísticos e projetos de lei de iniciativa popular, que são apresentados à Câmara Municipal. Nesses procedimentos, as audiências públicas objetivam dar transparência ao processo de decisão e também garantir o direito de informação para as populações que serão atingidas pelo projeto urbano.

> **Por que *gestão democrática*? De onde surgiu essa terminologia?**
>
> Devemos ressaltar (para que você entenda melhor esse processo) que a democracia, desde o período clássico grego, tem sido a forma de governo mais festejada e defendida, por constituir-se num sistema em que o povo participa, direta ou indiretamente, das decisões que dizem respeito à sua vida material. Se, nas cidades gregas, os magistrados eram eleitos para o mandato de um ano e os cidadãos participavam das decisões na assembleia pública, hodiernamente, nos governos democráticos, a participação popular ocorre por meio de um processo indireto, em que se elegem primeiro os representantes que, posteriormente, tomarão as decisões em nome de todos. Esse estado político corresponde à democracia representativa, que surgiu com o Estado moderno, de concepção liberal.

Devemos destacar que o art 1°, parágrafo único, da Constituição Federal de 1988 estabelece que "todo o poder emana do povo, que o exerce por meio de representantes eleitos ou diretamente, nos termos desta Constituição". Aqui, o legislador pátrio repete a clássica definição de democracia cunhada por Lincoln – que ficou conhecida como *Oração de Gettysburg* – quando, dirigindo-se aos parentes e amigos de vítimas que tombaram na batalha do mesmo nome, ele afirmou: "Não morreram em vão – que esta nação, sob Deus, tenha um novo nascimento de liberdade – e que o governo do povo, pelo povo, para o povo, da Terra não pereça" (Carnagie, 1977, p. 175).

Em consonância com essa concepção, a Constituição brasileira determina, no capítulo dos direitos políticos, no art. 14, como a soberania popular será exercida por meio do sufrágio universal, pelo voto direto e secreto, com valor igual para todos, contemplando os institutos do plebiscito, do referendo e da iniciativa popular em projetos de lei a serem encaminhados às casas legislativas.

Importa lembrar que o plebiscito já era uma forma de consulta popular no período dos romanos. Constituía-se em um instrumento pelo qual a população dizia se era a favor ou contra determinada proposta. Esse é o caráter encontrado atualmente na Constituição: os eleitores são consultados e deliberam sobre a matéria que é colocada em votação.

O voto tem valor igual para todos, e quem determina se a matéria será ou não objeto de consulta popular é o Congresso Nacional, que pode autorizar referendo ou convocar plebiscito, conforme o art. 49, inciso XV, da Constituição. Há, pois, no caso, uma distinção a ser feita: na Carta Magna, consta que é objeto de PLEBISCITO a criação de estados ou territórios federais (art. 18, § 3º), como também a criação, incorporação, fusão e desmembramento de municípios (art. 18, § 4º); já o REFERENDO é uma manifestação posterior dos eleitores sobre determinada lei ou artigo de lei aprovado pelo Legislativo. Dessa forma, no referendo, o cidadão declara seu voto a favor ou contra uma lei ou artigo de determinada lei.

Em relação aos procedimentos que dizem respeito ao projeto de lei de iniciativa popular, é necessário deixar claro que, para que ele possa tramitar no Congresso Nacional, é exigido pela Constituição que seja subscrito por, pelo menos, 1% dos eleitores e, nas câmaras municipais, por 5%. Isso tem dificultado, e até em alguns casos inviabilizado, a utilização desse instrumento.

No município, a gestão democrática participativa deve incluir debates, audiências e consultas públicas sobre o Plano Plurianual (PPA), a

Lei de Diretrizes Orçamentárias (LDO), a Lei do Orçamento Anual (LOA), entre outros, pois aqueles (os debates) são condição obrigatória para que a Câmara Municipal possa aprovar os projetos. Nesse aspecto, o Estatuto da Cidade deixa a critério do município a possibilidade de criar outros instrumentos de participação e de gestão democrática da cidade.

Nessa proposta de gestão democrática, muitas vezes, a participação comunitária no planejamento urbano ocorre apenas para atender a uma obrigação legal, ou seja, constitui-se em uma participação enganosa ou aparente, pois, quando verdadeira, há um processo contínuo e permanente, no qual a comunidade (cidadão) se faz presente em todas as fases. "Quem participa não se limita a referendar, executar e dar sugestões; deve ter condições para apresentar e debater propostas, deliberar sobre elas e, sobretudo, mudar o curso de ação estabelecido pelos dirigentes e formular cursos de ação alternativos" (Gonçalves, 1990, p. 83-85).

É indispensável, no processo democrático, a compreensão de que a verdadeira participação social na elaboração do planejamento municipal, em especial do Plano Diretor, requer a capacitação da sociedade civil. A população, uma vez capacitada, pode emitir a sua opinião de forma qualificada. Nesse contexto, é importante a divulgação de opiniões fundamentadas, embasadas política e tecnicamente para que, efetivamente, gerem contribuições ao processo de elaboração do planejamento urbano, colaborando até mesmo para que as tomadas de decisões sejam participativas.

O desenrolar dessas etapas de edificação da gestão participativa remete a Fishkim (2002), que faz uma comparação entre a OPINIÃO PÚBLICA BRUTA e a OPINIÃO PÚBLICA PONDERADA OU REFINADA. Ele considera a primeira um parecer baseado em informações escassas, praticamente sem nenhuma reflexão sobre o assunto, o que faz dela uma opinião de pouco valor; por outro lado, o autor caracteriza a segunda como a que reflete o conceito de quem teve mais informações sobre a situação, pensou sobre ela e submeteu-a ao contraste em face de argumentos contrários, que expressam uma visão oposta.

Esse aspecto da seriedade do processo e da necessidade de aprimoramento das condições de participação do cidadão é tanto mais relevante quanto mais se atentar para o fato de que a participação popular (prevista na Constituição e, especificamente, no Estatuto da Cidade, nos arts. 43, 44 e 45) não se constitui em mera consulta para referendar decisões já tomadas pelos técnicos. Também não significa a cooptação de setores sociais pela participação em comissões e conselhos que, muitas vezes, só homologam as decisões tomadas nos gabinetes. A participação popular deve, portanto, constituir-se num verdadeiro processo de democracia participativa, para que resulte em um projeto coletivo que reflita a vontade da comunidade.

O Conselho das Cidades

O Conselho das Cidades (ConCidades) é o colegiado em nível federal vinculado ao Ministério das Cidades, em que, efetivamente, ocorre a participação da sociedade por meio de seus delegados, eleitos por segmentos para a definição de diretrizes e políticas públicas para as áreas urbanas brasileiras.

A gestão democrática da cidade está prevista no capítulo IV, arts. 43 a 45, do Estatuto da Cidade. Nesse contexto, a lei aponta alguns instrumentos que devem ser utilizados para que, efetivamente, ocorra essa participação. Entre eles, prevê a existência de órgãos colegiados de política urbana nos níveis nacional, estadual e municipal.

O ConCidades possui natureza deliberativa, no que diz respeito ao seu funcionamento, e consultiva, quanto às suas deliberações, sendo que suas resoluções possuem caráter de recomendação. As deliberações são em forma de resoluções, por maioria simples dos presentes, cabendo ao presidente o voto de qualidade em caso de empate.

No Estatuto, o ConCidades desempenha o papel previsto no inciso I do art. 43, em nível nacional. Esse conselho foi inicialmente criado com a Medida Provisória nº 2.220, de 4 de setembro de 2001

(Brasil, 2001b), ocasião em que recebeu o nome de *Conselho Nacional de Desenvolvimento Urbano* (art. 10), posteriormente alterado para *Conselho das Cidades*.

Por meio da Lei nº 10.683, de 28 de maio de 2003 (Brasil, 2003a), ele passou da estrutura organizacional da Presidência da República para o Ministério das Cidades, que lhe deu a competência de propor as diretrizes para a distribuição regional e setorial do orçamento daquele ministério, mantendo-se as atribuições previstas no art. 10 da MP nº 2.220/2001.

O ConCidades possui natureza deliberativa, no que diz respeito ao seu funcionamento, e consultiva, quanto às suas deliberações, sendo que suas resoluções possuem caráter de recomendação. As deliberações são em forma de resoluções, por maioria simples dos presentes, cabendo ao presidente o voto de qualidade em caso de empate.

O ConCidades, em sua primeira composição – aprovada na Primeira Conferência das Cidades, que foi realizada em Brasília, no ano de 2003 –, contava com 71 membros titulares e igual número de suplentes, com mandato de dois anos, sendo que 41 eram representantes de segmentos da sociedade civil* e 30 eram representantes dos Poderes Públicos federal, estadual e municipal (do Executivo e do Legislativo). Também possuía 27 observadores estaduais (um por estado da Federação e o do Distrito Federal). Esses observadores não tinham o poder de voto e apenas desempenhavam o papel de interlocutores do ConCidades para a construção de conselhos estaduais e municipais.

A partir da Segunda Conferência das Cidades, realizada em Brasília, de 30 de novembro a 3 de dezembro de 2005, o Conselho das Cidades passou a constituir-se de 86 membros titulares, igual número de suplentes e 8 observadores estaduais.

✦ ✦ ✦

* Os representantes da sociedade civil são membros de movimentos populares, de entidades de trabalhadores e empresários, de entidades acadêmicas e de profissionais e, por fim, de organizações não governamentais, sendo indicados por entidades com caráter nacional.

Em sua divisão por áreas de responsabilidade e de atuação, além do Colegiado Pleno, composto por todos os membros titulares, o ConCidades possui 4 comitês técnicos*, formados pelos membros titulares e suplentes, a saber:

- o de Habitação;
- o de Saneamento Ambiental;
- o de Trânsito, Transporte e Mobilidade Urbana; e
- o de Planejamento Territorial Urbano.

Esses comitês são considerados órgãos de assessoramento e reúnem-se antes das reuniões do conselho.

Nos primeiros dois anos da institucionalização do ConCidades em nível federal, apenas uma cidade, Niterói, implantou o conselho em nível municipal e um estado, Mato Grosso do Sul, em nível estadual, embora as conferências das cidades em todos os níveis tenham apontado para esse objetivo.

O ConCidades tem se reunido regularmente a cada 90 dias para deliberar sobre temas relacionados à sua competência, tendo produzido várias resoluções que complementam e interpretam o Estatuto da Cidade no que diz respeito às formas de participação popular, ao conteúdo do Plano Diretor, a recomendações nas áreas de habitação, ao saneamento, à liberação de recursos para investimentos nas áreas de sua atuação, entre outras.

8.3 O planejamento estratégico

O **planejamento estratégico da cidade** é um instrumento recente na Administração Pública, embora seja uma prática comum no meio

✦ ✦ ✦

* Na composição dos comitês, deve ser observada a representação das diversas categorias que compõem o ConCidades.

empresarial. Ele objetiva antecipar-se à realidade futura da cidade, buscando direcioná-la de modo dinâmico e inteligente, de acordo com a realidade local. Em sua elaboração e implantação, devem ser trabalhadas as dificuldades, sejam sociais, sejam econômicas, objetivando maximizar os resultados positivos. Além disso, a metodologia a ser adotada deve fazer com que as partes envolvidas no planejamento estratégico atuem em perfeita sincronia para que os resultados atingidos, efetivamente, correspondam aos anseios da comunidade. Consequentemente, o processo de elaboração e controle de seus resultados deve, por ser representativo, envolver toda a comunidade.

♦ ♦ ♦

Devemos lembrar que planejamento estratégico significa prever situações adotando um método ou processo que seja inteligente, dinâmico e adequado para a realidade local. Assim, o planejador busca a otimização no relacionamento entre a organização e o meio ambiente em que o planejamento será efetuado.

♦ ♦ ♦

Isso também é conhecido como *inteligência empresarial*, ou seja, a adoção de uma metodologia dividida em partes ou fases que devem ser executadas em determinados tempos.

O roteiro a ser seguido no planejamento estratégico envolve premissas a serem consideradas e módulos ou partes que darão existência ao projeto. Inicialmente, faz-se necessário ter uma visão geral dele, no qual se objetiva envolver a participação de todos os atores, além de detalhar os níveis de cada etapa.

O planejamento estratégico municipal foi profundamente estudado por Rezende e Castor (2005, p. 51-52), que apresentaram, em 2005, um trabalho inédito na doutrina nacional sobre o tema, estabelecendo uma metodologia de estrutura do projeto, a qual será transcrita a seguir para que possamos fazer considerações a respeito e, consequentemente, traçar um roteiro claro da elaboração de um projeto.

♦ Projeto de Planejamento estratégico municipal; ♦ Capa (nome da cidade e data); ♦ Resumo do projeto (página única); ♦ Sumário (ou índice); ♦ Dados da cidade (nome, localização, indicadores, histórico etc.); ♦ Comitês de Trabalho (nome dos comitês, nome das pessoas físicas e jurídicas etc.); ♦ Análises estratégicas municipais; Análises dos ambientes municipais; ♦ Análise das forças, fraquezas e potencialidades municipais; ♦ Análises externas à cidade; ♦ Análise do ambiente externo; ♦ Análise das oportunidades e riscos à cidade; ♦ Análise da administração municipal; ♦ Análise do ambiente de tarefa municipal; ♦ Análise dos serviços e funções municipais; ♦ Análise dos sistemas de informação e da tecnologia da informação; ♦ Análise do modelo de gestão da Prefeitura; ♦ Diretrizes estratégicas municipais; ♦ Diretrizes da cidade; ♦ Visão da cidade; ♦ Vocações da cidade; ♦ Valores ou princípios da cidade e dos cidadãos; ♦ Objetivos municipais; ♦ Diretrizes da administração municipal; ♦ Missão da Prefeitura; ♦ Atividades municipais; ♦ Políticas municipais; ♦ Procedimentos operacionais; ♦ Estratégias e ações municipais; ♦ Níveis de controles municipais; ♦ Ações municipais; ♦ Valorização das estratégias e ações municipais; ♦ Controles municipais e gestão do planejamento; ♦ Níveis de controles municipais; ♦ Meios de controles municipais; ♦ Periodicidade do planejamento estratégico municipal; ♦ Gestão do planejamento estratégico municipal; ♦ Anexos; ♦ Apêndices (documentos próprios); ♦ Pareceres (aprovações com assinaturas).

Conforme os próprios autores acentuam, essa estrutura do planejamento estratégico municipal proposta não é rígida. Constitui-se numa base para os municípios que pretendam implementá-la, podendo acrescentar ou retirar tópicos conforme as peculiaridades locais. O importante é que a promoção do planejamento seja uma função de gestão do Poder Público municipal, sendo considerada, portanto, uma função social da cidade neste estudo.

Nesse âmbito, há de se considerar que, embora o planejamento não esteja previsto no Estatuto da Cidade, possui base constitucional (art. 29, XII), à medida que o município deve seguir, entre outros preceitos, o de buscar a cooperação das associações representativas da sociedade civil para a sua elaboração.

Devemos atentar também para o fato de que, para estruturar e desenvolver o projeto, é necessária uma equipe multidisciplinar que, por sua vez, deve estar sob o comando de um GESTOR, que se reporta ao PATROCINADOR. Por patrocinador, entendemos aquele que propõe o projeto (dono do projeto) e que, em última análise, dá o parecer final. Na Administração Pública municipal, ele pode ser o prefeito, o secretário municipal ou o diretor do órgão que encomendou o projeto.

Outro aspecto a ser considerado no planejamento é o da INTELIGÊNCIA ORGANIZACIONAL. Ela envolve vários conceitos e é mais ampla do que a inteligência empresarial, já que soma **inovação, criatividade, produtividade, efetividade, perenidade, rentabilidade, modernidade, inteligência competitiva** e **gestão de conhecimento** – tudo isso em um mesmo processo administrativo de gestão e de planejamento. Nessa visão, as melhores práticas devem ser compartilhadas para que todos se beneficiem delas.

A METODOLOGIA, por sua vez, **requer um roteiro de desenvolvimento estruturado do projeto**, uma comunicação eficiente e a descrição dos passos que devem ser dados para se chegar aos objetivos desejados. Além disso, ela busca conceder uma visão geral do projeto e é dividida em fases e subfases. Estas, por sua vez, geram um produto que deve ser avaliado pela equipe envolvida, da mesma forma que o grau de satisfação daqueles que são atendidos pelo projeto.

Já o plano de ação ou o cronograma é uma divisão das atividades num plano de trabalho, em que são respondidas perguntas envolvendo **quem irá realizar o projeto, quando, onde, como e por quê**, incluindo-se as suas formas de controle.

> Como modelos de gestão, os cronogramas mais difundidos são:
> - o autoritário, centrado em quem manda;
> - o democrático, em que há consulta, mas há também quem decide e quem exerce o poder;
> - o participativo, em que há consultas e as decisões são tomadas em conjunto; e, finalmente,
> - o situacional, que não é fruto de um planejamento, mas sim das circunstâncias do momento.

Alguns elementos são fundamentais na elaboração de um projeto urbano: **análise do ambiente, diagnóstico, estabelecimento de diretrizes públicas e urbanas, estratégias a serem adotadas e controle** sobre o que foi implementado. Um projeto se conceitua como conjunto de ações a serem executadas de forma coordenada ou o estabelecimento de metas a serem atingidas.

Há de se ter cuidado para que as decisões não representem apenas a vontade dos técnicos, mas possam ser tomadas de forma consensual entre todos os atores que participam do processo e a população, a qual será a beneficiária, usuária, do projeto urbano que se quer implantar, pois "toda mudança urbanística é autoritária, em escala maior ou menor. Por melhor que seja, sempre uma parcela de pessoas verá seu mundo descaracterizado e terá que usufruí-lo como deseja o autor das mudanças" (Dudeque, 1995, p. 68).

Um projeto urbano requer uma visão prospectiva, a fixação de um horizonte temporal e definido, além de uma comparação com o estado atual e futuro. Nesse âmbito, a proposição de programas objetiva prevenir, instigar e corrigir, devendo ter como objetivo o público-alvo.

Um projeto urbano requer uma visão prospectiva, a fixação de um horizonte temporal e definido, além de uma comparação com o estado atual e futuro. Nesse âmbito, a proposição de programas objetiva prevenir, instigar e corrigir, devendo ter como objetivo o público-alvo. A avaliação e as recomendações para o aperfeiçoamento do projeto são fundamentais e devem levar em conta as alternativas, a qualidade do ambiente, o balanço de interferência, o grau de dificuldade, a viabilidade e as recomendações estratégicas e gerenciais.

> O gestor urbano deve ser um agente capacitado para implantar políticas públicas. Gerenciar cidades requer uma visão integrada, capacidade para coordenar uma complexidade de ações e assegurar o cumprimento do plano, além de controlar a execução.

O gestor urbano, por sua vez, deve ser um agente capacitado para implantar políticas públicas. Gerenciar cidades requer uma visão integrada, capacidade para coordenar uma complexidade de ações e assegurar o cumprimento do plano, além de controlar a execução. Para isso, deve ser constituída uma equipe multidisciplinar comprometida e com diversidade de conhecimento, que esteja envolvida num esforço construtivo e possua uma dose de inovação.

♦ ♦ ♦

A cidade interage com o projeto por meio de articulações econômicas, políticas e sociais. Nesse contexto, o cidadão é o ator principal do processo urbano, pois vive e acompanha as modificações. Dessa forma, o Estado e o mercado também são atores importantes.

♦ ♦ ♦

O PROCESSO DE AVALIAÇÃO compreende o controle de todas as fases, com o acompanhamento, a avaliação propriamente dita, a decisão e a retroalimentação do sistema. As etapas desse processo envolvem o gerenciamento de problemas complexos, de integração, de escopo, de tempo, de custo, de qualidade, de pessoal, de comunicação, de riscos e de suprimentos. Portanto, o ciclo de vida de um projeto vai da INICIAÇÃO – passando pelo PLANEJAMENTO, pela EXECUÇÃO e pelo CONTROLE – até o ENCERRAMENTO.

Entre os instrumentos previstos para a implementação da política urbana, destacam-se o Plano Diretor, o parcelamento, a edificação compulsória, o IPTU progressivo no tempo, o impacto de vizinhança, o direito de preempção etc. O planejamento é a mais eficiente ferramenta que o gestor dispõe para implementar políticas públicas. Dentro desse contexto, a legislação estabelece algumas diretrizes gerais, desde a Carta Magna – nos arts. 182 e 183 – até o Estatuto da Cidade, que se constitui na regulamentação dessas normas de política urbana.

Como tem sido enfatizado neste estudo, os arts. 182 e 183 da Constituição tratam da política urbana, que é regulamentada pelo Estatuto da Cidade – a lei que fixa as diretrizes a serem adotadas pelos municípios para o meio urbano. Entre os princípios estão as garantias do direito da cidade sustentável, a gestão democrática, a cooperação entre governo e sociedade, a justa distribuição do processo de urbanização e a regularização fundiária, entre outros.

Tendo como base os princípios fixados em lei, que possuem como objetivo ordenar o pleno desenvolvimento das funções sociais da cidade e da propriedade urbana (art. 2º, EC), o gestor dispõe de toda a experiência na arte e na ciência de planejar para que o projeto urbano se realize com sucesso.

A cidade é o ambiente onde está o centro de poder da civilização. Mas, antes disso, é o espaço que o homem escolheu há milênios para

> A cidade é o ambiente onde está o centro de poder da civilização. Mas, antes disso, é o espaço que o homem escolheu há milênios para realizar seus projetos de vida, abrigar sua família e transformar seus sonhos em realidade. Nesse caso, a cidade planejada, sustentável e democrática, que assegura as funções sociais para seus moradores, é a utopia possível.

realizar seus projetos de vida, abrigar sua família e transformar seus sonhos em realidade. Nesse caso, a cidade planejada, sustentável e democrática, que assegura as funções sociais para seus moradores, é a utopia possível.

8.4 Estudo de impacto de vizinhança (EIV)

Uma das grandes inovações do Estatuto da Cidade, que deve integrar o Plano Diretor, é o estudo de impacto de vizinhança (EIV) para grandes empreendimentos no espaço urbano. Trata-se de um instrumento moderno de gestão, que constitui a cidade sob o aspecto do direito urbano-ambiental e sob a ótica da função social da propriedade urbana. É, portanto, uma forma de fazer com que a comunidade que vai sofrer o impacto daquela atividade seja ouvida e que a decisão sobre a implantação ou não do empreendimento não fique exclusivamente nas mãos de algumas pessoas.

Grandes empreendimentos, nesse caso, são os conjuntos e condomínios habitacionais ou de atividades empresariais, os *shopping centers*, os hipermercados, as fábricas, os estádios e os ginásios esportivos, as escolas, as universidades, os presídios, os terminais rodoviários e os ferroviários, os aeroportos, entre outros. Observamos que, com esse estudo, o direito de vizinhança passou a ser considerado na gestão urbana, uma vez que o zoneamento, que era usado até então, não conseguiu dar à população afetada uma solução para os problemas gerados por empreendimentos de grande porte.

É sob essa perspectiva – a dos problemas oriundos de empreendimentos vultosos – que a análise dos impactos passou a ser valorizada, à medida que permite avaliar se é ou não coerente implantar um empreendimento em determinado local, isto é, "avaliar se o proposto está adequado ao local, estabelecendo uma relação da cidade, considerando o meio no qual está inserido" (Brasil, 2005a, p. 112).

Ainda sobre o impacto de vizinhança, esclarece Bernardoni (2006) que ele constitui-se em uma ferramenta que possibilita, ou mesmo determina, que "deve haver uma discussão com os proprietários e os usuários de seu entorno em razão dos impactos causados, como barulho, trânsito, valorização imobiliária, meio ambiente entre outros" (p. 46). Isso deve ocorrer em um período anterior à instalação do empreendimento.

O EIV, previsto no Estatuto da Cidade como um instrumento de gestão, objetiva ouvir a população que será atingida por um grande empreendimento urbano e analisar as implicações que ela poderá sofrer. Assim, ao serem analisados os aspectos positivos e negativos da iniciativa, **o objetivo é assegurar a qualidade de vida e o direito de vizinhança, bem como a pertinência ou não da implantação do empreendimento.**

Para a aplicação do EIV, além da necessidade de ele estar previsto no Plano Diretor, é necessário que haja uma lei específica que defina quais os empreendimentos e as atividades públicas e privadas que dependerão desse estudo prévio para obter licenças ou autorizações de construção, ampliação ou funcionamento. Dessa forma, o objetivo do EIV é fazer uma avaliação dos fatores positivos e negativos que determinado empreendimento vai causar para a vizinhança – em relação à qualidade de vida da população e à área de influência – sob os aspectos ambientais, econômicos e sociais. Com isso, ele poderá apontar ações mitigadoras e compensatórias.

Estabelece o Estatuto da Cidade (art. 37) que, na análise do EIV, devem ser incluídas, entre outros aspectos, questões como o aumento populacional, a capacidade dos equipamentos urbanos e comunitários, o uso e ocupação do solo, a valorização imobiliária, a geração de tráfego, a demanda por transporte público, a ventilação, a iluminação, a paisagem urbana e os patrimônios natural e cultural. O resultado desse estudo deve ficar à disposição da comunidade para consulta no órgão responsável pela exigência do EIV no município.

Embora ainda seja um instrumento novo, pouco utilizado, alguns planos diretores, como o de Curitiba (Lei Municipal nº 11.266/2004), preveem, além das exigências do Estatuto da Cidade, que o EIV deve conter uma descrição detalhada do empreendimento, além de identificar os impactos que serão causados por ele nas fases de planejamento, implantação, operação e quando for desativado. Nesse contexto, as medidas de controle ambiental, mitigadoras ou compensatórias, adotadas nas diversas fases do empreendimento, com a indicação das responsabilidades pela implantação de tais medidas, devem acompanhar o EIV.

8.5 Estudo de impacto ambiental (EIA)

A elaboração do EIV não substitui, no entanto, o estudo de impacto ambiental (EIA), previsto na Lei nº 6.938/1981 (Brasil, 1981) e nas Resoluções nº 01/1986 (Brasil, 1986) e nº 237/1997 (Brasil, 1997b) do Conselho Nacional do Meio Ambiente (Conama), quando a legislação ambiental assim o exigir.

Nesse sentido, devemos atentar para o fato de que há algumas particularidades que estão inclusas apenas no EIA. Nessa elucidação, é útil conhecermos a Resolução Conama nº 01/1986, a qual define *impacto ambiental* como qualquer alteração das propriedades físicas, químicas e biológicas do meio ambiente, causada por qualquer forma de matéria ou energia resultantes das atividades humanas que, direta ou indiretamente, afeta: a saúde, a segurança e o bem-estar da população; as atividades sociais e econômicas; a biota; as condições estéticas e sanitárias do meio ambiente e a qualidade dos recursos ambientais. Dessa forma, como podemos perceber, a Resolução nº 01/1986, referente ao impacto ambiental, tem uma abrangência maior do que o impacto de vizinhança.

De onde surgiu a exigência do EIA?

O EIA é uma exigência constitucional antes de ser um instrumento de política ambiental previsto no Estatuto da Cidade. A Constituição estabelece como princípio que "todos têm direito ao meio ambiente ecologicamente equilibrado, bem de uso comum do povo e essencial à sadia qualidade de vida, impondo-se ao Poder Público e à coletividade o dever de defendê-lo e preservá-lo para as presentes e futuras gerações". Para assegurar esse direito, o Poder Público deve exigir, "na forma da lei, para instalação de obra ou atividade potencialmente causadora de significativa degradação do meio ambiente, estudo prévio de impacto ambiental, a que se dará publicidade" (art. 225, § 1º, IV, CF).

No planejamento urbano, com o EIA é exigido também um relatório de impacto ambiental (Rima) para diversos tipos de obras que possam afetar o meio urbano. Entre elas, estão:

- as estradas de rodagem com duas ou mais faixas de rolamento; as ferrovias; os portos e os terminais de minério, de petróleo e de produtos químicos; os aeroportos;
- os oleodutos, os gasodutos, os minerodutos, os troncos coletores e emissários de esgotos sanitários; as linhas de transmissão de energia elétrica, acima de 230 kW;
- as obras hidráulicas para exploração de recursos hídricos, tais como barragens para fins hidrelétricos – acima de 10 MW – de saneamento ou de irrigação; para abertura de canais de navegação, drenagem e irrigação; para retificação de cursos de água, abertura de barras e embocaduras e para transposição de bacias e diques;
- os aterros sanitários, processamento e destino final de resíduos tóxicos ou perigosos; as usinas de geração de eletricidade, qualquer que seja a fonte de energia primária, acima de 10 MW; os complexos e as unidades industriais e agroindustriais

(petroquímicos, siderúrgicos, cloroquímicos, destilarias de álcool, hulha, extração e cultivo de recursos hídricos);
* os distritos industriais e as zonas estritamente industriais (ZEI); projetos urbanísticos, acima de 100 ha ou em áreas consideradas de relevante interesse ambiental a critério da Secretaria do Meio Ambiente (Sema) e dos órgãos municipais e estaduais competentes;
* qualquer atividade que utilize carvão vegetal em quantidade superior a dez toneladas por dia (art. 2º, Resolução Conama nº 01/1986).

8.6 Processo de elaboração do Plano Diretor

O Plano Diretor é, antes de tudo, um mandamento constitucional. Está previsto no parágrafo 1º do art. 182 da Constituição, qualificando-se como o "instrumento básico da política de desenvolvimento e expansão urbana". Deve ser aprovado pela Câmara Municipal e, portanto, constitui-se em um regulamento que, conforme estabelecer a Lei Orgânica do Município, pode ser ORDINÁRIO OU COMPLEMENTAR. Pode, ainda, a Lei Orgânica Municipal fixar um *quorum* privilegiado para a sua aprovação ou modificação por meio de emendas e um interstício de prazo entre uma votação e outra, objetivando, com isso, dar uma perenidade maior ao plano, dificultando, assim, as modificações.

É nesse contexto que, ao abordar os aspectos referentes à participação da comunidade na elaboração do Plano Diretor, Saule Júnior (1977) exalta essa prática, dizendo que ela, além de "dar eficácia e validade jurídica em obediência aos princípios constitucionais norteadores da política urbana", possui o mérito de proporcionar sustentabilidade aos "novos paradigmas de exercício do poder" (p. 260).

Assim, os novos valores essenciais na cidade são afirmados, pois a participação da população na elaboração do Plano Diretor engloba o respeito às diferenças, aos conflitos e aos interesses engloba divergentes que existem na sociedade, bem como instiga a vivência democrática e a atitude cidadã.

Nesse contexto, a Constituição determina a obrigatoriedade do Plano Diretor para as cidades com mais de 20 mil habitantes. Vale salientar que, aqui, cidade compreende todo o território municipal, e não apenas o perímetro urbano.

Já o Estatuto da Cidade (art. 41), independentemente do número de habitantes, amplia essa obrigatoriedade também para os municípios integrantes de regiões metropolitanas e aglomerações urbanas onde o Poder Público municipal pretenda utilizar os instrumentos previstos no parágrafo 4º do art. 182 da Constituição, ou seja, o parcelamento, as edificações compulsórias, os impostos sobre a propriedade predial e territorial urbana progressivos no tempo e, ainda, a desapropriação com o pagamento mediante títulos da dívida pública.

Também estão obrigados pelo Estatuto da Cidade a implantarem o Plano Diretor os municípios que integram áreas de interesse turístico e aqueles que estão inseridos em áreas de influências de empreendimentos ou atividades com significativo impacto ambiental de âmbito regional e nacional, mesmo que não tenham população superior a 20 mil habitantes. Aqui são considerados aqueles municípios que têm como atividade preponderante o turismo, como os litorâneos, com praias; as estâncias hidrominerais e os que possuem belezas naturais ou patrimônio histórico.

No que concerne à significação do Plano Diretor, podemos aqui recorrer a Silva (2000, p. 143), que, de forma objetiva, afirma que esse instrumento, em sua denominação, "é plano, porque estabelece os objetivos a serem atingidos, o prazo em que estes devem ser alcançados [...] as atividades a ser executadas e quem deve executá-las. É diretor, porque fixa as diretrizes do desenvolvimento urbano do município".

Normalmente, os municípios que sofrem influência de grandes empreendimentos e de impacto ambiental são os que estão no entorno de um grande aeroporto ou de uma usina hidrelétrica de grande capacidade geradora que, com sua represa, tenha alagado um território considerável.

No que concerne à significação do Plano Diretor, podemos aqui recorrer a Silva (2000, p. 134), que, de forma objetiva, afirma que esse intrumento, em sua denominação, "é plano, porque estabelece os objetivos a serem atingidos, o prazo em que estes devem ser alcançados [...] as atividades a ser executadas e quem deve executá-las. É diretor, porque fixa as diretrizes do desenvolvimento urbano do município".

Vale lembrar que o Plano Diretor tem sido conceituado como uma lei municipal que se constitui em normas que traçam as diretrizes e técnicas para se atingir o desenvolvimento integral do município sob os pontos de vista urbano, socioeconômico e administrativo. Ao longo do tempo, adotou muitos nomes, entre os quais, *Plano Diretor de Desenvolvimento Econômico, Plano Diretor Decenal,* ou, simplesmente, *Plano Diretor,* a partir da Constituição de 1988.

Vários juristas empenharam-se no entendimento e na conceituação desse plano, oferecendo subsídios para o detalhamento desse instrumento de gestão pública.

Observamos que, para Meirelles (1993b, p. 393), o Plano Diretor "é o instrumento técnico-legal definidor dos objetivos de cada Municipalidade, e por isso mesmo com supremacia sobre os outros, para orientar todas as atividades da Administração e dos administrados nas realizações públicas e particulares que interessam ou afetem a coletividade". Para esse autor, o Plano Diretor é uno, integral, dinâmico e evolutivo, devendo ser adaptado às necessidades de cada município. Além disso, ele deve fixar objetivos e prioridades na orientação do desenvolvimento e do crescimento da cidade, disciplinando as atividades urbanas e norteando futuros empreendimentos – tanto públicos quanto privados – no território municipal.

Esse mesmo enfoque é revelado na argumentação de Carneiro (1998), quando afirma que "o Plano Diretor é o instrumento que mostra o norte para que o Poder Público Municipal tenha os meios para ativar o pleno desenvolvimento das funções sociais da cidade" (p. 119). E vai além, ao declarar que ele "não é mero ordenador da ocupação do solo urbano. É muito mais, bem mais. Razão por que, face ao seu imenso alcance, todas as cidades brasileiras deveriam estar obrigadas a adotá-lo" (p. 119).

Essa abrangência do Plano Diretor é destacada e, por que não dizer, enfatizada por Monteiro (1990), que defende a importância desse instrumento por entender que não se trata de um mero plano urbanístico – não podendo, portanto, ser confundido como tal –, pois ele tem um objetivo muito mais amplo, ou seja, "o de interferir no processo de desenvolvimento local a partir de uma compreensão global dos fenômenos políticos, sociais, econômicos e financeiros que condicionam a evolução do município e contribuem para a ocupação desordenada do espaço urbano" (p. 13).

Nessa visão, o Plano Diretor constitui-se, mais do que em um ordenador do espaço urbano, em um indicador de objetivos que a cidade quer alcançar. Isso porque, mais do que uma norma, ele é um instrumento para que as funções sociais da cidade e da propriedade urbana se materializem. Ou seja, a garantia da implementação das funções sociais da cidade e da propriedade urbana, que foram amplamente estudadas anteriormente, é o seu objetivo primordial. Assim, é possível dizer que o Plano Diretor é instrumento fundamental da política urbana municipal, que tem por objetivo garantir o bem-estar e a melhoria da qualidade de vida da população por meio do ordenamento do pleno desenvolvimento das funções sociais da cidade e da propriedade urbana.

No entanto, isso não significa que ele não tenha recebido críticas. É o que observamos no que se refere à Lei do Plano Diretor, quando Mukai (2002) afirma que "o processo legislativo de sua aprovação, ao nível municipal, e o comum. Deveria ser matéria de exclusiva competência do Executivo, quanto à iniciativa".

Outra crítica, se considerarmos o Plano Diretor determinado na Constituição, é que ele é apresentado como o único instrumento do desenvolvimento da política urbana. Assim, uma vez que o Plano Diretor não é obrigatório para todos os municípios, essas comunidades ficariam sem planejamento ou recorreriam a políticas imediatistas correspondentes ao mandato do prefeito.

Ainda no âmbito da crítica, é necessário observar que o Plano Diretor sozinho, embora, como já foi visto, possua uma ampla abrangência, não consegue detectar toda a gama de necessidades e particularidades específicas de uma cidade.

Essa situação levou Di Sarno (2004, p. 64) a afirmar que "é necessário que ele seja complementado por planos específicos, setoriais ou microrregionais que determinarão o perfil de cada localidade". No entanto, a própria autora reconhece que o Estatuto da Cidade (art. 4º, II) prevê que é instrumento geral de planejamento também a estruturação das regiões metropolitanas, aglomerações urbanas e microrregiões.

Notemos que é competência dos estados (art. 25, § 3º, CF), mediante lei complementar – com o objetivo de integrar a organização, o planejamento e a execução de funções públicas –, instituir regiões metropolitanas, aglomerações urbanas e microrregiões constituídas de municípios limítrofes. Isso tem permitido aos estados a criação de regiões metropolitanas, de aglomerações urbanas e de microrregiões, além de estabelecerem planos e políticas de desenvolvimento urbano e regional com o objetivo de planejar o território além das fronteiras políticas dos municípios.

Também, em resposta antecipada às críticas a que se fez referência neste capítulo, está previsto que a lei que estabelece o Plano Diretor pode prever outras leis específicas que deverão aprofundar e detalhar matérias. Nesse âmbito, inserem-se, por exemplo, as leis de ocupação e uso do solo urbano, de zoneamento e perímetro urbano, de obras de construção e edificações, o licenciamento e a fiscalização de obras e edificações, o código sanitário, o licenciamento e a fiscalização de atividades econômicas e posturas municipais, entre outros.

Todo esse processo tem o seu respaldo legal ampliado pelo Estatuto da Cidade, que estabelece que o Plano Diretor deve englobar todo o território do município (art. 40, § 2º) e, portanto, não é uma lei apenas para os aspectos urbanos do município, já que objetiva o seu desenvolvimento integral em todas as áreas. **Nesse particular, o município pode estabelecer normas de zoneamento para as atividades agropecuárias, agroindustriais, vias públicas rurais, entre outras.**

Requisitos mínimos para o Plano Diretor

Instrumentos como o parcelamento, a edificação e a utilização compulsórios, o direito de preempção, a outorga onerosa do direito de construir, as zonas especiais onde o uso do solo pode ser alterado mediante contrapartida do beneficiário, as operações urbanas consorciadas, a transferência do direito de construir e o sistema de acompanhamento e controle são conteúdos mínimos, previstos no art. 42 do Estatuto da Cidade. Eles devem estar indicados no plano diretor para que possam ser implementados pela Administração municipal.

No entanto, o que observamos é que muitos desses instrumentos, dependendo do tamanho do município e das condições locais, não estão sendo aplicados ou constituem-se em mera repetição da legislação federal nos planos diretores, sem que tenham nenhuma finalidade prática. Dessa maneira, **a verdadeira finalidade de um Plano Diretor**, que é ser o instrumento para que se implementem as funções sociais da cidade, não é atingida.

Considerando o que foi exposto, retornamos aqui ao discurso de Rech (2003), que alerta para o fato de que o Plano Diretor deve incorporar as diretrizes estabelecidas no Estatuto da Cidade, pois ele é um instrumento de gestão pública e, por tal motivo, "não pode constituir-se de normas isoladas, sem unidade, que não conduzem para lugar algum. Também não pode ensejar interpretações contraditórias (antinomias, antagonismos)" (p. 249).

Nas circunstâncias citadas, deve o administrador estar consciente de que a finalidade do Plano Diretor (em conformidade com o art. 2º do Estatuto da Cidade) é organizar, de forma harmônica, o desenvolvimento das funções sociais da cidade e da propriedade urbana. O autor em questão ainda atenta para o fato de que "As diretrizes do próprio estatuto devem ser incorporadas à Lei do Plano Diretor, como direitos a serem assegurados e princípios a serem observados para alcançar seu objetivo" (Rech, 2003, p. 249).

Resumindo, podemos dizer que o Plano Diretor, de acordo com a Carta Constitucional, tem por finalidade implementar as funções sociais da cidade, constituindo-se em uma norma aberta que começa a ser clareada e especificada pela portaria do ConCidades.

Resolução ConCidades nº 34/2005

Com a Resolução nº 34, de 1º de julho de 2005 (Brasil, 2005b), o ConCidades (que possui competência legal para emitir orientações e recomendações sobre a aplicação do Estatuto da Cidade) estabeleceu o conteúdo mínimo que um plano diretor deve conter para que, efetivamente, venha garantir a implementação das funções sociais da cidade e da propriedade urbana. E não apenas isso, esclareceu qual é a finalidade de um plano diretor como elemento para ordenar o pleno desenvolvimento das funções sociais da cidade e garantir o bem-estar de seus habitantes, conforme institui a Constituição (art. 182). **A resolução, entretanto, não possui poder normativo ou regulamentar, apenas de recomendação.**

Nas considerações iniciais, a Resolução nº 34/2005 do ConCidades é clara e afirma, de forma peremptória, que o objetivo fundamental do Plano Diretor é "definir o conteúdo da função social da cidade e da propriedade urbana, de forma a garantir o acesso a terra urbanizada e regularizada, o direito à moradia, ao saneamento básico, aos serviços urbanos a todos os cidadãos, e implementar uma gestão democrática e participativa".

Além disso, ela declara que o bem coletivo, a segurança e o bem-estar dos cidadãos, assim como o equilíbrio ambiental, dependem da elaboração de planos diretores municipais. Para que isso ocorra, a resolução aprofunda a questão ao reconhecer que o Plano Diretor deve ser elaborado de forma a compor-se de aspectos distintivos, específicos, respeitando o âmbito político-espacial do município (a extensão territorial, a história, a cultura). É importante lembrar, ainda, que "é dever do Estado prover[*] condições indispensáveis para o pleno exercício da saúde; e que a saúde tem como fatores determinantes e condicionantes, entre outros, a alimentação, a moradia, o saneamento básico, o meio ambiente, o trabalho, a renda, a educação, o transporte, o lazer, e o acesso aos bens e serviços essenciais" (Brasil, 2005).

Conteúdos mínimos
Como requisitos mínimos, a Resolução nº 34/2005 do ConCidades estabelece, no art. 1º, que o Plano Diretor deve prever:

> [...] as ações e medidas para assegurar o cumprimento das funções sociais da cidade, considerando o território rural e urbano; as ações e medidas para assegurar o cumprimento da função social da propriedade urbana, tanto privada como pública; os objetivos, temas prioritários e estratégias para o desenvolvimento da cidade e para a reorganização territorial do município, considerando sua adequação aos espaços territoriais adjacentes; os instrumentos da política urbana previstos pelo art. 42 do Estatuto da Cidade, vinculando-os aos objetivos e estratégias estabelecidos no Plano Diretor.

É notório, portanto, que o cumprimento das funções sociais da cidade engloba, além do território urbano, o rural e que a função

♦ ♦ ♦

* Quando a Resolução trata de Estado como provedor de direitos sociais, considera o Poder Público em suas diferentes esferas, ou seja, a municipal, a estadual e a federal, que possuem competências comuns estabelecidas no art. 23 da Constituição.

social da propriedade não se refere apenas à propriedade privada, mas também à pública, sendo que a organização territorial deve levar em conta o aspecto regional quando trata dos "espaços territoriais adjacentes". Além disso, os instrumentos previstos no art. 42 do Estatuto da Cidade devem estar vinculados aos "objetivos e estratégias do Plano Diretor", ou seja, não devem apenas estar previstos na lei, mas inseridos no contexto da realidade local.

Nesse contexto, o art. 2º da Resolução nº 34/2005 do ConCidades prevê que "as funções sociais da cidade e da propriedade urbana serão definidas a partir da destinação de cada porção do território do município, bem como da identificação dos imóveis não edificados, subutilizados e não utilizados, no caso de sua existência". Fica, assim, estabelecido de maneira clara que o ordenamento das funções sociais da cidade vincula-se ao ordenamento das funções sociais da propriedade. Este, por sua vez, terá de garantir

> [...] espaços coletivos de suporte à vida na cidade, definindo áreas para atender as necessidades da população de equipamentos urbanos e comunitários, mobilidade, transporte e serviços públicos, bem como áreas de proteção, preservação e recuperação do meio ambiente natural e construído, do patrimônio cultural, histórico, artístico, paisagístico e arqueológico.

A Resolução nº 34/2005 do ConCidades ainda especifica a função social da cidade, que se constitui no compromisso de oferecer:

> [...] a acessibilidade e a mobilidade sustentável de todos os cidadãos por meio do desenho dos espaços públicos e do sistema viário básico; a universalização do acesso à água potável, aos serviços de esgotamento sanitário, a coleta e disposição de resíduos sólidos e ao manejo sustentável das águas pluviais, de forma integrada às políticas ambientais, de recursos hídricos e de saúde; terra urbanizada para todos os segmentos sociais, especialmente visando a proteção do direito à moradia da população de baixa renda e das populações tradicionais;

áreas para todas as atividades econômicas, especialmente para os pequenos empreendimentos comerciais, industriais, de serviço e agricultura familiar.

> **Questões para reflexão**
>
> Como você pode observar, ao longo do texto da Resolução ConCidades nº 34/2005, percebemos que aquilo que era motivo de especulação por parte da doutrina, ou seja, as conjeturas sobre quais seriam as funções sociais da cidade previstas no *caput* do art. 182 da Constituição, recebeu uma tratativa de esclarecimento por parte de um órgão federal. No entanto, ainda permanecem algumas questões substanciais: Seriam apenas essas as funções sociais da cidade, isto é, as definidas no art. 2º da Resolução nº 34/2005 do ConCidades? Como ficam as outras funções sociais da cidade, que não foram incluídas na resolução e que o município, como tal, poderá considerar na hora de implementar o seu Plano Diretor? O tempo também poderá modificar algumas dessas funções sociais, excluí-las ou agregar outras?
> Enfim, acreditamos que essas são perguntas que novas pesquisas na área poderão responder. E você, o que pensa sobre essas questões?

Uma vez definidas as funções sociais da cidade e da propriedade urbana, a referida resolução prevê, em sua continuidade, que o Plano Diretor deve:

> [...]
> I – determinar critérios para a caracterização de imóveis não edificados, subutilizados, e não utilizados;
> II – determinar critérios para a aplicação do instrumento estudo de impacto de vizinhança;
> III – delimitar as áreas urbanas onde poderão ser aplicados o parcelamento, a edificação e a utilização compulsórios,

considerando a existência de infraestrutura e de demanda para utilização;

IV – definir o prazo para notificação dos proprietários de imóveis prevista pelo art. 5º, § 4º, do Estatuto da Cidade;

V – delimitar as áreas definidas pelo art. 2º desta Resolução e respectivas destinações incidentes sobre o uso e ocupação do solo no território do município. Já em relação ao artigo 42, inciso II, do Estatuto da Cidade (direito de preempção, outorga onerosa do direito de construir e de alteração de uso, operações urbanas e a transferência do direito de construir), que estabelece os conteúdos mínimos, a Resolução deixa a aplicação desses instrumentos no condicional, portanto, fica a critério do município incluí-los ou não no plano diretor. No entanto, esses instrumentos só podem ser aplicados se suas áreas de aplicação estiverem delimitadas no plano diretor, e eles, justificados na exposição de motivos com vinculação das estratégias e dos objetivos.

Como CONTEÚDOS MÍNIMOS do Plano Diretor, o art. 5º da Resolução nº 34/2005 do ConCidades prevê que as zonas especiais, sempre considerando o interesse local, devem ser incluídas nos textos e nos mapas legais. Evidentemente, caso algumas das situações que as justificariam não venham a configurar-se no território municipal, não há por que destinar determinadas zonas especiais, já que não se constituem em interesse da comunidade.

Ainda conforme esse artigo, os espaços que forem classificados como zonas especiais devem ser destinados para áreas de assentamentos e empreendimentos urbanos e rurais de interesse social.

A instituição de zonas especiais ainda envolve a demarcação de territórios ocupados pelas comunidades tradicionais (indígenas, quilombolas, ribeirinhas e extrativistas), de modo a garantir a proteção de seus direitos; de áreas sujeitas a inundações e deslizamentos, de áreas que apresentem risco à vida e à saúde; dos assentamentos irregulares ocupados por população de baixa renda para a implementação da política de regularização fundiária; das áreas de proteção, preservação e recuperação do meio ambiente natural e construído; bem como dos patrimônios cultural, histórico, artístico, paisagístico e arqueológico.

Além dessas delimitações, o art. 5º da Resolução ConCidades nº 34/2005 também estabelece que devem ser definidas, nas zonas especiais, as normas especiais de uso, ocupação e edificação adequadas à regularização fundiária, à titulação de assentamentos informais de baixa renda e à produção de habitação de interesse social, onde couber, bem como dos instrumentos de regularização fundiária, de produção de habitação de interesse social e de participação das comunidades na gestão das áreas.

Sistema de acompanhamento e controle social

A Resolução ConCidades nº 34/2005, em seu art. 6º, trata do sistema de acompanhamento e controle social, conforme previsto pelo art. 42, inciso III, do Estatuto da Cidade. Dessa forma, enfatiza que esse sistema, como um instrumento de acompanhamento e controle do Plano Diretor, deve prever instâncias de planejamento e de gestão democrática para implementá-lo e revê-lo, bem como apoiar e estimular o processo de gestão democrática e participativa, garantindo uma gestão integrada, que envolva os Poderes Executivo, Legislativo, Judiciário e a sociedade civil, além de garantir acesso amplo às informações territoriais a todos os cidadãos e monitorar a aplicação dos instrumentos do Plano Diretor e do Estatuto da Cidade, especialmente daqueles previstos pelo art. 182, parágrafo 4º, da Constituição.

Nesse quesito, cabe ao Plano Diretor, por meio da Resolução ConCidades nº 34/2005, art. 7º, "definir os instrumentos de acompanhamento e controle social, sua finalidade, requisitos, e procedimentos adotados para aplicação". Assim, observamos que ele define seu sistema de acompanhamento e todos os demais requisitos inerentes a esse procedimento. Aqui estão inclusos mecanismos como os da gestão democrática: o Conselho da Cidade (com representação do governo, sociedade civil e das diversas regiões do município);

conferências municipais; audiências públicas das diversas regiões do município (conforme parâmetros estabelecidos na Resolução nº 25/2005 do ConCidades); consultas públicas; iniciativa popular; plebiscito e referendo.

Plano Diretor de Transporte e Mobilidade
Ainda de acordo com a Resolução ConCidades nº 34/2005, em seu art. 8º, para as cidades com mais de 500 mil habitantes, o Plano de Transporte Urbano Integrado, ora denominado de *Plano Diretor de Transporte e Mobilidade*, deve observar alguns princípios e diretrizes gerais. Assim, deve garantir a diversidade das modalidades de transporte e nisso se incluem o respeito às características das cidades, o ato de oferecer primazia ao transporte coletivo (que é estruturante) sobre o individual, bem como aos modos não motorizados e a valorização do pedestre. Deve, ainda, garantir o controle da expansão urbana e que a gestão da "mobilidade urbana" seja integrada com o Plano Diretor Municipal, além de assegurar a universalização do acesso à cidade, a melhoria da qualidade ambiental e o controle dos impactos no sistema de mobilidade gerados pela ordenação do uso do solo. Outrossim, todo esse processo deve ser fundamentado no respeito às especificidades locais e regionais.

Outros conteúdos
Além do mínimo exigido na elaboração do Plano Diretor, a portaria do ConCidades deixa espaço em aberto para outros conteúdos, de acordo com as especificidades e os temas relevantes de interesse da população de cada município. Isso significa que o conteúdo mínimo é apenas o básico, o imprescindível, que deve constar dos planos, mas cada cidade pode e deve fazê-lo de acordo com suas necessidades e suas características, incluindo até mesmo instrumentos que, eventualmente, possam não estar previstos no Estatuto da Cidade.

Alguns municípios, numa etapa anterior à elaboração do Plano Diretor, aprovam um plano preliminar de organização territorial.

Esse instrumento foi bastante utilizado de 1970 até o final dos anos de 1990, e seu objetivo era disciplinar o solo urbano e a ocupação do território. Para isso, estabelecia áreas destinadas à implantação de habitações, do comércio, da indústria, de serviços, do lazer e de proteção ao meio ambiente. Esse plano preliminar acabou se constituindo na base para a elaboração futura de uma lei de zoneamento, ocupação e uso do solo.

Alguns pontos fundamentais para que se possa atingir os objetivos que devem ser contemplados num plano preliminar de organização territorial são apontados por Monteiro (1990). Assim, quanto às atividades no meio urbano, devem ser identificadas tanto as que já existem como as que venham a existir (no município) em função das tendências. Nesse cenário, os vazios urbanos devem ser identificados qualitativa e quantitativamente como espaços que podem ser utilizados por tais atividades. Nesse processo, também é importante reconhecer os canais que fazem a ligação dessas ocupações, o sistema de circulação, bem como os equipamentos urbanos e a infraestrutura ligados a elas e que lhes dão suporte. Monteiro (1990, p. 31-32) explica ainda que os trabalhos "que conduzem à elaboração do plano preliminar de ocupação territorial deverão ser apresentados sob a forma de um ou mais documentos cartográficos, acompanhados de textos elucidativos". Destacamos que esses recursos é que são utilizados como referência para a discussão das diretrizes do Plano Diretor.

Ainda com relação ao documento, aponta o autor que ele deve contemplar, entre outros aspectos, as restrições de natureza ambiental e a planta do saneamento básico, incluindo macrodrenagem, orientando a ocupação do solo para seguir o fluxo das bacias hidrográficas com o objetivo de diminuir custos de urbanização e manutenção dos equipamentos. Deve ainda identificar as atividades de grande porte que possuem atração sobre as demais, o sistema viário, destacando as formas de mobilidade e acessibilidade, os sistemas de educação, abastecimento de água, esgotamento sanitário, drenagem, energia elétrica, pavimentação e outros, bem como possuir um diagnóstico completo das áreas não ocupadas, com o tamanho, o valor e a infraestrutura existente.

Etapas na elaboração do Plano Diretor

Embora não haja nenhum impedimento legal para que a iniciativa do processo e do projeto de elaboração do Plano Diretor parta do Legislativo municipal, a experiência ensina que essa é uma atividade de competência do Executivo pelos instrumentos de planejamento de que ele dispõe, desde os técnicos (urbanistas, engenheiros, advogados, economistas etc.), que estão a serviço da memória do planejamento municipal, até os recursos que possui para a contratação de empresas e profissionais capacitados para a elaboração dos documentos técnicos, que deverão acompanhar o projeto de lei a ser encaminhado à Câmara Municipal.

Há autores que estabelecem quatro, cinco ou mais etapas para a elaboração de um plano diretor. Silva (2000, p. 138-139) prevê quatro fases no processo de elaboração: a) estudos preliminares; b) diagnóstico; c) plano de diretrizes; d) instrumentação do plano.

Os estudos preliminares constituem-se num levantamento da situação e dos problemas municipais. No diagnóstico, aprofunda-se a análise desses problemas, identificam-se as prováveis soluções e preveem-se as perspectivas de evolução. O plano de diretrizes aponta para as soluções e fixa objetivos e diretrizes da organização do território. Finalmente, os instrumentos do plano consistem na elaboração dos meios de atuação identificando as medidas capazes de resolver os objetivos escolhidos.

O Conselho Federal de Engenharia, Arquitetura e Agronomia (Confea), em conjunto com o Ministério das Cidades, desenvolveu um guia para a elaboração do Plano Diretor (Brasil, 2005a), sob a coordenação de Raquel Rolnik e Otilie Macedo Pinheiro, que define quatro etapas na elaboração desse instrumento. É um documento bastante útil para quem atua na área da Administração Pública, razão pela qual relatamos, na sequência, uma condensação de seus pontos básicos.

Primeira etapa

É a etapa em que devem ocorrer as leituras técnicas e comunitárias, o que significa identificar a situação do município: a parte urbana e rural, problemas, conflitos e potencialidade. A leitura técnica ajuda a entender a cidade por meio da comparação entre dados e informações socioeconômicas, ambientais e de infraestrutura. Não se trata apenas de um olhar de especialistas, mas dos cidadãos das mais diversas áreas. Nessa leitura, são respeitadas, inclusive, as memórias dos moradores, dos grupos sociais. Para a leitura comunitária, é importante que os dados – como mapas do município – estejam disponíveis de forma sistematizada. Nesse aspecto, devem ser mapeadas, no território, áreas como as de risco de ocupação, de preservação cultural e ambiental, de estrutura fundiária, entre outras.

Ainda na leitura técnica e comunitária, é importante observar os mapas com a caracterização e a distribuição da população e seus movimentos (por bairro, faixa etária, renda, crescimento e evasão da população), bem como os mapas de uso e ocupação do solo, infraestrutura urbana disponível – como água, energia elétrica, esgotamento sanitário, telefone, drenagem e outras – e populações atendida e não atendida.

Faz-se necessário também procurar mapear as atividades econômicas do município e a sua distribuição espacial, inclusive no contexto regional. Além disso, é importante distinguir, nesse procedimento, atividades que estão em expansão e em retração, a participação na receita municipal e as vocações econômicas de determinados bairros. Nessas leituras, é válido analisar a legislação e os estudos já existentes, fazendo sempre uma confrontação os dados das leituras técnicas e das comunitárias.

Segunda etapa

Corresponde à etapa em que, segundo o GUIA DO MINISTÉRIO DAS CIDADES, devem ser formuladas e pactuadas propostas prioritárias já definidas nas leituras técnicas. Em cada tema prioritário, devem ser especificadas também as estratégias e os instrumentos de acordo, as características e os objetivos que deverão estar contidos no Plano Diretor, como proteger as áreas do patrimônio ambiental degradadas. Essas prioridades devem ter objetivos a serem atingidos e estratégias de implementação.

Terceira etapa

É a etapa na qual são definidos os instrumentos, ou seja, as ferramentas que estarão contidas no Plano Diretor, em consonância com os objetivos e estratégias dos projetos prioritários. A grande maioria desses instrumentos está prevista no Estatuto da Cidade, porém aqueles mais adequados ao município devem ser definidos nesse processo. As ferramentas vão desde as que regulamentam e disciplinam o parcelamento, o uso e a ocupação do solo, bem como o zoneamento ambiental e os planos setoriais, até institutos tributários e financeiros, como impostos e contribuição de melhorias.

Também podem ser definidos instrumentos como a gestão democrática, envolvendo o planejamento participativo com a realização de conferência e a implementação do Conselho da Cidade e, ainda, instrumentos jurídicos e políticos. São exemplos destes a desapropriação, as servidões, o tombamento de imóveis e de mobiliário urbano, o usucapião, o direito de superfície, a preempção, a outorga onerosa do direito de construir, a transferência do direito de construir, as operações urbanas consorciadas, o EIV e o EIA.

Quarta etapa

Essa etapa diz respeito ao sistema de gestão e planejamento do município. Na Lei do Plano Diretor, é necessário estar previsto como deve ser o processo participativo no planejamento, detalhe importante para implementar e controlar a sua execução. Essa etapa precisa compreender avaliações, atualizações e ajustes já previstos na própria lei. Além disso, deve estabelecer suas instâncias de monitoramento, como o Conselho da Cidade ou o Conselho de Desenvolvimento Urbano, com as competências e as atribuições, além de quem o compõe.

Etapas de elaboração de um Plano Diretor no âmbito do Executivo e do Legislativo

Aqui, vamos nos propor a dividir o processo de elaboração do Plano Diretor em duas fases. A PRIMEIRA vai desde a decisão política de elaborar o anteprojeto de Plano Diretor por iniciativa do Executivo até a transformação em um projeto de lei a ser encaminhado à Câmara Municipal para análise e deliberação dos vereadores. A SEGUNDA ETAPA é o processo de análise do projeto no Legislativo municipal até a sua deliberação pelo Plenário da Câmara.

Na PRIMEIRA ETAPA, o projeto é dividido em SETE FASES: 1) diagnóstico da realidade municipal; 2) prognóstico; 3) deficiências (pontos fracos); 4) tendências positivas; 5) estratégias; 6) custos; 7) prioridades.

Na SEGUNDA ETAPA, a tramitação do projeto na Câmara tem, no mínimo, TRÊS FASES: 1) análise técnica; 2) análise nas comissões; 3) discussão e votação. A avaliação e o controle é uma etapa independente do processo de elaboração e aprovação, que ocorre durante o período de implementação do que foi estabelecido e planejado.

Devemos estar cientes de que o processo de elaboração do projeto de um plano diretor é, antes de tudo, um projeto. Portanto, é fundamental planejá-lo de tal maneira que todas as fases de elaboração possam ser cumpridas e, no final do trabalho, tenhamos um projeto que será encaminhado à Câmara Municipal para que possa, efetivamente, constituir-se num verdadeiro instrumento para a concretização e ordenamento das funções sociais da cidade. Nesse contexto, as suas etapas constituirão a própria memória do Plano Diretor, que o acompanharão em forma de justificativa, com apêndices, mapas, fotografias, atas e outros documentos que estarão anexados ao próprio projeto de lei.

Além disso, todo o processo de elaboração do projeto deve contemplar determinadas etapas, como a da participação da comunidade e a da cooperação das associações representativas no planejamento municipal, conforme preceitua o item XII do art. 29 da Constituição.

Primeira etapa: a elaboração no âmbito do Executivo

Uma vez que o Plano Diretor tem um objetivo a ser alcançado, o qual não se resume a uma lei de planejamento, é fundamental que ele seja muito bem definido para que os resultados aconteçam conforme o esperado.

Primeira fase: diagnóstico da realidade municipal
Na primeira fase, é necessário que seja feito um diagnóstico completo da realidade municipal, objetivando colher a maior quantidade possível de dados que permitam que sejam tomadas as decisões corretas nas etapas seguintes do processo de elaboração do projeto. Esse estudo deve ser o mais completo possível, envolvendo todas as áreas da cidade. Além disso, a colheita desses dados deve envolver todos os aspectos, começando pelo físico-territorial, que abrange os cursos de água e as áreas de preservação ambiental. Os dados socioeconômicos, étnico-populacionais, sociais, culturais, econômicos e educacionais devem ser os mais atualizados possíveis. Se os dados não estiverem disponíveis em institutos de pesquisa, como no Instituto Brasileiro de Geografia e Estatística (IBGE), em órgãos estaduais ou mesmo do município, devem ser incluídas, nessa etapa, pesquisas próprias.

✦ ✦ ✦

> Também devemos trabalhar com os indicadores disponíveis e, se for o caso, criar novos indicadores para que o diagnóstico possa refletir a realidade que pretendemos alcançar.

✦ ✦ ✦

Nesse sentido, Courson (1993) compara o diagnóstico de uma cidade ao diagnóstico que um médico faz de uma paciente ao examiná-la e ter em mãos todos os exames. Diz o planejador francês que "o diagnóstico é o estado de saúde de uma cidade: suas forças e fraquezas, suas potencialidades e desequilíbrios, seu entorno. Para ser útil, o diagnóstico deve possibilitar o estabelecimento de uma terapêutica, preventiva antes que curativa" (p. 61).

O perfil dos habitantes – envolvendo a faixa etária, o sexo, o grau de escolaridade, o crescimento populacional, as condições socioeconômicas, a evolução ou não da renda, a dinâmica econômica e as possibilidades de financiamento de projetos – é uma informação muito importante na elaboração do diagnóstico.

Também deve ser feito um levantamento de toda a infraestrutura urbana disponível, como sistema viário, transporte, comunicação, equipamentos educacionais, hospitais, postos de saúde, creches e estabelecimentos comerciais, industriais e de serviços. Além disso, é importante que haja um diagnóstico das receitas tributárias municipais, dos setores de onde elas se originam e das áreas onde se gastam essas receitas. Uma análise do corpo burocrático municipal, da situação funcional, do perfil educacional, salarial, entre outras, também deve ser feita. É ainda de importância substancial o acesso a um histórico da cidade desde a sua fundação, inclusive com as correntes étnicas que colonizaram o município.

Essa é uma fase fundamental do trabalho de elaboração do projeto, uma vez que os resultados que se pretendem atingir com o Plano Diretor dependem muito de tais informações. Enfim, o diagnóstico é que vai possibilitar avançar no estudo para se chegar ao projeto desejado, já que "a decisão de planejar decorre da percepção de que os eventos futuros poderão não estar de acordo com o desejável se nada for feito" (Rezende, 2003, p. 39).

Segunda fase: prognóstico

No processo de elaboração do Plano Diretor, devemos, com base nos dados colhidos na fase de DIAGNÓSTICO, fazer um PROGNÓSTICO sobre a situação do município a curto, médio e longo prazos. Nessa fase, levantam-se hipóteses do que ocorrerá com o município caso haja apenas um crescimento vegetativo, nenhum crescimento ou um decréscimo populacional, ou então se forem mantidas as taxas atuais de crescimento econômico, se houver uma estagnação dessas atividades, ou se, através de uma ação direcionada do Poder Público, houver um incremento delas.

O prognóstico deve levar em conta as tendências municipais e regionais, ou seja, os fatores que podem influenciar o município nos mais diversos aspectos, desde aqueles que estejam próximos, que digam respeito à sua população, às riquezas de seu território e às suas potencialidades, até fatores externos que abrangem políticas nacionais e internacionais.

É importante, nessa segunda fase, analisar as tendências de crescimento ou redução populacional e a vocação econômica de cada parcela do território municipal, como um bairro, um distrito ou, ainda, uma localidade, por exemplo, ou seja, como estará o comércio, a indústria, a agricultura e a prestação de serviços do município num horizonte de projeção de cinco, dez ou até vinte anos mais.

O prognóstico também deve abranger todas as áreas de infraestrutura urbana e rural, envolvendo, entre outros, os setores de transporte, de saneamento, de energia e de comunicações que o município possui e os que poderá ter, com os recursos orçamentários atuais, em horizontes de tempo prefixados.

A fase do prognóstico é fundamental para uma das próximas etapas, quando serão propostas as estratégias para que seja atingido, no futuro, o desenvolvimento amplo e integrado do município, corrigindo distorções, fortalecendo pontos fracos, redirecionando recursos e buscando novas fontes de financiamento.

É na fase de prognóstico que devem ser feitas simulações dos vários cenários prováveis. Porém, para essa fase do processo de elaboração do Plano Diretor, é importante ter em vista que, em determinado cenário, com as condições e os dados que temos, o resultado será o previsto, se outros fatores não influenciarem no processo.

Terceira fase: deficiências

É o momento de serem **analisadas as deficiências apresentadas pelo município**: os seus pontos fracos, onde há carências, e no que estas podem dificultar o desenvolvimento, o progresso socioeconômico daquela comunidade. Um termo bastante utilizado pelos administradores que trabalham em planejamento para definir essa fase é *SWOT*, que constitui as iniciais de quatro palavras em inglês: *strenght* (força), *weakness* (fraqueza), *opportunities* (oportunidades) e *threats* (ameaças). "SWOT é a avaliação dos pontos fortes (*Strenghts*) e dos pontos fracos (*Weaknesses*) da organização à luz das oportunidades (*Opportunities*) e das ameaças (*Threats*) em seu ambiente" (Almeida, 2004, p. 23).

É fundamental, nessa fase, **ter estudado, com profundidade, o diagnóstico e ampliar a visão do prognóstico**, detectando todas as carências presentes e aquelas que advirão no futuro, se forem mantidas as condições atuais.

Como nas fases anteriores, é importante, nessa etapa, utilizar gráficos com os principais temas que pretendemos analisar, como a questão populacional – envolvendo os recursos humanos disponíveis –, o potencial humano da comunidade – nos aspectos econômicos e financeiros, de infraestrutura, de transporte, de comunicação, de equipamentos sociais – e outras. Além disso, é necessário ter uma visão global do processo de planejamento, sabendo-se que pontos fracos são contrapostos pelos pontos fortes e que as ameaças podem gerar oportunidades à medida que novos caminhos e novas soluções forem buscados.

Quarta fase: tendências positivas

Essa fase trata das tendências de uma comunidade – ou a vocação inata ou resultado da experiência acumulada. Podemos também chamar de *qualidades intrínsecas*, como o potencial natural envolvendo o meio ambiente, a qualidade do solo, o clima. Também envolve a capacitação dos habitantes, o nível de escolaridade, a cultura, as tradições, os valores, os costumes, as atividades econômicas que estão sendo desenvolvidas e as perspectivas destas quanto à valorização no mercado interno e externo.

É importante ainda detectar a VOCAÇÃO de determinados bairros ou distritos, aspectos de sua história, belezas naturais, estabelecimentos gastronômicos, turísticos, comerciais, arquitetônicos e outros que possam ser explorados em benefício do desenvolvimento daquela comunidade. Além disso, é relevante avaliar toda a infraestrutura urbana disponível que pode constituir-se em pontos fortes.

Quinta fase: estratégias

Diz respeito às **estratégias que serão adotadas para a solução dos problemas encontrados** e para atingirmos os resultados esperados serem atingidos. Podemos dizer que "A estratégia é um conjunto de objetivos e de políticas principais capazes de guiar e orientar o comportamento da empresa em longo prazo" (Gramms; Lotz, 2004, p. 127). Logo, as estratégias devem ser bem definidas e podem se constituir em dar ou tirar incentivos para determinadas atividades. *Estratégia é um termo de origem militar, atualmente universalizado em todas as atividades de planejamento, desde o empresarial, o governamental até o esportivo. Saber definir as estratégias é facilitar a obtenção de resultados positivos.*

Nesse contexto, uma cidade pode ser comparada a uma grande empresa, que, para atingir o seu objetivo maior – que é proporcionar o bem-estar de seus habitantes –, atua em várias áreas, que se constituem nas suas funções. Para que essas áreas sejam sociais, a cidade deve, então, proporcionar igualdade de condições e qualidade de vida a todos os que nela vivem (Gramms; Lotz, 2004).

> *Estratégia é um termo de origem militar, atualmente universalizado em todas as atividades de planejamento, desde o empresarial, o governamental até o esportivo. Saber definir as estratégias é facilitar a obtenção de resultados positivos.*

Portanto, devem ser definidas, nessa fase, as políticas públicas para cada uma das áreas, objetivando sempre o cumprimento das funções sociais da cidade, desde infraestrutura urbana, saneamento ambiental, mobilidade, expansão das áreas urbanizadas, políticas de incentivo, até desenvolvimento econômico em determinados setores. Nessa etapa, também podem ser retirados incentivos para que o meio ambiente e a qualidade de vida não sejam deteriorados em determinada área. Essa é uma fase muito importante, uma vez que é a partir das estratégias que os resultados serão mais fáceis de serem atingidos ou não.

Sexta fase: custos

Agora é o momento de fazer um **estudo dos custos de implantação de todas as prioridades.** Embora os valores não sejam colocados no corpo da Lei do Plano Diretor, uma vez que essa matéria deve ser especificada em cada projeto ou mesmo nos planos plurianuais, nos orçamentos, é importante que esses valores estejam bem determinados no documento que acompanha o projeto. "As políticas públicas são originadas de um processo longo e custoso, em que se busca priorizar as ações, com base em sua relevância à sociedade civil e conforme sua viabilidade financeira" (Oliveira, 2004, p. 94).

Todos os valores de investimentos previstos para que as metas sejam concretizadas nos anos seguintes devem estar no documento do Plano Diretor, apresentadas por meio de gráficos para facilitar a interpretação das informações. Nessa fase, devem ser analisados os custos econômicos, financeiros, sociais, políticos e outros, bem como a fonte desses recursos – públicos e privados – e financiamentos – interno e externo. Enfim, **nessa fase, tudo deve ser avaliado para se chegar às metas propostas.**

Sétima fase: prioridades

Esse é o último momento de elaboração do Plano Diretor no âmbito do Executivo. Nesse estágio, é fundamental DEFINIR AS

PRIORIDADES com base nos recursos disponíveis e nas necessidades mais prementes. Implementar as prioridades, monitorar a gestão das políticas públicas, avaliar os resultados e corrigir rumos: esses são processos que devem estar previstos no projeto.

Essa etapa é muito importante, uma vez que permite um trabalho constante de atualização no Plano Diretor, de modernização e de checagem dos resultados, das estratégias, dos objetivos e das necessidades que podem mudar ao longo do tempo de implantação do que foi planejado. Uma vez elaboradas todas essas etapas, fundamentadas em documentos, mapas, fotografias, levantamentos aerofotogramétricos e outros, o texto do projeto escrito e justificado deverá ser debatido com a comunidade em audiências públicas, para que, assim, seja emendado e aperfeiçoado afim de que reflita o consenso da população daquele município. **Após essa fase, o Plano Diretor deve ser encaminhado à Câmara Municipal em forma de projeto de lei.**

A legislação não diz que seja essa uma matéria de iniciativa exclusiva do Executivo, salvo se a Lei Orgânica do Município assim estabelecer. Se ela for omissa, o projeto poderá ser de iniciativa do prefeito, de uma comissão da Câmara, de um vereador ou mesmo de 5% dos eleitores daquele município. Uma vez na Câmara Municipal, começará outra fase no processo de elaboração da Lei do Plano Diretor, sendo esta baseada exclusivamente no texto de projeto de lei protocolado.

Essa também será uma etapa de análise, debates, emendas e aperfeiçoamento, até a deliberação final, que, uma vez aprovada pelo Legislativo, vai para o Executivo. Este, por sua vez, por meio da sanção e da promulgação, fará nascer a Lei do Plano Diretor.

Segunda etapa: processo deliberativo do Plano Diretor

Transformado em projeto de lei, o Plano Diretor deverá ser encaminhado para a Câmara Municipal, órgão legislativo municipal que terá a função legal de transformá-lo numa lei. No Legislativo, o processo de análise, aperfeiçoamento e deliberação do projeto passa, no mínimo, por outras três fases.

Primeira fase: análise técnica

A primeira dessas fases diz respeito a uma análise técnico-jurídica que vai instruir o projeto de lei e, se for o caso, apontar as falhas de redação, inconstitucionalidades e ilegalidades que orientarão os pareceres dos vereadores nas comissões técnicas da Câmara Municipal. Em muitas cidades brasileiras, o processo legislativo municipal tem início com a análise jurídica e técnica legislativa do projeto pela assessoria jurídica da Câmara Municipal, como é o caso de Curitiba. Em outras cidades, o projeto já vai direto para as comissões técnicas, sendo os pareceres exarados por essas comissões.

Nas câmaras em que o trâmite regimental do projeto de lei recebe parecer prévio da assessoria jurídica, este, via de regra, orienta quais as comissões por onde a proposição vai tramitar. Nesse âmbito, os regimentos internos das câmaras estabelecem as regras de como os vereadores e o próprio prefeito poderão apresentar emendas ao projeto original.

Nada impede, no entanto, que os vereadores requeiram à Mesa ou ao Plenário que o projeto seja analisado por outras comissões que ainda não se manifestaram sobre o assunto. Normalmente, o projeto deverá ser analisado por comissões como as de Legislação e Justiça, Urbanismo, Educação etc e destas receber pareceres.

Segunda fase: análise das comissões

A segunda fase da tramitação do Plano Diretor ocorre nas comissões técnicas da Câmara Municipal, sendo que o projeto de lei deverá novamente retornar à análise da comunidade, agora no âmbito do Legislativo. Nessa etapa, há a utilização de instrumentos como debates, audiências e consultas públicas, previstos no inciso II do art. 43 do Estatuto da Cidade.

Dessa forma, a participação popular na fase do processo legislativo é recomendada na Resolução nº 25/2005, art. 3º, parágrafo 1º, do ConCidades: "a efetiva participação de poder público e da sociedade civil, em todas as fases do processo, desde a elaboração até a definição dos mecanismos de tomada de decisão".

Nas comissões, os relatores poderão estabelecer um prazo para que a sociedade civil organizada possa apresentar sugestões de emendas que serão ou não acatadas. Essas emendas, saliente-se, só poderão tramitar se forem assumidas por algum parlamentar, ou seja, apresentadas em nome dele – ou do relator – no parecer que este fará à comissão.

✦ ✦ ✦

O Projeto de Lei do Plano Diretor, depois de analisado nas comissões técnicas, segue para discussão e votação pelo conjunto dos vereadores no Plenário da Câmara.

✦ ✦ ✦

Terceira fase: discussão e votação

Em Plenário, uma vez discutido, votado e aprovado com as emendas ou não, o projeto será encaminhado ao prefeito municipal, que terá o prazo de 15 dias para sancioná-lo integralmente ou vetá-lo totalmente, ou, ainda, vetar parcialmente determinados artigos, parágrafos, incisos ou itens. Se o projeto for vetado totalmente ou em partes, voltará à Câmara para que os vereadores deliberem sobre a derrubada do veto ou a sua manutenção.

O regimento interno de cada Legislativo municipal estabelece as regras de discussão e votação do projeto e determina o *quorum* necessário para aprovação e derrubada do veto. O *quorum* mínimo para a derrubada é a maioria absoluta dos membros da Câmara.

Transformado em lei, o Plano Diretor deve ser colocado imediatamente em prática. Como estabelece o art. 40, parágrafo 1º, do Estatuto da Cidade, "o plano diretor é parte integrante do processo de planejamento municipal, devendo o plano plurianual, as diretrizes orçamentárias e o orçamento anual incorporarem as diretrizes e as prioridades nele contidas". Isso significa que, se o Plano Plurianual (PPA), a Lei de Diretrizes Orçamentárias (LDO) e a Lei Orçamento Anual (LOA) não contemplarem e não incorporarem as diretrizes e as prioridades contidas no Plano Diretor, essas leis serão inconstitucionais, portanto, passíveis de serem questionadas judicialmente. Além disso, os agentes públicos (prefeitos e outros agentes) que descumprirem a lei poderão responder ação civil pública por atentarem contra a ordem urbanística (art. 4º, Lei nº 7.347/1985).

Por força do art. 52 do Estatuto da Cidade, o prefeito estará cometendo crime de improbidade administrativa (Lei nº 8.429/1992) se, no processo de elaboração do Plano Diretor, impedir ou não promover audiências públicas com a participação da comunidade e das entidades representativas da sociedade civil. Ele também cometerá crime se não der publicidade e impedir o acesso aos documentos e às informações produzidas, ou se não rever o Plano Diretor a, pelo menos, cada dez anos, ou, ainda, não aprová-lo no prazo de cinco anos, nos municípios em que ele é obrigatório, conforme é possível verificar nos arts. 40, 41 e 50 do Estatuto da Cidade:

> Art. 40. O plano diretor, aprovado por lei municipal, é o instrumento básico da política de desenvolvimento e expansão urbana.
>
> § 1º O plano diretor é parte integrante do processo de planejamento municipal, devendo o plano plurianual, as diretrizes orçamentárias e o orçamento anual incorporar as diretrizes e as prioridades nele contidas.
>
> § 2º O plano diretor deverá englobar o território do Município como um todo.
>
> § 3º A lei que instituir o plano diretor deverá ser revista, pelo menos, a cada dez anos.
>
> § 4º No processo de elaboração do plano diretor e na fiscalização

de sua implementação, os Poderes Legislativo e Executivo municipais garantirão:

I – a promoção de audiências públicas e debates com a participação da população e de associações representativas dos vários segmentos da comunidade;

II – a publicidade quanto aos documentos e informações produzidos;

III – o acesso de qualquer interessado aos documentos e informações produzidos.

Art. 41. O plano diretor é obrigatório para cidades:

I – com mais de vinte mil habitantes;

II – integrantes de regiões metropolitanas e aglomerações urbanas;

III – onde o Poder Público municipal pretenda utilizar os instrumentos previstos no § 4º do art. 182 da Constituição Federal;

IV – integrantes de áreas de especial interesse turístico;

V – inseridas na área de influência de empreendimentos ou atividades com significativo impacto ambiental de âmbito regional ou nacional.

§ 1º No caso da realização de empreendimentos ou atividades enquadrados no inciso V do caput, os recursos técnicos e financeiros para a elaboração do plano diretor estarão inseridos entre as medidas de compensação adotadas.

§ 2º No caso de cidades com mais de quinhentos mil habitantes, deverá ser elaborado um plano de transporte urbano integrado, compatível com o plano diretor ou nele inserido.

[...]

Art. 50. Os Municípios que estejam enquadrados na obrigação prevista nos incisos I e II do art. 41 desta Lei que não tenham plano diretor aprovado na data de entrada em vigor desta Lei, deverão aprová-lo no prazo de cinco anos.

8.7 Controle e fiscalização do Plano Diretor

A avaliação e o controle correspondem a uma etapa independente do processo de elaboração e aprovação do Plano Diretor, que ocorre durante o período de implantação daquilo que foi planejado. Esses são procedimentos fundamentais para que se mantenha o que foi planejado e se analisem os resultados. Assim, no processo de revisão, que deve ocorrer, no máximo, a cada dez anos, fica viabilizada a correção dos erros encontrados, e é possível buscar os resultados para que, efetivamente, sejam ordenadas e materializadas as funções sociais da cidade no propósito de atingir o bem-estar de seus habitantes.

Caso isso não ocorra, o Plano Diretor será apenas um documento sem vida, efetividade e utilidade, esquecido numa estante ou gaveta de um órgão da Administração.

Os instrumentos de gestão democrática previstos no Estatuto da Cidade devem estar incluídos no Plano Diretor para que o monitoramento, o controle e a fiscalização ocorram. Entre esses instrumentos, é importante destacar a implementação de um Conselho da Cidade, com a participação paritária da Administração municipal, da sociedade civil organizada e dos movimentos populares. Nesse contexto, faz-se necessária também a existência de um sistema de informações, com o objetivo de organizar, sistematizar e colocar os instrumentos de gestão democrática à disposição da comunidade, que seja vinculado à Administração municipal ou a um órgão que tenha como finalidade específica zelar pela aplicação do Plano Diretor.

Esse sistema de informações sobre o Plano Diretor deve possibilitar que todos os segmentos tenham acesso aos dados de forma transparente, permitindo que demandas da população e políticas públicas sejam contempladas no planejamento e que haja um efetivo controle social do que se está fazendo. Em muitas cidades, foram constituídos órgãos específicos na Administração municipal para coordenar esse sistema de informações, mantendo um controle sobre os diversos setores da Administração para que eles não se desviem do foco e dos objetivos estabelecidos pelo Plano Diretor. Exemplo disso é o Instituto de Pesquisa e Planejamento Urbano de Curitiba (Ippuc), o Instituto de Pesquisa e Planejamento Urbano de Joinville (Ippuj), o Instituto de Pesquisa e Planejamento Urbano de Londrina (Ippul), entre outros.

Discorrendo sobre planejamento estratégico municipal, que pode ser adaptado para o Plano Diretor, Rezende e Castor (2005) propõem três tipos de controles municipais: **os estratégicos, os táticos e os operacionais**.

Os ESTRATÉGICOS devem abranger a monitoração e a avaliação da estratégia, além de assegurar que as metas propostas sejam atingidas.

Os TÁTICOS visam atingir os objetivos gerenciais ou intermediários por meio de ações de monitoração de áreas específicas, como financeira, humanas e sociais.

Os CONTROLES OPERACIONAIS têm como finalidade atentar para que sejam alcançadas as metas propostas sob a ótica dos aspectos do cotidiano ou das ações técnicas, como produtividade, controle de qualidade e outras. "Essencialmente, um processo de controle municipal enfatiza o estabelecimento de indicadores para posterior mediação, acompanhamento e avaliação. Neste sentido, é fundamental estabelecer os meios de controles do planejamento estratégico municipal" (Rezende; Castor, 2005).

Consideramos que tão importante quanto ter um plano diretor que, efetivamente, se constitua num instrumento da vontade popular, elaborado mediante um processo democrático e participativo, é O CONTROLE SOBRE OS RESULTADOS. Esses resultados, por sua vez, devem ser frequentemente analisados, bem como devem existir propostas de soluções para os problemas encontrados e, periodicamente, revisados.

Todos esses processos e mecanismos justificam-se pelo fato de o Plano Diretor ser um instrumento de política pública municipal que não se limita a uma administração, mas transcende no tempo, já que a sua efetiva implementação num período histórico é que vai proporcionar os resultados previstos. A construção da cidade é diária, as gerações sucedem-se e, nesse contexto, cada uma coloca a sua contribuição. O ambiente urbano é, portanto, uma construção coletiva e deve ser aperfeiçoado a cada nova etapa para que cumpra as políticas de desenvolvimento ambiental, social e econômico previstas num plano diretor que tenha sido elaborado de maneira democrática e participativa.

Síntese

Como você pôde acompanhar durante este estudo, a essência do Plano Diretor está na finalidade de organizar sistematicamente os aspectos ou espaços físicos, econômicos e sociais do município. Nesse sentido, o Plano Diretor, cuja abrangência é geral e contempla o todo, tem como parâmetro o bem-estar da comunidade local, sendo que os seus objetivos gerais direcionam todas as atividades urbanas. Nesse sentido, ele pode também ter objetivos específicos, como gerar espaços habitáveis e de atividades produtivas, de lazer, de revitalização de um determinado bairro, de implantação de um parque, bem como de dinamização de uma rua, entre outros. Podemos dizer, então, que o Plano Diretor busca, em seu detalhamento, atender e realizar as expectativas dos munícipes em relação às necessidades e aspirações que, por sua vez, referem-se aos anseios coletivos.

É importante lembrarmos que ele foi o primeiro instrumento determinado pela Constituição para que o Poder Público municipal promova a política de desenvolvimento e de expansão urbana, objetivando ordenar as funções sociais da cidade e garantir o bem-estar dos moradores. Além do Plano Diretor, há outros instrumentos previstos no Estatuto da Cidade, como a outorga onerosa do direito de construir, as operações urbanas consorciadas, a transferência do direito de construir e o direito de parcelamento, edificação ou utilização compulsória, que só poderão ser aplicados pelo município caso estejam antevistos naquele. Por esses motivos, podemos dizer que o Plano Diretor é o mais importante instrumento de política urbana disponível para a Administração municipal, apesar de não ser o único.

Questões para revisão

1. Qual o impacto da Era Industrial na organização das cidades?
2. A partir de quando o Plano Diretor adquiriu *status* de norma constitucional?
3. Quais os elementos fundamentais na elaboração de um projeto urbano?
4. Como foi visto, a cidade interage com o projeto por meio de articulações econômicas, políticas e sociais. Mas quais são os atores desse processo?
5. O que é necessário para a aplicação do estudo do impacto de vizinhança (EIV)?

Para concluir...

Para concluir, refletir e

abrir novos horizontes...

Se, em um poema, somos convidados a preencher espaços com a nossa poesia (a memória de nossa própria melodia), com o que devemos preencher os espaços de um texto como este, didático, informativo?

Você poderá argumentar: mas aqui existe a participação de uma memória individual – a do leitor do momento.

Sim. É verdadeira a sua argumentação. Essa memória se faz presente e interliga o dado apresentado, a questão comentada e a teoria revisitada às vivências e ao entorno individuais. Faz conexões óbvias ou inusitadas. Interliga fios de saberes programáticos e ocasionais, de mergulhos virtuais e do cotidiano cultural, histórico, social e ambiental.

Mas, para início de conversa, embora devamos concluir, começaremos redefinindo o texto, que, apesar de didático e informativo, é, principalmente, DISTRIBUTIVO.

Distributivo? Sim, embora a linguística não apresente essa denominação, nós o classificamos assim, porque ele SOMA, DIVIDE e SUBTRAI informações de inúmeros estudiosos, de incontáveis horas de pesquisa e de múltiplas ações políticas, jurídicas e administrativas para registrá-las no espaço do livro e, consequentemente, lançá-lo no espaço multiplicativo.

E os espaços em aberto? E o exercício do poder criativo? A você cabe a tarefa de concluir, preencher as lacunas, ou melhor, reiniciar o processo, abrir novos horizontes. Esta é uma obra aberta, na qual, como no processo de construção da cidade, cada um coloca o seu tijolo, um projeto e/ou um sonho para que algo aconteça.

✦ ✦ ✦

Referências

ABRAMS, C. Habitação, desenvolvimento e urbanização. Rio de Janeiro: O Cruzeiro, 1967.

AGUIAR, J. C. Direito da cidade. Rio de Janeiro: Renovar, 1996.

AGUIAR JÚNIOR, R. R. Parcelamento do solo. In: STOCO, R. et al. Leis penais especiais e sua interpretação jurisprudencial. São Paulo: Revista dos Tribunais, 1997. v. 2.

ALMEIDA, D. R. de. Administração estratégica e planejamento. Curitiba: Ibpex, 2004.

ALOMAR, G. Teoria de la ciudad. Madrid: Instituto de Estudios de Administracion Local, 1980.

ASSOCIAÇÃO INTERNACIONAL DE ADMINISTRADORES MUNICIPAIS. Planejamento urbano. Rio de Janeiro: Ed. da FGV, 1965.

ATALIBA, G. Hipótese de incidência tributária. São Paulo: Revista dos Tribunais, 1987.

AUZELLE, R. Chaves do urbanismo. Rio de Janeiro: Civilização Brasileira, 1972.

BALEEIRO, A. Direito tributário brasileiro. Rio de Janeiro: Forense, 1971.

BASTOS, C. R.; MARTINS, I. G. Comentários à Constituição do Brasil. 2. ed. São Paulo: Saraiva, 2000a. v. 2.

_____. _____. 2. ed. São Paulo: Saraiva, 2000b. v. 7.

BEAUJEU-GARNIER, J. Geografia urbana. Lisboa: Fundação Calouste Gulbenkian, 1977.

BERNARDI, J. L. Funções sociais da cidade: conceitos e instrumentos. 2006. 136 f. Dissertação (Mestrado em Gestão Urbana) – Pontifícia Universidade Católica do Paraná, Curitiba, 2006.

BERNARDI, O. Responsabilidades dos prefeitos municipais. São Paulo: Revista dos Tribunais, 1962.

BERNARDONI, D. L. Planejamento e orçamento na Administração Pública. Curitiba: Ibpex, 2006.

BEZERRA NETO, B. A. ICMS e substituição tributária para frente. Jus Navigandi, Teresina, ano 4, n. 40, mar. 2000. Disponível em: <http://jus2.uol.com.br/doutrina/texto.asp?id=1402>. Acesso em: 25 dez. 2006.

BÍBLIA (Novo Testamento). Apocalipse. Português. Bíblia Sagrada. Trad. João Ferreira de Almeida. Rio de Janeiro: Sociedade Bíblica do Brasil, 1979a. cap. 21, vers. 10.

BÍBLIA (Antigo Testamento). Gênesis. Português. Bíblia Sagrada. Trad. João Ferreira de Almeida. Rio de Janeiro: Sociedade Bíblica do Brasil, 1979b. cap. 1, vers. 28; cap. 4; vers. 17.

BONAVIDES, P. Curso de Direito Constitucional. São Paulo: Malheiros, 2002.

BONINI, R. Polis. In: BOBBIO N.; MATTEUCCI, N; PASQUINO, G. Dicionário de política. Brasília: Ed. da UnB, 1983.

BRASIL. Código Civil. Diário Oficial da União, Brasília, DF, 10 jan. 2002a.

Disponível em: <http://www3.dataprev.gov.br/sislex/paginas/11/2002/10406.htm>. Acesso em: 9 jun. 2011.

_____. Código Philippino ou Ordenações e Leis do Reino de Portugal. Brasília, 2004a.

_____. Coletânea Básica Penal: Código Penal, Lei das Contravenções Penais, Lei de Execução Penal, Código de Processo Penal. Brasília, 2005a.

_____. Constituição (1824). Secretaria de Coleção de Leis do Brasil, Livro 4º de Leis, Alvarás e Cartas Imperiais, 22 abr. 1824. Disponível em: <http://www.planalto.gov.br/ccivil_03/Constituicao/Constituiçao24.htm>. Acesso em: 21 maio 2009.

_____. Constituição (1934). Diário Oficial da República dos Estados Unidos do Brasil, Rio de Janeiro, RJ, 16 jul. 1934. Disponível em: <http://www.planalto.gov.br/ccivil_03/Constituicao/Constituiçao34.htm>. Acesso em: 21 maio 2009.

_____. Constituição (1937). Diário Oficial da República dos Estados Unidos do Brasil, Rio de Janeiro, RJ, 10 nov. 1937. Disponível em: <http://www.planalto.gov.br/ccivil_03/Constituicao/Constituiçao37.htm>. Acesso em: 21 maio 2009.

_____. Constituição (1946). Diário Oficial da República dos Estados Unidos do Brasil, Rio de Janeiro, RJ, 19 set. 1946. Disponível em: <http://www.planalto.gov.br/ccivil_03/Constituicao/Constituiçao46.htm>. Acesso em: 20 maio 2009.

_____. Constituição (1967). Diário Oficial da União, Brasília, DF, 20 nov. 1967a. Disponível em: <http://www.planalto.gov.br/ccivil_03/Constituicao/Constituiçao67.htm>. Acesso em: 21 maio 2009.

_____. Constituição (1967). Emenda Constitucional n. 01, de 17 de outubro de 1969. Diário Oficial da União, Brasília, DF, 20 out. 1969a. Disponível em: <http://www.planalto.gov.br/ccivil_03/constituicao/emendas/emc_anterior1988/emc01-69.htm>. Acesso em: 14 jun. 2011.

_____. Constituição (1988). Diário Oficial da União, Brasília, DF, 5 out. 1988. Disponível em: <http://www.planalto.gov.br/ccivil_03/Constituicao/Constituiçao.htm>. Acesso em: 20 maio 2009.

_____. Constituição (1988). Emenda Constitucional n. 15, de 12 de setembro de 1996. Diário Oficial da União, Poder Legislativo, Brasília, DF, 13 set. 1996a. Disponível em: <http://www6.senado.gov.br/sicon/ExecutaPesquisaLegislacao.action>. Acesso em: 3 jul. 2007.

_____. Constituição (1988). Emenda Constitucional n. 25, de 14 de fevereiro de 2000. Diário Oficial da União, Poder Legislativo, Brasília, DF, 15 fev. 2000a

_____. Constituição (1988). Emenda Constitucional n. 37, de 12 de junho de 2002. Diário Oficial da União, Poder Legislativo, Brasília, DF, 13 jun. 2002b. Disponível em: <http://www6.senado.gov.br/sicon/ExecutaPesquisaLegislacao.action>. Acesso em: 3 jul. 2007.

_____. Constituição (1988). Emenda Constitucional n. 39, de 19 de dezembro de 2002c. Diário Oficial da União, Poder Legislativo, Brasília, DF, 20 dez. 2002c. Disponível em: <http://www.planalto.gov.br/ccivil_03/constituicao/emendas/emc/emc39.htm>. Acesso em: 13 jun. 2011.

_____. Constituição (1988). Emenda Constitucional n. 50, de 14 de fevereiro de 2006. Diário Oficial da União, Poder Legislativo, Brasília, DF, 15 fev. 2006. Disponível em: <http://www.planalto.gov.br/ccivil_03/constituicao/emendas/emc/emc50.htm>. Acesso em: 10 jun. 2011.

_____. Constituição (1988). Emenda Constitucional n. 55, de 20 de setembro de 2007. Diário Oficial da União, Poder Legislativo, Brasília, DF, 21 set. 2007. Disponível em: <http://www.planalto.gov.br/ccivil_03/constituicao/emendas/emc/emc55.htm>. Acesso em: 13 jun. 2011.

BRASIL. Constituição (1988). Emenda Constitucional n. 57, de 18 de dezembro de 2008. Diário Oficial da União, Poder Legislativo, Brasília, DF, 18 dez. 2008. Disponível em: <http://www.planalto.gov.br/ccivil_03/constituicao/emendas/emc/emc57.htm>. Acesso em: 11 set. 2009.

_____. Constituição (1988). Emenda Constitucional n. 58, de 23 de setembro de 2009. Diário Oficial da União, Poder Legislativo, Brasília, DF, 24 set. 2009.

BRASIL. Decreto n. 2.487, de 2 de fevereiro de 1998. Diário Oficial da União, Poder Executivo, Brasília, DF, 3 fev. 1998a. Disponível em: <http://www.planalto.gov.br/ccivil_03/decreto/D2487.htm>. Acesso em: 25 set. 2007.

_____. Decreto n. 62.292, de 22 de fevereiro de 1968. Diário Oficial da União, Poder Executivo, Brasília, DF, 29 fev. 1968a. Disponível em: <http://www6.senado.gov.br/sicon/ExecutaPesquisaLegislacao.action>. Acesso em: 11 jul. 2007.

BRASIL. Decreto-Lei n. 200, de 25 de fevereiro de 1967. Diário Oficial da União, Poder Executivo, Brasília, DF, 27 fev. 1967b. Disponível em: <http://www6.senado.gov.br/sicon/ExecutaPesquisaLegislacao.action>. Acesso em: 11 jul. 2007.

_____. Decreto-Lei n. 201, de 27 de fevereiro de 1967. Diário Oficial da União, Poder Executivo, Brasília, DF, 27 fev. 1967c. Disponível em: <http://www6.senado.gov.br/sicon/ExecutaPesquisaLegislacao.action>. Acesso em: 3 jul. 2007.

_____. Decreto-Lei n. 240, de 28 de fevereiro de 1967. Diário Oficial da União, Brasília, DF, 28 fev. 1967d. Disponível em: <http://www.planalto.gov.br/ccivil_03/Decreto-Lei/1965-1988/Del0240.htm>. Acesso em: 11 set. 2009.

_____. Decreto-Lei n. 271, de 28 de fevereiro de 1967. Diário Oficial da União, Brasília, DF, 28 fev. 1967e. Disponível em: <http://www.planalto.gov.br/ccivil_03/Decreto-Lei/1965-1988/_quadro.htm>. Acesso em: 4 jan. de 2007.

_____. Decreto-Lei n. 406, de 31 de dezembro de 1968. Diário Oficial da União, Poder Executivo, Brasília, DF, 31 dez. 1968b. Disponível em: <http://www6.senado.gov.br/sicon/ExecutaPesquisaLegislacao.action>. Acesso em: 3 jul. 2007.

_____. Decreto-Lei n. 2.848, de 7 de dezembro de 1940. Diário Oficial da União, Poder Executivo, Brasília, DF, 31 dez. 1940. Disponível em: <http://www.planalto.gov.br/ccivil_03/decreto-lei/del2848.htm>. Acesso em: 11 set. 2009.

_____. Decreto-Lei n. 3.365, de 21 de junho de 1941. Diário Oficial da União, Poder Executivo, Brasília, DF, 18 jul. 1941a. Disponível em: <http://www6.senado.gov.br/sicon/ExecutaPesquisaLegislacao.action>. Acesso em: 3 jul. 2007.

_____. Decreto-Lei n. 3.688, de 3 de outubro de 1941. Diário Oficial da União, Poder Executivo, Brasília, DF, 31 dez. 1941b. Disponível em: <http://www6.senado.gov.br/sicon/ExecutaPesquisaLegislacao.action>. Acesso em: 3 jul. 2007.

_____. Decreto-Lei n. 3.689, de 3 de outubro de 1941. Diário Oficial da União, Poder Executivo, Brasília, DF, 13 out. 1941c. Disponível em: <http://www.planalto.gov.br/CCIVIL/Decreto-Lei/Del3689.htm>. Acesso em: 11 set. 2009.

_____. Decreto-Lei n. 5.452, de 1º de maio de 1943. Diário Oficial da União, Poder Executivo, Brasília, DF, 9 set. 1943. Disponível em: <http://www.planalto.gov.br/ccivil/decreto_lei/Del5452.htm>. Acesso em: 13 jun. 2011.

BRASIL. Estatuto da Cidade: guia para implementação pelos municípios e cidadãos. 2. ed. Brasília, 2002d.

BRASIL. Lei n. 1.079, de 10 de abril de 1950. Diário Oficial da União, Poder Legislativo, Brasília, DF, 12 abr. 1950. Disponível em: <http://www.planalto.gov.br/ccivil_03/Leis/L1079.htm>. Acesso em: 10 jun. 2011.

_____. Lei n. 3.071, de 1º de janeiro de 1916. Diário Oficial da República dos Estados Unidos do Brasil, Poder Legislativo, Rio de Janeiro, RJ, 5 jan. 1916.

Disponível em: <http://www6.senado.gov.br/sicon/ExecutaPesquisaLegislacao.action>. Acesso em: 20 jul. 2007.

BRASIL. Lei n. 4.320, de 17 de março de 1964. DIÁRIO OFICIAL DA UNIÃO, Poder Legislativo, Brasília, DF, 23 mar. 1964a. Disponível em: <http://www6.senado.gov.br/sicon/ExecutaPesquisaLegislacao.action>. Acesso em: 3 jul. 2007.

_____. Lei n. 4.591, de 16 de dezembro de 1964. DIÁRIO OFICIAL DA UNIÃO, Poder Legislativo, Brasília, DF, 21 dez. 1964b. Disponível em: <http://www6.senado.gov.br/sicon/ExecutaPesquisaLegislacao.action>. Acesso em: 3 jul. 2007.

_____. Lei n. 4.898, de 9 de dezembro de 1965. DIÁRIO OFICIAL DA UNIÃO, Poder Legislativo, Brasília, DF, 13 dez. 1965. Disponível em: <http://www6.senado.gov.br/sicon/ExecutaPesquisaLegislacao.action>. Acesso em: 3 jul. 2007.

_____. Lei n. 5.172, de 25 de outubro de 1966. DIÁRIO OFICIAL DA UNIÃO, Poder Legislativo, Brasília, DF, 25 out. 1966. Disponível em: <http://www6.senado.gov.br/sicon/ExecutaPesquisaLegislacao.action>. Acesso em: 20 jul. 2007.

_____. Lei n. 5.869, de 11 de janeiro de 1973. DIÁRIO OFICIAL DA UNIÃO, Poder Legislativo, Brasília, DF, 17 jan. 1973a. Disponível em: <http://www.planalto.gov.br/ccivil_03/Leis/L5869.htm>. Acesso em: 11 set. 2009.

_____. Lei n. 6.015, de 31 de dezembro de 1973. DIÁRIO OFICIAL DA UNIÃO, Poder Legislativo, Brasília, DF, 31 dez 1973b. Disponível em: <http://www6.senado.gov.br/sicon/ExecutaPesquisaLegislacao.action>. Acesso em: 3 jul. 2007.

_____. Lei n. 6.383, de 7 de dezembro de 1976. DIÁRIO OFICIAL DA UNIÃO, Poder Legislativo, Brasília, DF, 9 dez. 1976. Disponível em: <http://www.planalto.gov.br/ccvil_03/Leis/L6383.htm>. Acesso em: 3 jul. 2007.

_____. Lei n. 6.766, de 19 de dezembro de 1979. DIÁRIO OFICIAL DA UNIÃO, Poder Legislativo, Brasília, DF, 20 dez. 1979. Disponível em: <http://www6.senado.gov.br/sicon/ExecutaPesquisaLegislacao.action>. Acesso em: 15 dez. 2006.

_____. Lei n. 6.830, de 22 de setembro de 1980. DIÁRIO OFICIAL DA UNIÃO, Poder Legislativo, Brasília, DF, 24 set. 1980. Disponível em: <http://www6.senado.gov.br/sicon/ExecutaPesquisaLegislacao.action>. Acesso em: 9 jul. 2007.

_____. Lei n. 6.938, de 31 de agosto de 1981. DIÁRIO OFICIAL DA UNIÃO, Poder Legislativo, Brasília, DF, 2 set. 1981. Disponível em: <http://www.planalto.gov.br/ccivil_03/Leis/L6938.htm>. Acesso em: 11 set. 2009.

_____. Lei n. 7.347, de 24 de julho de 1985. DIÁRIO OFICIAL DA UNIÃO, Poder Legislativo, Brasília, DF, 25 jul 1985. Disponível em: <http://www6.senado.gov.br/sicon/ExecutaPesquisaLegislacao.action>. Acesso em: 3 jul. 2007.

_____. Lei n. 7.990, de 28 de dezembro de 1989. DIÁRIO OFICIAL DA UNIÃO, Poder Legislativo, Brasília, DF, 18 jan. 1990a. Disponível em: <http://www6.senado.gov.br/sicon/ExecutaPesquisaLegislacao.action>. Acesso em: 9 jul. 2007.

_____. Lei n. 8.001, de 13 de março de 1990. DIÁRIO OFICIAL DA UNIÃO, Poder Legislativo, Brasília, DF, 14 de mar. 1990b. Disponível em: <http://www6.senado.gov.br/sicon/ExecutaPesquisaLegislacao.action>. Acesso em: 11 jul. 2007.

_____. Lei n. 8.429, de 2 de junho de 1992. DIÁRIO OFICIAL DA UNIÃO, Poder Legislativo, Brasília, DF, 3 jun. 1992. Disponível em: <http://www6.senado.gov.br/sicon/ExecutaPesquisaLegislacao.action>. Acesso em: 3 jul. 2007.

_____. Lei n. 8.666, de 21 de junho de 1993. DIÁRIO OFICIAL DA UNIÃO, Poder Legislativo, Brasília, DF, 22 jun. 1993. Disponível em: <http://www6.senado.gov.br/sicon/ExecutaPesquisaLegislacao.action>. Acesso em: 3 jul. 2007.

_____. Lei n. 9.393, de 19 de dezembro de 1996. DIÁRIO OFICIAL DA UNIÃO, Poder Legislativo, Brasília, DF, 20 dez. 1996b. Disponível em: <http://www6.senado.gov.br/sicon/ExecutaPesquisaLegislacao.action>. Acesso em: 7 jul. 2007.

_____. Lei n. 9.503, de 23 de setembro de 1997. Diário Oficial da União, Poder Legislativo, Brasília, DF, 24 set. 1997a. Disponível em: <http://www6.senado.gov.br/sicon/ExecutaPesquisaLegislacao.action>. Acesso em: 20 jul. 2007.

BRASIL. Lei n. 9.605, de 12 de fevereiro de 1998. Diário Oficial da União, Poder Legislativo, Brasília, DF, 13 fev. 1998b. Disponível em: <http://www.planalto.gov.br/ccivil_03/LEIS/L9605.htm>. Acesso em: 11 set. 2009.

_____. Lei n. 9.637, de 15 de maio de 1998. Diário Oficial da União, Poder Legislativo, Brasília, DF, 18 maio 1998c. Disponível em: <http://www6.senado.gov.br/sicon/ExecutaPesquisaLegislacao.action>. Acesso em: 20 jul. 2007.

_____. Lei n. 9.785, de 29 de janeiro de 1999. Diário Oficial da União, Poder Legislativo, Brasília, DF, 1º fev. 1999a. Disponível em: <http://www.planalto.gov.br/ccivil_03/Leis/QUADRO/1999.htm>. Acesso em: 2 jan. 2006.

_____. Lei n. 9.790, de 23 de março de 1999. Diário Oficial da União, Poder Legislativo, Brasília, DF, 24 mar. 1999b. Disponível em: <http://www6.senado.gov.br/sicon/ExecutaPesquisaLegislacao.action>. Acesso em: 20 jul. 2007.

_____. Lei n. 10.257, de 10 de julho de 2001. Diário Oficial da União, Poder Legislativo, Brasília, DF, 11 jul. 2001a. Disponível em: <http://www6.senado.gov.br/sicon/ExecutaPesquisaLegislacao.action>. Acesso em: 20 jul. 2007.

_____. Lei n. 10.406, de 10 de janeiro de 2002. Diário Oficial da União, Brasília, DF, 11 jan. 2002e. Disponível em: <http://www.planalto.gov.br/ccivil_03/Leis/2002/_Quadro-2002.htm>. Acesso em: 4 jan. 2007.

_____. Lei n. 10.409, de 11 de janeiro de 2002. Diário Oficial da União, Poder Legislativo, Brasília, DF, 14 jan. 2002f. Disponível em: <http://www.planalto.gov.br/ccivil_03/LEIS/2002/L10409.htm>. Acesso em: 11 set. 2009.

_____. Lei n. 10.683, de 28 de maio de 2003. Diário Oficial da União, Poder Executivo, Brasília, DF, 29 maio 2003a. Disponível em: <http://www.planalto.gov.br/secom/normas/10683.htm>. Acesso em: 16 jun. 2011.

BRASIL. Lei Complementar n. 62, de 28 de dezembro de 1989. Diário Oficial da União, Poder Legislativo, Brasília, DF, 29 dez. 1989. Disponível em: <http://www6.senado.gov.br/sicon/ExecutaPesquisaLegislacao.action>. Acesso em: 3 jul. 2007.

_____. Lei Complementar n. 101, de 4 de maio de 2000. Diário Oficial da União, Poder Legislativo, Brasília, DF, 5 maio 2000b. Disponível em: <http://www.planalto.gov.br/ccivil_03/Leis/LCP/lcp101.htm>. Acesso em: 11 set. 2009.

_____. Lei Complementar n. 116, de 31 de julho de 2003. Diário Oficial da União, Poder Legislativo, Brasília, DF, 1º ago. 2003b. Disponível em: <http://www6.senado.gov.br/sicon/ExecutaPesquisaLegislacao.action>. Acesso em: 3 jul. 2007.

BRASIL. Medida Provisória n. 2.220, de 4 de setembro de 2001. Diário Oficial da União, Poder Executivo, Brasília, DF, 5 set. 2001b. Disponível em: <http://www6.senado.gov.br/sicon/ExecutaPesquisaLegislacao.action>. Acesso em: 9 jul. 2007.

BRASIL. Ministério da Saúde. Conselho Nacional da Saúde. Resolução n. 237, de 5 de junho de 1997. Diário Oficial da União, Brasília, DF, 5 jun. 1997b. Disponível em: <http://www.datasus.gov.br/conselho/resol97/res23797.htm>. Acesso em: 11 set. 2009.

BRASIL. Ministérios das Cidades. Resolução ConCidades n. 34, de 1 de Julho de 2005. Diário Oficial da União, Brasília, DF, 14 jul. 2005b. Disponível em: <http://www.cidades.gov.br/index.php?option=content&task=view&id=1692&Itemid=0>. Acesso em: 7 jul. 2007.

BRASIL. Ministério do Meio Ambiente. Resolução Conama nº 01, de 23 de janeiro de 1986. Diário Oficial da União, Brasília, DF, 17 fev. 1986. Disponível em: <http://www.mma.gov.br/conama/>. Acesso em: 8 jul. 2007.

BRASIL. Senado Federal. Ato Institucional n. 8, de 2 de abril de 1969. Diário Oficial da União, Brasília, DF, 2 abr. 1969b. Disponível em: <http://www6.senado.gov.br/legislacao/ListaNormas.action?numero=8&tipo_norma=AIT&data=19690402& link=s>. Acesso em: 17 jun. 2011.

BRASIL. Senado Federal. Decreto-Lei n. 311, de 2 de março de 1938. Diário Oficial da República dos Estados Unidos do Brasil, Poder Executivo, Rio de Janeiro, RJ, 2 mar. 1938. Disponível em: <http://www6.senado.gov.br/legislacao/ListaPublicacoes.action?id=32235>. Acesso em: 11 set. 2009.

BRASIL. Supremo Tribunal Federal. Agravo Regimental na Reclamação n. 488-TO, de 6 de dezembro de 1996. Relator: Carlos Velloso. Diário da Justiça, Brasília, DF, 6 dez. 1996c.

_____. Súmula n. 545, de 3 de dezembro de 1969. Diário da Justiça, Brasília, DF, 10 dez. 1969c, p. 5935; 11 dez. 1969d, p. 5951; 12 dez. 1969e, p. 5999.

_____. Súmula n. 670, de 24 setembro de 2003. Diário da Justiça, Brasília, DF, 9 out. 2003c, p. 4; 10 out. 2003d, p. 4; 13 out. 2003e, p. 4.

_____. Súmula n. 702, de 24 setembro de 2003. Diário da Justiça, Brasília, DF, 9 out. 2003f, p. 6; 10 out. 2003g, p. 6; 13 out. 2003h, p. 6.

BRASIL, Tribunal Superior Eleitoral. Resolução n. 21.702, de 2 de abril de 2004b. Disponível em: <http:// www. tse.gov.br/sadJudLegislacao/pesquisa/>. Acesso em: 10 set. 2007.

BRAZ, P. Direito municipal na Constituição. São Paulo: Direito, 2001.

CAMPOS, A. M. de. Teoria e prática do usucapião. São Paulo: Saraiva, 1983.

CAMPOS FILHO, C. M. Direitos humanos e urbanismo. In: FESTER, A. C. R. (Org.). Direitos humanos e... São Paulo: Brasiliense, 1992. v. 2.

CANEPA, C.; GARCIA, M. (Coord.). Cidades sustentáveis: a cidade e o seu estatuto. São Paulo: J. Oliveira, 2005.

CARLOS, A. F. A. (Org.). Os caminhos da reflexão sobre cidade urbana. São Paulo: Edusp, 1994.

CARNAGIE, D. Lincoln, esse desconhecido. São Paulo: Nacional, 1977.

CARNEIRO, R. J. M. Organização da cidade: planejamento municipal, plano diretor, urbanização. São Paulo: M. Limonad, 1998.

CARRAZZA, R. A. Curso de direito constitucional tributário. São Paulo: Malheiros, 2001.

CARVALHO, C. F. A guarda municipal e a Constituição Federal. 2007. Disponível em: <http://www.direitonet.com.br/artigos/perfil/exibir/3809/A-guarda-municipal-e-a-Constituicao-Federal>. Acesso em: 17 jun. 2011.

CASTELLS, M. A questão urbana. São Paulo: Paz e Terra, 1983.

_____. A sociedade em rede. 6. ed. São Paulo: Paz e Terra, 2002.

CASTRO, J. N. Direito municipal positivo. 3. ed. Belo Horizonte: Del Rey, 1996.

CIAM – Congresso Internacional de Arquitetura Moderna, 4, 1933, Atenas. Carta de Atenas. Atenas, 1933. Disponível em: <http://www.icomos.org.br/cartas/Carta_de_Atenas_1933.pdf>. Acesso em: 14 jun. 2011.

CLARK, G. O município em face do direito econômico. Belo Horizonte: Del Rey, 2001.

COHN, A. Os governos municipais e as políticas sociais. In: SOARES J. A., BAVA S. C. (Org.). OS DESAFIOS DA GESTÃO MUNICIPAL DEMOCRÁTICA. São Paulo: Cortez, 1998.

CONSEIL EUROPÉEN DES URBANISTES. LA NOUVELLE CHARTE D'ATHÈNES 2003. Disponível em: <http://www.ceu-ectp.or>. Acesso em: 25 nov. 2007.

COSTA, N. N. CURSO DE DIREITO MUNICIPAL BRASILEIRO. Rio de Janeiro, Forense, 1999.

COULANGES, F. de. A CIDADE ANTIGA. Lisboa: Livraria Clássica, 1957.

COURSON, J. de. LE PROJET DE VILLE. Paris: Syros, 1993.

CRETELLA JÚNIOR, J. DIREITO MUNICIPAL. São Paulo: LEUD, 1975.

_____ DIREITO ADMINISTRATIVO MUNICIPAL. Rio de Janeiro: Forense, 1981.

CURITIBA. Câmara Municipal. Lei n° 11.266, de 16 de dezembro de 2004. DIÁRIO DA CÂMARA MUNICIPAL DE CURITIBA, Curitiba, 16 dez. 2004. Disponível em: <http//www.cmc.pr.gov.br>. Acesso em: 8 jul. 2007.

_____. LIVRO DOS 300 ANOS DA CÂMARA MUNICIPAL DE CURITIBA. Curitiba, 1993.

_____. LEI ORGÂNICA MUNICIPAL. Disponível em: <http//www.cmc.pr.gov.br/down/leiorganica.pdf>. Acesso em: 5 set. 2007.

CUSTÓDIO FILHO, U. AS COMPETÊNCIAS DO MUNICÍPIO NA CONSTITUIÇÃO FEDERAL DE 1988. São Paulo: C. Bastos, 2000.

DALLARI, A.; FERRAZ, S. (Coord.). ESTATUTO DA CIDADE: comentários à Lei Federal 10.257/2001. São Paulo: Malheiros, 2003.

DELSON, R. M. Urbanismo. In: SILVA, M. B. N. DICIONÁRIO DA COLONIZAÇÃO PORTUGUESA NO BRASIL. São Paulo: Verbo, 1994.

DERANI, C. Meio ambiente ecologicamente equilibrado; direito fundamental e princípio da atividade econômica. In: FIGUEIREDO, G. J. P. de. (Org.). TEMAS DE DIREITO AMBIENTAL E URBANÍSTICO. São Paulo: M. Limonad, 1998.

DHNET – DIREITOS HUMANOS NA INTERNET. Declaração dos Direitos do Homem e do Cidadão. Disponível em: <http://www.dhnet.org.br/direitos/anthist/dec1793.htm>. Acesso em: 10 set. 2007.

DI SARNO, D. C. L. ELEMENTOS DE DIREITO URBANÍSTICO. São Paulo: Manoele, 2004.

DIAS, D. S. DESENVOLVIMENTO URBANO: princípios constitucionais, implicações socioambientais, desenvolvimento sustentável, qualidade do meio ambiente e competências concorrentes. Curitiba: Juruá, 2002.

DUDEQUE, I. CIDADES SEM VÉUS: doença, poder e desenhos urbanos. Curitiba: Champagnat, 1995.

FERNANDES, E. C. DIREITO TRIBUTÁRIO MUNICIPAL. Curitiba: Juruá, 2000.

FERNANDEZ, R. B. MANUAL JURÍDICO MUNICIPAL. Santiago de Chile: Centro para el Desarrollo Comunal y Regional, 2004.

FERREIRA SOBRINHO, J. W. TEORIA DO "QUORUM". Disponível em: <http://www.uj.com.br/publicacoes/doutrinas/default.asp?action=doutrina&iddoutrina=321>. Acesso em: 5 set. 2007.

FIGUEIREDO, L. V. CURSO DE DIREITO ADMINISTRATIVO. São Paulo: Malheiros, 2001.

FIORILLO, C. A. P. Estatuto da Cidade comentado. São Paulo: Revista dos Tribunais, 2005.

FISHKIN, J. S. Possibilidades democráticas virtuais: perspectivas da democracia via internet. In: EISENBERG, J.; CEPIK, M. (Org.). Internet e política: teoria e prática da democracia eletrônica. Belo Horizonte: Ed. da UFMG, 2002.

FRANCO SOBRINHO, M. O. Manual dos municípios. São Paulo: Resenha Universitária, 1975.

GASPARINI, D. Direito administrativo. São Paulo: Saraiva, 1992.

GIST, N. P.; HALBERT, L. A. A cidade e o homem: a sociedade urbana. Rio de Janeiro: Fundo de Cultura, 1961.

GODOY, M. A Lei Orgânica do Município comentada. São Paulo: LEUD, 1990.

GONÇALVES, M. F. R. Plano diretor e o município. In: GONDIM, L. M. (Org.). Plano diretor e o município: novos tempos, novas práticas. Rio de Janeiro: Ibam, 1990.

_____. Município no Brasil. In: AGUIAR, J. C. Direito da cidade. Rio de Janeiro: Renovar, 1996.

GRAMMS, L.; LOTZ, E. Administração estratégica e planejamento. Curitiba: Ibpex, 2004.

HACK, E. Noções preliminares de direito administrativo e direito tributário. Curitiba: Ibpex, 2006.

HARVEY, D. Condição pós-moderna. São Paulo: Loyola, 1992.

HOUAISS, A.; VILLAR, M. de S.; FRANCO, F. M. de M. Dicionário Houaiss da língua portuguesa. Rio de Janeiro: Objetiva, 2001.

IBGE – Instituto Brasileiro de Geografia e Estatística. Atlas do Censo Demográfico de 2000. Disponível em: <www.ibge.gov.br>. Acesso em: 20 mar. 2006.

_____. Contagem da População 2007. Disponível em: <http://www.ibge.gov.br/home/estatistica/populacao/contagem2007/default.shtm>. Acesso em: 10 set. 2007.

IBRAP – Instituto Brasileiro de Administração Pública. Manual do prefeito. 9. ed. Rio de Janeiro: Ibam, 1992.

ICHIHARA, Y. Direito tributário, uma introdução. São Paulo: Atlas, 1987.

INSTITUTO DE ESTUDIOS DE ADMINISTRAÇÃO LOCAL. Problemas de las áreas metropolitanas. 3. ed. Madrid, 1973.

IPEA – Instituto de Pesquisa Econômica Aplicada; IBGE – Instituto Brasileiro de Geografia e Estatística; UNICAMP – Universidade Estadual de Campinas. Caracterização e tendências da rede urbana do Brasil: configurações atuais e tendências da rede urbana. Brasília, 2002.

IPPUC – Instituto de Pesquisa e Planejamento Urbano de Curitiba. Plano Diretor de 2004: o planejamento urbano de Curitiba. Curitiba, 2004.

JUSTEN FILHO, M. Curso de direito administrativo. São Paulo: Saraiva, 2005.

LE CORBOUSIER. Planejamento urbano. São Paulo: Perspectiva, 1971.

LEAL, R. G. A função social da propriedade e da cidade no Brasil. Porto Alegre: Livraria do Advogado, 1988.

LEFEBVRE, H. A revolução urbana. Belo Horizonte: Ed. da UFMG, 1999.

_____. O DIREITO À CIDADE. São Paulo: Centauro, 2001.

LEITE, E. O. DIREITO CIVIL APLICADO. São Paulo: Revista dos Tribunais, 2004. v. 6.

LEVENHAGEM, A. J. de S. POSSE, POSSESSÓRIA E USUCAPIÃO. São Paulo: Atlas, 1982.

LINHARES, P. CIDADE DE ÁGUA E SAL. FORTALEZA: Fundação Demócrito da Rocha, 1992.

LOCKE, J. SEGUNDO TRATADO SOBRE O GOVERNO. São Paulo: M. Claret, 2004.

LOSA, N. O. DERECHO MUNICIPAL PÚBLICO PROVINCIAL Y CONTRAVENCIONAL. Mendoza: Ed. Jurídicas Cuyo, 1999.

MARIANI, R. A CIDADE MODERNA ENTRE A HISTÓRIA E A CULTURA. São Paulo: Nobel, 1986.

MARICATO, E. METRÓPOLE NA PERIFERIA DO CAPITALISMO, ILEGALIDADE, DESIGUALDADE E VIOLÊNCIA. São Paulo: Hucitec, 1996.

MARTIGNETTI, G. Propriedade. In: BOBBIO, N.; MATTEUCCI, N.; PASQUINO, G. DICIONÁRIO DE POLÍTICA. Brasília: Ed. da UnB, 1983.

MARX, M. CIDADE NO BRASIL, TERRA DE QUEM? São Paulo: Nobel, 1991.

MASCARENHAS, P. IMPROBIDADE ADMINISTRATIVA E CRIME DE RESPONSABILIDADE DE PREFEITO. São Paulo: LED, 2001.

MEDAUAR, O. DIREITO ADMINISTRATIVO MODERNO. São Paulo: Revista dos Tribunais, 1999.

MEIRELLES, H. L. DIREITO ADMINISTRATIVO BRASILEIRO. 18. ed. São Paulo, Malheiros, 1993a.

_____. DIREITO DE CONSTRUIR. 9. ed. São Paulo: Malheiros, 2005.

_____. DIREITO MUNICIPAL BRASILEIRO. 6. ed. São Paulo: Malheiros, 1993b.

_____. _____. 15. ed. São Paulo: Malheiros, 2006.

MITSCHERLICH, A. A CIDADE DO FUTURO. Rio de Janeiro: Tempo Brasileiro, 1972.

MONTEIRO, Y. D. P. (Coord.). SUBSÍDIOS PARA ELABORAÇÃO DO PLANO DIRETOR. São Paulo: Cepam, 1990. v. 2.

MONTESQUIEU, C. L. de S. O ESPÍRITO DAS LEIS. Brasília: Ed. da UnB, 1982.

MUELLER, B. Direitos de propriedade na nova economia das instituições e em Direito e Economia. In: ZYLBERSZTAJN, D.; SZTAJN, R. (Org.). DIREITO E ECONOMIA. Rio de Janeiro: Campus, 2005.

MUKAI, T. A inconstitucionalidade da Lei de Improbidade Administrativa: Lei Federal nº 8.429/92. BDA, São Paulo, p. 720, nov. 1999.

_____. DIREITO E LEGISLAÇÃO URBANÍSTICA NO BRASIL: história, teoria e prática. São Paulo: Saraiva, 1988.

_____. DIREITO URBANÍSTICO E AMBIENTAL. Belo Horizonte: Fórum, 2004.

_____. DIREITO URBANO-AMBIENTAL BRASILEIRO. São Paulo: Dialética, 2002.

MUMFORD, L. A CIDADE NA HISTÓRIA. Belo Horizonte: Itatiaia, 1965.

NIGRO, C. D. ANÁLISE DE RISCO DE FAVELIZAÇÃO: instrumento de gestão do desenvolvimento sustentável. 2005. Dissertação (Mestrado em Gestão Urbana) – Pontifícia Universidade Católica do Paraná, Curitiba, 2005.

NORONHA, E. M. DIREITO PENAL. São Paulo: Saraiva, 1978. v. 1.

NUNES, J. de C. Do ESTADO FEDERADO E SUA ORGANIZAÇÃO MUNICIPAL. Brasília: Câmara dos Deputados, 1982.

OLIVEIRA, A. de C.; CARVALHO P. C. P. ESTATUTO DA CIDADE: anotações à Lei 10.257, de 10.07.2001. Curitiba: Juruá, 2003.

OLIVEIRA, T. S. M. NOVOS PADRÕES GERENCIAIS: avaliação e desempenho. Curitiba: Ibpex, 2004.

PASQUALINI, A. BASES E SUGESTÕES PARA UMA POLÍTICA SOCIAL. Rio de Janeiro: Livraria São José, 1958. v. 1

PROUDHON, P. J. A PROPRIEDADE É UM ROUBO E OUTROS ESCRITOS ANARQUISTAS. Porto Alegre: L&PM, 2000.

RATTNER, H. Sustentabilidade: uma visão humanista. In: ABDL – Associação Brasileira para o Desenvolvimento de Lideranças. COLUNA IDENTIDADE, jan. 2004. Disponível em: <http://www.lead.org.br/article/static/134>. Acesso em: 20 jun. 2011.

RECH, A. U. O CAOS DAS CIDADES: um fato cuja solução passa pelo direito como instrumento de construção de um projeto de cidade sustentável. 2003. Tese (Doutorado em Direito do Estado) – Universidade Federal do Paraná, Curitiba, 2003.

REZENDE, D. A. PLANEJAMENTO DE SISTEMAS DE INFORMAÇÃO E INFORMÁTICA. São Paulo: Atlas, 2003.

REZENDE, D. A.; CASTOR, B. V. J. PLANEJAMENTO ESTRATÉGICO MUNICIPAL: empreendedorismo participativo nas cidades, prefeituras e organizações públicas. Rio de Janeiro: Brasport, 2005.

ROLNIK, R. A CIDADE E A LEI: legislação, política urbana e território na cidade de São Paulo. São Paulo: Studio Nobel; Ed. da Fapesp, 1997.

SALGADO, P. COMO NASCERAM AS CIDADES DO BRASIL. São Paulo: Voz do Oeste, 1978.

SANTOS, M. A URBANIZAÇÃO BRASILEIRA. São Paulo: Hucitec, 2003.

SANTOS, U. P. dos. O USUCAPIÃO: doutrina, jurisprudência e prática. São Paulo: Saraiva, 1983.

SAULE JÚNIOR, N. NOVAS PERSPECTIVAS DO DIREITO URBANÍSTICO BRASILEIRO: ordenamento constitucional da política urbana – aplicação e eficácia do plano diretor. Porto Alegre: S. A. Fabris, 1977.

SCHROEDER, G. L. O GÊNESIS E O BIG BANG. São Paulo: Cultrix, 1997.

SÉGUIN, E. ESTATUTO DA CIDADE. Rio de Janeiro: Forense, 2002.

SILK, J. O BIG BANG: a origem do universo. Brasília: Ed. da UnB, 1988.

SILVA, J. A. da. COMENTÁRIO CONTEXTUAL À CONSTITUIÇÃO. São Paulo: Malheiros, 2005.

_____. DIREITO URBANÍSTICO BRASILEIRO. São Paulo: Malheiros, 2000.

_____. O MUNICÍPIO NA CONSTITUIÇÃO DE 1988. São Paulo: Revistas dos Tribunais, 1989.

SIMAS, H. C. Manual elementar de direito administrativo. Rio de Janeiro: Líber Júris, 1987.

SMANIO, G. P. O conceito de bem jurídico penal difuso. Jus Navigandi, Teresina, ano 9, n. 437, 17 set. 2004. Disponível em: <http://jus.uol.com.br/revista/texto/5714>. Acesso em: 20 jun. 2011.

STOCO, R. et al. Leis penais especiais e sua interpretação jurisprudencial. São Paulo: Revista dos Tribunais, 1997. v. 2.

TEMER, M. Elementos de direito constitucional. 3. ed. São Paulo: Revista dos Tribunais, 1985.

UNESCO. Convención sobre la protección del patrimonio mundial, cultural y natural. Disponível em: <http://whc.unesco.org/archive/convention-es.pdf>. Acesso em: 20 jun. 2005.

WEBER, M. Ensaios de sociologia. Rio de Janeiro: Guaranabara Koogan, 1982.

_____. La ciudad. Madrid: La Piqueta, 1987.

WENDT, H. À procura de Adão: romance de uma ciência. 3. ed. São Paulo: Melhoramentos, 1965.

Respostas

capítulo um

1. A lei (Constituição) estabeleceu que o município é a forma de organização política da cidade brasileira. Nesse contexto, os aspectos que caracterizam essa condição são o fato de ele compor a Federação juntamente com os estados e o Distrito Federal e possuir competências legais estabelecidas, bem como gozar de autonomia política, econômica e administrativa. Estas, por sua vez, vão desde a escolha dos governantes do município até a execução de atribuições que a Constituição lhes confere.

2. Essa foi uma conquista da Constituição de 1988, em que lemos, no art. 29, *caput*: "O Município reger-se-á por lei orgânica, votada em dois turnos, com interstício mínimo de dez dias, e aprovada por dois terços dos membros da Câmara Municipal, que a promulgará, atendidos os princípios estabelecidos nesta Constituição, na Constituição do respectivo estado [...]".

3. O município constitui-se em pessoa jurídica de direito público interno e, ao longo de sua existência, agrega bens que vão constituir o patrimônio municipal. São eles: bens corpóreos ou materiais, que podem ser imóveis (como terrenos, prédios), móveis (como veículos, computadores) ou semoventes (como animais: cavalos, bois, cães etc.); bens incorpóreos ou imateriais, aqueles de existência abstrata – como as propriedades literária, científica, artística, (direito) autoral, industrial –, ações, créditos e outras. Também estão incluídos entre os bens do município aqueles que pertencem a entes que estão sob o domínio da municipalidade, ou seja, as autarquias municipais, as fundações e as empresas de economia mista.

4. No art. 99 do Código Civil, verificamos que as características dos bens públicos são a inalienabilidade, a imprescritibilidade e a impenhorabilidade.

5. São várias as formas administrativas de uso desses bens por particulares. Elas dependem da situação específica e podem ser onerosas ou gratuitas, por tempo certo ou indeterminado, por simples ato ou contrato administrativo. A doutrina apresenta as seguintes formas de uso de bens especiais: autorização, permissão, concessão, cessão de uso e concessão de direito real de uso.

capítulo dois

1. De acordo com a Constituição de 1889, art. 14, ele poderá concorrer a uma única reeleição imediata ao mandato exercido.

2. A partir da Constituição de 1988, ficou definido que as atribuições do prefeito estariam elencadas na Lei Orgânica de cada município e que compreenderiam, principalmente, as atividades de: nomear e exonerar seus secretários e servidores; executar o orçamento; iniciar o processo legislativo; sancionar, promulgar e fazer publicar leis, decretos e outros atos municipais; vetar projetos de lei; dispor a respeito da organização e funcionamento da Administração e do funcionalismo; prestar contas à Câmara; celebrar convênios; fixar preços de serviços públicos, entre outras. Nesse contexto, como líder político, cabe ainda ao prefeito conseguir o apoio da Câmara para implantar o seu projeto de governo, bem como buscar o relacionamento com as outras esferas do poder, uma vez que os projetos de seu governo podem também depender de recursos estaduais e federais.

3. Ele é o sucessor constitucional do prefeito quando o cargo estiver vago ou quando houver pedido de licença ou um impedimento qualquer que impeça o exercício do cargo pelo titular. O princípio da simetria que une a função do vice-prefeito com a do vice-presidente da República está expresso na Constituição, em seu art. 79, que determina que "o vice-presidente substituirá

o presidente no caso de impedimento, e suceder-lhe-á, no de vaga [...]". Assim, o vice-prefeito substitui o prefeito em seus impedimentos e o sucede na vacância do cargo. Também o vice-prefeito, assim como o vice-presidente da República, deve ter suas atribuições fixadas por uma lei complementar e precisa auxiliar o prefeito "sempre que por ele for convocado para missões especiais" (art. 79, parágrafo único, CF).

4. Entre as funções da Câmara estão as de: fiscalizadora (esta no que concerne ao Executivo); judical, quando constitui sentença (absolvendo ou condenando) sobre o prefeito e os vereadores nos crimes de responsabilidade e por falta de decoro; e, também, funções administrativas internas. Podemos dizer que é o órgão fundamental da autonomia municipal, uma vez que, como colegiado, delibera criando as leis que vão produzir efeitos jurídicos na circunscrição do município.

5. As proibições e incompatibilidades dos vereadores para o exercício do mandato são as elencadas no art. 54 da Constituição e podem, até mesmo, redundar na perda do mandato parlamentar. A Lei Orgânica Municipal deve prever essas proibições, inclusive repetindo o mesmo texto constitucional referente aos senadores e aos deputados. Elas são classificadas como incompatibilidades funcionais, negociais, políticas e profissionais. Conforme o texto constitucional:

> Art. 54. Os Deputados e Senadores não poderão:
> I – desde a expedição do diploma:
> a) firmar ou manter contrato com pessoa jurídica de direito público, autarquia, empresa pública, sociedade de economia mista ou empresa concessionária de serviço público, salvo quando o contrato obedecer a cláusulas uniformes;
> b) aceitar ou exercer cargo, função ou emprego remunerado, inclusive os de que sejam demissíveis "ad nutum", nas entidades constantes da alínea anterior;
> II – desde a posse:
> a) ser proprietários, controladores ou diretores de empresa que goze de favor decorrente de contrato com pessoa jurídica de direito público, ou nela exercer função remunerada;
> b) ocupar cargo ou função de que sejam demissíveis "ad nutum", nas entidades referidas no inciso I, "a";
> c) patrocinar causa em que seja interessada qualquer das entidades a que se refere o inciso I, "a";
> d) ser titulares de mais de um cargo ou mandato público eletivo.

capítulo três

1. Além de definir a autonomia, a Constituição determina os tributos próprios do município, bem como a participação dele nas arrecadações estaduais e federais. Além desses tributos, também podem entrar na composição da receita municipal a exploração de atividades econômicas, o patrimônio, as compensações financeiras pela exploração de recursos naturais (energia elétrica, petróleo etc.) e os negócios realizados com entidades públicas e privadas. Portanto, nesse contexto, as rendas próprias dos municípios provêm da arrecadação de tributos municipais e da exploração dos bens e serviços, enquanto as demais rendas que compõem a receita municipal provêm de impostos compartilhados com a União e o estado, bem como de repasses oriundos de programas, convênios, empréstimos etc.

2. Os princípios que regem a tributação são, entre outros, os da legalidade (reserva legal), da igualdade tributária, da irretroatividade tributária, da anterioridade ou anualidade do lançamento, da carência, da proporcionalidade ou razoabilidade e a ilimitabilidade do tráfego de pessoas e bens.

3. Os impostos próprios e exclusivos que os municípios podem instituir por meio de lei municipal são apenas três atualmente: o Imposto Predial e Territorial

Urbano (IPTU), o Imposto sobre Serviços de Qualquer Natureza (ISQN ou ISS) e o Imposto sobre Transmissão de Bens Imóveis (ITBI) – *inter vivos*, a qualquer título, por ato oneroso, de bens imóveis, estando previstos constitucionalmente (art. 156, CF). Havia ainda um quarto imposto previsto na Constituição de 1988, o Imposto sobre Vendas a Varejo de Combustíveis Líquidos e Gasosos (IVVC), que foi revogado pela Emenda Constitucional nº 3/1993.

4. Esse tributo possui como fato gerador a valorização do imóvel tendo em vista a realização de obras públicas que o município fez. A contribuição de melhoria é a terceira modalidade de tributos que o município pode instituir, estando prevista na Constituição (art. 145, III, CF).

5. O objetivo do Fundo de Participação dos Municípios (FPM) é a transferência aos municípios de percentuais da arrecadação dos impostos federais, conforme previsto na Constituição em seu art. 159, com alteração constante na Emenda Constitucional nº 55/2007. Ele é composto por 22,5% da arrecadação proveniente do Imposto de Renda e mais 1% do Imposto sobre Produtos Industrializados. O acréscimo de 1%, previsto pela Emenda Constitucional, é entregue aos municípios no primeiro decênio do mês de dezembro de cada ano e é utilizado pela grande maioria das prefeituras para o pagamento do décimo terceiro salários aos seus servidores.

capítulo quatro

1. As reformas de inspiração neoliberal na Administração Pública tiveram como objetivo o aprimoramento dos procedimentos de gerência para tornar o ambiente de serviço público – até então, burocrático, centralizador e clientelista – em um serviço competitivo, como ocorre no mercado. Assim, o cidadão, usuário do serviço público, passou a ser visto como um consumidor que quer qualidade e eficiência.

2. Essas características da organização social são definidas pela Lei nº 9.637/1998, em seu art. 1º.

3. Fundamentalmente, as Oscips devem ter objetivos sociais e, pelo menos, uma das seguintes finalidades: promoção da assistência social; promoção da cultura, defesa e conservação do patrimônio histórico e artístico ou da educação; promoção gratuita da saúde ou da segurança alimentar e nutricional. Mas isso não é o bastante. Elas também devem acrescentar, entre seus objetivos: a defesa, a preservação e a conservação do meio ambiente; a promoção do desenvolvimento sustentável, do voluntariado, do desenvolvimento econômico e social, do combate à pobreza, dos direitos estabelecidos, bem como a construção de novos direitos e assessoria jurídica gratuita de interesse suplementar; a promoção da ética da paz, da cidadania, dos direitos humanos, da democracia e de outros valores universais; a experimentação, não lucrativa, de novos modelos socioprodutivos e de sistemas alternativos de produção, de comércio, de emprego e de crédito; os estudos e as pesquisas; o desenvolvimento de tecnologias alternativas; a produção e a divulgação de informações e conhecimentos técnicos e científicos.

4. O texto que traz a definição legal do poder de polícia é o Código Tributário Nacional (art. 78, Lei nº 5.172/1966), ao estabelecer que:

> [...] Considera-se poder de polícia atividade da administração pública que, limitando ou disciplinando direito, interesse ou liberdade, regula a prática de ato ou a abstenção de fato, em razão de interesse público concernente à segurança, à higiene, à ordem, aos costumes, à disciplina da produção e do mercado, ao exercício de atividades econômicas dependentes de concessão ou autorização do Poder Público, à tranquilidade pública ou ao respeito à propriedade e aos direitos individuais ou coletivos.

5. A fundamentação legal para a constituição de uma guarda municipal está na própria Constituição, a qual assegurou aos municípios, em seu art. 144, parágrafo 8º, o direito de constituírem guardas municipais destinadas à proteção de seus bens, serviços e instalações.

capítulo cinco

1. Esse é um processo circular, pois, se, por um lado, a cidade transformou o homem, por outro, foi o homem que transformou o ambiente à medida que foi edificando o espaço urbano. Isso ocorre porque, como está dito neste livro, antes de ser um espaço físico, o urbano é um espaço social. Trata-se do ambiente em que vivem os seres humanos com suas necessidades, sonhos e projetos de vida.

2. São vários os aspectos que podem ser levados em conta ao conceituarmos *cidade*: a etimologia da palavra, a materialidade do espaço urbano, os fatores geográficos e a geografia urbana, a funcionalidade, a situação econômica, fatores ideológicos ou o número de habitantes, entre outros, de acordo com a posição do estudioso.

3. A Constituição, ao definir *região metropolitana*, diz que ela se forma de "agrupamentos de municípios limítrofes". Nessa situação, há, porém, uma condição básica para a sua instituição: esses agrupamentos precisam divisar uns com os outros, sendo que o seu objetivo é "integrar a organização, o planejamento e a execução de funções de interesse comum".

4. A sua essência é viabilizar os direitos fundamentais.

5. De acordo com a Carta de Atenas de 1933, são quatro as funções sociais da cidade, neste livro denominadas *funções urbanísticas*: habitar, trabalhar, recrear e circular. Além disso, há mais quatro, denominadas *funções de cidadania*: educação, saúde, segurança e proteção, além das chamadas *funções de gestão*: prestação de serviços, planejamento, preservação dos patrimônios cultural e natural e sustentabilidade urbana.

capítulo seis

1. O movimento pela reforma urbana ocorreu diante de uma situação de favelização e caos urbano das cidades, que atingiu, principalmente, os serviços de transporte e saneamento. Essa conjuntura foi provocada, principalmente, pela aceleração no desenvolvimento urbano associado a fatores sociais e econômicos, com a intensa migração do campo para a cidade a partir dos anos 50 do século passado. Esse movimento se consolidou com o Projeto de Lei do Desenvolvimento Urbano – o PL nº 775/1983 –, com o Capítulo II – "Da Política Urbana" na Constituição Federal e, finalmente, em 2001, com o Estatuto da Cidade.

2. O art. 182 da Constituição atribui ao município, como ente federativo, a responsabilidade pela promoção da política urbana direcionada para a ordenação do "pleno desenvolvimento das funções sociais da cidade". Nesse artigo, também ficou estabelecido que o Plano Diretor é o instrumento fundamental para o desenvolvimento urbano e para que a propriedade cumpra a sua função social.

3. É o art. 2, inciso I, do Estatuto da Cidade que apresenta, como primeira diretriz, a seguinte: "a garantia do direito a cidades sustentáveis, entendido como o direito à terra urbana, à moradia, ao saneamento ambiental, à infraestrutura urbana, ao transporte e aos serviços públicos, ao trabalho e ao lazer, para as presentes e futuras gerações".

4. As diretrizes gerais são: sustentabilidade; gestão democrática; cooperação; planejamento; oferta de equipamentos urbanos; controle e uso do solo; integração urbana e rural; adoção de padrões de produção e consumo; justa distribuição de benefícios e de ônus; privilégio dos investimentos geradores de bem-estar; recuperação de investimentos com a valorização de imóveis urbanos; preservação do meio ambiente natural e construído; audiências públicas; normas especiais de regularização fundiária; simplificação da legislação de parcelamento, uso e ocupação do solo; isonomia público/privado.

5. Os institutos jurídicos e políticos apresentados pelo Estatuto da Cidade são: desapropriação; servidão administrativa; limitações administrativas; tombamento de imóveis ou de mobiliário urbano; instituição de unidades de conservação, instituição de zonas especiais de interesse social; concessão de direito real de uso; concessão de uso especial para fins de moradia; parcelamento; edificação ou utilização compulsórios; usucapião especial de imóvel urbano; direito de superfície; direito de preempção; outorga onerosa do direito de construir e de alteração de uso; transferência do direito de construir; operações urbanas consorciadas; regularização fundiária; consórcio imobiliário; assistência técnica e jurídica gratuita para as comunidades e grupos sociais menos favorecidos; referendo popular (plebiscito).

capítulo sete

1. A normatização do conceito de função social da propriedade consta do texto da Constituição e encontra-se no Título II, "Dos Direitos e Garantias Fundamentais", Capítulo I, "Dos Direitos e Deveres Individuais e Coletivos", art. 5°, inciso XXIII. Neste último, ficou estabelecido que "a propriedade atenderá sua função social". Já no art. 182, parágrafo 2°, a Constituição define que a propriedade cumpre a sua função social quando atende as exigências de ordenação da cidade constantes no Plano Diretor. Quanto ao texto que, efetivamente, estabelece as exigências para que a propriedade urbana cumpra a sua função social, este é o Estatuto da Cidade (Lei n° 10.257/2001, art. 2° combinado com o art. 39), por meio das 16 diretrizes ali estabelecidas. Além disso, especificamente para a propriedade urbana, a Constituição, no art. 170, inciso III, estabelece que um dos princípios gerais da atividade econômica é "a função social da propriedade". Além disso, os art. 185, parágrafos 1° e 186, que tratam da política agrícola e fundiária e da reforma agrária, fixam garantias de tratamento especial e critérios para que a propriedade rural cumpra a sua função social.

2. Ela dispõe dos seguintes institutos: a usucapião especial constitucional, a concessão de uso especial para fins de moradia, o direito real de uso e as zonas especiais de interesse social. Todos eles estão previstos na Constituição e na legislação ordinária como institutos de regularização fundiária.

3. O Poder Público municipal conta com o respaldo legal, além da Constituição, da Medida Provisória n° 2.220/2001, do Decreto-Lei n° 271/1967 e do próprio Estatuto da Cidade. A medida provisória em foco regulamentou o parágrafo 1° do art. 183 da Constituição, dispondo sobre a concessão do uso especial e criando o Conselho Nacional de Desenvolvimento Urbano (atual Conselho das Cidades).

4. Sob a denominação de *institutos jurídicos e políticos*, constam os seguintes instrumentos: desapropriação; servidão administrativa; limitações administrativas; tombamento de imóveis ou de mobiliário urbano; instituição de unidades de conservação; instituição de zonas especiais de interesse social; parcelamento; edificação ou utilização compulsórios; direito de superfície; direito de preempção; outorga onerosa do direito de construir e de alteração de uso; transferência do direito de construir; operações urbanas consorciadas; regularização fundiária; assistência técnica e jurídica gratuita para as comunidades e grupos sociais menos favorecidos; referendo popular (plebiscito).

5. Os bens públicos estão protegidos constitucionalmente das ações de uso da instituto da usucapião. Eles podem ser apenas objeto de apossamento, não podendo, jamais, ser adquiridos pelo instituto da usucapião.

capítulo oito

1. Ela trouxe a visão global da cidade como um ser vivo, pois, com o processo de industrialização, transformou pacatas cidades de artesãos em grandes agrupamentos humanos, com um número enorme de pessoas trabalhando nas fábricas. A consequência disso foi o fato de que os objetos que, em séculos

anteriores, eram fabricados um por um, com a industrialização, passaram a ser produzidos em série. Esse processo possibilitou que os custos caíssem e que os produtos pudessem ser utilizados por um enorme grupo de pessoas, não apenas na aldeia ou no castelo, mas em qualquer parte do mundo. No entanto, a Era Industrial causou também, em alguns países, o crescimento desordenado das cidades e desencadeou o processo de favelização, que se agravou a partir do século XX.

2. Foi com a Constituição de 1988 (art. 182, § 1º) que o Plano Diretor adquiriu *status* de norma constitucional, regulamentado pelo Estatuto da Cidade (art. 4º, III, "a"), em que é definido como o instrumento básico de planejamento municipal.

3. Os elementos fundamentais, aqueles imprescindíveis, em um projeto urbano são a análise do ambiente, o diagnóstico, o estabelecimento de diretrizes públicas e urbanas, as estratégias a serem adotadas e o controle sobre o que foi implementado.

4. O principal ator do processo urbano é o cidadão. No entanto, ele interage com outros atores também significativos, como o Estado e o mercado.

5. É necessário que ele esteja previsto no Plano Diretor e que haja uma lei específica definindo quais os empreendimentos e as atividades, tanto públicas como privadas, que dependerão do EIV para obterem autorizações ou licença de construção, ampliação e funcionamento.

Sobre o autor

JORGE BERNARDI, natural de Herval d'Oeste (SC), é especialista, mestre e doutorando em Gestão Urbana. Formado em Direito e em Jornalismo, foi vereador em Curitiba por seis mandatos consecutivos, além de presidente da Câmara Municipal dessa cidade e suplente de senador pelo Estado do Paraná. Fundou e presidiu a União dos Vereadores do mesmo estado (Uvepar), na qual editou por seis anos a revista Vereador, especializada em Direito Municipal e Administração Pública. Foi também presidente do Comitê Latinoamericano de Parlamentos Municipais, entidade que reúne os legisladores municipais de todos os países da América do Sul.

Atualmente, coordena o Curso Superior Tecnológico de Gestão Pública e a pós-graduação em Administração Pública e Gerência de Cidades, ambos da Faculdade de Tecnologia Internacional (Fatec Internacional). Além desta obra, publicou outras duas pela Editora InterSaberes: O processo legislativo brasileiro e Gestão de serviços públicos municipais – esta última em parceria com Nelson Martins Brudeki.

Os papéis utilizados neste livro, certificados por instituições ambientais competentes, são recicláveis, provenientes de fontes renováveis e, portanto, um meio responsável e natural de informação e conhecimento.

FSC
www.fsc.org
MISTO
Papel produzido a partir de fontes responsáveis
FSC® C107644

Impressão: Gráfica Mona
Dezembro/2017